KB119297

지능정보사회의 이해

NANAM
나남출판

지능정보사회의 이해

2021년 3월 5일 발행
2024년 9월 20일 2쇄

지은이 배영 · 최항섭 외
발행자 조완희
발행처 나남출판사
주소   10881 경기도 파주시 회동길 193, 4층(문발동)
전화   (031) 955-4601(代)
FAX   (031) 955-4555
등록   제 406-2020-000055호(2020.5.15)
홈페이지 http://www.nanam.net
전자우편 post@nanam.net

ISBN 979-11-971279-7-7
ISBN 979-11-971279-4-6(세트)

책값은 뒤표지에 있습니다.

지능정보사회의 이해

배 영 · 최항섭 · 백경민
임동균 · 김효은 · 오주현
황창근 · 김선희 · 최샛별
이명진 · 정일권 · 유경한
박찬웅 · 정윤혁 · 류영달
최순욱 · 이상엽 · 김도훈
윤호영 · 조정문

NANAM
나남출판

Understanding the
Intelligent Information Society

by

BAE YOUNG, CHOI Hangsub, Baek Kyungmin
Im Dong-Kyun, Kim hyo yeun, Oh Joohyun
Hwang Chang Geun, Kim Sun-Hie, Choi SetByol
Lee Myoung-Jin, Jeong Irkwon, You Kyung Han
Park Chan Ung, Jung Yoonhyuk, Ryoo Youngdal
Choi Soonwook, Lee Sang Yup, Kim Dohoon
Yoon Ho Young, Cho Cheung-Moon

NANAM

머리말

한국정보사회학회에서는 1998년 《정보사회의 이해》를 발간한 적이 있다. 1998년은 PC통신을 거쳐 일상 속에서 인터넷을 이용하기 시작하던 시기였다. 지난 20년간 정보통신기술과 서비스의 발전은 사회의 전 영역을 변화시켰다. 모두가, 언제 어디서나 연결될 수 있는 네트워크사회의 도래는 삶의 패러다임을 바꿔 놓았고, 거래의 방식과 권력의 형태나 원천도 변모했다. 연결된 개인의 역량은 단순한 합 이상의 의미를 갖는다. 공유된 일상은 누군가에겐 새로운 정보로 역할을 했고, 온라인에서의 자발적인 잉여노동은 기존의 틀을 깨는 혁신과 협력을 가능하게 했다. 이렇게 축적된 일상과 미시 변화는 거대한 문명을 여는 토대로 작용한다.

기술의 출현은 항상 새로운 기대와 다양한 우려를 동반한다. 활자의 발명을 통해 지식의 보급이 이루어지던 중세나, 생산 활동에 본격적으로 기계가 투입된 산업혁명 시기, 그리고 사회와 개인의 일상에

커다란 변화를 가져온 라디오와 텔레비전의 출현 속에서도 기대와 우려는 교차하고 있었다. 정보통신기술의 발전에 기반하여 나타난 정보화 또한 낙관과 비관 속에 이루어졌다. 온라인은 자신을 둘러싸고 있었던 기존의 굴레에서 벗어나 완전히 새로운 시도와 기대가 가능한 기회의 영역으로 여겨지는 동시에, 정보의 이용 유무와 접근 여부에 따라 기존의 불평등과 격차가 오히려 심화되는 기제로 역할할 것이란 우려를 일으키기도 했다.

지능정보기술은 인공지능AI에 기반하여 대용량의 데이터가 실시간으로 축적, 가공, 결합함으로써 다양한 제품과 서비스에 활용되는 기술을 의미한다. 또 지능정보사회는 지능정보기술이 개인의 일상과 사회의 각 영역에서 보편적으로 활용되는 사회를 말한다. 지능정보기술의 도입은 이제까지 도구적 차원에서 이해했던 기술의 영향을 양적 측면은 물론 질적 차원에서도 확장시켜 새로운 논의를 필요로 한다. 인공지능이 인간을 대체할 수 있는, 또 다른 주체로서의 역할 가능성은 우리에게 인격과 공동체의 의미에 대한 재규정을 요구하고 있다. 생산을 위한 노동으로부터 완전히 자유로운 인간이 상정되면서 인간다운 삶은 어떤 모습인지에 대한 성찰도 나타나고 있다. 궁극적으로 기술의 효용이라 할 수 있는 인류의 더 나은 삶, 행복한 삶을 위해 지능정보기술이 얼마나, 그리고 어떻게 기여할 것인지가 논의의 종착지가 될 것이다.

기술이 사회에 미치는 영향에 대해 연구하기 위해서는 다양한 고려가 필요하다. 기술이 가진 완성도나 혁신성은 뛰어나지만 오랜 시간에 걸쳐 사회에 배태된 기존 요소와 원활하게 조응하지 못하면 그 기술은 받아들여지기 어렵게 된다. 사회적 수용성이 떨어지는 기술은 사회적으로 배제된다. 이렇듯 사회를 구성하는 복잡한 요소에 영향받고 또 새로운 요소를 생성하고 연계시킨다는 의미에서 기술은 사회와 공진화共進化한다. 기술과 사회의 관계를 상관적이며 순환적인 입장에서 설명하는 대표적 이론이 사회적 구성주의social constructivism이다.

이와는 달리 기술결정론은 기술이 사실상 독립변인으로서 사회적 조건에 우선하여 모든 것을 결정한다고 규정한다. 하지만, 기술과 사회적 관계가 분리, 고정된 것이라는 생각과 기술 우위의 지나친 환원주의적 성격 때문에 지금까지의 정보화 과정을 설명하는 데 어려움이 많이 나타났다. 기술과 사회를 상황과 조건에 따른 일종의 결합configuration으로 간주하는 시각이 정보화와 관련된 논의에서 보다 효과적이라 판단된다.

이 책은 지능정보기술과 조응하는 개인의 일상과 사회 변화를 19개의 주제 속에서 찾아보고자 한다. 19개의 주제를 5개의 영역으로 구분하여 논의의 체계화를 시도하였다.

먼저 1부에서는 이론적 측면에서 지능정보사회의 도래와 주요 개념들을 살펴보고자 했다. 백경민은 대표적 정보사회학자인 대니얼 벨과 마누엘 카스텔의 논의를 중심으로 정보사회의 의미를 정리하고 미래를 전망한다. 벨의 탈산업사회론과 카스텔의 네트워크사회론을 주요 요소와 특징을 중심으로 비교하고, 정보사회를 조망하는 데 이들이 갖는 함의를 제시한다.

임동균은 최근 이론적 논의를 중심으로 21세기의 정보사회가 초기

정보사회와 비교할 때 나타나는 차별적 특성을 주요 학자들의 연구와 함께 관련 사례들을 탐색적으로 살펴본다. 앞으로의 논의를 위해 새로운 기술 환경과 사회 조건 속에 등장한 비관적 해석과 긍정적 가능성을 검토하고 담론의 지점을 확장한다.

이와 함께 김효은은 정보사회 이전의 소통에서 중요한 매개가 되었던 말과 문자를 정보사회의 숫자화된 코드와 비교하며 분석한다. 소통에 활용되는 도구를 방향과 경계를 기준으로 구분해, 변화된 상황에서의 정보의 입·출력과 이에 기반한 소통이 갖는 의미를 논한다.

2부는 지능정보사회의 개인과 일상에 대한 논의를 사회적 관계 중심으로 구성했다. 지능정보사회에서의 자아와 정체성에 대한 문제를 비롯해 사회적 관계 양상과 함께 사회를 규율하는 법체계에 대해서도 살펴본다. 지능정보사회는 기술적으로 시공간적 제약을 줄이고 다양한 대상은 물론 내가 원하는 대상과의 연결 가능성을 증대시킨다는 점에서 관계의 확장을 기대할 수 있다. 하지만 기술의 발달은 오히려 사회적 고립과 분절의 수준을 높일 가능성도 존재한다.

예를 들어 지능정보기술이 개인의 감각적 경험이나 판단을 완벽하게 구현할수록, 사회적 상호작용을 위해 실제로 존재하는 타인의 필요성은 감소하게 된다. 이미 대면적 관계보다 온라인상에서의 단편적인 상호작용만 선호하는 개인이 증가하고 있다. 더욱이 가상공간에 인간을 대체할 수 있는 인공지능이 결합할 경우 개인은 더 이상 다른 개인을 필요로 하지 않고 가상의 개인들과의 상호작용에만 몰두할 가능성도 존재하게 된다. 즉, 더 이상 타인을 필요로 하지 않는 사회적 관계의 등장은 겉으로는 지능정보기술 기반의 초연결사회가 역설적으로 초단절사회가 될 가능성을 보여주는 것이다.

오주현은 정보기술로 인해 이전에 존재하지 않았던 새로운 차원의 고립이 온라인 공간에서 나타났다고 본다. 이를 인터넷 역량 부족에서 기인하는 디지털 소외와 과도한 이용에 따른 디지털 과의존으로 유형화했다. 아울러 지능정보사회에서는 변화된 기술 환경에 조응해서 사람과 사물, 사물과 사물의 관계에 대한 논의도 부가될 필요가 있다고 주장한다.

지능정보사회에서도 소셜 미디어는 일상 속에서 누구나 사용하는 보편적 미디어로 자리 잡았다. 최항섭은 본원적으로는 타인과의 관계 유지를 위해 활용된 소셜 미디어가 현재 자기전시 행위의 장으로 역할하는 상황을 설명하며, 개인의 자긍심 복원과 사회적 지지 욕구를 그 이유로 제시한다. 김선희도 사이버 공간의 특성 중 익명성에 기반한 사이버 다중자아와 다중 정체성의 특성과 함의에 대해 논하고, 사례를 통해 다중 정체성으로 인한 문제나 고통 등을 살펴본다. 이제까지 존재하지 않았던 새로운 관계 주체로서 인공지능이 부각되고 있는 상황에서 다중 정체성에 기반한 다중적 관계의 출현은 기존의 사회적 관계에 대한 근원적 질문을 던진다. 최샛별은 특히 소셜 미디어의 일상화된 이용 속에 각자의 매력자본에 기반한 'DIY 셀러브리티'의 등장과 매개된 이미지에 의해 나타나는 구별짓기에 주목한다. 또, 온라인 속에서 일상화된 상징과 기호의 생산, 소비, 그리고 재생산은 특정한 세대에 한정된 문화가 아닌 새로운 보편적 문화의 양상으로 다가올 것이라 주장한다.

황창근은 정보사회를 규율하는 관련 법을 개괄하고, 변화된 상황에서 나타나는 법적용의 문제점을 제시한다. 아울러 변화된 기술 환경에서 새롭게 등장한 개인의 기본권을 알권리와 개인정보 자기결정권, 정보접근권으로 구분하여 살펴봤다. 고민이 필요한 지점을 명확히 하기 위해 개인의 권리침해와 관련된 다양한 사례를 제시하고, 법적 해결의 의미에 대해서도 논의를 이어갔다.

3부에서는 지능정보사회에서 나타나는 새로운 권력과 그 근거에 대해 논의한다. 지능정보기술에 의해 가능해진 새로운 연결은 새로운 권력의 원천으로 작용한다. 연결된 개인들이 지식과 정보를 공유하던 과거의 패러다임에서 지식과 정보를 매개로 개인들이 연결되는 양상이 지배적으로 나타나고 있다. 이 과정에서 발생하는 집단극화 혹은 분극화polarization 문제는 더 이상 가상공간에서의 갈등이 아닌 현실에서 심각한 민주주의의 위기로까지 문제를 확산시키고 있다.

온라인에서의 집단지성적 활동은 서로 다른 사람들이 모여 자유로운 정보 교환과 지식 공유를 통해 새로운 가치 창출의 근거로 크게 주목받았다. 하지만 이명진은 집단지성의 등장이 갖는 효과만큼이나 거대한 폐해가 출현하고 있다고 본다. 이를 극복하기 위한 해결책으로 전문가의 사회참여와 협업 기반 교육체계의 마련 등 다양한 실천 방안이 모색되어야 한다고 주장한다.

그리고 정보를 선별하고 제공하는 플랫폼이 새로운 권력으로 부상하면서, 정보의 가공과 추천을 둘러싼 알고리즘은 끊임없이 중립성에 대한 요구를 마주한다. 알고리즘 기반 서비스를 제공하는 대표적 기업인 포털은 정보사회에서 새로운 권력으로 부상하며 사회적 책임과 역할에 대한 요구가 증가하고 있다. 유경한은 포털을 이용자 기반의 서비스와 다양한 정보를 제공하는 미디어 사업자이자 사회적 의제를 설정하고 정보에 대한 큐레이션을 통해 여론 형성에 큰 영향을 미치는 미디어 권력이 되었다고 본다. 다양한 자료를 통해 미디어 서비스 제공자, 정보 제공자, 그리고 공론장에서의 포털 권력을 비판적으로 검토하고 있다.

정보의 효용과 가치가 증가하는 만큼 의도적으로 왜곡된 정보인 가짜뉴스의 영향도 커지고 있다. 정보와 뉴스의 영역뿐 아니라 기본적인 사회적 신뢰 저하에 주요 요인으로까지 언급되는 상황이다. 정일권은 가짜뉴스의 해결을 위해 팩트체크 저널리즘이 새롭게 등장했지만 아직 그 영향은 미미하다고 본다. 결국 시민들의 정보 리터러시 제고가 근본적인 대안이 될 것이고, 이는 가짜와 진짜가 모두 공존하는 인터넷 공간의 특성을 이해하는 것에서 시작할 필요가 있다고 말한다.

4부는 지능정보사회의 새로운 가치 창출과 거래에 대한 내용이다. 온라인 시장에서의 거래는 자유로운 정보 활용과 네트워크화된 소비자의 등장으로 정보의 비대칭성이 상당히 극복된 것으로 나타난다. 하지만 거래의 비대면성으로 주체별 기회주의적 행동 역시 존재한다. 박찬웅은 온라인 시장의 불완전성에 대응하기 위해 배태성 전략을 제시한다. 즉, 거래에 있어 신뢰와 평판을 요소로 하는 사회적 배태성이 온라인 행위주체의 기회주의적 성향을 제어할 수 있으리라 전망한다.

정윤혁은 새로운 온라인 경제 시스템으로서 플랫폼에 주목한다. 전통적 거래 방식이나 기업 조직과 차별적 특성을 갖는 플랫폼의 특성 및 유형과 함께 변화된 경제 상황에서의 혁신의 의미를 조명한다. 아울러 플랫폼기업의 승자독식 문제나 지역별 불균형 발전의 위험에 대한 사회적 논의의 필요성을 주장한다.

정보재情報財 혹은 콘텐츠는 정보사회를 구성하는 산물이자 상품이다. 지능정보사회의 전개는 콘텐츠의 생산과 소비에서도 새롭고 다양한 기회를 제공한다. 류영달은 지능정보사회의 발전을 위해서는 건강한 콘텐츠 이용도 필요하지만, 콘텐츠를 둘러싼 이윤과 권리의 합리적 보장도 중요한 요소라고 말한다.

마지막 5부에서는 지능정보사회를 구성하고 있는 핵심 기술과 사회적 환경에 대해 논의한다. 기술의 발전을 통해 가상현실은 더 이상 '가상'이 아닌 '현실'로 재등장했다. 최순욱은 가상현실의 핵심 원리로 이용자가 미디어에 몰입해 미디어의 존재를 잊게 되는 '원격 현전'을 들고 있다. 일상과 산업에서 가상현실의 활용 범위가 늘어나고 있는 상황에서 가상현실의 효용만큼 새롭게 등장한 신체적·윤리적 우려와 위험에 대해서도 관심이 필요한 시점이라고 주장한다.

이상엽은 인공지능과 알고리즘의 기본 개념을 살펴보고, 대표적 인공지능기술인 기계학습 알고리즘과 딥러닝 알고리즘의 주요 개념과 핵심적인 작동원리를 자세히 설명한다. 알고리즘만으로 인공지능기술이 완성되는 것은 아니다. 데이터와 알고리즘은 상호보완적이고 불가분의 관계이다. 방대한 데이터를 의미하는 빅데이터는 지능정보사회에서 기본적 운영과 새로운 가치 창출의 주요 요소로 역할한다. 김도훈은 알고리즘에 대한 오해에서 기인한 과도한 염려와 거부감을 우려한다. 현재 가능한 최선은 알고리즘의 불완전성을 전제하고 위험관리가 가능한 시스템을 설계, 운영하면서 사후 대비책을 마련하는 것이라 주장한다. 알고리즘의 투명성과 설명 가능한 인공지능의 확보도 중요하지만 우선 실현 가능한 생산적 논의에 집중하는 것이 4차 산업혁명시대를 준비하는 바람직한 자세라고 강조한다.

윤호영은 빅데이터의 활용이 가능해진 기술적·사회적 조건들을 설명하며, 인공지능 학습 데이터로서의 활용가치뿐만 아니라 개인의 권리 침해나 데이터 독점으로 인한 불평등의 출현 가능성에 대해서도 경고하고 있다.

끝으로 조정문은 인공지능 관련 윤리 이슈들의 주요 논쟁을 3가지 영역으로 구분하여 소개하며 그 함의에 대해 설명한다. 3가지 영역은 인공지능의 윤리적 주체 논쟁과 인공지능의 윤리적 판단 원칙과 기준에 대한 논쟁, 그리고 인공지능의 생산과 이용을 둘러싼 윤리 논쟁이다. 수많은 논쟁을 통해 인공지능 윤리 관련 이해관계자 간에 합의된 원칙이 도출되기도 했지만, 아직 갈 길은 멀게만 느껴진다.

1998년 한국정보사회학회에서 발간한 《정보사회의 이해》는 우리나라에서 최초로 정보사회를 다룬 본격적인 연구서로 그동안 학자들과 학생들에게 많은 도움을 주었다. 정보사회의 도래에 대한 이론적 논의와 함께 당시로서는 최신의 자료를 제공하며 새롭게 등장한 변화를 체계적으로 이해하는 데 기여한 바가 크다. 하지만, 초판과 부분 개정판 발간 이후 오랫동안 그 자리에 머물러 있었다. 그 사이 선거유세를 위한 여의도의 백만 인파는 사라졌고, 그 대신 인터넷을 중심으로 모인 개인들이 대통령을 만들어 냈고, 탄핵시켰다. 전통적 산업의 대기업들은 IT 관련 기업들로 대체되었다. 다소 시행착오가 있었지만, 신종 코로나 바이러스라는 전대미문의 상황 속에서도 비대면 교육은 자리를 잡아갔다. 지난 20년, 정보기술로 인해 모든 것이 달라졌다고 할 만큼 변화는 크고 깊었다. 그랬기에 전작에 대한 개정에 엄두를 내기 쉽지 않았다.

이번 새롭게 펴낸 《지능정보사회의 이해》의 발간을 위해 많은 분들이 애써주셨다. 우선 학회의 취지에 공감하며 선뜻 원고작업에 동참해 준 열아홉 분의 필자들께 감사드린다. 거듭되는 수정 요구를 적극적으로 수용하며 도와주셨기에 책 작업이 완성될 수 있었다. 여기에는 기획에서부터 필진의 선정 및 스케줄 조정까지 모든 면에서 솔선, 지휘하신 국민대 최항섭 교수의 노고가 컸다. 필자들의 원고를 꼼꼼히 감수까지 하신 최 교수의 헌신적인 분투가 협업의 성과를 가능하게 했다.

어려운 사정 속에서도 흔쾌히 출간을 허락하신 나남출판의 조상호 대표께도 깊은 감사의 말씀을 드린다. 기획의 방향 설정과 책 제목에 이르기까지 함께 고민하신 바가 이 책의 곳곳에 스며들어 있다. 방순영 이사와 편집국 관계자 여러분께도 심심한 감사를 드린다. 특히 방순영 이사께서는 20년 전 초판 작업에도 참여했는데 이번 작업에서도 애를 써주셨다. 거듭 감사드린다.

지능정보기술이 사회의 모든 영역에 미치는 영향이 워낙 방대하기에 이번 《지능정보사회의 이해》에서 미처 다루지 못한 내용이 있을 것이다. 또, 기술의 변화가 워낙 급속하게 이루어지다 보니 오래지 않아 이 책의 논의가 시의성을 갖지 못하게 될 수도 있을 것이다. 이러한 부분을 염두에 두고 앞으로의 개정판 작업에서 보완할 것을 독자들께 약속드린다.

2021년 2월
집필진을 대신하여
배 영 씀.

지능정보사회의 이해

차례

1부

정보사회의 이해: 이론

1장

고전 정보사회 이론
대니얼 벨과 마누엘 카스텔을 중심으로

백경민

이 장의 핵심

이 장에서는 고전 정보사회학자 중 대니얼 벨Daniel Bell과 마누엘 카스텔Manuel Castells을 소개한다. 대니얼 벨은 정치사회학과 사회변동론에 관심을 두고 연구를 진행하였고, 이후 미래사회와 정보사회의 도래에 대해 연구하였다. 특히 그는 《탈산업사회의 도래》라는 저서를 통해 미래사회와 정보사회에 대한 예측을 내놓았다. 그의 핵심 개념은 탈산업사회로, 미래사회가 어떤 형태로 나타나는지 다양한 아이디어를 제시한다.

마누엘 카스텔은 현대의 가장 중요한 정보사회학자로서 정보를 시대 변화의 핵심 키워드로 포착하여, 이에 대해 독창적 개념을 창안하고, 기술과 사회의 복잡한 상호작용을 광범위하고 심층적으로 탐구하여 방대한 저서를 남겼다. 두 학자 모두 정보기술의 발전은 사회의 생산관계, 권력관계, 더 나아가 정치의 영역까지 송두리째 바꾸고 있다는 것을 강조한다.

1. 새로운 사회의 출현: 정보사회

"현대사회는 정보사회다"라는 문장은 이제는 너무도 익숙해서 깊이 생각하지 않아도 받아들일 수 있는 명제가 되었다. 하지만 현대사회는 곧 정보사회라는 주장은 다음과 같은 2가지 주장을 함축하고 있다. 첫째, 현대사회는 과거와는 완전히 다른 사회이다. 이 주장을 살펴보기 위해 먼저 현대 정보사회와 대비되는 사회는 어땠는지를 알아보아야 한다. 그리고 그 사이에 어떠한 질적 차이가 있는지를 확인해야 한다. 둘째, 새로운 사회는 정보가 중요한 역할을 한다. 이 주장을 살펴보기 위해 정보가 현대사회에서 어떤 역할을 하는지, 정보가 어떻게 제도적 변화를 추동하는 역할을 하게 되었는지를 알아볼 것이다.

이를 위해 이 장에서는 고전 정보사회 이론가 중 대니얼 벨과 마누엘 카스텔의 전망을 들여다보고자 한다. 정보사회를 예측하고 조망한 여러 고전 이론가들이 있지만 대니얼 벨과 마누엘 카스텔이 깊이 있는 사회과학적 이론을 제시하고 있기 때문이다. 비록 두 학자는 서로 다른 용어를 사용하여 이론을 전개하지만 서로 유사한 방식으로 정보사회를 예측한다. 이들의 생각을 살펴보고, 이를 바탕으로 정보사회가 무엇인지 탐구할 것이다. 이를 위해 먼저 정보가 무엇인지 정의할 것이다.

정보란 무엇인가?

정보가 무엇인지 이해하기 위해서는 데이터와 정보를 구분해야 한다. 데이터는 자연과 인간의 다양한 활동에 대한 기록을 모아 둔 것이고, 이를 특정한 목적에 부합하게 정리한 것을 정보라고 한다. 또는 데이터에서 추출한 특정한 사실의 총합을 정보라고 하기도 한다. 그런 맥락에서 정보는 지식과 동의어로 사용할 수도 있다.

2. 대니얼 벨

대니얼 벨Daniel Bell은 미국 출신의 사회학자로 1939년 뉴욕시립대를 졸업하고, 〈뉴 리더New Leader〉, 〈포춘Fortune〉 등의 잡지에서 저널리스트와 편집자로 활동하였다. 이후 시카고대, 컬럼비아대를 거쳐 1969년 하버드대 교수가 되었다. 초창기 그는 정치사회학과 사회변동론에 관심을 두었고, 이후 미래사회와 정보사회의 도래에 대해 연구했다. 그는 거대한 정치적·경제적 제도의 변동에 관심을 두고 변동의 방향이 어디인지, 그리고 거대한 변동이 어떻게 개인의 삶에 영향을 미치는지를 탐구했다. 특히 그는 《탈산

대니얼 벨

업사회의 도래》[1]라는 저서에서 미래사회와 정보사회에 대한 예측을 내놓았다(Bell, 1976). 그는 탈산업사회와 정보사회를 암묵적으로 동의어로 사용했다. 따라서 그의 이론을 이해하기 위해 탈산업사회가 무엇인지 알아야 할 필요가 있다(Bell, 1980; Cornish, 2011; Webster, 2014).

1) 탈산업사회 Post-Industrial Society

벨은 사회를 산업화 이전형, 산업화형, 그리고 산업화 이후형으로 구분한다. 산업화 이전형의 사회는 생존을 위해 자연에 의존하는 사회를 의미한다. 즉, 다수의 인구가 채취 산업(농업, 광업, 어업, 임업)에 종사하는 사회를 의미한다. 산업화형 사회는 다수의 인구가 기계를 사용하여 생산 활동에 종사하는 사회를 말한다. 마지막으로 산업화 이후형의 사회는 지식과 정보를 기반으로 서비스를 생산하는 사회이다. 이러한 형태의 사회에서 주된 생산물인 서비스는 운수업과 같은 단순 서비스가 아니라 전문 서비스와 인간 서비스와 같은 전문 지식을 활용하여 인간을 상대로 제공하는 것을 의미한다(Bell, 1976; 1980).

---

1 *The Coming of Post-Industrial Society.*

2) 탈산업사회의 등장 배경

벨은 기술의 발전에 따른 생산력의 증가가 사회의 제도적 변화를 추동한다고 주장하였다. 다시 말해, 그는 한 사회에서 다른 사회로 이행하는 데 가장 중요한 요소는 노동의 합리화 또는 효율화라고 주장한다. 산업화 이전의 사회에서는 사람들이 생계 유지를 위해 토지를 경작하거나 수렵 채취에 매달려야 했다. 이후 기술 발전에 힘입어 모든 사람들이 토지 경작과 수렵 채취에 종사하지 않아도 가족을 부양할 수 있게 되면서 사람들은 농경에서 벗어나 공장에서 일하는 것이 가능해졌다. 이런 과정에서 산업노동이 지배적인 산업사회로 진입하게 되고, 동시에 기술은 더욱더 생산성을 높이는 방향으로 진보한다. 그 결과 산업생산에 종사하는 노동자의 수는 감소하고, 사회 내부에서는 서비스에 대한 욕구가 증가하면서 서비스 영역의 고용기회가 증대된다. 이와 같은 과정이 지속되면서, 벨은 한 사회가 탈산업사회로 진입한다고 주장한다.

벨은 또한 생산의 재료가 탈산업사회로 이행하면서 변화를 겪는다고 주장한다. 앞서 언급한 것처럼, 산업화 이전 사회에서는 토지와 육체노동에 의존한 반면, 산업사회에서는 기계에 의존한다. 이에 반

탈산업사회 기술 발전으로 인해 2차 산업의 생산성 증대가 이루어지고, 이로 인해 2차 산업의 비중이 감소하며, 3차 산업의 비중이 증대된 사회를 의미한다. 탈산업사회에서는 정보기술의 확산, 다양화된 서비스 산업의 확대, 전문직의 비율의 증가를 특징으로 한다.

표 1-1 **사회의 유형 비교**

	산업화 이전 시대	산업시대	탈산업시대
생산 방식	자원채취	제조	정보처리
경제 부문	1차 산업: 농어업/광업	2차 산업: 제조업	3차 산업: 서비스업
가용자원	자연력: 바람, 물, 가축, 인력	인공에너지: 전기, 석유 등	정보
기술	수공업	공업	지식노동
방법론	상식, 경험, 시행착오	경험주의, 실험	추상적 모델, 시뮬레이션, 시스템분석
시간적 전망	과거 지향	임기응변의 적응성, 실험	미래 지향: 예측과 계획
기축원리	전통주의	경제성장	이론적 지식 집대성

출처: Bell (1981)의 표를 편집하여 인용.

해 탈산업사회의 핵심은 바로 정보, 그리고 정보를 조직함으로써 획득할 수 있는 지식이다. 정보는 다양한 형태의 데이터를 의미한다. 그리고 지식은 이 정보를 체계적으로 조직하고 분석하여 만들어진 이론적 진술을 의미한다(Bell, 1976·1981). 〈표 1-1〉은 대니얼 벨이 제시한 3가지 형태의 사회를 요약한 것이다.

3) 탈산업사회의 특징

벨은 현재진행형인 탈산업사회가 다음과 같은 특징이 있다고 보았다.

서비스 경제
상품 생산을 기반으로 하는 경제 구조가 서비스 생산을 중심으로 재편된다. 따라서 상품 생산에 종사하는 산업노동자의 수는 감소하고, 서비스를 제공하는 전문가의 비율이 증가한다. 궁극적으로는 극소수의 사람만이 공장에서 일하고, 대부분의 노동은 로봇에 의해 '대체'된다 (Bell, 1976; Webster, 2014).

직업분포

앞서 언급한 것처럼, 산업노동자의 감소와 더불어 전문직과 기술직의 비율이 늘어난다. 그리고 이와 함께, 과학자나 전문기술 보유자와 같은 고학력층이 뚜렷이 증가한다. 다시 말해, 사람들이 산업화시대를 통과하면서 발생한 부를 통해 그것을 소비할 새로운 대상으로 발견하고, 이는 서비스노동의 고용기회를 지속적으로 창출한다(Bell, 1976; Webster, 2014).

사회운영의 기본원리

사회의 의사결정 및 관리가 이론적 지식에 근거해 이루어진다. 이는 탈산업사회에서 사용하는 생산의 재료가 바로 정보와 지식이라는 것과 일맥상통한다(Bell, 1976; Webster, 2014).

미래지향

이론적 지식을 바탕으로 미래를 예측하고 대비할 수 있게 된다. 이는 인간으로 하여금 시간적 제약에서 벗어나 미래지향적 정향orientation을 갖게 한다(Bell, 1976; Webster, 2014).

4) 탈산업사회에 대한 비판

대니얼 벨의 탈산업사회에 대한 이론은 다가올 미래사회에 대해 풍부한 통찰력을 제공하지만 동시에 많은 비판을 받는다. 그의 이론에 대한 비판은 크게 3가지로 요약할 수 있다.

기술결정론적 관점

벨에 따르면 사회변동의 주요 원인은 생산성의 향상이고 이를 가능하게 한 것은 바로 획기적인 기술의 발전이다. 기술 발전에 따라 생산성이 향상되어야만 탈산업사회의 도래라는 그의 주장을 뒷받침하는 논거로 제시되는 서비스 고용이 유지될 수 있다.

하지만 이러한 논리는 기술결정론적 관점의 오류를 그대로 답습하고 있다. 특히 벨은 현대사회가 사회 구조, 정치, 문화 등 세 영역으로 나뉘어져 있으며, 각 영역은 서로에게 영향을 줄 만큼 통합되어 있지 않다고 주장한다. 따라서 그는 오로지 기술만이 사회 구조의 변화를 추동한다고 여기며, 문화와 정치 간 어떤 상호작용을 주고받는지에 대한 논의에는 크게 신경을 쓰지 않는다(Webster, 2014).

서비스 산업 증가에 대한 오해

벨은 탈산업사회의 도래에 대한 증거로 서비스 부문이 확장되고 있다는 사실과 더불어 농업과 공업에 종사하는 노동자의 비율이 지속적으로 감소하고 있다는 사실을 제시한다. 그리고 이를 바탕으로 농업과 공업의 생산성 증가가 탈산업사회로 이행할 수 있게 한다는 논리를 이끌어 낸다. 그러나 이에 대한 반례로 제3세계 국가들은 3차 산업이 과잉화되어 있다. 제3세계 국가들이 선진적인 탈산업사회에 진입했다고 주장할 근거는 어디에도 없다.

또한 농업에서 공업으로, 공업에서 서비스 산업으로 고용이 이행한다고 주장하지만, 실제 나타나고 있는 일반적 현상은 농업에서 서비스 산업으로의 이행이다. 더구나 벨은 서비스 산업을 제조업과 대비해 설명할 뿐, 그에 대해 명확한 정의조차 내리지 못했다(Gershuny, 1978; Gershuny & Miles, 1983).

시대 연속성에 대한 오해

벨은 탈산업사회는 이전 시대와는 구분되는 새로운 종류의 시대라고 주장한다. 특히 정보를 통해 산출된 이론적 지식이 지배하는 고도 근대성의 시대로 접어든다고 주장한다. 하지만 탈산업사회가 과연 과거와는 다른 시대를 의미하는지에 대한 논란이 있다. 먼저 정보와 지식의 강조는 산업사회에서 생산 재료의 우선순위가 변경된 결과일 뿐이라는 의문을 제기할 수 있다. 또한 서비스 산업이 성장하여 기존 산업을 대체해 '질적으로' 새로운 사회를 형성한다는 주장은 과거와 현재의 연속성을 무시한다는 비판을 받을 수 있다(Webster, 2014).

3. 마누엘 카스텔

마누엘 카스텔Manuel Castells은 서던캘리포니아대 교수이며 권위 있는 정보사회학자, 커뮤니케이션 학자로서 네트워크사회, 정보사회에 대한 폭넓은 이론을 제시하였다. 그의 학문적 특징은 정보를 시대 변화의 핵심 키워드로 포착해, 이에 대해 독창적 개념을 창안하고, 기술과 사회의 복잡한 상호작용을 광범위하고 심층적으로 탐구해 방대한 저서를 남기고 있다는 것이다. 정보시대 3부작(《정체성 권력》, 《네트워크 사회의 도래》, 《밀레니엄의 종언》)으로 대표되는 저서에서 그는 현시대의 변화를 이해하는 데 유용한 분석적 도구를 제공한다.

　그는 먼저 우리들의 삶에 밀접하게 다가온 정보기술혁명에 주목한다. 컴퓨팅, 유비쿼터스, 이동통신, 생명공학의 혁명적 발전, 전자적으로 통합된 전 지구적 금융시장, 가상과 현실의 융합문화, 다양한 플랫폼, 전자적 커뮤니케이션, 미디어 컨버전스media convergence 등을 추동하고 있는 정보기술혁명은 삶의 운영 방식이 되어 버렸다. 다시 말해 정보기술혁명을 통해 우리는 소통의 방식, 생산의 방식, 거래의 방식, 삶과 죽음의 방식을 모두 바꾸어 버렸다.

　카스텔은 기술결정론의 오류를 넘어서기 위해 이러한 정보기술의 혁명적 변화

마누엘 카스텔

를 가능하게 만든 사회적 조건, 그리고 그러한 정보기술의 변화가 만들어 낸 제도 전반의 변화에 대해 주목한다. 그리고 자신은 단순히 미래를 예측하는 것이 아니라 방대한 데이터를 바탕으로 정교하게 현실을 분석하고 있음을 강조한다(김남옥, 2016).

1) 네트워크사회 Network Society

카스텔의 정보사회 이론을 관통하는 대표적 키워드는 바로 네트워크다. 카스텔은 이전 시대와 현재 등장하는 정보화시대를 질적으로 구분해주는 하나의 특징으로 네트워크의 등장을 지목한다. 카스텔의 핵심 주장은 정보사회로 이행하면서 분리되었던 사회의 주요 기능과 생산 과정이 네트워크를 통해 서로 유기적으로 연결되기 시작했다는 것이다. 그리고 이렇게 네트워크가 주요한 특징이 되는 정보사회를 그는 네트워크사회로 규정한다. 네트워크는 특정 공간을 점유하고 있는 노드node들과 이들을 연결시켜주는 선line을 포괄하는 개념이다.

노드는 특정한 행위자agency로서 개인일 수도, 조직일 수도, 그리고

네트워크사회 　마누엘 카스텔이 정보사회의 특징으로서 제시한 개념이다. 네트워크는 특정 공간을 점유하는 노드들과 이들을 연결시키는 선을 포괄하는 개념이다. 정보사회로 이행하면서 분리되어 있었던 사회의 주요 기능과 생산 과정이 네트워크를 통해 서로 유기적으로 연결되기 시작했다는 것이다. 그리고 이렇게 네트워크를 통해 사회 전체가 연결됨으로써, 개방성, 유연성, 복잡성, 연결성이라는 특징을 가지게 되고, 단선적인 명령 체제가 아니라 상호 소통이 중요한 사회원리가 된다.

그림 1-1 네트워크 형태

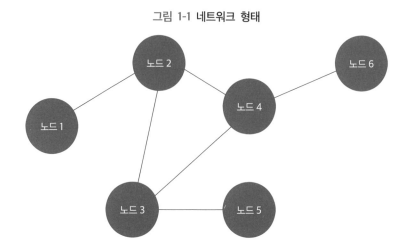

국가일 수도 있다. 네트워크에서 중심은 존재하지 않는다. 이는 서로 다른 지점을 점유하고 있는 노드들이 상호 소통하여 새로운 노드들을 선을 통해 연결함으로써 네트워크는 무한히 확장할 수 있는 역동적이고 개방적인 구조를 가진다는 것을 의미한다.

따라서 네트워크가 핵심 작동원리가 되는 정보사회는 개방성, 유연성, 복잡성, 연결성이라는 특징을 갖게 되고, 단선적 명령 체제가 아니라 상호 소통이 중요한 사회원리가 된다. 네트워크가 사회의 중요한 작동원리가 되면서 생산관계, 권력관계, 그리고 개인의 자아에 이르기까지 사회 구조의 대대적인 전환이 발생하게 된다.

그리고 상호 연결이 핵심인 네트워크사회에서는 특정 사건이 지역에 국한되는 것이 아니라 지역적 사건인 동시에 지구적 사건으로 전환될 수도 있다. 〈표 1-2〉는 네트워크사회와 이전 시대의 특징을 요약한 것이다.

표 1-2 발전양식 패러다임

	농업문명	산업문명	정보문명
발전양식	농업적 발전양식	산업적 발전양식	정보적 발전양식
생산성 증가요인	생산수단의 양적 증가	신에너지원 도입과 에너지 사용의 질	지식의 질
기술 패러다임	전 산업주의	산업주의	정보화주의

출처: 김남욱(2016)의 표를 편집하여 인용.

2) 네트워크사회의 특징

이 절에서는 네트워크사회의 특징을 생산관계와 권력관계, 그리고 미디어 정치로 나누어 상세히 살펴보려 한다. 정보기술의 혁명적인 발전에 따라 생산관계의 변화가 가장 먼저 나타난다. 그리고 이는 권력관계의 변화, 그리고 정치 지형도의 변화를 이끌 수 있다.

생산관계와 권력관계

정보기술의 발전은 원거리 통신, 정보의 저장과 가공을 가능하게 만들었다. 노동의 유연화와 함께 이러한 정보기술의 발전이 생산에 관한 새로운 방식의 의사결정을 가능하게 하였다. 기존 자본주의 체제에서 생산력의 핵심은 지역적으로 동원 가능한 노동의 효율적 배치와 활용이었다고 한다면, 정보화시대에서는 전 지구적으로 조직된 자본, 노동, 원자재, 경영, 정보, 기술, 시장에 대한 정보를 발달된 정보기술의 도움으로 수집하고 이를 바탕으로 지식을 생산하고 그 지식을 생산현장에 적용하게 된다.

카스텔은 정보기술을 매개로 재편된 새로운 자본주의를 '정보자본주의'라 부른다. 정보자본주의 체제에서 생산의 핵심은 육체노동에서 정보의 수집과 가공 처리로 옮아가게 된다. 따라서 전통적인 노동자 계급이 정보기술과 지식을 창출할 수 있는 고급 지식노동자로 대체되면서 자본가 계급과 전통적인 임금노동자 사이에 형성되었던 ('마르크스'의 사회변동 도식에서 나타나는) 생산관계와 권력관계가 변화한다. 급격하게 변화하는 환경에 대응하기 위해 조직의 유연성이 강조되고, 이와 함께 기업의 네트워크가 더욱더 중요해진다. 이런 상황 속에서 지식노동자의 창조성, 유연성이 더 강하게 요구된다. 노동자들은 개인화된 프로젝트를 수행하고, 노동 조건은 유연해진다. 이런 정보자본주의의 변화는 노동이 산업화시대의 전통적인 노동과는 현격히 다른 특성을 갖도록 만들고 있다(Castells, 2007·2011; Webster, 2014; 김남옥, 2016).

미디어 정치

카스텔은 주된 관심은 네트워크사회로 진입하면서 발생하는 권력관계의 변화이다. 그리고 그는 네트워크사회에서 권력을 창출하고 이행하는 데 미디어가 가장 중요한 역할을 수행한다고 주장한다. 카스텔은 기본적으로 우리는 매개된 세계에 살고 있다고 주장하면서, 정치 역시 그 매개된 세계에서 ― 다시 말해 미디어에 의해 매개된 세계에서 ― 이루어진다고 말한다.

이런 맥락에서 카스텔은 네트워크사회에서 정치는 근본적으로 '미디어 정치'라고 주장한다. 많은 매스 커뮤니케이션들이 스캔들, 정보조작, 쇼 정치를 이용하여 특정한 이미지를 대중 속에 각인시키려 했다. 하지만 최근 매스 커뮤니케이션에서 '매스 셀프 커뮤니케이션'으로 미디어의 형태가 이행하면서, 권력의 창출과 이행 방식도 달라졌다. 매스 셀프 커뮤니케이션이란 페이스북이나 유튜브와 같이 개인 또는 소규모 집단이 스스로 생산한 메시지를 대규모 수용자에게 전달할 수 있는 방식을 의미하고, 이는 올드미디어라고 불리는 기존의 매스 미디어와 구분되어 뉴미디어라고도 불린다.

새로운 공유지로 등장한 온라인 공간의 뉴미디어는 사람들의 마음과 정신을 차지하기 위한 또 다른 투쟁이 일어나는 새로운 장소로 등장했다고 주장한다. 그리고 이 공간에서 기존 미디어가 구성했던 세상에 대항하기 위한 창조적 기회가 탄생한다고 주장한다. 그런 뜻에서 인터넷은 카스텔에게 새로운 정치도구로서 의미를 지닌다(Castells, 2013; 김남욱, 2016).

3) 네트워크사회에 대한 비판

마누엘 카스텔의 네트워크사회 이론은 정보사회의 도래에 대해 풍부한 통찰력을 제공한다. 그리고 최근 등장한 정보사회 이론 중 가장 고전의 위치를 점하고 있다. 하지만 그 역시 비판에서 자유로울 수는 없는데 그의 이론에 대한 비판은 크게 두 가지로 요약할 수 있다.

기술결정론적 관점

마누엘 카스텔 역시 대니얼 벨처럼 기술결정론적 관점을 일정 부분 지지하는 것으로 보인다. 카스텔은 정보와 지식을 전문적으로 다룰 수 있는 고급 노동자의 출현이 세계를 변화시킨다고 주장하면서 대니얼 벨의 주장과 유사하게 교육받은 엘리트의 역할을 강조한다. 그리고 이러한 입장은 다분히 기술결정론과 연결될 수 있다.

다시 말해 기술이 발전하고, 그러한 기술 변화를 이해하며 활용할 수 있는 사람들이 권력의 상층부로 올라선다는 것이다. 이러한 주장은 기술 발전이 자연스러운 불평등을 초래한다는 전제를 함축하고 있다. 또한 그의 주장은 특권적인 출신 배경에 따라 네트워크사회에서도 특권이 유지된다는 기존의 계층연구의 증거와도 상충된다(Robins & Webster, 1986).

정보 전문가에 대한 개념의 모호성

카스텔은 전문가를 굉장히 광범위하게 정의함으로써 현실에 적실適實한 분석틀을 제공하는 데 실패했다. 그는 정보통신기술을 쉽게 이용할 수 있을 정도의 고등교육을 받은 사람, 제도적 문제에 대한 조직화를 촉진하는 능력이나 글쓰기, 전략수립 능력을 가진 일반적 범주의 관리자 등을 모두 전문가로 간주한다. 그의 관점에서는 주식 중개자, 신문기자, 수리水理 공학자, 의사 등이 모두 정보 전문가로 간주된다. 하지만 이들 집단의 공통점은 단지 교육수준이 높다는 것밖에 없다. 정보 전문가에 대한 그의 정의는 너무 광범위해서 현실에서 분석적인 유용성을 갖지 못한다(Webster, 2014; 김남옥, 2016).

4. 전망과 결론

두 학자의 이론은 모두 공통적으로 다소 기술결정론적이란 한계가 있지만 다가올 정보사회를 이해할 수 있는 통찰력을 제공한다. 대니얼 벨은 기술 발전으로 공업 생산력이 증대하고, 서비스 산업이 확장되며, 나아가 탈산업사회가 도래한다고 보았고, 마누엘 카스텔의 경우 네트워크 형태로 개인, 기업, 국가가 연결되며, 이 네트워크에서는 유연성과 지식이 더욱더 중요해진다고 주장했다. 이러한 제도 차원의 변화는 노동자와 자본가로 대변되는 기존의 계급관계가 무너지고, 정보를 통해 이론적 지식을 획득한 전문가와 전문성을 지니지 못한 노동자로 계급 구조가 재편되는 양상을 불러오리라고 예측할 수 있다.

다시 말해 이들의 정보사회에 대한 이론은 다가올 사회가 장밋빛으로 가득하기보다는 양극화가 더욱더 심한 형태일 수 있다는 경고로 읽을 수 있다.

예상 출제 문제

1. 현대사회는 대니얼 벨의 관점에서 탈산업사회인가? 그렇다면, 혹은 아니라면 그 근거는 무엇인가?

2. 현대사회는 마누엘 카스텔의 네트워크사회인가? 그렇다면, 혹은 아니라면 그 근거는 무엇인가?

3. 대니얼 벨과 마누엘 카스텔이 바라보는 미래사회의 이론적 공통점과 차이점은 무엇인가?

더 보기

김남옥(2016), 《마누엘 카스텔》, 커뮤니케이션북스

김명준(2007), 카스텔(Castells)의 '네트워크 사회'(Network Society) 론에 관한 커뮤니케이션학적 의미의 고찰, 〈한국언론학보〉, 51(2), 283~307.

다니엘 벨 저, 박형신·김원동 역(2006), 《탈산업사회의 도래》, 아카넷.

카스텔 마누엘 저, 김묵한·박행웅·오은주 역(2014), 《네트워크 사회의 도래》, 한울.

프랭크 웹스터 저, 조동기 역(2016), 《현대 정보사회 이론》, 나남.

참고문헌

김남옥(2016), 《마누엘 카스텔》, 커뮤니케이션북스.

Bell, D. (1976), *The Coming of Post-Industrial Society*, Basic Books.

_____(1980), *The Winding Passage: Essays and Sociological Journey 1960~1980*, The MIT Press.

_____(1981), The Social Framework of the Information Society, in Tom

Forester (ed.), *The Microelectorics Revolution*, The MIT Press, 500~
549.

Castells, M. (2004), Informationalism, Networks, and the Network Society:
A Theoretical Blueprint, in Manuel Castells (ed.), *The Network
Society: A Cross-Cultural Perspective*, 3~45.

_____ (2007), Communication, Power and Counter-Power in the Network
Society, *International Journal of Communication*, 1(1), 238~266.

_____ (2011), *The Rise of the Network Society*, John Wiley & Sons.

_____ (2013), *Communication Power*, Oxford.

Cornish, E. (2011), Daniel Bell and the Post-Industrial Society, *The
Futurist*, 45(3), 63~64.

Gershuny, J. (1978), *After Industrial Society?: The Emerging Self-Service
Economy*, Macmillan International Higher Education.

Gershuny, J., & Miles, I. (1983), *The New Service Economy: The Trans-
formation of Employment in Industrial Societies*, Greenwood.

Robins, K., & Webster, F. (1986), *Information Technology: A Luddite
Analysis*, Greenwood Publishing Group Inc.

Webster, F. (2014), *Theories of the Information Society*, Routledge.

Zins, C. (2007), Conceptual Approaches for Defining Data, Information,
and Knowledge, *Journal of the American Society for Information Science
and Technology*, 58(4), 479~493.

최신 정보사회 이론

임동균

이 장의 핵심

빅데이터와 인공지능의 비약적 발달, 소셜 미디어의 진화와 기업에 의한 사용자 데이터의 축적, 플랫폼기업의 등장 등으로 21세기 정보사회는 이전과는 질적으로 다른 모습을 보이고 있다. 이러한 변화는 우리 사회를 근본적으로 바꾸면서도 대단히 빠른 속도로 진행되고 있어 그 실체를 정확하게 파악하기란 쉽지 않다.

2000년대 이후 등장한 정보사회 이론들은 그러한 변화를 다양한 관점에서 해석하고자 시도한다. 정치경제학적 관점과 비판이론의 전통에 있는 이론들에서는 정보사회의 변화들을 자본주의적 맥락 안에서 파악하고, 기업자본주의와 소비자자본주의의 효과에 주목한다. 아울러 알고리즘에 의해 자동화된 시스템 안에서 사는 개인들이 소외되는 현상, 인간의 삶의 모든 영역이 데이터화됨에 따라 생겨나는 문제들에 주목한다. 대기업들이 제공하는 플랫폼상에서 많은 사회적 상호작용이 이루어지는 현상에 대해서도 비판적 시각이 제기된다. 이와는 반대로, 정보통신기술의 발전에 의해 일반인들에게도 창조와 참여의 기회가 제공된다는 긍정적 시각을 제시하는 연구와 관점 또한 존재한다.

아울러 구체적 사례 분석을 통해, 실제 현실에서는 그와 같은 부정적·긍정적 요소들이 서로 경쟁하면서, 어느 한쪽으로 쉽사리 힘의 균형이 무너지지는 않고 있음을 심층적으로 보여주는 연구 또한 제시되고 있다. 또한 인터넷과 소셜 미디어 등에서 이미지는 어떻게 생산되고 유통되며 그것이 어떤 정치적 효과를 갖는지에 대해서도 연구가 활발하게 이루어지고 있다.

정보사회의 현실과 변화에 대한 이와 같은 정교한 분석과는 별개로, 그러한 변화가 낳은 부정적 결과에 어떻게 대응하고 어떻게 문제를 해결해 나갈 것인지를 논의하는 것 또한 중요한 지적 흐름으로 자리 잡고 있다. 시민의 참여와 공공성을 갖춘 미디어 환경 구축, 인터넷과 미디어를 지배하는 기업의 힘을 제어할 수 있게 하는 공적 가치에 대한 강조와 법제도 구축, 정보윤리의 발전 등이 그것이다.

1. 들어가며

21세기 들어 정보통신기술과 빅데이터, 인공지능이 비약적으로 발전하고 소셜 미디어와 인터넷의 질적 변화가 이루어짐에 따라, 그로 인해 파생된 다층적 효과들에 대한 이론적 해석 또한 다양하게 등장하였다. 이 글에서는 그러한 정보사회 이론들의 중요 부분을 개괄하도록 한다.[1] 이 장은 비록 '이론'에 초점을 맞추고자 하지만, 실질적으로 현대 정보사회에서 등장하는 많은 이론적 관점들은 실제 현상과 사례들

---

[1] 21세기 정보사회에 대한 분석은 매우 방대하면서 다채롭게 진행되기 때문에 이 장에서 모두 소개하기란 불가능에 가깝다. 따라서 커뮤니케이션학, 미디어학, 철학, 사회학 등에서 이루어지는 몇 가지 주요 흐름을 탐색적으로 요약하는 것을 목적으로 두었다.

에 주목하는 경우가 많아 순수한 이론적 작업만을 다루는 것은 어려울 뿐 아니라 바람직하지 않기도 하다.

또한 2000년대 이후에 제시된 다양한 정보사회 이론은 특정한 소수의 대가들이 담론을 지배하고 있다거나, 특정한 이론적 관점(예: 비판이론, 맑시즘)을 바탕으로 한다기보다는, 여러 가지 이론적 관점과 경험적 연구가 혼재된 모습을 나타낸다. 따라서 이 글에서도 소수의 학자들에 집중하거나 순수한 이론적 작업에 주목하기보다는, 이러한 지적 지평의 다양성과 복잡성을 드러내는 형태로 여러 작업들을 소개하기로 한다. [2]

2. 정보사회에 대한 비판적·정치경제학적 해석

정보사회를 해석하는 주된 이론적 관점 중 하나는 정보사회가 어떻게 시장경제질서에 배태되어 있는지를 밝히고, 그 특성을 자본주의적 질서의 맥락에서 해석하는 것이다. 이는 맑시즘, **비판이론**, 정치경제학적 접근의 영향을 받은 이론들에서 공통적으로 나타나며, 시장의 압력으로부터의 영향, 정보의 상품화, 기업자본주의에 의한 정보사회

---

[2] 2000년대 이후에는 정보사회에 대한 논의가 상당 부분 전문 학술지(예: *The Information Society*, *Information, Communication, & Society*)에서 이루어지고 있다. 아울러, 중요하고 의미 있는 연구들이 여러 연구자가 참여하는 편저 형태로 출간되는 경우가 많다(예: Papacharissi, 2011). 하지만 이 글에서는 효율성을 고려하여 단행본으로 출판된 연구를 중심으로 다루었다.

비판이론(Critical theory) 1920년대에서 1940년대까지 독일 프랑크푸르트와 미국 뉴욕에서 활동했던 일군의 학자들이 견지한 이론적 관점이자 경향성으로, 프랑크푸르트학파의 사상으로도 불린다. 양차 세계대전을 낳은 서구 합리성에 대한 반성, 자본주의의 병폐와 자본주의적 문화에 대한 비판, 맑시즘과 정신분석학에 영향을 받은 모습을 보인다. 대표적 학자로 호르크하이머, 아도르노, 마르쿠제 등이 있다. 인간을 제약하는 총체적·사회적 조건들을 변화시킬 수 있는 지식과 비판, 변화를 추구한다.

의 지배와 통제, 불평등의 심화, 그리고 그것들의 초국적 성격 등이 주된 이슈가 된다(Webster, 2014). 허버트 쉴러Herbert Schiller의 작업들이 그러한 전통에서 이루어진 주요 연구 중 하나라고 할 수 있다. 이와 같은 관점에서 정보사회를 해석할 때, 정보사회의 많은 특징들이 그 다양한 새로움에도 불구하고 기본적으로는 자본주의적 바탕 위에서, 혹은 거시적인 정치경제적 틀의 연속성 위에서 작동한다는 가정을 하고 분석하는 경우가 많다. 이 절에는 이러한 시각을 반영하는 학자 몇 명을 제시한다.

1) 베르나르 스티글레르

베르나르 스티글레르Bernard Stigler는 기술, 정보, 미디어와 관련된 사회변동을 깊이 있게 분석한 프랑스의 철학자이다. 그는 디지털기술의 발전에 따른 사회적 변화를 철학적으로 그리고 비판적으로 고찰하는데 가장 큰 영향을 남긴 학자 중 한 명이다. 자크 데리다의 제자인 그는 1990년대부터 2020년까지 매우 방대한 저작물을 내놓은 것으로도

유명하다. 1994년부터 2001년까지 3권으로 출간된 《기술과 시간》[3]
에서 그는 기술이 인류 문명의 탄생부터 핵심에 놓여 있었고 철학이
이를 간과하였음을 밝히는 동시에, 인류의 역사를 철학적으로 고찰하
면서 시간성을 고려하고 그에 기초해 인류의 미래를 예상하고자 한다
면 기술의 문제를 핵심적으로 고려해야 한다고 주장한다.

기술 환경의 철학적 의미와 해석, 그리고 이를 바탕으로 한 문명의
진단과 닥쳐올 미래의 문제에 대한 조명은 이후의 저작들을 관통하는
주제의식이 된다.

현대의 문제들을 바라보는 스티글레르의 해석은 결코 낙관적이거
나 낭만적이지 않다. 그만큼 인간의 비참과 고통에 예민한 촉각을 세
우고 진단을 내린다. 《상징적 비참》(2004)[4]에서 그는 디지털기술이
발전하고 소비주의적인 자본주의사회에서 개인들은 더 이상 창의적으
로, 비판적으로, 독립적으로 사고하고 행동하기 힘들고, 기술에 의해
주어지는 것만을 소비할 수밖에 없는 상태에 놓이게 된다고 주장한다.

이는 마치 물리적으로 프롤레타리아가 자본가에게 종속되고 착취
당하는 모습처럼, 상징적 영역에 있어 인간의식이 미디어를 포함한
시장이 제공하는 온갖 상품들에 관심을 빼앗기고 종속된 상태, 체계
화된 마비 상태에 놓인 것을 묘사한 것이다.

2015년에 출간된 《자동화사회》[5]에서는 알고리즘에 의해 대부분의

---

3 *La technique et le temps.*
4 *Symbolic Misery.*
5 *La Société Automatique*

의사결정이 자동으로 이뤄지는 '초통제hyper-control' 사회에서 사람들의 일과 일상은 어떻게 될 것인지를 논의한다. 여기서 자동화는 단지 인공지능과 기계에 의한 자동화뿐 아니라, 인간, 기계, 세포 등과 같은 유기체가 기본적으로 가지고 있는 속성이며, 자동화사회에서는 그러한 자동화의 범위가 더욱 확장되고 심화된다. 스티글레르는 그러한 자동화 체제에서 벗어나는 것, 삶의 미학적 부분을 되찾는 것, 계산적 자본주의computational capitalism에 의해 박탈되는 진정성에 기초한 사고의 능력을 갖추는 것, 그리고 생산이나 소비가 아닌 (공동체와 관련된) 참여와 기여가 현대사회의 깊어져 가는 광기狂氣에 맞서 인간이 자신을 지킬 수 있는 방법임을 역설한다.

2) 닉 쿨드리

닉 쿨드리Nick Couldry는 '데이터 식민주의data colonialism'로 현대 정보사회의 총체적 흐름을 요약한다. 그는 데이터가 현대의 새로운 석유라는 표현과 달리, 데이터는 자연에서 얻는 것이 아니라 인간의 모든 일상을 데이터로 전환시키고 전유하는 과정에서 만들어지며, 이것이 사회적 차별과 행동에 미치는 영향을 해석하기 위해서는 식민주의의 렌즈를 통해 보는 것이 정확하다고 주장한다.

이는 자본주의가 인간의 삶이라는 새로운 착취의 영역을 개척한 것이고, 삶의 자본화라는 자본주의적 움직임이라는 해석이다(Couldry, 2019; Couldry & Mejias, 2018).

쿨드리는 또한 이보다 더 근본적인 수준에서, 사람들의 일상과 사회가 어떻게 데이터화, 플랫폼, 소셜 미디어 등을 통해 '심층 **미디어화** deep mediatization'를 거치며 구성되는지를 분석한다. 그는 지난 600년간 기계화, 전기화, 디지털화, 그리고 데이터화라는 거시적 미디어화 과정을 통해 인간의 의미작업과 사회적인 것이 매개되고 만들어지는 역사를 밝힌다. 이러한 해석적 작업에는 브루노 라투르, 루만, 엘리아스 등의 관계론적 시각이 깊게 녹아 있다(Couldry & Hepp, 2017).

3) 콜린 쿠프먼

쿨드리가 미디어화의 역사를 살펴보았다면, 콜린 쿠프먼Colin Koopman은 '정보적 인간informational person'의 계보학을 파헤치는 작업을 펼친다. 쿠프먼은 제2차 세계대전 이후부터 정보사회로 진입하기 시작되었다는 통상적 믿음을 반박하고, 인간에 대해 정보적으로 접근하고 이를 수집, 관리하는 작업이 20세기 초반부터 어떻게 이루어졌으며, 그것이 18~19세기에 이루어진 국가 통치도구로서의 통계 수집이나, **푸코**가 말하는 생명정치biopolitics와 훈육의 과정과 어떻게 다른지를 설명한다. 이는 쿠프먼이 '정보정치학infopolitics'이라고 이름붙인 것으로서, 개인의 정보가 정규 포맷에 맞는 형태로 수집, 처리, 저장되는 역사적

미디어화(mediatization) 개인이 행위를 하거나 다른 개인들, 사회, 환경과 상호작용할 때 기술이나 미디어 조직에 의해 그 방식과 과정이 결정적으로 영향 받음을 의미한다. 특히 미디어 테크놀로지가 대면 상호작용과 일상적 실천, 그리고 사회의 전 영역에 영향을 미치는 것을 묘사하는 용어이다.

과정에 주목한다.

　그리고 그 과정에서 개인에 대한 정보, 개인이 가지고 있는 정보가 결코 권력 중립적일 수 없는 것을 고려했을 때, 듀이나 하버마스가 이상으로 삼았던 소통을 통한 민주주의, 소통에 기반한 합리성 개념이 가지고 있는 본연적 한계를 지적한다. 이러한 비판적 서술을 쿠프먼은 한편으로는 문제를 새롭게 제기하는 계보학적 작업으로서, 다른 한편으로는 문제를 해결하는 프래그머티즘pragmatism적 작업으로서 풀어 나간다.

4) 저스틴 루이스

미디어와 정치의 관계에 대해 연구한 저스틴 루이스Justin Lewis는 미디어와 정보 산업이 '소비자자본주의consumer capitalism'에 종속되었음을 강조한다. 소비자로서 시민들이 미디어를 소비하는 사회에서는, 사람들의 상상력이 근본적으로 제한되고, 발전과 혁신은 모바일 기기의 성능에 국한되며, 사람들은 소비의 쳇바퀴 위에서 끊임없이 달리면서 진정한 인간의 진보라고 하는 것에 대해 상상할 수 없게끔 된다는 시각을 루이스는 제시한다(Lewis, 2013).

5) 크리스티안 푸흐스

오스트리아의 사회학자 크리스티안 푸흐스Christian Fuchs는 《디지털 노동과 칼 마르크스》(2014),[6] 《미디어를 점령하라! 자본주의 위기에서의 점령 운동과 소셜 미디어》(2014),[7] 《비판적 미디어학과 정보학의 원천들》(2011)[8] 등, 비판이론적 관점에서 미디어와 정보사회의 특징들을 밝히고자 하는 노력이 담긴 작품들을 저술하였다.

3. 정보사회의 격차와 불평등

이상과 같이 이론적 전통이나 관점에 강하게 초점을 맞춘 형태로 정보사회를 분석하는 경우들 외에도 불평등, 격차, 감시 등 정보사회의 부정적 측면을 조명하는 연구들 또한 다양하게 제시되었다. 이와 관련하여 전통적으로 중요한 주제 중 하나인 디지털 격차digital divide가 있다. 디지털기술과 산업의 발전이 새로운 유형의 불평등을 만들어 내

---

6   *Digital Labour and Karl Marx.*
7   *OccupyMedia! The Occupy Movement and Social Media in Crisis Capitalism.*
8   *Foundations of Critical Media and Information Studies.*

고, 이는 기존의 불평등을 더욱 강화하는 형태로 작동한다는 것이다.

대표적인 정보사회 관련 이론가 중 한 명인 얀 판 데이크Jan van Dijk는 1990년대 말부터 일찌감치 새롭게 등장한 디지털 격차의 양상에 대하여 논의했으며, 2000년대에 들어서도 《디지털 격차》(2020), 《심화되는 격차》(2005) 등의 저작을 통해 인터넷, 뉴미디어가 만들어 내는 새로운 불평등의 양상에 대하여 연구하였다. 그는 그의 '자원과 전유appropriation이론'을 종합적인 개념적 틀로 활용하여, 사회문화적 접근, 관계론적 접근, 행동주의적 기술 수용 접근 등 다양한 이론적 관점을 통합, 디지털 미디어를 통해 제공되는 자원과 그것을 전유하는 과정이 어떻게 양적인 되먹임feedback 과정을 거쳐 사회적 불평등을 강화시키는지 보여준다. 이는 디지털 미디어 사용에 있어 계급의 문제를 고려하는 것이 필수적이며, 관계론적 관점과 비판적·사회학적 관점이 필요함을 보여준다.

다른 한편 빅데이터의 축적과 활용, 플랫폼기업의 데이터 독점 등의 문제가 생기면서 빅데이터와 알고리즘에 의해 불평등이 커지고 민주주의가 침식된다는 주장이 2000년대 이후 등장한 여러 학자들의 작업에서 주요하게 다루어지고 있다. 캐시 오닐Cathy O'Neil의 《대량살상 수학무기》(2016)[9]가 그중 하나이다. 그러한 기술적 바탕 위에서 이루어지는 감시의 문제 역시 중요한 주제이다.

쇼샤나 주보프Shoshana Zuboff는 《감시자본주의의 시대》[10]에서 디지

---

9 *Weapons of Math Destruction.*
10 *The Age of Surveillance Capitalism.*

털기술에 의해 상시적으로 빅브라더big brother 체제가 도래하면서 사람들의 일거수일투족이 모니터링되고 사람들의 행동에 대한 예측이 데이터화되어 상품으로 사고파는 대상이 되었다고 한다. 또한 인간들의 행동이 수익을 창출하는 방향으로 교묘하게 조정된다는 주장을 통해 새로운 정보사회에서 인간의 주체성과 자유, 민주주의가 침식당할 수 있음을 보여준다(Zuboff, 2020).

애스트라 테일러Astra Taylor는 이와 같이 현재의 인터넷, 플랫폼이 불평등을 강화시키는 쪽으로 작동해 왔으며, 이에 맞서기 위해서는 사람을 위한 플랫폼people's platform을 만들고 온라인, 오프라인 모두에 걸쳐 공공성에 뿌리를 둔 지속가능한 문화와 실천이 이루어질 필요가 있음을 강조한다(Taylor, 2014).

4. 사회적 상호작용의 새로운 양상

1) 플랫폼에 배태된 사회성

디지털 미디어와 소셜 미디어의 발전으로 인해 우리가 사는 세상의 연결성은 20세기의 정보사회와는 비교할 수 없이 달라졌다. 이러한 새로운 연결성의 속성을 가장 잘, 다차원적으로 분석하는 학자 중 한 명은 요세 판 데이크José van Dijck라 할 수 있다. 판 데이크는 《연결성의 문화》(2013)[11]라는 책에서 페이스북, 트위터, 유튜브, 플리커, 위키피디아의 사례를 구체적으로 살펴보면서, 그곳에서 나타나는 사회성

행위자-연결망이론(Actor-network theory) 사회 이론에서 인간에게 초점을 맞추는 관점에서 벗어나 개인, 사물, 동식물, 환경, 생각, 기호, 기계 등 세상의 모든 것들이 서로 영향을 끊임없이 주고받으면서 전체를 구성하며 행위능력을 발휘한다는 이론이다. 상호 작용에서 비인간 사물이나 존재들의 지위를 보다 적극적으로 인정하면서 이론적 이분법을 극복하는 데 특징이 있다.

의 모습, 공유의 모습, 상업적 모습, 공동체의 모습 등 다채로운 면모를 묘사한다.

이러한 미디어를 통해 개인들의 사회성은 플랫폼상에서 이루어지고platformed sociality, 사회적 연결에 대한 욕구를 바탕으로 여기에 참여하는 개인은 점차 자동화된 연결과, 이용자들이 생산해 내는 데이터와 콘텐츠를 상업적으로 활용하는 플랫폼기업들의 사업 생태계에 깊숙이 포섭된다. 이러한 과정을 판 데이크는 **행위자-연결망이론**과 정치경제학적 논의를 바탕으로 서술해 낸다. 그는 흔히 '소셜 미디어'라고 부르는 것들을 그것들이 기초해 있는, 그것을 제공하는 기업들의 상업적 목적을 좀더 분명히 드러내기 위해 연결 미디어connective media로 명명한다.

이러한 연결 미디어는 사회적 상호작용과 사회성이 작동하는 플랫폼으로서 작동하는데, 이에 대한 이해는 〈그림 2-1〉에서 보여주는 바와 같이 여러 기관, 제도, 주체들 간의 상호작용에 대한 분석을 총체적으로 요구한다. 현대 정보사회에서 사회적 상호작용이 이와 같은

11 *The Culture of Connectivity: A Critical History of Social Media.*

그림 2-1 **플랫폼을 구성하는 미시적 시스템(microsystems)들**

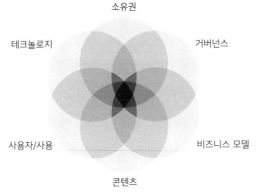

소유권

테크놀로지

거버넌스

사용자/사용

비즈니스 모델

콘텐츠

출처: Van Dijck (2013).

이질적이고 다차원적인 힘들이 중첩되는 공간에서 이루어진다는 점은 이를 이해하기 위해 광범위한 사회학적 상상력이 요구된다는 것을 의미한다.

2) 이미지의 소비와 상호작용

인터넷 공간이 새로운 연결성의 공간이라고 할 때, 그 안에서 드러나는 새로운 속성은 무수히 많을 것이다. 여기서는 이미지의 공유와 소비를 통해 어떻게 개인들이 매개되는지에 대한 두 가지 사례를 제시하기로 한다. 리모르 시프먼Limor Shifman의 《디지털 문화에서의 밈》[12]이라는 책은 싸이의 〈강남스타일〉 뮤직비디오가 세계적으로 인기를 끌었던 사례를 제시하면서 시작하는데, 그러한 인터넷 밈meme의 생성과

---

12 *Memes in Digital Culture.*

유행이 전 지구적으로 확산되는 새로운 현상에 주목한다.

시프먼에 따르면 밈으로 유통되는 이미지들은 그것을 공유하는 집단에 속해 있지 않으면 쉽사리 해석할 수 없고, 그렇기에 그 집단의 내부 지식과 관점을 가지고 있어야 이를 이해하고 타인과 소통할 수 있다. 이는 밈이 단순히 유행하는 어떤 사진이나 그래픽 이미지가 아니라, 특정 집단의 관점과 지식을 바탕으로 해석을 요구하고, 밈이 변형되는 과정에 일반 사람들이 창조적으로 참여할 수도 있음을 의미한다. 이러한 특성들로 인해 밈은 정치적 참여의 도구가 되고 그것을 촉진시키는 역할을 하기도 한다고 시프먼은 강조한다.

정치학에서 정치적 참여의 예시로 기존에는 투표나 정치적 단체에의 참여를 주로 다루었는데, 웹2.0의 새로운 미디어 환경에서 밈과 같이 사용자들이 만들어 내는 콘텐츠들은 새로운 정치적 참여의 양상을 보여준다. 시프먼은 밈이 정치적 설득과 자극의 도구가 되고, 표현과 공적 토론의 양식이며, 일반인들이 만들어 내는 풀뿌리 행위의 성격을 가지고 있음을 제시한다.

밈이 비교적 유쾌하고 유머러스한 정서와 관련되어 있다면, 그 정반대에는 고통의 이미지가 있다. 디지털 미디어 환경에서 고통이 전시되고 소비되는 방식에 대해 연구하는 릴리 쿨리아라키Lilie Chouliaraki 의 《반어적 관찰자: 후기 인간주의시대의 연대》[13]에서는 지난 50년간 멀리 있는 타인들의 빈곤과 고통이 어떻게 미디어를 통해 다루어져 왔는지를 비판적으로 고찰한다.

---

13 *The Ironic Spectator: Solidarity in the Age of Post-Humanitarianism.*

그녀에 따르면 밀레니얼 방식의 자선charity, 慈善은 이전과는 다른 방식으로 이루어지는데, 여기에 반어적 측면이 있다. 예를 들어 서구의 유명 연예인이 경제적으로 어려운 국가에 가서 시청자와는 멀리 떨어져 있는 누군가를 돕는 모습을 보여주는 경우, 도움받는 사람의 모습은 희미하게만 제시되고 도움을 주는 특정 서구인의 모습에 집중하면서 그의 역량과 인간성이 부각된다. 즉, 어려운 처지에 있는 사람들의 고통이 아닌, 자선 활동을 펼치는 서구인의 이미지와 감정, 능력이 고양된 형태로 제시된다. 이는 미디어가 인간의 욕구를 다루는 방식을 반영하고, 기업화와 상업화의 방식을 따르는 연대의 모습을 보여준다.

5. 긍정적 가능성 대한 조명

1) 보다 긍정적인 관점

인터넷 공간의 확장이 일방적으로 거대 기업들에게 권력이 집중되고, 개인이 주체성의 힘을 상실하는 방향으로만 변화가 일어나는 것은 아니다. 앞서 소개한 학자들에 비해 정보사회에 좀더 긍정적인 측면을 조명하는 사람으로는 헨리 젠킨스Henry Jenkins와 클레이 셔키Clay Shirky 등이 있다. 젠킨스는 컨버전스 컬처convergence culture, 참여문화, 뉴미디어 리터러시 등의 개념으로 유명한 학자로, 새롭게 펼쳐지는 온라인 공간이 억압과 지배, 자본주의적 제약과 맹목적 소비주의에 의해서만 작동하는 것이 아니라, 사용자의 보다 적극적인 참여와 활동, 상호 스토리텔링에 의한 상호작용이 가능한 공간이라 보았다.

클레이 셔키 또한 인터넷이 그전에는 존재감이 없었거나 자신을 표현할 도구가 없었던 일반인들로 하여금 보다 적극적인 참여나 집합적인 움직임을 만들어 낼 수 있게 하고, 과거 TV만을 보던 시절의 수동적 소비자가 아닌 생산자로 바뀌면서 '인지적 이득cognitive surplus'을 얻을 수 있음을 강조한다. 이러한 관점은 기본적으로 연결성의 강화에 따라 협동, 참여, 창의성, 자율성, 비중심성 등이 강화될 수 있다는 점을 조명한다(Shirky, 2008).

2) 사례분석을 통한 긍정적 가능성 조명

젠킨스나 셔키와 같이 분명하게 긍정적 해석을 내놓은 것은 아니지만, 구체적 사례들을 들여다봄으로써, 부정적 시각으로만 해석하는 것과 달리 현실의 복잡한 그림을 보여주는 연구들 또한 등장하였다.

예를 들어 메리앤 프랭클린Marianne Franklin은 《디지털 딜레마: 권력, 저항, 그리고 인터넷》(2014)[14]이라는 저작에서 인터넷이 가지고 있는 사회적 · 경제적 · 정치적 권력과 이에 대한 저항을 세밀한 사례분석으로 파헤치는데, 현실 행위자들이 펼치는 여러 활동은 인터넷 공간이 다양한 힘이 서로 끊임없이 상충하는 곳임을 보여준다.

이 책은 마이크로소프트와 같은 거대 기업이 시장을 장악하려는 시도에 미국 법무부가 제동을 걸고자 했던 사례, 오픈소스 운영체제 운

---

14 *Digital Dilemmas: Power, Resistance, and the Internet.*

동, 홈리스들이 인터넷을 이용해서 자신들의 연결망을 강화하고 자신들이 판매하는 신문의 가시성을 높인 사례, UN 인터넷 거버넌스 포럼과 같은 인터넷 규제와 관련된 국제적 논의의 장에 어떻게 서로 상충할 정도로 다양한 입장을 가진 조직과 활동가들이 뒤섞여 참여하고 있는지 등 구체적 사례를 풍부하게 제시한다.

이와 같은 다차원적 힘과 행위자들의 긴장 관계에 대한 분석, 그리고 행위자들의 실제 실천적 행위에 대한 조명은, 프랭클린 자신이 주장하다시피, 기존의 맑시스트적 혹은 비판이론적 배경을 가지고 미디어와 인터넷을 거대한 프레임으로만 해석하던 작업들이 지닌 한계를 극복하는 모습을 보여준다.

다른 한편 인터넷과 정보통신기술ICT이 좀더 개인의 역량을 강화할 수 있다는 관점 또한 제시되었다. 예를 들어, 도로시아 클라인Dorothea Kleine은 ICT의 발전이 가져오는 변화를 '선택 틀choice framework'이라는 개념적 도구를 활용해 분석한다. 여기서 그녀는 노벨경제학상 수상자인 아마르티아 센Amartya Sen의 역량 접근capabilities approach 개념을 활용하여, ICT가 저소득 국가의 사람들에게 제공해줄 수 있는 다양한 기회에 주목한다. 그러한 나라에서 사람들은 예를 들어 공공도서관이나 텔레센터 등의 공간에서 무료로 인터넷을 활용함으로써, 정책 입안자들과 소통하거나, 기업가로서 작은 사업을 운영할 수 있는 기회를 갖게 된다. 클라인은 특히 칠레의 '어젠다 디지털Agenda Digital'이라는 성공적 사례에 주목하면서, ICT의 발전이 개인의 역량을 강화하여 자유의 발전을 이룰 수 있다는 '선택 틀'을 제시한다.

버지니아 유뱅크스Virginia Eubanks는 실천적 활동가의 관점에서 정보통신기술이 어떻게 "대중들의 기술"로, 사회적 약자를 위해 사용될 수 있는지를 본인이 직접 경험한 사례를 통해 상세하게 보여준다.

지역 YMCA의 노동계층 여성들이 실제로 인터넷을 매우 능숙하게 창조적으로 활용할 수 있음을 발견하고, 그러한 지역공동체 테크놀로지 기관이 어떻게 기술에 의한 불평등을 감소시키고, 시민의 참여를 증진시킬 수 있는지에 대한 여러 방안을 제시한다(Eubanks, 2012).

물론 유뱅크스가 이러한 기술에 잠재된 긍정적인 힘에만 주목한 것은 아니다. 2018년의 책[15]에서는 데이터 마이닝, 빅데이터, 알고리즘과 같은 데이터화와 기술들이 어떻게 불평등을 '자동화'하는지, 그것이 빈곤층의 의료, 건강, 정치, 소득에 어떠한 영향을 미치는지 구체적인 사례들을 제시하며 비판한다(Eubanks, 2018).

6. 나가며

지금까지 살펴보았듯이, 정보통신기술, 소셜 미디어, 빅데이터와 인공지능, 알고리즘에 기반한 자동화의 발전이 이루어지고 그것들이 일과 일상, 상호작용의 영역에 전례 없는 방식으로 깊이 침투해 들어오면서, 이를 파악하고자 하는 방대한 양의 정보사회 연구들이 등장했다. 여기에는 비관적 해석과 희망적 시각이 뒤섞여 제시되고 있고, 새로운 변화가 보여주는 복잡성과 깊이를 총체적으로 파악하고자 하는

---

15 *Automating Inequality: How High-Tech Tools Profile, Police, and Punish the Poor.*

노력이 이론과 경험적 연구 모두를 요청하면서 이루어지고 있다.

현재의 빠른 변화를 보았을 때 앞으로 AI가 보다 더 발전하고 개인들을 연결 짓는 소셜 미디어의 형태가 더욱 진화하면서, 이를 포착하고 새로운 방식으로 해석하기 위한 이론들이 끊임없이 등장할 것으로 보인다. 아울러 인간성의 본질과 위치에 대해 다시 생각하는 포스트휴먼적 논의(Miccoli, 2010)까지 정보사회 이론에 본격적으로 등장하리라 예상된다.

정보사회의 현실과 변화를 정교하게 분석하는 동시에, 그것이 낳을 수 있는 부정적 효과에 어떻게 대응하고 문제들을 해결해 나갈 것인지를 논의하는 것 또한 중요한 지적 흐름을 차지할 것으로 보인다.

영국의 미디어 연구의 대가였던 로저 실버스톤Roger Silverstone은 유작인 《미디어와 도덕: 미디어폴리스의 등장》[16]을 통해 현대사회에서 정의와 인권 문제를 다루려면 미디어에 대한 연구와 분석이 이루어져야 한다고 강조한다(Silverstone, 2006). 그는 미디어에 대한 연구가 우리가 사는 정보사회에 대한 비판적 이해, 토론, 숙의, 공적 논의를 이끌어 내야 한다고 생각하며, 미디어 정의를 요청한다. 여기에서 그는 다양한 정체성을 가진 세계의 여러 시민들이 타인을 기호로서 소비하거나 배제하지 않는, 글로벌한 미디어 공간으로서 참여적 미디어폴리스mediapolis를 구축해야 함을 역설한다.

이밖에도 정보사회에서 시민참여적 미디어와, 플랫폼사회에서의 공공가치에 대한 중요성(Gordon & Mihailidis, 2016; van Dijck, Poell

---

16 *Media and Morality: On the Rise of Mediapolis.*

& de Waal, 2018)이 최근 논의들에서 지속적으로 강조되고 있고, 정보와 관련된 윤리적 이슈들을 심도 깊게 다루는 '정보 윤리학information ethics' 또한 점차 발전하고 있다(Floridi, 2013). 빠르게 변화하는 정보사회의 현실을 어떻게 해석할 것인지뿐 아니라, 그에 대해 어떠한 사회적 대응이 필요한지에 대한 탐구 또한 현대의 정보사회 이론들에 요청되고 있다고 할 수 있다.

예상 출제 문제

1. 현대 정보사회의 특징을 비판적으로 보는 학자들과 긍정적 혹은 낙관적으로 보는 학자들은 정보통신기술이 개인에게 미치는 영향을 해석하는 데 어떠한 차이를 보이는가?

2. 온라인 공간이 다양한 자본주의적 조건의 영향을 받고 있다면 어떤 이유 때문일까?

3. 현대 정보사회의 부정적 측면들을 시민들이나 시민사회의 참여와 노력으로 해결하는 것이 가능할까? 그것이 힘들다면 국가가 그 역할을 할 수 있을까?

더 보기

백욱인 (2019), 정보와 정보이론에 관한 비판적 검토, 〈사회과학연구〉, 58(1): 25~58.

베르나르 스티글레르 저, 김지현·박성우·조형준 역(2019), 《자동화 사회 1: 알고리즘 인문학과 노동의 미래》, 새물결.

얀 판 데이크 저, 배현석 역(2002), 《네트워크 사회》, 커뮤니케이션북스.

프랭크 웹스터 저, 조동기 역(2016), 《현대 정보사회 이론》, 나남.

헨리 젠킨스 저, 김정희원·김동식 역(2008), 《컨버전스 컬처: 올드 미디어와 뉴 미디어의 충돌》, 비즈앤비즈.

참고문헌

Couldry, N., & Hepp, A. (2016), *The Mediated Construction of Reality*, Cambridge, UK: Polity Press.

Couldry, N., & Mejias, U. A. (2019), *The Costs of Connection: How Data Is Colonizing Human Life and Appropriating It for Capitalism*, Stanford, CA: Stanford University Press.

Eubanks, V. (2011), *Digital Dead End: Fighting for Social Justice in the Information Age*, Cambridge, MA: MIT Press.

_____. (2018), *Automating Inequality: How High-Tech Tools Profile, Police, and Punish the Poor*, New York, NY: St. Martin's Press.

Floridi, L. (2013), *The Ethics of Information*, Oxford, UK: Oxford University Press.

Fuchs, C. (2011), *Foundations of Critical Media and Information Studies*, New York, NY: Routeldge.

_____ (2014), *Digital Labour and Karl Marx*, New York, NY: Routeldge.

_____. (2014), *OccupyMedia!: The Occupy Movement and Social Media in Crisis Capitalism*, Hants, UK: Zero Books.

Goggin, G. (2011), *Global Mobile Media*, New York, NY: Routledge.

Gordon, E., & Mihailidis, P. (2016), *Civic Media: Technology, Design, Practice*, Cambridge, MA: MIT Press.

Lewis, J. (2013), *Beyond Consumer Capitalism: Media and the Limits to Imagination*, Cambridge, UK: Polity Press.

Micolli, A. (2010), *Posthuman Suffering and the Technological Embrace*, Lanham, MD: Lexington Books.

O'Neil, C. (2016), *Weapons of Math Destruction: How Big Data Increases Inequality and Threatens Democracy*, New York, NY: Crown Publishers.

Papacharissi, Z. (2010), *A Networked self: Identity, Community, and Culture on Social Network Sites*, London, UK: Routledge.

Shifman, L. (2013), *Memes in Digital Culture*, Cambridge, MA: MIT Press.

Shirky, C. (2008), *Here Comes Everybody: The Power of Organizing Without Organizations*, London, UK: Penguin Books.

Silverstone, R. (2006), *Media and Morality: On the Rise of the Mediapolis*, Cambridge, UK: Polity Press.

Stiegler, B. (1994), *La technique et le temps 1, La faute d'Épiméthée*, Paris: Éditions Galilée.

_____(1996), *La technique et le temps 2, La désorientation*, Paris: Éditions Galilée.

_____(2001), *La technique et le temps 3, Le temps du cinéma et la question du mal-être*, Paris: Éditions Galilée.

_____(2004), *De la misère symbolique 1, L'époque hyperindustrielle*, Paris: Éditions Galilée.

_____(2005), *De la misère symbolique 2, La catastrophe du sensible*, Paris: Éditions Galilée.

_____(2015), *La société automatique 1, L'avenir du travail*, Paris: Fayard.

Taylor, A. (2014), *The People's Platform: Taking Back Power and Culture in the Digital Age*, New York, NY: Metropolitan Books.

Van Dijck, J., Thomas P., & Martin de W. (2018), *The Platform Society, Public Values in a Connective World*, Oxford, UK: Oxford University Press.

Van Dijck, J. (2013), *The Culture of Connectivity: A Critical History of Social*

Media, Oxford University Press.

Van Dijk, J. (2005), *The Deepening Divide*: *Inequality in the Information Society*, Sage.

_____(2020), *Digital Divide*, Wiley.

Webster, F. (2014), *Theories of the Information Society*, 4th Edition, Routledge.

Zuboff, S. (2019), *The Age of Surveillance Capitalism*: *The Fight for a Human Future at the New Frontier of Power*, New York, NY: Public Affairs.

3장

경계와 방향: 감각의 입·출력

커뮤니케이션 기본 테제로 본 플랫폼 분류 기준

김효은

이 장의 핵심

현대인은 카카오톡으로 일상적인 이야기를 주고받고, 페이스북, 인스타그램, 유튜브 등을 통해 정보를 주고받는다. 현대사회는 코딩 언어로 만들어진 콘텐츠로 연결되어 있다. 인터넷은 컴퓨터를, 무선통신은 모바일과 사물인터넷 등을 연결한다. 이 시대의 연결은 인간뿐만 아니라 사물과 공간에도 적용된다. 매체는 연결이 목적이며, 연결하는 과정 그 자체로도 볼 수 있다.

소통은 연결이다. 인간은 연결되어 있다. 인간의 씨앗인 태아는 어머니와 연결되어 있고, 탯줄이 끊어진 후에는 가족 관계로 연결되어 있다. 인간은 질서와 법으로 사회와 연결되어 있다. 대장장이, 연금술사처럼 물리적 힘으로 물건의 형태를 바꾸거나, 화학적 결합으로 본질을 바꿀 수 있는 것도 '에너지' 차원의 소통으로 이해할 수 있다. 인간의 뇌 속에서 일어나는 뉴런의 활동도 소통이다.

이 글에서 주로 쓰이는 단어의 개념들을 정리하자면 다음과 같다.

① 소통은 경계가 있는 것들이 방향으로 작동한다는 개념이며, 연결은 소통이 활성화된 것이다. ② 소통 도구는 소통이 이루어질 때의 매개체이며, 현대사회에서는

미디어, 플랫폼으로 이해할 수 있다. ③ 소통 코드는 소통이 이루어지는 약속 혹은 기호이다.

    소통 그 자체에 대한 사유는 인간만이 소통을 한다는 인식을 환기시켜주며, 현대의 상황을 가치중립적으로 진단할 수 있도록 도와준다. 이 시대에 강력하게 사용되는 소통 도구(매체)는 숫자를 기반으로 한 프로그래밍 언어로 이루어졌다. 숫자의 연산演算이 문자의 의미보다 선험적이라는 연구는 검토할 필요가 있는 가설임에도 불구하고, 디지털 콘텐츠의 배경이 숫자라는 사실은 문자시대 이후 숫자의 의미와 지위를 재고하게 한다. 인류의 강력한 소통 코드였던 구두 언어와 문자를 현대의 강력한 소통 코드인 숫자와 프로그래밍 언어와 대비하여 사유해 보고자 한다.

1. 소통 코드 고찰

1) 구두 언어와 문자

고대 인간의 소통 도구는 인간 그 자체였다. 인간 육체의 움직임인 몸짓과 공기 중에 드러난 호흡의 자극인 음성은 인간과 인간 사이를 연결한다. 눈은 빛을 통해 반사된 피사체의 움직임을 파악할 수 있고, 귀는 공기의 파동을 통해 흐르는 소리를 파악할 수 있다. 한 인간은 100세를 넘기지 못하고 죽지만, 여러 세대를 거쳐 내려오면서, 음성은 구두 언어의 구체화된 소통 도구가 되었다.

    구두 언어의 탄생과 작동 과정을 살펴보면, 음성은 목소리를 들을 수 있는 청각의 능력과 관련 있다. 인간의 목소리와 그것을 들을 수 있는 귀는 인간 육체의 특징과 관련 있으며, 그 한계가 뚜렷하다. 송파

구에 사는 사람이 아무리 소리를 크게 지르더라도, 목소리만으로 종로구에 있는 사람에게 이를 전달할 수 없다.

청각은 벽과 바닥, 천장이라는 공간을 구성하는 경계 안에서 연결의 힘이 극대화된다. 이는 인간의 소통 도구로서 구두 언어가 공간과 관련이 있다는 것을 드러낸다. 구두 언어의 특징은 인간의 공간 이동성과 밀접한 관련이 있다. 인간의 다리로 쉽게 이동할 만한 거리의 같은 마을에 살면 같은 구두 언어를 공유하지만, 다리를 이용해 몇 날 며칠이 걸리는 높은 산을 넘으면, 억양이나 말투가 다른 구두 언어인 '사투리'가 나타난다는 것을 알 수 있다. 해양과 같은 깊은 바다를 건너면, 이해할 수 없는 구두 언어, '외국어'를 만나게 된다. 소통 도구로서 구두 언어는 인간의 물리적 이동 공간의 한계에 종속된다. 이때 우리는 소통을 위해 통역사가 필요하다. 구두 언어가 소통 도구로서의 지위가 낮아진다는 것을 의미한다.

문자는 사전적 정의로 인간의 언어를 기록하기 위한 시각적 기호체계이다. '말을 눈으로 읽을 수 있게 나타낸 기호'이다. 구두 언어와 문자는 밀접한 관계를 가지고 있다. 문자 역시 구두 언어의 체계를 담지하므로, 공간 이동성과 관련이 있다. 하지만 구두 언어가 현장에서 청각의 능력이라는 시공간 및 인간 육체의 물리적 한계를 받았던 것과 달리, 문자는 지식을 저장하고, 재해석 및 활용할 수 있다. 이 때문에 문자는 구두 언어와 뚜렷하게 구별되는, 인류의 세계관을 바꾸어 놓은 소통 도구로 이해할 수 있다. 그럼에도 불구하고 문자 역시 구두 언어와 같은 이유로 번역이 필요하다.

기존의 문화인류학이나 사회학에서 연구 대상이었던 공동체는 구두 언어·문자를 공유했으며, 이는 인간의 물리적 공간 이동 가능성과 관련이 깊었다. 지형에 따른 기후의 차이, 기후의 차이가 가져오는 땅과 식물, 생태계의 차이는 음식과 조리법의 차이, 나아가 문화의 차이로 드러난다. 이때 문화공동체 연구는 같은 언어를 사용하고, 더 구체적으로는 같은 사투리를 공유하는 공동체의 시대적·공간적 정체성과 그 공유 방식 등을 대상으로 했다고 할 수 있다. 지형과 기후는 같은 시간 조건 속에 인간의 횡적 소통과 관련이 있고, 대를 잇는 유전자 소통은 같은 공간이라는 조건 속에 인간의 종적 소통과 관련이 있다.

2) 숫자와 프로그래밍 언어

숫자와 프로그래밍 언어는 구두 언어·문자와 뚜렷하게 구별된다. 이 두 쌍의 소통 도구는 숫자와 기술적 형상의 경우 통역이나 번역이 필요 없다는 점에서 분명하게 구별된다. 구두 언어와 문자가 인간의 육체가 지배하는 구체적 삶 안에서 연결해주는 소통 도구라면, 숫자와 기술적 형상은 다른 특징을 갖는다. 아프리카에 살거나, 유럽에 살거나 모든 인간은 손가락 열 개를 가지고 있고, 직관적으로 돌멩이 개수를 셀 수 있다. 수학 문제를 푸는 데 통역이나 번역이 필요 없다는 것을 우리는 쉽게 알 수 있다.[1]

---

1   김효은(2018), 감각의 입출력과 탈감각 지평의 확장, 한국외대 박사학위논문, 44
    ~45쪽. 문자와 숫자는 기호와 상징이라는 측면에서 공통점이 있지만, 문자는 물
    리적 공간의 한계에 따라 기의와 기표가 달라진다. 숫자로 이루어진 과제는 지역이
    나 문화를 초월한 세계인의 공통된 교육을 통해서 접근할 수 있다. 컴퓨터의 개발

숫자는 프로그래밍 언어를 구성하는 기초 도구이다. 숫자의 추상성과 엄밀성에 기반을 둔 프로그래밍 언어는 인간과 인간의 뇌를 확장한 컴퓨터, 컴퓨터와 컴퓨터를 소통하게 한다. 컴퓨터가 이해할 수 있는 언어는 기계어인데, 기계어는 컴퓨터 하드웨어에서 데이터 표현의 기본 단위인 비트의 값 0과 1을 그대로 표기하는 언어다. 그대로 사용하는 것이 불편하므로 기계어와 인간이 사용하는 언어의 중간적 위치에서 프로그램 작성을 쉽게 할 수 있는 인공 언어인 프로그래밍 언어를 사용한다.

프로그래밍 언어는 컴퓨터가 일을 수행할 수 있는 프로그램(작업)을 작성할 수 있도록 하는 기호체계이다. 인간의 언어가 인간끼리의 소통을 위해 만들어진 기호체계라면 프로그래밍 언어는 인간이 기계에 명령을 내리기 위해 만들어진 언어이다. 명령 역시 소통이다. 한 방향으로 흐르는 소통이다.

은 수학의 한 분야에서 출발했다고 볼 수 있다. 인간이 컴퓨터에게 명령할 수 있는 조건은 문자가 아닌 0과 1의 전기적 신호이다. 숫자는 '손발 하나하나의 가락'이라는 의미에서 파생된 단어이다. 한 자리의 정수를 표시하는 도형 문자이다. 디지털은 0과 1로 이루어지는 이진법 논리를 사용해서 0과 1의 각종 조합을 만든 후 그것의 조작과 처리를 통해 여러 가지 정보를 생산, 유통, 전달할 수 있도록 만든다. 아날로그 세상은 디지털의 모태이다. 컴퓨터는 아날로그 세계를 구성하는 모든 것을 디지털로 전환할 수 있다. 이는 아톰(atoms)에서 비트(bits)로 이동하는 변화다. 숫자, 0과 1의 조합으로 컴퓨터에서 전달하는 언어인 디짓(digit)은 기술적 형상의 소통 도구이다. 비트는 0과 1로 이루어진 데이터의 최소 단위이며, 컴퓨터를 움직이는 정보를 구성하는 기본 단위이다. 물질이 아니지만, 영상과 소리를 만드는 기초 재료이다. 컴퓨터가 처리하는 모든 정보는 비트로 이루어진다. 컴퓨터는 비트로 비트를 처리하고 비트로 비트를 만든다.

이 두 쌍의 소통 코드가 지닌 특징을 소략하면 다음과 같다.

구두 언어와 문자는 인간의 물리적 이동 가능성과 깊은 관계를 맺는다. 같은 구두 언어를 쓰는 공동체에서는 깊은 의미의 소통을 공유한다. 하지만 물리적 공간 이동성의 한계를 극복하지 못하는 순간, 구두 언어와 문자는 소통의 역할을 하지 못하고, 또 다른 소통 도구인 통·번역이 필요해진다.

숫자와 프로그래밍 언어는 직관과 추상성, 엄밀성을 전제로 물리적 공간 이동성의 한계를 극복하고, 통·번역이 필요 없는 소통 도구의 미덕을 갖추었다. 이는 의미 중심의 소통이 아닌, 문제해결 중심의 소통이다. 구두 언어와 문자로 이루어진 소통 도구가 인쇄물이나 출판물로 인류에 영향을 미쳤다면, 숫자와 프로그래밍 언어로 이루어진 소통 도구는 웹이나 앱으로 인류에 영향을 미치고 있다. 이 두 쌍의 소통 코드를 사용하는 현대에 고찰해야 할 것은 무엇인가?

스마트폰의 카카오톡으로 일상적 소통을 한다. 이때 문자는 프로그래밍 언어에 기초한 프런트엔드front end에 의해 드러난 기술적 형상이라 볼 수 있고, 앱과 모바일 디바이스, 무선통신·스크린터치 등의 기술에서 사용되는 백엔드back end 역시 프로그래밍 언어로 이루어져 있다. 우리는 문자를 이용하고 있다고 생각하지만, 현대의 소통 코드는 숫자를 기반으로 한 프로그래밍 언어가 전제된 것이다. 문자는 피상적 소통 도구로, 이미지와 같이 비트로 계산되고 설계되며 드러난다.

2. 플랫폼(소통 도구) 분류 기준: 감각의 입 · 출력

1) 경계와 방향

인간과 컴퓨터의 관계는 알고리즘의 설계로 볼 수 있다. 인간의 정보 처리를 돕는 컴퓨터는 인간의 뇌뿐만 아니라 다른 감각들까지 정보화하고, 사물에 감각기관을 프로그래밍한다.

　프로그래밍 언어로 이루어진 플랫폼들이 계속해서 새롭게 등장하고 있다. 이를 하나의 체계로 묶어 내고, 또 분류하는 시도가 필요하다. 어떤 것들을 묶어 내고, 분류하기 위해서는 기본 테제, 기준이 필요하다. 이때 기준은 더 이상 나누어질 수 없어야 한다. 이를 추론하기 위해 미디어 철학, 뇌신경 과학, 물리학의 사례를 살펴보고자 한다. 플루서Vilem Flusser의 《코무니콜로기》,[2] 세바스찬 승Sebastian Seung의 《커넥톰》,[3] 김태환 · 염한웅의 논문[4]이 그것이다.

(1) 미디어철학의 코무니콜로기Kommunikologie

플루서는 인간이 소통하는 기본 테제를 죽음으로부터 설명하였다. 죽음에 대한 인식에서 멀어지기 위해 소통한다는 것이다. 소통하는 인간의 삶 자체가 죽음이라는 한계를 극복하려는 반反엔트로피적 행위

2　*Kommunikologie.*
3　*Connectome: How the Brain's Wiring Makes Us Who We are.*
4　Switching Chiral Solitons for Algebraic Operation of Topological Quaternary Digits.

라는 것이다. 플루서는 '죽음의 허무함을 잊기 위해 소통한다'는 기본 테제로부터 인류사를 다음과 같이 정리했다.

인류는 그림(벽화), 말(구두 언어), 문자를 활용해 소통했고, 각 소통 도구들은 각각을 코드화하여 독특한 관점, 세계관을 만들어냈다. 그림과 감성, 자연신自然神 중심주의가 관계되어 있으며, 그림을 구체적으로 설명하려는 노력이 말(구두 언어)의 탄생으로 이어졌다. 말과 지성, 유일신 중심주의가 관련되어 있으며, 말을 그대로 저장, 전달하고자 하는 노력이 문자의 탄생으로 이어졌다. 문자와 이성, 인간 중심주의가 관련이 있으며, 문자를 자유롭게 쓰기 위한 노력이 학교의 탄생과 분과학문, 인간 중심주의의 인간을 더 자유롭게 하고자 하는 노력과 결합되어 기술적 형상(숫자와 컴퓨터 프로그래밍 언어로 이루어진 것)으로 이어졌다고 보았다.

플루서의 코무니콜로기는 대화와 담론으로 분류·구조화하고 있으며, 코무니케메kommunikeme 개념을 제시하며, 소통을 체계화하고 있다. 대화는 두 가지, 담론은 4가지로 분류하고 있다. 코무니케메는 소통이 이루어지도록 하는 소통 분자로 볼 수 있으며, 명령법, 원망법, 직설법, 3가지가 있다. 명령법은 'A는 B여야 한다', 원망법은 'A는 B일 수 있다', 직설법은 'A는 B이다'라 할 수 있다.[5] 이러한 플루서의 대화와 담론의 구조, 코무니케메는 경계와 방향으로 이루어져 있다는 것으로 유추할 수 있다.

---

5 컴퓨터 프로그래밍 언어를 코무니콜로기에 대입해 보면, 한 방향의 코무니케메인 '직설법'과 반드시 실행하라는 태도인 '명령법'으로 이루어져 있다.

(2) 뇌신경 과학의 커넥톰Connectome

인공지능의 세계적 권위자인 세바스찬 승 프린스턴대 교수는 *I am my connectome* 강연6에서 인간 뇌의 뉴런 연결에 대해 다음과 같이 이야기한다. 모든 노드는 뉴런이고, 모든 선은 연결인데, 인간의 뇌에는 1천억 개의 뉴런과 1만 개의 연결 고리가 있다. 그리고 인간의 정보는 뉴런 간의 연결로 구성되며, 사람의 성격은 이 뉴런들 사이의 연관성에 따라 인코딩되어 있다는 것이다. 뉴런은 다른 뉴런과 닿아 있으며, 이들은 시냅스이다. 그들은 신경 전달물질로 알려진 분자를 포함하는데, 뉴런이 의사소통하기를 원할 때, 다른 뉴런에게 메시지를 보내고 싶다면, 신경 전달물질을 뱉어 낸다고 하였다. 커넥톰은 신경계에 있는 뉴런들 사이의 연결 전체를 일컫는다. 7

승 교수는 하나의 뉴런은 얽힌 가지를 통해 다른 많은 뉴런과 접촉하며, 이는 이렇게 해야 많은 접촉점이 생기기 때문이라 보았다. 그는 또한 뉴런 및 화학 뉴런의 분자를 따라 이동하는 신호, 전기 신호 및 지류에서 분기로 점프하는 화학 신호를 신경 활동이라 하고, 이 신경 활동은 우리의 사고, 감정 및 지각, 우리의 정신적 경험을 인코딩한다고 보았다. 승 교수는 신경 활동은 생각 감각과 지각의 물리적 기초라고 보았다. 경험은 인간 몸의 감각 가운데 일부만 공유되어도 관계의 시냅스를 형성한다.

---

6   Sebastian Seung(2010), *I am my connectome*.
     https://www.youtube.com/watch?v=HA7GwKXfJB0
7   승현준 저, 신상규 역(2014), 《커넥톰, 뇌의 지도》, 김영사.

뉴런과 시냅스의 활동은 근본적인 인간의 생각과 지각 활동으로도 볼 수 있지만, 경계와 방향으로도 해석할 수 있다. 각각의 뉴런의 구별이나 접촉점은 '경계'로 볼 수 있으며, 뱉어 낸다는 행위 자체는 '방향'으로 볼 수 있다.

(3) 물리학의 카이럴 솔리톤 전환Switching Chiral Soliton

2017년 2월 포항공대 기초과학연구원에서 발표한 4진법 소자의 발견도 같은 맥락이다. 기초과학연구원 원자제어 저차원전자계 연구단 염한웅 단장과 포스텍 김태환 교수 공동 연구팀은 초미세 인듐 원자선 안에서 전자처럼 움직이는 세 종류의 '카이럴 솔리톤Chiral Soliton'이 서로 연산할 수 있다는 사실을 발견했다. 솔리톤은 전자를 1개씩 안정적으로 전달하는 공간이다.

연구진은 2015년 선행 연구를 통해 1나노미터(10억 분의 1) 폭의 인듐 원자선에서 서로 다른 세 종류의 솔리톤을 발견하고, 이를 '카이럴 솔리톤'이라 이름 붙였다. 원자선 내 세 종류의 솔리톤 안에는 각각 1개의 전자만을 가두고 있어, 방향성만 바꿔주면 전자를 1개씩 이동할 수 있다. 기존 도선 안에서는 전자가 한 번에 수십~수백 개씩 움직이기 때문에 전력 소모가 크고 효율이 낮았지만, 인듐 원자선을 이용해 하나의 전자로 정보를 처리할 수 있다.

연구팀은 이번 연구를 통해 세 종류의 카이럴 솔리톤이 서로 전환할 수 있다는 사실, 연산할 수 있다는 사실을 밝혀냈다. 이 세 종류의 솔리톤이 존재하는 상태와 존재하지 않는 상태인 '0'을 조합하면 4진법 연산이 가능하다. '0'과 '1'의 두 상태를 나타내는 기존의 2진법 연산 소자에 비해 4진법 연산이 가능한 전자 소자는 훨씬 방대한 양의 정보를 저장할 수 있고, 정보처리도 동시에 가능하다. 4진법 소자는 다중 정보처리는 물론 인공지능 컴퓨터 소자에 적용할 수 있으리라 기대된다. 전자의 소통에서 방향을 바꿔주면, 4진법이 가능해진다는 것 역시 연결의 근본 테제인 '경계'와 '방향'에 대한 해석을 가능하게 한다.

위에서 살펴보았듯이, 소통은 경계와 방향을 전제로 한다. 경계가 없는 것은 소통할 필요가 없다. 소통의 작동은 방향으로 이루어진다. 인간 사이의 정보 흐름은 두 가지로 볼 수 있다. '나가는' 것과 '들어오는' 것이다. 인간의 소통은 신체를 기반으로 한 감각과 신경 및 처리능력을 통해 이루어진다. 인간이 소통할 때 작동되는 경계는 제일 처음 자극을 받는 혹은 마지막으로 방향을 작동하는 감각기관[8]이다.

이 분류 기준에 따라 감각기관을 수신과 송신의 행위로 분류했을 때 전통적으로 정보를 수신하는 입력기관으로서 귀, 눈, 코, 정보를 송신하는 출력기관으로서 목소리, 움직임으로 나눌 수 있다. 하지만 기술의 발전으로 동공의 움직임이 구글글라스와 같은 웨어러블 디바이

---

8   최현석(2009), 《인간의 모든 감각》, 서해문집. 감각(*sensation*)은 신경세포를 활성화하거나 자극하여 신경 처리를 하는 에너지로, 물리적인 일을 할 수 있는 능력이다. 사람의 경계인 감각기관 가운데 자극을 처음으로 입력받는 곳은 감각수용체(*receptor*)이며, 말초신경에 속한다. 수용체에는 상피세포가 특수하게 변형된 것과 신경세포 자체가 수용체인 경우가 있다. 상피(上皮, *epithelium*)세포는 피부세포와 같이 신체의 표면에 있는 세포이다. 시각, 미각, 청각 등의 수용체는 특수하게 변형된 상피세포이고, 후각수용체는 신경세포 자체이다. 수용체의 기본적인 기능은 같다. 소리, 빛, 압력 등과 같은 자극을 전기에너지로 바꾸는 것이다.

스 등의 출력기관이 되는 사례를 본다면, 오감 전체를 입력기관, 출력기관으로 열어 놓아야 한다.

2) 감각의 입·출력

인간 소통의 경계는 눈, 귀, 코, 피부, 입과 같은 감각기관이다. 방향은 소통의 구조를 결정하는 요소이며 근본적으로 입력과 출력, 두 가지로 볼 수 있다. 〈표 3-1〉은 인간 소통의 경계와 방향인 '감각의 입·출력'을 통해 인간이 소통 도구(플랫폼)와 관계 맺는 순간, 어떻게 작동하는지 본 것이다.

인간은 소통 도구로부터 정보를 받고(입력), 소통 도구에게 정보를

표 3-1 경계와 방향으로 본 인간의 소통 도구 사례

경계			경계: 방향 – 들어오다 '입력'							경계: 방향 – 나가다 '출력'						
방향		감각기관	눈	귀	코	피부	입	손	다리	눈	귀	코	피부	입	손	다리
인간의 소통 도구 (미디어) 사례	일방향 사례	신문	O													
		라디오		O												
		영화	O	O												
		4D 영화	O	O	O	O	O									
	양방향 사례	컴퓨터	O	O											O	
		스마트폰	O	O										O	O	O
		인공지능 스피커		O											O	
		스마트워치	O	O		손목								O	O	O
		구글글라스	O	O						O				O	O	O

준다(출력). 인간이 소통 도구와 소통하는 과정을 '감각의 입·출력'으로 사유해 보면, 많은 고찰 거리를 획득할 수 있다. '감각의 입·출력'으로 인간의 소통 도구인 신문을 설명한다면 다음과 같다.

인간이 신문 지면을 읽는 순간, 정보의 흐름은 신문에서 인간으로 들어오는 것으로 볼 수 있다. 이는 '시각의 입력'으로 표현할 수 있다. 왜냐하면 시각 정보의 경계인 눈을 통해 신문의 정보가 들어오기 때문이다. 하지만 인간은 소통이 이루어지는 순간(신문을 읽는 순간) 신문의 정보를 바꿀 수 없다.

인간은 라디오[9]를 듣는 순간, 귀를 경계로 정보를 받는다(입력). 하지만 소통이 이루어지는 순간 인간은 라디오에서 들려오는 내용 자체에 영향을 줄 수 없다. 변화시킬 수 없다는 것은 라디오에 정보를 주지 못하는 것으로 볼 수 있다.

영화[10]를 보는 순간, 눈과 귀를 경계로 정보를 받는다(입력). 하지만 소통이 이루어지는 순간 인간은 TV의 내용 자체를 변화시킬 수 없다. 그것은 TV에 정보를 주지 못한다는 것, 출력이 불가능하다는 것이다.

4D 영화[11]를 보는 순간, 눈, 귀, 피부, 코를 경계로 정보를 받는다(입력). 하지만 인간은 4D 영화의 정보에 영향을 줄 수 없다.

인간이 컴퓨터를 하는 순간은 인간이 컴퓨터와 관계를 맺는 순간이

---

9 이 글에서 라디오는 중앙 전파/트랜지스터를 통해 소리를 전달하는 것을 의미한다.
10 이 글에서 영화는 영화관에서 상영하는 영화를 의미한나.
11 눈으로 보고, 귀로 듣고, 코로 냄새를 맡고, 좌석의 진동이나 움직임을 통해 피부로 느껴지는 형태이다.

다. 눈과 귀를 경계로 컴퓨터에서 정보를 받고, 손가락을 경계로 컴퓨터에 정보를 보낸다. 정보를 보낸다는 것은 컴퓨터의 정보를 변화시킬 수 있다는 의미이다. 예를 들어 컴퓨터의 키보드나 마우스를 통해 페이스북에 사용자(인간)의 정보를 업로드[12]할 수 있다.

스마트폰(모바일 디바이스)을 하는 순간, 눈과 귀를 경계로 정보를 받고, 손가락과 다리를 경계로 정보를 보낸다. 컴퓨터와 다르게 핸드폰은 다리의 정보를 GPS[13]를 통해 전달할 수 있다.

스마트워치[14]를 이용하는 순간, 눈과 귀, 손목의 피부로 정보를 받고, 손가락과 손목의 맥박으로 스마트 위치에 정보를 내보낸다.

인공지능 스피커를 이용하는 순간에는 귀를 통해 매체(인공지능 스피커)의 정보를 받고, 입(혀)을 통해 매체(인공지능 스피커)에 인간의 정보를 준다.

구글글라스의 경우, 눈과 귀를 통해 매체(구글글라스와 이어폰)의 정보를 받는다. 동공의 움직임은 글라스에 인간의 정보를 주는 경계로 작동한다. 그리고 손으로 글라스에 정보를 주며, 다리의 움직임은 GPS로 매체에 정보를 준다.

이 고찰을 통해 지금까지 인간 소통이 대부분 시각의 입력에 편중되어 있었다는 것을 알 수 있다. 컴퓨터가 등장하면서 인간은 기술에 정보를 입력할 수 있는 구조를 마련했다. 정보가 '들어오는' 입력기관은

---

12 데이터를 담고 있는 파일을 이동하는 작업을 말한다.
13 GPS(Global Positioning System)는 범지구 위성항법 시스템이다. 이 기술을 통해 수신기의 위치를 알 수 있다.
14 손목시계처럼 착용하는 스마트폰 연동 주변 기기이다.

귀, 눈, 코 등이며, 정보가 '나가는' 출력기관은 목소리, 움직임 등이다. 인간이 소통하는 데 주로 시각, 청각, 촉각이 쓰였고, 촉각 가운데 손가락과 다리가 많이 사용되었다는 것을 알 수 있다. 여전히 감각 가운데 소통에 적극적으로 활용되지 않은 기관들이 있다.

3. 나가며

소통은 인간만 하는 것이 아니다. 미시 세계의 물리학에서도, 뇌신경학에서도 '경계와 방향'은 작동한다. 인간은 처음에 기계어를 통해 컴퓨터에 명령을 내렸지만, 이제는 인공지능 컴퓨터와 대화할 수 있다. 컴퓨터 프로그래밍 언어는 사물과 사물을 연결하고, 인간과 사물, 인간과 공간을 이어준다.

연결의 시대에 기본 테제인 경계와 방향을 재구성하는 것은 과거의 연결이 인간에게 어떠한 패러다임을 던져왔는지, 앞으로 어떤 세계관을 구성해 나갈 것인지도 전망하게 해준다. 프로그래밍 언어로 이루어진 기술적 형상인 통신기술은 초연결사회를 구성할 것이고, 그 사회의 미덕은 유발 하라리Yuval Harari가 강조하듯이 보이지 않는 연결을 분명하게 헤아릴 수 있는 힘을 기르는 일이 될 것이다.

필자는 소통학인 코무니콜로기에서 드러난 소통의 기본 테제와 역사, 구조, 작동 방식을 통해 유추한 소통 도구의 분류 기준으로 '경계와 방향'이라는 가설을 세운 뒤, 인간 소통 방식의 '경계와 방향'인 '감각의 입·출력'을 인쇄물과 컴퓨터, 스마트폰 등 매체들을 분류하는 데 적용하고, 그에 따른 의미를 서술했다. 더불어 '감각의 입·출력'을 재구성하는 것이 미래의 소통을 기획하는 방법이 될 수 있음이 드러난다.

예상 출제 문제

1. 한국인의 말과 글에는 한국인의 얼과 정신이 담겨 있다고 한다. 말과 글, 콘텐츠의 공통점과 차이점은 무엇인가?

2. 말과 글, 숫자와 프로그래밍 언어의 공통점은 무엇인가? 말과 글, 숫자와 프로그래밍 언어를 대립항(말과 글 vs 숫자와 프로그래밍 언어)으로 놓았을 때 이 두 항의 차이점은 무엇일까?

3. 인간이 소통할 때, 소통 도구를 이용한다. 소통 도구를 분류하기 위해 필요한 것은 분류 기준이다. 분류 기준은 더 이상 나누어지지 않는 근본적인 것이어야 한다. 이 글에서 밝힌 소통 도구의 분류 기준은 무엇이며, 어떻게 추론되었는가?

더 보기

박영태 외(2011), 《과학철학》, 창비.

빌렘 플루서 저, 김성재 역(2004), 《피상성 예찬》, 커뮤니케이션북스.

유발 하라리 저, 전병근 역(2018), 《21세기를 위한 21가지 제언》, 김영사.

제레미 리프킨 저, 이창희 역(2000), 《엔트로피》, 세종연구원.

_____, 이경남 역(2010), 《공감의 시대》, 민음사.

진중권(2014), 《이미지 인문학 1, 2》, 천년의 상상.

프랑크 하르트만 저, 이상엽·강웅경 역(2008), 《미디어 철학》, 북코리아.

A. L. 바라바시 저, 강병남·김기훈 역(2002), 《링크》, 동아시아.

참고문헌

빌렘 플루서 저, 김성재 역(2001), 《코무니콜로기》, 커뮤니케이션북스.

승현준(2014), 《커넥톰, 뇌의 지도》, 김영사.

최현석(2009), 《인간의 모든 감각》, 서해문집.

Kim, T. H., Cheon, S. M., & Yeom, H. W. (2017), Switching Chiral
   Solitons for Algebraic Operation of Topological Quaternary Digits,
   Nature Physics, 13.

2부

정보사회, 인간 그리고 관계

4장

정보사회에서 인간의 연결과 고립

오주현

이 장의 핵심

국내 사용자가 가장 많이 사용하는 애플리케이션을 살펴보면 메신저인 카카오톡이 1위를 차지했고, 이 외에도 소속이나 공통관심사로 사람들을 이어주는 네이버밴드나 이용자가 올린 콘텐츠를 매개로 지속적인 상호작용 기회를 만드는 인스타그램, 페이스북, 카카오스토리 등이 상위권에 들었다. 이러한 결과는 사람은 다른 사람과 연결됨을 추구한다는 것을 의미한다.

이처럼 인터넷으로 연결된 정보사회는 물리적 공간뿐 아니라 가상의 공간에서 연결을 가능하게 하면서 시공간의 장벽을 상당 부분 허물었고, 이로 인해 인간관계의 폭을 넓혔다. 개인의 생활 반경 내에서 대면 만남을 통해 사회적 관계를 형성할 수 있었던 과거와 달리 온라인 공간에서도 사회적 관계 형성이 가능해진 것이다.

한편 오프라인 공간에서 형성된 사회적 관계의 유지 방식도 온라인으로 확장되었다. 특히 소셜 플랫폼은 인간의 연결하고자 하는 욕구를 충족시켜주는 서비스이다. 사회적 관계의 형성과 유지를 돕는 소셜 네트워킹 서비스 또는 소셜 미디어는 1990년대 후반부터 다양한 형태로 서비스가 생겼으며, 페이스북, 트위터는 장수하고 있는 대표적 소셜 미디어이다. 또한 이용자가 만든 문자, 사진, 동영상, 사회, 정치적 견해 등의 콘텐츠는 사회관계망을 타고 불특정 다수에게 전달되며 누군가에게는 자원과 정보가 된다.

그러나 모두가 연결의 혜택을 누리는 것은 아니다. 정보사회에서 인간은 고립되기도 하는데, 고립의 양상은 두 가지 차원으로 생각할 수 있다. 첫 번째 고립의 유형은 인터넷 활용능력 부족에 따른 디지털 소외이다. 즉, 인터넷을 이용하지 못해 발생하는 소외다. 이 유형에 속하는 사람들의 사회적 관계는 일상생활 반경 내로 제한된다는 점에서 정보사회 이전의 사회관계망과 다르지 않다. 중요한 점은 이들이 정보망 및 디지털 서비스에서 배제되어 사회적으로 고립될 수 있다는 것이다.

두 번째 고립의 유형은 인터넷을 지나치게 사용하여 스스로를 고립시키는 디지털 과過의존이다. 디지털 소외가 경제적 이유로 인터넷을 이용할 수 없거나 디지털 역량이 부족하여 비자발적 고립이 발생하는 것이라면, 디지털 과의존은 물리적 현실 공간으로부터 스스로를 자발적으로 고립시킨다는 점에서 차이가 있다. 끝으로 지능정보사회의 연결과 고립의 양상에 대해 고민한다.

1. 스마트 혁명: 이동성 확장과 연결성의 진화

우리는 인터넷으로 연결된 세상에 살고 있다. 개인과 개인, 개인과 집단뿐 아니라 개인과 정보, 개인과 사물이 연결된 세상이다. 그러나 모두가 당연하게 여겨지는 이러한 연결성이 일상이 된 지 불과 10년이 갓 지났다. 이전에는 주로 가정이나 사무실 등 특정 장소에서 PC 기반 인터넷을 사용했다면 이동성이 확장된 스마트폰으로 연결된 세상은 연결의 양적 확장은 물론 일상생활에 질적 변화를 가져왔다.

영업사원의 경우를 생각해 보자. 개인과 개인 혹은 다수 간의 소통

> **스마트폰** PC와 같은 운영체제를 탑재하여 이용자의 취향에 따라 다양한 애플리케이션과 콘텐츠를 이용할 수 있는 진화된 휴대폰이다. 인터넷이 가능하며 3G, 4G, 5G 등 통신기술이 발전함으로써 보다 빠른 속도로 인터넷 기반의 여러 가지 서비스와 콘텐츠를 이용할 수 있다. 일반적으로 단순하고 직관적인 터치스크린을 입력장치로 사용한다. 미국에서는 2007년 6월 1세대 아이폰 2G가 출시되었고, 국내에는 미국보다 약 2년 뒤인 2009년 11월 아이폰이 도입되면서 뒤늦게 스마트 혁명이 시작되었다. 인터넷이 가능해지면서 컴퓨터의 기능과 유사해지고 통화와 문자가 주된 기능이던 기본 휴대폰보다 기능이 많다는 점에서 스마트폰이라 불린다.

을 돕는 메신저는 PC 기반으로 사용되어 외부에서 활동하는 영업사원은 사용하기가 어려웠다. 휴대폰은 있지만 통화나 문자가 주된 커뮤니케이션 수단이었다. 그러나 2009년 11월 국내 스마트폰 도입 이후 모바일 메신저는 밖에서 주로 활동하는 영업사원에게 없어서는 안 될 유용한 도구일 뿐 아니라 우리 모두의 소통을 편리하게 해주는 도구로 자리매김했다.

2019년 12월 기준, 카카오톡은 국내 사용자가 가장 많은 애플리케이션이며 이 외에도 소속이나 공통관심사로 사람들을 이어주는 네이버밴드나 이용자가 올린 콘텐츠를 매개로 지속적인 상호작용 기회를 만드는 인스타그램, 페이스북, 카카오스토리 등이 10위권 안에 들었다(〈한국경제〉, 2020. 1. 13). 이러한 결과는 사람은 다른 사람과 연결됨을 추구한다는 것을 의미한다. 그리고 오늘날 모바일 환경은 특정 온라인 플랫폼에 로그인을 한 후에야 상대방과 연결됨을 확인할 수 있었던 PC 환경과 달리 항시 연결되어 있음을 전제로 한다는 점에서 연결성이 진화하였으며, 이로 인해 오프라인 생활공간과 온라인 생활공간의 경계는 더욱 모호해졌다.

스마트폰으로 촉발된 스마트 혁명은 사람과 사람의 연결만을 도운 건 아니다. 사람과 정보의 연결에도 상당 부분 기여했다. 날씨나 미세먼지를 확인하기 쉬워졌고, 길 찾기나 실시간 대중교통 정보 역시 손 안의 스마트폰으로 확인할 수 있게 됨으로써 일회성의 일상적 접촉 기회가 불필요해진 측면도 있다. 뉴스의 실시간 소비가 가능해졌고, 영화표나 기차표의 실시간 예매, 모바일 뱅킹 등이 가능해진 것 또한 피상적 대면 접촉을 감소시켰다. 한편 소셜 미디어는 개인이 포스팅한 일상과 생각, 사진, 정치적 의견 등 이용자 콘텐츠를 실시간으로 공유하며 불특정 다수에게 확산시킨다.

2. '연결'됨을 추구하는 관계적 인간

사람 사이의 '연결'은 다른 말로 사회관계의 형성을 의미한다. 인간은 문명이 발달하기 전부터 모여 살았다. 독일 사회학자 퇴니에스는 인간은 본질적으로 생활이나 목적을 같이하는 이들과 공동체를 이루며, 그 예로 가족, 촌락 등이 있다고 제시했다. 이후 고전사회학자 뒤르켐 Émile Durkheim은 농경사회와 산업사회의 공동체의 특성을 살펴 사회적 관계, 즉 연결망이 확산하는 이유를 설명했다. 근대 이전의 사회에서는 가족 단위, 혹은 촌락 단위로 생활하며 자급자족이 가능했다. 따라서 마을 단위의 연결은 필요하지 않았다. 그러나 산업사회에서는 생활의 모든 영역이 분화되면서 상호 의존성이 강해졌다. 마을 단위는 물론, 국가 단위의 연결이 증대되었고, 교통수단, 정보통신기술 등의 발달은 상호작용을 촉진시키며 연결망의 확장에 기여했다.

뒤르켐은 동질성에 기초한 근대 이전의 공동체를 '기계적 연대me-chanical solidarity', 필요에 따라 자발적으로 협동하는 공동체를 '유기적 연대organic solidarity'로 설명한다.

정보사회에서 사람들의 연결 양상은 어떠한가? 인터넷으로 연결된 정보사회는 물리적 공간뿐 아니라 가상의 공간에서도 연결을 가능하게 하면서 시공간의 장벽을 상당 부분 허물었고, 이로 인해 인간관계의 폭을 넓혔다. 개인의 생활 반경 내에서 대면 만남을 통해 사회적 관계를 형성할 수 있었던 과거와 달리 온라인 공간에서도 사회적 관계 형성이 가능해진 것이다. 예를 들면, 개인의 관심 분야를 매개로 인터넷 커뮤니티(가상공동체)에 가입하고 유사한 관심사를 가진 사람들과 상호작용할 수 있다. 온라인에서는 사회경제적 지위에 관한 단서가 없고 관계망 내에서도 중요하지 않기 때문에 수평적 인간관계가 형성된다. 온라인 공간에서만 관계를 유지할 수 있고, 실제 오프라인 공간에서 대면 만남으로 확장할 수도 있다.

한편 오프라인 공간에서 형성된 사회적 관계의 유지 방식도 온라인으로 확장된다. 온라인 공간은 바쁜 일상 속에서 자주 만나지 못하는 사람들에게 소통의 공간이 되어 상호작용의 빈도를 높인다. 서로 다른 공간에 있지만 즉각적으로 개인과 개인 또는 다수의 사람과 소통이 가능하며 실시간 소통뿐만 아니라 시차를 두고 게시판을 통해 소통하기도 한다. 그리고 현재는 음성, 텍스트, 이미지 위주의 소통을 넘어 화상 소통도 일상화되고 있다. 인간관계의 폭이 양적 측면을 의미한다면, 질적 측면에서 인간관계의 깊이는 어떠한가?

　〈그림 4-1〉의 유지 방식에서 교집합 부분은 인간관계의 깊이를 표현한 것이다. 오프라인과 온라인의 중첩된 관계 유지 방식은 사회연결망의 특성으로 표현하면 강한 연결이다. 가족, 학교 친구, 동료 등이 이에 해당된다. 물리적 공간에서의 상호작용뿐 아니라 온라인 공간에서도 상호작용의 빈도를 증가시키기 때문이다. 온라인에서 형성된 관계가 오프라인 만남으로 이어지기도 하는데, 취미 기반의 온라인 커뮤니티나 지역 기반의 맘카페 등을 그 예로 들 수 있다. 한편, 사회적 관계가 온라인에서 형성되고 온라인으로만 관계를 유지하는 연결망은 관심사가 바뀌면 언제든지 관계를 쉽게 끊을 수 있는 약한 연결이다.

그림 4-1 사회적 관계의 형성과 유지

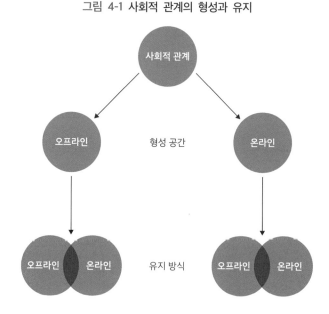

사회연결망(social network)　관계적 인간관에 입각하여 인간 행위와 사회 구조의 효과
를 설명하려는 시도로, 사회학에서 개인, 집단, 사회의 관계를 네트워크로 파악하는 개념
이다. 개인, 집단, 국가가 각각 하나의 노드(node)이며, 사회연결망은 각 노드들 간의 상
호의존적인 관계(tie)에 의해 만들어지는 사회적 관계 구조를 의미한다. 행위자의 관계는
연결의 강도에 따라 강한 연결과 약한 연결로 구분하며, 강한 연결은 동질적 집단의 구성
원 간 상호작용을 통해 '신뢰' 효과를 기대할 수 있고, 이질적 집단의 구성원 간 상호작용
인 약한 연결은 '정보'의 효과를 기대할 수 있다.

3. 소셜 플랫폼과 사회자본

소셜 플랫폼은 인간의 연결하고자 하는 욕구를 충족시키는 서비스로,
소셜 네트워킹 서비스 또는 소셜 미디어로 불린다. 소셜 네트워킹 서
비스는 1997년 서비스를 시작한 식스디그리즈닷컴Six Degrees.com이 시
초이다. 1999년에는 국내의 싸이월드와 아이러브스쿨이 큰 인기를 끌
었다. 이후로도 다양한 서비스가 생겼으며, 모바일 환경에 적응하지
못해 이용자가 빠져나가 조용히 사라진 서비스도 다수이다(〈그림 4-
2〉 참고). 페이스북과 트위터는 각각 2004년과 2006년에 서비스를 시
작해 오랜 기간 인기를 누리고 있는 대표적 소셜 미디어이다.

　한편 모바일 기반 메신저도 많이 사용되고 있는데, 미국의 왓츠앱,
페이스북 메신저, 중국의 위챗, 일본의 라인 그리고 국내에서는 카카
오톡이 개인과 개인, 개인과 집단의 연결을 돕고 있다.

　사회적 관계는 개인에게 유무형의 혜택을 준다. 소셜 미디어가 인

소셜 네트워킹 서비스(Social Network Service, SNS) 개인이 속한 준거집단이나 공통의 관심사를 매개로 개인 간의 사회적 관계를 유지하고 확장시키는 것을 용이하게 하는 서비스다. 2010년 이후로는 사회적 관계망 유지 및 확장의 기능에서 나아가 이용자가 스스로 콘텐츠를 생산하고 공유하여 공론화되는 미디어로서 역할이 조망받으며 소셜 미디어와 혼용되어 사용한다. 페이스북, 트위터, 인스타그램 등이 대표적이다.

기 있는 이유다. 사회학자 퍼트넘(Putnam, 1995: 67)은 사회자본을 서로에게 이익이 되고 협력을 용이하게 하는 네트워크나 규범, 신뢰와 같은 사회조직화의 특성으로 정의했다. 사회자본의 가장 큰 특징은 재화, 소득과 같이 형태가 있는 물적자본이나 교육 수준과 같은 인간자본처럼 개인 내부에 체화된 것이 아니라는 점이다. 즉, 사회자본은 개인이 아닌 '관계'에서 발생한다는 차이가 있다. 개인 수준에서 사회자본은 사회적 지지로 인한 정서적 효과와 자원, 정보 등의 도구적 효과로 요약할 수 있다. 도구적 효과를 예를 들면, 의료 인공지능 기업의 관계자와 인터뷰할 일이 생겼다고 가정하자. 보통 인터넷으로 해당 기업을 검색하고 홈페이지에서 담당자를 찾고 인터뷰를 부탁할 것이다. 그러나 만약 의료 데이터센터에 종사하는 지인이 있을 경우, 연락을 취하면 해당 기업을 취사선택해줄 수 있고, 알고 있는 담당자가 있다면 소개해줄 수도 있다. 후자의 경우 시간을 상당히 줄일 수 있고, 해당 담당자가 인터뷰에 응할 가능성도 높다. 사회적 관계를 통하여 다른 사람이 가진 자원을 동원하는 것이다. 이 외에도 희귀병에 관한 커뮤니티는 동병상련의 정서적 효과와 질병과 병원, 치료법 등에 정보 효과를 기대할 수 있는 사례이다.

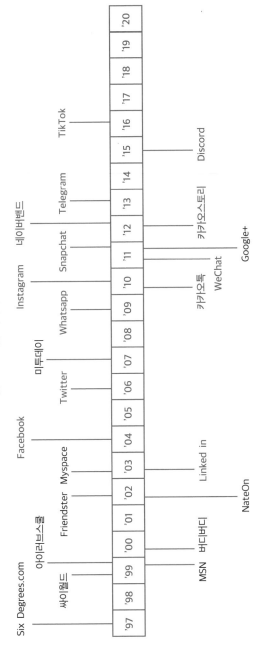

그림 4-2 소셜 미디어 개시 연대기

관련하여 사회학자 웰먼 등(Wellman et al., 2001)은 인터넷이 사회자
본에 어떠한 영향을 미치는지에 대해 흥미로운 질문을 던졌다.

이 질문에 대해서는 3가지 시각이 있다. 첫째는 사회자본 강화론이
다. 온라인 상호작용은 소통의 빈도를 증가시켜 서로를 더 잘 알게 하
고, 음악이나 사진, 파일 등을 공유하면서 오프라인 관계를 증진시킨
다는 것이다. 결과적으로 인터넷 사회자본의 증진은 개인 간의 만남과
조직 참여, 커뮤니티에 대한 헌신 등을 동반한다는 입장이다.

사회자본 축소론은 상반된 시각이다. 시간이란 자원은 한정되어 있
기 때문에 온라인에서 형성된 약한 연결은 증가할 수 있으나 가정에서
의 상호작용이나 사회적·정치적 관여가 감소하리라는 입장이다.

마지막으로 사회자본 보완론은 인터넷 사용이 사회자본의 증가나
감소 없이 오프라인 대인 관계를 보완한다는 입장이다. 연구자들은 실
증분석 결과 온라인 상호작용이 대면 접촉이나 전화통화를 증가시키
거나 감소시키지 않았으며 보완한다는 것을 발견했다.

정리하면, 사람은 관계적 존재로서 연결을 추구한다. 정보통신기
술의 발전은 이러한 인간의 욕구를 반영하듯 사회자본의 형성과 유지
가 용이한 사회연결망 서비스를 내놓았고, 이로써 사회적 관계를 형
성할 수 있는 공간이 확장되고, 유지할 수 있는 수단이 다양해졌다.

개인 수준에서 온오프라인 상호작용은 신뢰를 형성하고, 약한 연결인 온라인 상호작용에서는 정보를 얻는다. 온라인 커뮤니티를 통한 참여 네트워크는 사회적 수준에서의 효과로 나타나는데, 국내외의 정치적 사안이나 사회적 이슈와 관련된 촛불집회가 대표적이다.

4. 정보사회에서 고립의 다면성

정보사회는 인간이 정보 또는 타인과 연결하기 용이하게 만들었다. 그러나 모두가 연결의 혜택을 누리는 것은 아니다. 정보사회에서 인간은 고립되기도 하는데, 그 양상은 다양하다. 고립의 사전적 의미는 '다른 사람과 어울리어 사귀지 아니하거나 도움을 받지 못하여 외톨이로 됨'이다. 그렇다면 정보사회에서 고립은 어떤 양상으로 나타나는가?

인터넷 활용 수준을 기준으로 사회로부터의 고립과 정보로부터의 고립 등 두 가지 차원으로 생각할 수 있다. 첫 번째 고립의 유형은 디지털 소외이다. 즉, 인터넷을 이용하지 못해 발생하는 소외다. 이 유형에 속하는 사람들의 사회적 관계는 일상생활 반경 내로 제한된다는 점에서 정보사회 이전의 사회관계망과 다르지 않다. 중요한 점은 이들이 정보망 및 디지털 서비스에서 배제되어 사회적으로 고립될 수 있다는 점이다.

두 번째 고립의 유형은 인터넷을 지나치게 사용하여 스스로를 고립시키는 디지털 과過의존이다. 디지털 소외가 경제적 이유로 인터넷을 이용할 수 없거나 디지털 역량이 부족하여 비자발적 고립이 발생한 것

표 4-1 정보사회에서 고립의 다면성

인터넷	활용 정도	사회연결망	정보망
비이용자	디지털 소외	비자발적 고립	비자발적 차단
이용자	디지털 과의존	자발적 고립	자발적 차단

이라면, 디지털 과의존은 스스로를 자발적으로 고립시킨다는 점에서 차이가 있다. 특정 온라인 행위나 정보에 중복된, 혹은 지나치게 의존하는 사람들은 자신이 몰두하는 것 이외에 새로운 정보를 바라보는 관점과 시각이 좁아져 다른 정보망과 사회관계를 차단한다.

5. 디지털 소외: 비자발적 고립

정보사회의 대표적 고립 양상은 정보격차로 인한 소외다. 2019년 기준, 국내 만 3세 이상 인터넷 이용률은 91.8%로 상당히 높다(과학기술정보통신부·한국정보화진흥원, 2019). 그러나 인터넷이 가능한 디지털 기기가 없거나, 있어도 사용방법을 모르는 정보취약 계층이 존재한다. 장애인, 저소득층, 고령층, 농어민, 북한이탈주민, 결혼이민자 등이 정보취약 계층에 포함된다. 그중 고령층은 컴퓨터, 모바일 기기 기본 이용능력을 측정한 역량 수준이 일반국민의 51.6% 수준에 머물렀다. 이들은 사람과 정보, 사람과 사람, 사람과 사회 간의 연결이 가져다주는 혜택을 누리지 못한다. 그리고 그 결과는 디지털 소외로 나타난다.

디지털 소외는 비자발적 고립을 의미한다. 정보취약 계층은 디지털 기기를 사용하지 못함으로써 불편함을 겪고 나아가 불이익을 경험한다. 디지털 소외의 가장 대표적인 사례는 금융 소외이다. 금융 업무를 보기 위해 은행에서 대기표를 뽑고 기다리던 시절은 이미 오래 전이다. 1999년 인터넷 뱅킹 서비스가 시작되었고, 젊은 세대는 Active X와 같은 기술적 불편함을 감수하고서라도 인터넷 뱅킹을 사용했다. 금융소외 문제가 불거진 건 모바일 뱅킹이 급속도로 성장하면서부터다.

다수가 편리성이 향상된 모바일 뱅킹을 사용하기 시작하면서 목 좋은 건물 1층에 자리 잡았던 은행지점은 하나둘씩 사라졌다. 또한 남아 있는 은행마저도 2층으로 이동했다. ATM 역시 유지비 감소를 위해 줄이는 추세다. 모바일 뱅킹을 이용하지 못하는 사람들은 직접 찾아가는 불편함을 감수해야 한다. 그뿐만 아니라 모바일 이용 시 주는 금리 혜택에서도 소외된다.

또 다른 예는 택시 애플리케이션이다. 이는 택시를 잡기 위해 오랜 시간 애를 먹었던 사람들의 불편함을 덜어주었다. 그러나 이를 사용하지 못하는 사람들은 예약된 택시가 많아져 택시를 잡기 위해 보다 오랜 시간 수고로움을 감수해야 한다. 즉, 오프라인 서비스가 온라인으로 이동하는 시대에 디지털 서비스를 이용하지 못하는 것은 디지털로 전환된 사회에서 고립되는 결과를 낳는다.

6. 디지털 과過의존: 자발적 고립

밤샘 게임에 결석도 … 인터넷 · 스마트폰 중독 청소년 19만여 명

서울에 사는 김모(17) 군은 지난해 모바일게임을 처음 접했다. '시간 날 때 해보자'고 가볍게 시작한 게임시간은 점점 늘어갔다. 매일 5~6시간 이상 스마트폰을 손에 쥐게 됐다. 학교를 마치고 집으로 오면 곧바로 방 안에 틀어박혀 게임에 몰입했다. 밤샘게임을 하면서 늦잠으로 이어졌다. 맞벌이였던 김 군의 부모는 늦게 퇴근하는 날이 많은 데다 '방에서 자겠지'라고만 생각했다. 결국 김 군은 지각을 밥 먹듯 하다가 아예 학교에 안 가는 날이 많아졌다. 학교 벌점은 계속 늘어 갔다. 김 군의 부모는 그제야 문제를 파악하고 전문기관에 SOS를 쳤다. 6개월 가까이 상담을 이어가고 '작심삼일' 식으로 스마트폰 사용과 중단을 반복하다 고등학교 2학년이 된 올해에야 문제를 겨우 해결했다.

— 〈중앙일보〉, 2018년 6월 22일 자

　　정보사회에서 고립의 또 다른 양상은 디지털 과過의존이다. 예전에는 인터넷 중독, 스마트폰 중독이란 용어로 사용되었지만 현재 국내에서는 질병이라기보다는 지나치게 의존하는 문제적 행위에 초점을 두고 '과의존'이라는 용어를 사용한다. 한국정보화진흥원에서는 디지

인터넷 중독 미국 심리학자 영(Young, 1996)이 논문에서 새로운 임상장애 유형으로 규정하고 인터넷 중독자를 판별하는 기준을 만들면서 사용하게 된 용어이다. 이후 인터넷 게임 장애의 질병코드 등재에 대해 많은 논의가 이어지다가 2019년 5월, 세계보건기구(WHO)는 게임 중독에 '게임이용장애'(Gaming Disorder)라는 질병코드를 부여했다. 발표 이후에도 국내외 게임산업협회를 주축으로 거센 반대가 일어났고, 한국은 한국표준질병 사인분류(KCD) 개정을 2025년으로 보류한 상태이다.

털 과의존을 "과도한 스마트폰 이용으로 스마트폰에 대한 현저성이 증가하고, 이용 조절력이 감소하여 문제적 결과를 경험하는 상태"로 정의한다. 여기서 현저성^{salience}이란 개인의 삶에서 스마트폰을 이용하는 생활 패턴이 다른 형태보다 두드러지고 가장 중요한 활동이 되는 것을 의미한다. 조절실패$^{self-control\ failure}$는 이용자의 주관적 목표 대비 스마트폰 이용에 대한 자율적 조절능력이 떨어지는 것을 의미한다. 문제적 결과는 스마트폰 이용으로 인해 신체적·심리적·사회적으로 부정적인 결과를 경험함에도 불구하고 스마트폰을 지속적으로 이용하는 것을 말한다.

디지털 과의존의 대표적인 예는 온라인게임이다. 현실과는 관련 없는 가상공간의 놀이이지만 실제 돈으로 아이템을 구입하여 (현질) 캐릭터의 능력치를 상승시킨다. 경쟁하는 구도는 이기고자 하는 심리를 자극하여 게임을 자주 하고, 아이템을 많이 사도록 유도한다.

최근에는 소셜 미디어에 과의존하는 양상도 두드러지게 나타난다. 소셜 미디어가 이윤 창출이라는 특정 목적하에 이용자가 소셜 미디어에 오래 머물도록 설계된 측면이 있기 때문인데, 가령 친구의 '좋아요'

나 '코멘트'는 즉각적으로 얻을 수 있는 보상이며, 이용자의 취향을 파악하여 선호하는 정보를 추천하는 알고리즘이나 푸시, 태그 등은 이용자가 자주 사용하도록 디자인되었다. 그러나 소셜 미디어는 오프라인 사회적 관계의 연장선이란 점에서 과의존 상태임을 간과하기 쉽다.

디지털 과의존은 앞서 살펴본 디지털 소외와는 달리 자발적 고립이라는 특징이 있다. 인터넷으로 인한 사회자본 축소론을 주장하는 시각이 지지하는 사례라 할 수 있다. 즉, 인터넷 사용으로 인해 물리적 환경에 있는 주변인들과의 관계가 소홀해진다는 것이다. 온라인에서 맺어진 유대는 공통의 관심사로 연결된 동질적homogeneous 집단이기 때문에 새로운 정보를 바라보는 관점과 시각이 좁아진다(Wellman et al., 2001)는 특성이 있다. 따라서 디지털 과의존은 특정 콘텐츠의 지나친 사용으로 타인과 사회, 그리고 다른 다양한 정보로부터 스스로를 고립시킬 뿐 아니라 일상생활에 지장을 준다는 점에서 사회적 문제로 다뤄진다.

7. 지능정보사회에서 인간의 연결과 고립

정보사회에서 연결의 핵심이 인터넷을 기반으로 사람과 정보, 사람과 사람을 이어준 것이라면, 지능정보사회에서는 사람과 사물, 사물과 사물을 이어주는 새로운 양상이 화두가 될 것이다. 그러나 사람과 사물의 연결은 앞서 얘기한 사회적 관계와는 다른 차원의 이야기이다. 사회적 관계 맺음을 통해 사회연결망이 생기고, 연결망 내에서 반복적 상호작용 과정에서 사회자본이 생긴다. 개인 수준의 효과인 신뢰와 규범은 사회의 지속 성장을 위해 중요하다. 그러나 사람과 사물의 관계에서 사회자본은 다른 세상 이야기다.

현재 사람과 사물의 연결 사례는 돌봄 서비스에서 찾을 수 있다. 사물인터넷IoT 센서를 활용하는 헝겊인형 형태의 '효돌'은 인간을 대신해 고령층의 심리적 고독감을 덜어준다. 인공지능 스피커는 음성인식을 기반으로 대화나 음악 감상 등의 기능을 통해 적적함을 달랜다. 이처럼 사람과 사물의 연결은 인간의 심리적 안녕감 향상에 도움을 주기도 하고, 복약시간 알림이나 병원 가는 날짜 알림 등 맞춤형 정보 제공으로 도움을 줄 것이다.

그러나 우리는 지능정보기술을 활용한 사물과의 연결 이외에 사람과 사람의 연결, 상호작용을 통한 신뢰 형성 등의 가치를 기억하고 사회자본 형성을 위해 노력해야 한다.

한편, 지능정보사회에서는 디지털 소외나 디지털 과의존처럼 인터넷 이용 정도에서 오는 고립 이외에도 개인이 접하는 정보에 따른 은밀한 고립이 발생할 수 있다. 개인의 취향에 최적화된 콘텐츠를 제공하는 유튜브의 알고리즘이 확증편향을 만드는 것이 대표적 예이다.

다수가 같은 플랫폼을 보고 있지만, 모두 다른 정보에 노출된다. 그

확증편향(confirmation bias) 원래 가지고 있는 생각이나 신념을 확인하려는 경향성이다. 뉴스 관련 유튜브의 경우 이용자가 좋아할 만한 영상만을 추천해줘 다른 시각에 노출되지 않음으로써, 자신이 지니고 있는 신념을 더욱 확고히 하는 경향이 나타나고 있다.

리고 그 정보는 기기 소유자의 입맛에 맞는 정보로 가득 차 있다. 하지만 주로 개인 미디어를 사용하기에 서로 다른 정보에 노출된다는 것을 인지하지 못하고, 타인도 나와 같은 정보를 습득하고, 대다수가 나와 같은 생각이나 신념을 가지고 있을 것이라 믿는다는 점에서 문제가 된다. 선호하는 정보에 의해 사람들이 저마다의 틀에 고립되어 정치적 양극화나 사회갈등이 심화될 수 있다는 양상에 대해 비판적 이해능력이 더욱 중요한 시기이다.

예상 출제 문제

1. 소셜 미디어 친구는 몇 명이며 이들과의 유대는 어떠한가?

2. 인터넷이 사회적 관계(혹은 사회자본)에 긍정적으로 작용할 것인가? 아니면 부정적으로 작용할 것인가?

3. 정보격차가 사회문제로 다루어지는 이유는 무엇인가? 정보격차와 관련된 사회적 고립의 예를 들어보시오.

더 보기

서이종(2002), 《인터넷 커뮤니티와 한국사회》, 한울아카데미.

조연정·강정한(2015), 《카카오톡은 어떻게 공동체가 되었는가?》, 다산출판
사.

제프 올로프스키(2020), 〈소셜 딜레마〉, 넷플릭스 오리지널.

참고문헌

과학기술정보통신부·한국정보화진흥원(2019), 〈2019 디지털 정보격차실태조
사〉.

김용학(2013), 《사회 연결망 이론》, 박영사.

배 영(2005), 네트워크 사회의 인간관계와 사회심리, 〈21세기 한국 메가트렌
드 시리즈〉 II, 정보통신정책연구원.

〈중앙일보〉(2018. 6. 22), 밤샘 게임에 결석도 … 인터넷·스마트폰 중독 청소
년 19만여 명.

〈한국경제〉(2020. 1. 13), 작년 최다 이용앱은 카톡, 국민 10명 중 7명이 사용.

Putnam, R. D. (1995), Bowling Alone: America's declining social capital,
Journal of Democracy, 6(1), 65~78.

Wellman, B., Quan Hasse, A., Witte, J., & Hampton, K. (2001), Does
the Internet increase, decrease, or supplement social capital? Social
networks, participation, and community commitment, *American
Behavioral Scientist*, 45(3), 436~455.

Yong, K. (1999), Internet addiction: Symptoms, evaluation and treatment,
in L. VandeCreek & T. Jackson(eds.), *Innovations in Clinical
Practice: A Source Book*, Sarasota, FL: Professional Resource Press,
9~31.

5장

정보사회의 법과 새로운 갈등

황창근

이 장의 핵심

정보사회에서 법은 정보의 생성, 유통 등 정보를 중심으로 한 다양한 현상을 해석하고 적용하게 된다. 법의 정의와 이념, 기능의 관점에서 본다면 정보사회라고 달라질 것은 없다. 국가 대 개인의 관계, 개인 대 개인의 관계 등 공법과 사법의 역할은 변함이 없을 것이고, 다만 정보사회의 발전에 따른 새로운 법적 수요가 나타날 수 있다. 이것이 정보사회의 법이 지닌 특징이라고 할 수 있다.

정보사회의 법에서 그 근간이 되는 '정보'가 법적으로 어떤 의미를 갖는지, 그 법적 개념을 현행법은 어떻게 정의하는지 알아보고, 정보 또는 정보현상을 현행법에 적용할 때 발생되는 문제점을 법의 해석 또는 입법을 통해 어떻게 해결하는지 살펴본다. 예컨대 정보가 법상 물건에 해당되는지에 관한 해석 또는 입법에 의한 해결과정 등을 본다.

정보사회에서 새롭게 등장한 기본권으로 개인정보 자기결정권이 있다. 또한 알 권리도 정보에 대한 접근의 관념에서 정보사회에서는 없어서는 안 될 중요한 기본권에 해당한다. 정보격차는 곧 생활격차로 이어질 수 있기 때문에 정보격차를 해소해야 하는 국가의 책무는 새로운 헌법적 가치로 등장했다. 정보사회에는 〈정보통신망 이용촉진 및 정보보호 등에 관한 법률〉, 〈개인정보 보호법〉, 〈지능정보화기본법〉, 인공지능 관련 법률 등 정보사회를 지탱하는 중요한 법률이 있다.

정보사회에서는 정보의 유통이나 활용과 관련하여 새로운 유형의 갈등이 발생되고 있으며, 그에 대한 새로운 대응 방안이 마련되고 있다. 권력 대 개인의 관점에서, 특히 국가권력의 온라인 감시 현상과 관련한 법률에 대하여 살펴보고, 개인 대 개인의 관점에서는 집단적 모욕주기, 온라인 엿보기, 개인의 정보 오·남용 문제 등을 소개한다.

1. 정보의 법적 개념

정보는 일반적으로 데이터, 지식 또는 기록된 사항이라고 할 수 있는데, 법률이 정보의 개념을 어떻게 정의하는지 살펴보는 것이 필요하다. 정보의 발생, 유통, 소멸에 이르는 일련의 과정에서 정보를 어떻게 법적 규율 대상으로 할 것인지는 매우 중요하다. 정보라는 용어는 많은 **법률**에서 각각의 입법목적에 따라 다양하게 정의되고 있다.

정보가 이와 같이 정의되더라도, 여전히 정보가 법적으로 어떤 성격과 지위를 가지는가 하는 문제는 남는다. 이를 해결하는 방법은 먼저 기존 법률의 해석을 통하는 것이고, 해석이 어려운 경우에는 이를 입법적으로 해결하게 된다. 예컨대 매매계약의 대상이나 개체를 물건이라고 하는데, 민법에서 물건은 "유체물 및 전기 기타 관리할 수 있는 자연력"이라고 정의된다(제 98조). 그러면 정보를 매매할 경우 계약의 대상으로 삼으려면 물건에 해당하는 것으로 보아야 하는데, 이때 정

〈지능정화기본법〉상 정보 광(光) 또는 전자적 방식으로 처리되는 부호, 문자, 음성, 음향 및 영상 등으로 표현된 모든 종류의 자료 또는 지식.

〈공공기관의 정보공개에 관한 법률〉상 정보 공공기관이 직무상 작성 또는 취득하여 관리하고 있는 문서(전자문서 포함) · 도면 · 사진 · 필름 · 테이프 · 슬라이드 및 그 밖에 이에 준하는 매체 등에 기록된 사항.

보는 물건에 해당되는지가 문제된다. 이에 대하여 긍정설과 부정설이 대립하지만, 관리 가능한 자연력이 단순한 자연력을 말하는 것이 아니라 자연계의 작용이나 힘으로서 경제적 가치를 지니는 것이라고 합목적적으로 해석한다면, 정보도 물건에 포함된다고 보는 것이 타당하다고 하겠다.

정보의 개념을 둘러싼 문제는 민법상 물건의 개념 여부뿐만 아니라 형법에서도 많은 변화를 요구한다. 이를테면 인터넷게임 중에 게임 아이템을 절취하는 경우, 아이템은 정보에 해당될 뿐 형법상 절도죄의 객체인 재물에 해당되지 아니하므로 절도죄로 처벌할 수는 없다. 인터넷게임 회사의 서비스를 방해했다는 점에서 업무방해죄가 될 수 있을 뿐이다. 또한 인터넷을 통해 음란한 문언 · 음향 · 사진 · 영상을 배포한 경우, 음란한 물건을 대상으로 하는 형법상 음란물 반포죄(제243조)로 처벌할 수 있는지 여부가 논란이 되자 아예 〈정보통신망 이용촉진 및 정보보호 등에 관한 법률〉(이하 정보통신망법이라 함) 상에 음란한 정보 배포를 처벌하는 범죄를 신설했다(제74조 제1항 제2호).

2. 정보사회에서 정보기본권의 보장

정보사회에서는 전통사회와 비교하여 새롭거나 두드러지는 기본권을 볼 수 있다. 2018년 3월 26일 대통령이 제출한 **헌법개정안**에 의하면 정보사회에 걸맞은 새로운 정보기본권으로 알권리, 개인정보 자기결정권 등을 규정하였다.

알권리란 자유롭게 정보를 수집하거나 정보공개를 청구할 수 있는 권리로서 현행 헌법상 명문 규정은 없지만 일반적으로 인정되고 있었다. 공공기관에 대한 정보공개 청구제도가 알권리를 보장하기 위한 대표적 제도이다. 국민은 누구나 국가나 지방자치단체 등 공공기관에 정보를 청구할 수 있는데, 이는 국민주권주의의 실현을 위하여 불가결한 기본권으로 인식되고 있으며, 공개청구를 받은 공공기관은 원칙적으로 정보를 공개하도록 규정되어 있다. 이 권리를 헌법전에 명시하자는 것이다.

개인정보 자기결정권은 자신에 관한 정보가 언제 누구에게 어느 범위까지 알려지고 또 이용되도록 할 것인지를 그 정보주체가 스스로 결정할 수 있는 권리인데, 이 기본권은 2005년 헌법재판소의 결정에서 최초로 등장하였다. 헌법재판소는 경찰청장이 보관한 지문정보를 전산화하고 이를 범죄수사 목적에 이용하는 행위가 기본권 침해에 해당되는지에 대한 헌법소원 사건에서 개인정보 자기결정권을 기본권으로 최초로 인정하였다(헌재 2005. 5. 26. 99헌마513외). 그 이후 개인정보 자기결정권은 개인정보 보호의 중요성과 더불어 정보사회의 핵심적 기본권으로 자리 잡았다.

헌법개정안 제 22조 　① 모든 국민은 알권리를 가진다. ② 모든 사람은 자신에 관한 정보를 보호받고 그 처리에 관하여 통제할 권리를 가진다. ③ 국가는 정보의 독점과 격차로 인한 폐해를 예방하고 시정하기 위하여 노력해야 한다.

정보사회에서 정보격차로 인한 문제는 전통사회의 빈부격차와 비교될 정도로 중요성을 가진다. 정보의 접근과 이해의 차이에 따른 정보격차는 개인의 정보생활은 물론이고 사회적·경제적 생활의 격차를 가져온다. 이를 해소하기 위하여 인터넷접속의 보편적 서비스, 통신요금 감면제도 등이 도입되고 있다.

정보사회에서 **정보격차 해소**는 인간다운 생활을 보장하기 위한 복지제도에 해당된다. 〈전기통신사업법 시행령〉 제 2조에 의하면 과학기술정보통신부장관이 이용 현황, 보급 정도 및 기술 발전 등을 고려하여 속도 및 제공대상 등을 정하여 고시하는 인터넷 가입자접속 서비스(제 2조 제 2항 제 1의2호)를 보편적 서비스로 규정하고 있다. 또한 장애인·저소득층 등에 대하여 인터넷접속 서비스, 휴대인터넷 서비스의 요금을 감면하도록 규정하고 있다(같은 항 제 3호).

3. 정보사회를 지탱하는 주요 법률

1) 정보통신망법

정보통신망법은 정보통신망 이용 촉진, 이용자 보호, 정보통신망 안전을 목적으로 하는 법률로, 1987년 〈전산망 보급 확장과 이용촉진에 관한 법률〉이란 이름으로 최초 제정되었다가 이후 오늘의 명칭으로 변경되었다. 이 법에서는 정보통신망을 〈전기통신사업법〉 제 2조 제 2호에 따라 전기통신설비를 이용하거나 전기통신설비와 컴퓨터 및 컴퓨터의 이용기술을 활용하여 정보를 수집·가공·저장·검색·송신 또는 수신하는 정보통신체제로 정의하며, 정보통신서비스는 〈전기통신사업법〉 제 2조 제 6호에 따라 전기통신역무와 이를 이용하여 정보를 제공하거나 정보 제공을 매개하는 것으로 정의한다(제 2조).

이 법은 현대 정보사회를 연결하는 정보통신망의 이용, 안전을 확보하고 정보통신망을 통한 서비스를 가능케 하는 정보사회의 기본법이며, 특히 인터넷의 기반과 활용, 서비스의 근거가 되는 법률이라고 할 수 있다.

이 법의 주요 내용을 보면, 대한민국의 전산망 보급을 확장하고 정보통신망 이용을 촉진하기 위하여 기술 개발 및 보급, 정보통신망의 표준화, 정보사업 등을 규정하고, 정보통신망에서 이용자 및 청소년을 보호하기 위한 각종 대책, 정보통신망의 안전성을 확보하기 위한 다양한 정책 수단을 포함한다. 특히 인터넷 규제 또는 정책의 대표적 제도라고 할 수 있는 인터넷심의제도(제 44조의 7), 명예훼손정보에 대한 임시조치(제44조의 2) 등이 이 법에 규정되어 있다.

　이 법은 원래 온라인상 개인정보 보호법의 역할도 하였다. 그러다가 2020년 통합 〈개인정보 보호법〉의 제정으로 개인정보 보호규정은 모두 〈개인정보 보호법〉으로 통합, 이관되어 개인정보 보호법제로서의 역할은 종료되었다. 그러나 정보통신망, 특히 인터넷의 보호, 규제 등 다양한 내용이 담긴 법률로서 사실상 인터넷의 근거법이라고 할 정도의 중요성을 가지고 있다.

2) 개인정보 보호법과 데이터 3법

〈개인정보 보호법〉은 정보사회에서 개인정보 보호를 위한 기본적이고 일반적인 법률이다. 개인정보 보호와 관련하여 개별법의 규정들이 많이 존재하므로, 개별법은 〈개인정보 보호법〉과의 관계에서 특별법의 지위를 가진다.

　원래 개인정보 보호법제는 공공 영역과 민간 영역, 의료나 신용, 공간 등 개별 영역에서 다양하게 구분하여 발전되었다. 그러다가 2011년 3월 29일 개인정보 보호에 관한 법제 통합이 결실을 맺어 일반법으로서 〈개인정보 보호법〉이 제정되어 2011년 9월 30일 자로 시행됨에 따라 일반적 개인정보 보호규범이 완성되었다. 이 법의 제정으로 〈공공기관의 개인정보 보호에 관한 법률〉 전부와 정보통신망법의 일부 조항은 흡수되어 폐지되었다. 그러나 온라인상 개인정보 보호는 여전히 정보통신망법에 남아 있어 이원적으로 운영됨에 따라 통합의 필요성이 계속해서 제기되었다. 그러다가 2020년 2월 4일 온라인상의 개인정보 보호도 〈개인정보 보호법〉에 통합하는 통합 〈개인정보 보호법〉이 개정되어 2020년 8월 5일부터 시행되고 있다.

한편, 〈개인정보 보호법〉, 〈신용정보의 이용 및 보호에 관한 법률〉, 정보통신망법을 합하여 '데이터 3법'이라고 하는데, 이는 4차 산업혁명, 데이터경제시대의 핵심 자원이라고 할 수 있는 데이터 이용 활성화가 중요하다는 차원에서 함께 부르는 용어이다.

이 법은 개인정보의 처리 및 보호에 관한 다양한 사항을 정하고 있다. 주요 내용을 보면, 제1장 총칙에서는 개인정보의 개념, 개인정보 보호원칙, 정보주체의 권리, 국가의 책무를 규정했다.

제2장에서는 개인정보 보호의 거버넌스를 규정했는데, 가장 중요한 것이 개인정보 보호 감독기관인 개인정보 보호위원회 관련 사항이다. 국제적으로 거버넌스의 원칙은 개인정보 보호 감독기관의 독립성이라고 할 수 있는데, 독립성이란 다른 중앙부처로부터 독립한 개인정보 보호정책에 관한 중앙행정기관의 지위를 의미하고, 2020년 개정에서 이를 달성했다.

제3장에서는 개인정보의 처리에 관한 제반 사항을 규정하였는데, 개인정보의 수집·이용·제공 관련 사항, 민감정보·고유식별정보 등의 처리 제한, 가명정보의 처리 특례규정으로 구성되어 있다.

특히 가명정보의 처리 특례규정은 개인정보의 일부를 삭제하거나 일부 또는 전부를 대체하는 등의 방법으로 추가 정보가 없이는 특정 개인을 알아볼 수 없도록 처리하는 것을 가명처리로 정의하고, 이 경우 정보주체의 동의 없이도 과학적 연구, 통계작성, 공익적 기록보존 등의 목적으로 정보를 이용할 수 있는 근거를 마련하였다. 가명정보의 도입은 그동안 개인정보 보호 일변도에서 탈피하여 개인정보의 활용에도 중요한 가치를 부여한 것으로 평가받는다.

제4장에서는 개인정보의 안전한 관리를 위하여 안전조치 의무, 개인정보 처리방침 수립, 개인정보 영향평가, 개인정보 유출 통지 등의 규정을 두었다. 제5장에서는 정보주체의 권리를 보장하기 위해 개인정보의 열람, 정정·삭제, 처리정지 등에 대한 상세한 근거를 두었다.

기타 개인정보 관련 분쟁과 관련해서는 징벌 손해배상, 법정 손해배상의 특칙을 두었으며, 분쟁해결제도로는 개인정보 분쟁조정, 개인정보 단체소송 등의 특별한 제도를 운영하고 있다.

현행법에 대하여 지적되는 문제점과 개선 과제를 보면 다음과 같다. 첫째, 2020년 〈개인정보 보호법〉의 통합 과정에서 온라인상 개인정보 보호, 즉 정보통신망법을 통합하면서 정보통신서비스 제공자에 관한 특례를 그대로 존치시킴으로써 불완전한 통합에 그쳤다는 비판이 있다. 둘째, 개인정보 보호에 치중한 나머지 빅데이터, 인공지능시대에 개인정보의 활용 관점의 정책이 미흡하다는 것이다. 셋째, 개인정보의 수집, 이용, 제공 등 처리에는 6가지의 적법성 근거가 있는데(동의, 법령, 공공업무, 계약, 긴급한 필요, 정당한 이익), 그중 하나에 불과한 동의가 원칙적 근거로 인식됨에 따라 형식적 동의 남발과 동의제도의 엄격성 문제가 대두되고 있다. 넷째, 법 위반에 대한 제재 수단이 형벌 중심이기 때문에 형벌의 과잉 문제가 나타나고 있다. 다섯째, 집단적 개인정보 유출 등의 사고를 일거에 해결할 수 있는 집단소송제도가 없고, 현행법상 단체소송은 요건이 엄격하여 이용사례가 없기 때문에 실질적 권리구제의 관점에서 분쟁해결제도의 보완이 필요하다.

3) 지능정보화 기본법

이 법은 지능정보화 관련 정책의 수립, 추진에 필요한 사항을 규정한 법률로, 2020년 6월 9일 개정에서 현재의 제명으로 변경되었다. 원래 1995년 〈정보화촉진기본법〉으로 최초 제정되었다가, 2009년 〈국가 정보화 기본법〉으로 변경되고, 다시 지능정보사회를 맞이하여 〈지능정보화 기본법〉으로 변경된 것이다. 이 법은 지능정보사회의 구현과 관련하여 일반법의 성격을 가지므로 지능정보사회에서 정부 정책의 기본방향을 담고 있다.

이 법에서는 **지능정보사회 기본원칙**, 지능정보기술, 지능정보화의

지능정보사회 기본원칙(제 3조)

① 국가 및 지방자치단체와 국민 등 사회의 모든 구성원은 인간의 존엄 · 가치를 바탕으로 자유롭고 개방적인 지능정보사회를 실현하고 이를 지속적으로 발전시킨다.

② 국가와 지방자치단체는 지능정보사회 구현을 통하여 국가경제의 발전을 도모하고, 국민생활의 질적 향상과 복리 증진을 추구함으로써 경제 성장의 혜택과 기회가 폭넓게 공유되도록 노력한다.

③ 국가 및 지방자치단체와 국민 등 사회의 모든 구성원은 지능정보기술을 개발 · 활용하거나 지능정보서비스를 이용할 때 역기능을 방지하고 국민의 안전과 개인정보의 보호, 사생활의 자유 · 비밀을 보장한다.

④ 국가와 지방자치단체는 지능정보기술을 활용하거나 지능정보서비스를 이용할 때 사회의 모든 구성원에게 공정한 기회가 주어지도록 노력한다.

⑤ 국가와 지방자치단체는 지능정보사회 구현시책의 추진 과정에서 민간과의 협력을 강화하고, 민간의 자유와 창의를 존중하고 지원한다.

⑥ 국가와 지방자치단체는 지능정보기술의 개발 · 활용이 인류의 공동발전에 이바지할 수 있도록 국제협력을 적극적으로 추진한다.

개념을 정의하고 지능정보사회의 기반을 조성하기 위한 각종 정책사항을 규정하고 있다. 특히 지능정보사회의 개념을 "지능정보화를 통하여 산업·경제, 사회·문화, 행정 등 모든 분야에서 가치를 창출하고 발전을 이끌어가는 사회"로 정의하고, 지능정보화는 "정보의 생산·유통 또는 활용을 기반으로 지능정보기술이나 그 밖의 다른 기술을 적용·융합하여 사회 각 분야의 활동을 가능하게 하거나 그러한 활동을 효율화·고도화하는 것을 말한다"고 정의하였다.

4) 인공지능 관련 법률

인공지능AI은 정보사회의 핵심 과학기술이고, 이를 통한 사회의 변혁을 목전에 두고 있다. 이에 따라 인공지능 관련 법률이나 인공지능 윤리 가이드라인이 속속 만들어지고 있다. 인공지능과 관련하여 주된 법적 논의는 기계에 불과한 인공지능에 대하여 사람과 유사한 권리주체성 또는 인격주체성을 인정할 수 있는가 하는 문제이다. 이는 사고事故 발생 시 그 책임을 인공지능에게 부과할 것인지에 대한 문제와 직결된다. 아직 인공지능에게 책임을 부여하는 **권리주체성**을 인정하는 것은 시기상조이고, 과학기술의 발전 정도와 사회적 수용성에 따라 논의가 발전할 수 있을 것으로 생각된다.

　인공지능을 상용화하는 최초의 서비스는 자율주행차로 예상되는데, 세계 각국에서는 자율주행차의 운행에 대비한 법제를 마련하고 있다. 우리나라도 〈자동차관리법〉에서 자율주행차의 개념을 정의하고 실험 목적의 임시운행을 위한 근거를 마련하였으며, 자율주행차의 핵심 기술이라고 할 수 있는 '자율주행 시스템ADS'의 안전 기준을 별도로 마련하는 입법을 하기도 하였다.

2019년 4월 30일에는 〈자율주행자동차 상용화 촉진 및 지원에 관한 법률〉을 제정해 2020년 5월 1일부터 시행하고 있다. 동법은 비록 자율주행차의 시범운행을 위한 법적 근거로 마련된 것이지만, 자율주행차가 도로에서 안전하게 운행되기 위하여 어떤 법적 문제를 해결해야 하는지 다양한 관점에서 법적용의 특례를 마련함으로써 장차 자율주행차의 상용화에 대비한 실험입법으로서 의미가 있다. 즉, 아직 우리나라에서는 자율주행차 운행을 위한 완전한 입법이 이루어진 상태는 아니라고 할 것이다.

자율주행차가 육지 도로에서 운행되는 인공지능 이동수단이라면, 공중에서 이 역할을 하는 것이 드론drone이다. 2019년 4월 30일 〈드론 활용의 촉진 및 기반조성에 관한 법률〉(이하 드론법이라 함)이 제정되어 2020년 5월 1일부터 시행되고 있는데, 동법은 드론 활용의 촉진 및 기반 조성, 드론 시스템 운영, 관리에 관한 사항을 규정하였다.

이 법도 드론 운행에 관한 일반적 근거라기보다 드론 산업을 육성하기 위한 법제라는 한계를 가지지만, 드론의 법적 정의, 드론 시범사업 구역 지정 등 향후 드론 운행을 준비한다는 점에서 보면 상당한 의의

가 있다고 할 것이다.

4. 정보사회의 새로운 갈등들

1) 권력 대 개인: 국가권력에 의한 개인의 감시

국가권력에 의한 개인의 감시는 국가의 안전보장, 사회질서 유지, 공공복리라는 목적하에 법으로 정당화된다. 최근 신종 코로나 바이러스 COVID-19 방역 목적으로 행하는 개인의 이동동선과 사생활 감시를 우리는 경험하고 있다. 이러한 감시는 동서고금에 공통되는 것이지만, 정보사회에서 이러한 감시체제는 정보의 흐름을 통제하는 방식으로 보다 정교하고 용이해졌다는 특징을 가진다. 골목길을 순찰하던 전통적 감시 방식이 중앙통제실에서 온라인 공간은 물론이고 도로, 빌딩 등 실제 공간에서 생성, 유통되는 다양한 정보를 감시, 통제하는 것으로 대체된 것이다.

곳곳에 설치된 CCTV 등 영상 감시장치는 시민의 세세한 생활을 기록하고 감시한다. 감시의 일상화 현상이다. 영상 감시를 통한 사생활 침해의 폐해를 방지하기 위하여 영상 정보의 처리 제한을 〈개인정보보호법〉이 규정하였다. 즉, 설치 목적이 제한되고, 설치 시 사전에 안내해야 하며, 공중화장실 등 특정 장소에 설치가 제한되고, 녹음이 금지되는 등의 규정을 두었다(제25조).

무엇보다도 국가에 의한 개인의 감시는 온라인 공간에 대한 감시로 고도화되고 있다. 온라인 감시는 1791년 제러미 벤담Jeremy Bentham이 고안한 원형감옥 **판옵티콘**을 연상케 한다. 중앙감시탑을 중심에 두고 그를 둘러싸면서 원형으로 감방을 배치하는 이 방식은 감시의 효율 극대화를 추구한다. 정보사회에서 판옵티콘은 공간뿐만 아니라 시간의 한계도 감시하는 네트워크 감시탑으로 발전하고 있다.

온라인 공간에 대한 **모니터링**monitoring은 온라인 감시의 대표적 방식이다. 온라인 감시는 국가가 직접적으로 수행하기도 하지만, 간접적 방식을 통하기도 한다. 직접적인 것으로는 불법 정보에 대한 인터넷 심의를 들 수 있는데, 이는 음란한 정보, 명예훼손 정보 등 법률을 위반한 정보인 불법 정보에 대한 유통 금지 및 그에 대한 심의, 유통 제한, 처벌 등의 체계로 이루어진 온라인 감시체계를 말한다. 이 과정에 경찰, 방송통신심의위원회, 방송통신위원회 등 국가기관이 감시의 주체가 된다. 최근에는 부동산시장을 감독하기 위한 목적으로 국토교통부장관이 부동산 허위중개물 감시를 위한 모니터링을 할 수 있도록 했는데(〈공인중개사법〉 제18조의3), 이러한 온라인 모니터링은 국가의 온라인 감시가 강화되는 위험을 보여준다.

또한 국가는 온라인사업자를 통한 간접적 방식으로도 온라인을 감

판옵티콘(panopticon) 벤담이 1791년 최소한의 비용으로 감시 통제가 가능한 감옥으로 세안한 것인네, 그의 생선에는 현실화되지 못하였고, 벤담 사후에 각국에서 효율적인 감옥의 원형으로 실시되기도 하였다. 이 감옥은 감옥 중앙에 설치된 감시탑을 중심으로 이를 둘러싸고 수감실을 배치하여 수감자에 대한 감시를 효율적으로 하는 구조로 설계되었다.

모니터링(monitoring) 사전적으로 방송이나 기사, 제품의 내용이나 효과 등에 대한 의견을 제출하는 것을 일컫는데, 최근 인터넷 감시 방법으로 채용되고 있는 대표적 방법이다. 〈공인중개사법〉에서는 허위매물을 '모니터링한다'는 법정 용어로 사용할 만큼 일반화된 온라인 감시 방법으로 통용되고 있다.

시하는데, 직접 감시보다는 이 방식이 더 많이 사용된다. 이는 불법행위를 하는 이용자를 규제하는 것보다 그 인터넷 공간을 제공한 인터넷사업자를 규제하는 것이 보다 효율적이라는 이유 때문으로 보인다.

예컨대 인터넷사업자 또는 전기통신사업자, 정보통신서비스 제공자는 아동·청소년 성착취물을 발견하기 위해 조치할 의무가 있고 이를 위반하여 필요한 조치를 취하지 아니한 경우에는 제재까지 이뤄진다(〈아동·청소년성보호법〉, 〈전기통신사업법〉, 정보통신망법 등). 또한 〈청소년보호법〉상 청소년에 대한 인터넷게임 셧다운제는 인터넷게임사업자에게 의무를 부과하여 청소년의 행동을 감시하는 방식이다. 이러한 간접적 감시체제는 이용자에 대한 침해는 물론이고 인터넷사업자의 직업 수행의 자유를 침해한다는 비판이 있다.

이러한 국가권력의 감시는 필연적으로 개인의 사생활, 표현의 자유, 행동자유권 등 인권을 침해할 위험성이 있기 때문에 몇 번의 위헌 논란을 거쳤다. 게시판에서 글이나 사진 등 게시물을 표현하기 위하여 본인임을 확인해야만 하는 게시판 본인확인제(일명 '인터넷 실명제')는 개인의 표현의 자유 등을 제한한다는 이유로 위헌결정을 받았다(헌재 2012. 8. 23. 2010헌마47). 다만 〈청소년보호법〉이 정한 16세 미만 아동에 대한 인터넷게임 강제 셧다운제는 청소년의 행동의 자유, 학부모의 교육권, 게임사업자의 직업의 자유를 침해한다는 비난에도 불구하고, 헌법재판소는 합헌결정을 하였다(헌재 2014. 4. 24. 2011헌마659).

2) 개인 대 개인: 개인의 정보 오 · 남용

개인이 정보를 생성하거나 유통, 통제할 수 있게 되면서 과거 국가권력이나 집단, 단체가 행할 수 있던 개인에 대한 사생활, 정보 침해는 개인 대 개인의 관계에서도 어렵지 않게 볼 수 있다. 정보사회에서 개인에 의한 타인의 사생활 침해는 과거 전통사회와 비교할 때 큰 차이가 있다.

2005년 '개똥녀 사건'은 해외 연구자에게도 집단적 모욕주기의 대표적 사례(Solove, 2007)로 거론되었는데, 개인이 집단화할 경우에 극대화되는 사생활 침해의 폐해를 보여준다. 최근 발생한 '**디지털교도소**'나 이른바 '**좌표 찍기**'도 집단적 모욕주기의 사례이다. 어느 개인이 타인의 일탈을 고발하고 비판하는 것은 건전한 시민의 자세라고 할 수 있지만, 모욕주기의 의도로 집단화할 경우에는 사생활 침해 폭력으로 변질되는 것이다. 개똥녀 사건이나 디지털교도소 문제로 당사자가 받았을 과도한 비난이나 폭력은, 행위에 상응한 책임이 인정되어야 한다는 원칙상 허용될 수 없다.

정보사회에서 엿보기의 폐해도 간과하기 어렵다. 엿보기는 정보사회에서 새롭게 등장한 사생활 침해 유형이 아니다. 19세기 풍속화가 신윤복의 그림 〈단오풍정〉이나 김홍도의 〈빨래터〉가 이를 잘 보여준다. 남성이 여성을 바위 뒤에서 훔쳐보는 엿보기는 범죄라기보다는 해학적으로 승화된 정도의 일탈로 묘사된다. 즉, 그림 속의 엿보기는 위중한 법 위반이나 도덕 위반이라고 하기 어렵다.

그러나 정보사회에서의 엿보기는 바위 뒤에서 몰래 하는 엿보기와 달리 불법적 방법과 수단이 동원되고, 집단적 엿보기로 발전한다. 타인의 동의 없이 몰래 촬영하거나, 정보통신망을 해킹하고 불법 프로그램을 유포시키며, 몰래 CCTV를 통하여 타인의 사생활을 훔쳐본다. 정보통신망법에서는 "누구든지 정당한 접근권한 없이 또는 허용된 접근권한을 넘어 정보통신망에 침입하여서는 아니 된다"고 규정하여(제48조) 정보통신망 엿보기를 금지하였다. 최근의 'n번방 사건'은 엿보기가 집단화되어 폭력으로 발전된 사례를 보여준다.

2010년 헌법재판소의 미네르바에 대한 〈전기통신기본법〉상 허위통신죄 위헌 사건은 개인의 정보 유통의 오・남용 논란에 대한 사례이다(헌재 2010. 12. 28. 2008헌바157). 미네르바는 포털사이트 다음의 '아고라'에서 2008년 외환위기 당시 "드디어 외환 보유고가 터지는구

디지털교도소 악성 범죄자의 신상 정보를 공개하여 사회적・집단적 심판을 받도록 하는 웹사이트를 말하는데, 사적 복수, 집단적 모욕주기 등의 폐해가 나타나고 있으며 신상이 공개된 사람들이 실제 악성 범죄자인지 여부도 확인하기 어려운 문제가 있다.
좌표 찍기 자신과 생각이 다른 사람에게 집단적으로 모욕과 언어폭력을 하는 행위를 말한다.
n번방 사건 텔레그램 등 메신저앱을 이용하여 알바 모집 등으로 피해자를 유인하여 성착취물을 찍게 하고 이를 유포한 성범죄사건을 말한다.

그림 5-1 신윤복 〈단오풍정〉

그림 5-2 김홍도 〈빨래터〉

나" 등 수많은 경제 관련 게시물을 올렸다. 이러한 글들은 대중의 폭발적인 호응을 얻기도 하였지만, 부정확하고 허위의 내용으로 사회를 혼란에 빠뜨리는 이른바 유언비어로서 허용되어서는 안 된다는 반감도 불러일으켰다. 이에 검찰은 그동안 적용되지 않았던 "공익을 해할 목적의 허위통신"에 해당된다는 이유로 기소하였으나 법원은 무죄를 선고하였고, 헌법재판소는 앞의 조문이 명확성의 원칙에 반한다는 이유로 위헌을 선고하였다. 이 사건은 정보사회에서 개인이 가지는 정보능력이 얼마나 큰지를 보여주었다.

예상 출제 문제

1. 정보사회에서 엿보기는 전통사회와 어떤 차이가 있으며 문제가 되는 엿보기 유형으로는 어떤 것이 있는가?

더 보기

대니얼 솔로브 저, 이승훈 역 (2008), 《인터넷세상과 평판의 미래》, 비즈니스맵.
이중기·황기연·황창근 (2020), 《자율주행차의 법과 윤리》, 박영사.
최경진 (2004), 민법상 정보의 지위, 〈산업재산권〉, 15권.
황창근 (2020), 국가권력의 온라인 감시정책의 위험성, 〈KISO저널〉, 40호.
〈조선일보〉(2018. 5. 10), 〈만물상〉 '좌표 찍기'.

참고문헌

대니얼 솔로브 저, 이승훈 역 (2008), 《인터넷세상과 평판의 미래》, 비즈니스맵.
최경진 (2004), 민법상 정보의 지위, 〈산업재산권〉, 15권.
황창근 (2020), 국가권력의 온라인 감시정책의 위험성, 〈KISO저널〉, 40호.
〈조선일보〉(2018. 5. 10), 〈만물상〉 '좌표 찍기'.

소셜 미디어에서의 자기전시주의self-exhibitionism

6장

최항섭

이 장의 핵심

소셜 미디어는 사람과 사람 사이의 관계를 신속하게 이어주며, 그 관계를 확장시키는 기능을 하는 미디어이다. 카카오톡, 페이스북, 인스타그램을 통해 우리는 매일처럼 지인들과 문자, 사진, 영상을 주고받으며 그들과 관계를 유지한다. 이는 소셜 미디어가 사회자본을 유지하거나 증가시키도록 해주는 기능을 한다는 의미다. 소셜 미디어상의 관계를 유지하는 데 중요한 기능을 하는 것이 바로 타인에게 제공하는 내 삶의 모습이다. 이를 알려주지 않으면 관계를 제대로 유지하기 쉽지 않다. 서로의 비밀을 공유하면서 관계가 유지되는 것이다.

그런데 소셜 미디어에서 지인에게 공유되는 내 모습은 대부분 멋진 모습이다. 어두운 모습, 한심한 부분들은 공유되지 않는다. 내 삶 속에 멋져 보이는 모습만이 여러 장소에서 찍히고 여러 앱을 통해서 편집되어 소셜 미디어에 업로드된다. 이러한 행위, 즉 소셜 미디어의 자기전시 행위는 이제 일반적인 행위가 되어 간다.

이를 이해하기 위해서 현대사회의 고독감이 더욱 깊어지고 있다는 사실에 주목해야 한다. 이미 불평등의 재생산이 구조화된 현대사회에서 개인은 주인공이 되기가 점점 어려워져가며, 사회에서 소외를 경험하여 고독을 느끼고 있다.

이때 결핍되는 것이 사회적 지지이다. 사회적 지지의 결핍 경험은 개인의 자긍심을 훼손한다. 이에 개인은 자긍심을 복원하고 사회적 지지를 받고자 자신의 모습을 연출하여 소셜 미디어에서 자기전시 행위를 한다. 사회학자 고프먼의 연극이론에 의하면, 개인은 일상생활에서 타인을 만족시키기 위한 일종의 연기 행위를 하면서 그 관계를 이어나가고 정체성을 확보한다. 이 이론은 소셜 미디어의 자기전시 행위를 설명해주는데, 즉 소셜 미디어에서 개인은 연결된 타인들로부터 사회적 지지를 얻게 위해 자신의 삶의 모습을 이미지화하여 사회적 지지를 확보한다.

1. 소셜 미디어의 시대: 신속성과 확장성

우리가 사는 시대는 **소셜 미디어**의 시대이다. 우리의 일상 모두가 소셜 미디어를 통해 이루어지고 있다고 해도 과언이 아니기 때문이다. 페이스북, 인스타그램, 그리고 카카오톡으로 대표되는 소셜 미디어는 이제 없으면 살아가기가 쉽지 않은 필수재가 되었다.

소셜 미디어의 특성은 신속성과 확장성이다. 단지 정보를 빠르게 그리고 널리 공유시키는 것을 넘어 사람들의 만남을 빠르게 그리고 넓게 확장시킨다. 이러한 특성을 지닌 소셜 미디어를 매일 사용하면서 개인의 생활양식도 그 특성에 맞추어 바뀌고 있다. 이제 우리는 모든 것이 빠르고 확장적으로 이루어지지 않으면 견딜 수 없다.

소셜 미디어는 현실에서의 인간관계를 유지시키는 기능을 한다. 시간과 공간의 제약으로 느슨해지고 건조해졌던 인간관계를 소셜 미디어를 통해 보다 탄탄하고 친근하게 바꿀 수 있다. 사실 현실 공간에서 소셜 미디어　기존의 미디어는 방송매체가 시청자들에게 일방향적으로 메시지를 보내는 방식으로 작동하였다. 이에 반해 2000년대 초반에 등장한 소셜 미디어는 개인과 개인 간의 사회적 관계를 유지하고 확장시키기 위한 목적으로 등장하였기에 '소셜(social, 사회적) 미디어'라고 불린다. 대표적 소셜 미디어로는 카카오톡, 페이스북, 인스타그램 등이 있다.

다른 사람들과 연결되는 것은 점점 더 어려워지고 있다. 학업, 업무 등의 시간은 더욱더 빠듯하게 돌아가며, 그 시간이 끝나더라도 자기계발 등으로 인해 현실 공간에서 함께 모이기가 어렵다. 하지만 다른 사람과의 연결은 사회적 존재인 인간에게 반드시 필요하다. 그 연결망 안에서 실질적 도움을 받으며, 감정적 안정을 찾기도 한다.

2. 소셜 미디어의 기능: 사회자본과 비밀 공유

소셜 미디어는 인간관계를 보다 신뢰할 수 있는 관계로 만들어주며, 사회자본을 생성한다. 사회자본은 한 인간이 갖고 있는 여러 자본 중 하나이며, 자산으로 대표되는 경제자본, 학력과 같은 인간자본, 예술 취향과 이해도를 의미하는 문화자본과 함께, 한 개인이 신뢰할 수 있고 친근감을 경험할 수 있는 다른 개인들의 관계를 의미한다.

　그런데 친밀한 관계를 형성하기 위해 필요한 것이 하나 있다. 바로 '비밀'을 공유하는 것이다. '비밀'을 공유하며 그 관계는 보다 소중해진다. 이때 '비밀'은 다른 사람이 모르는 나의 은밀한 사생활에 대한 것이 대부분이다. 특히 다른 이가 알지 못하는 나의 원래 모습이 행한 일들이 이 비밀을 만든다. 비밀을 공유하는 것은 쉽지 않다. 사회적 비난을 받을 위험성이 크기 때문이다. 그러나 인간은 비밀을 누군가와 공유함으로써 비밀을 혼자 간직하는 데에 따른 정신적 불안감을 극복한다.

이 '비밀'은 사생활, 즉 **프라이버시**로 표현된다. 근대 이후 개인화가 진행될수록 프라이버시는 나만 알고 있어야 하는 것, 다른 사람들이 침해하면 안 되는 것으로 인식되어 왔고, 법과 제도도 그에 따라 발전되었다.

3. 타인에게 보여지기 위해 쓰는 일기

소셜 미디어 중에서 자신의 존재감을 드러내는, 즉 자기전시주의self-exhibitionism를 보여주는 대표적인 것은 페이스북이다. 글, 사진, 영상의 조합으로 만들어진 자신의 일상에 대한 콘텐츠는 페이스북을 통해 다른 이들에게 업로더의 존재감을 알려준다. 이때 페이스북에 올리는 자신의 일상에 대한 글, 사진, 영상은 '타인을 위한 일기'이다. 원래 일기는 '자신의 일상에 대해 자신만을 위해 쓴, 비밀성을 지니는 글'이다. 하지만 페이스북 콘텐츠는 다른 이들의 반응과 판단, 특히 '좋아요' 아이콘의 클릭을 기대하며 작성된다.

이 소셜 미디어 공간은 나만의 은밀한 공간이 아니라, 타인들에게 자신을 노출시키면서 인정받고자 하는 공간으로 기능한다. 프라이버시가 노출되는 것 같지만, 이 프라이버시는 타인의 인정을 받기 위해

프라이버시　프라이버시는 근대 이후 개인이 소리를 내지 않고 책을 읽는 문화가 발달하면서 생긴 개념으로, 다른 사람에게 방해받지 않는 자신만의 삶의 영역을 의미한다. 나의 정체성, 나의 가족, 나의 집 공간, 나의 친구관계, 나의 직업 등 나에 대한 모든 정보들을 의미하며, 기본적으로 나의 허락 없이는 다른 사람들이 함부로 침해할 수 없는 것으로 제도화되어 있다.

준프라이버시　영어로 pseudo는 완전히 그 모습을 지닌 것도 아니면서 그 모습이기도 한 것을 의미한다. 쉽게 말해 진짜와 가짜 사이, 실재와 허구 사이를 의미한다. 준프라이버시는 완전히 자신이 감추어야 할 은밀한 프라이버시가 아니면서, 그렇다고 모든 이들에게 완전히 공개되어 있는 정보도 아닌, 자신에게는 프라이버시이기도 하면서 사실은 타인에게 노출하기 위해 연출된 프라이버시를 의미한다.

사전적으로 연출되고 사후적으로 편집된 **준프라이버시**pseudo-privacy에 해당한다. 페이스북의 경우, 나와 밀접한 관계에 있는 사람들뿐만 아니라 그들과 약간의 관계만 있는 많은 사람들에게도 나의 모습이 노출된다. 앞에서 설명한 것처럼 소셜 미디어의 확장성으로 인해 내 모습의 노출이 확장되는 것이다.

4. 소셜 미디어 자기전시와 프라이버시에 대한 논쟁

자신의 일상의 모습을 소셜 미디어를 통해 타인들에게 전시하는 사람들이 늘어나면서 아이러니컬하게도 프라이버시 침해 문제도 발생하고 있다. 자신의 프라이버시를 자발적으로 공개하는데 왜 프라이버시 침해가 성립되냐는 의문 또한 제기되고 있다. 이는 소셜 미디어 사용에 대한 중요한 논쟁 주제가 된다. 한편에서는 자발적으로 자신의 모습을 노출한 것이기 때문에 익명의 사람들이 그 사생활 모습 등을 수집하거나 활용해도 프라이버시 침해라고 볼 수 없다는 주장과, 또 다른 한편에서는 아무리 자발적으로 노출했더라도 한 개인의 사진 등을 수집하는 행위 자체가 프라이버시 침해에 해당한다는 주장이 맞설 수 있다. 실제로 구글로 검색하면 페이스북에 노출된 개인의 사생활에 대한 많은 디지털 데이터를 얻을 수 있다. **사이버스토킹과** 같은 문제는 이미 심각한 수준이기도 하다.

근대 이후 개인은 프라이버시에 대한 권리를 강조할 수 있게 되었다. 그리고 정보화시대에 프라이버시를 침해하는 기술의 위험성이 제기되면서, 프라이버시에 대한 불안은 더욱 커졌다. 정보통신정책연구원의 조사결과에 따르면, '모르는 사람이 나의 온라인 활동을 보고 나에 대한 개인정보를 획득할까 걱정스럽다'라는 문항에 '그렇다'라고 답한 사람이 전체 응답자의 38.4%로 프라이버시 침해에 대한 문항 등에서 가장 높은 응답률을 보였다(신지형, 2019).

소셜 미디어는 이러한 우려가 더 클 수밖에 없는데, 그 속성상 개인 A의 프라이버시가 그와 연결된 개인 B에게 노출되면, 개인 B와 연결

사이버스토킹 소셜 미디어에서 어떤 개인의 사적인 정보들을 캐내고, 이를 통해 그 개인이 견딜 수 없을 정도의 집요함을 가지고 쫓아다니면서 불안감과 공포심을 유발하는 행위다. 최근 들어 소셜 미디어에 너무나 많은 개인정보와 데이터들이 노출되면서 이를 수집하여 특정 개인을 사이버스토킹하는 경우가 크게 늘고 있다.

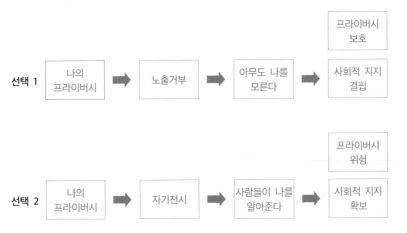

그림 6-1 소셜 미디어에서의 자기전시와 프라이버시의 딜레마

선택 1 나의 프라이버시 ➡ 노출거부 ➡ 아무도 나를 모른다 ➡ 프라이버시 보호 / 사회적 지지 결핍

선택 2 나의 프라이버시 ➡ 자기전시 ➡ 사람들이 나를 알아준다 ➡ 프라이버시 위험 / 사회적 지지 확보

되어 있는 모든 개인들에게 자동으로 노출될 가능성이 대단히 크기 때문이다. 허진승(Hur, 2010)에 의하면, 내가 한 모든 소비행동(식당 등)은 내 페이스북에 글과 이미지 형태로 업로드될 때, 나와 직접적으로 연결된 친구들뿐만 아니라 간접적으로 연결된(내 페이스북 친구의 친구들) 모든 이들에게도 노출된다. 이런 맥락에서 보면 페이스북과 같은 소셜 미디어는 그 속성상 프라이버시의 가치와 '호환'되지 않는 것으로 이해할 수 있다.

이러한 위험성에도 불구하고 가장 핵심적인 질문은 다음과 같다. "왜 그렇게도 사람들은 자신이 살아가는 모습을 타인들에게 노출시키고자 하는가?" 이 질문에 대답하기 위해서는 단지 소셜 미디어의 특성과 같은 기술중심적 접근을 넘어 한 사회에서 살아가는 성원 간의 관계, 정체성에 대한 사회학적 접근이 필요하다.

5. 현실 공간에서의 고독과 소셜 미디어에서의 자기전시

현대사회에서 개인은 공동체로부터 점점 분리된다. 지역공동체, 학연學然공동체가 과거만큼 유지되지 않고 있다. 점점 바빠지는 개인 생활이 그 주된 원인이며, 지역 연결망과 학연 연결망이 가져다주는 이익의 양과 질이 과거에 비해 축소되고 있기 때문이기도 하다. 자신에게 직접적으로 도움이 되지 않는 지역공동체와 학연공동체 모임에 잘 나가지 않게 되고, 자연스럽게 그 연결망이 해체되는 것이다. 그러면서 개인은 그 공동체로부터 멀어지게 된다. 하지만 그 결과 공동체가 가져다주었던 감정적 지지 등의 경험 또한 감소하면서 개인은 고독을 경험할 수밖에 없다. 쉽게 말해 고향친구, 동창친구와의 상호관계가 제대로 유지되지 않으면서 점점 고독해지는 것이다.

프라이버시 노출 위험에도 불구하고 우리는 페이스북에 업로드되는 수많은 사적인 삶의 모습을 보게 된다. 유저 역시 프라이버시 노출의 위험이 있다는 것을 안다. 자신이 방문한 식당과 음식의 사진, 휴가 때 놀러 간 호텔과 휴양지의 모습(많은 경우 자신의 사진이 함께 들어간) 등이 그대로 타인들에게 보인다. 그러나 위험에 대한 불안보다 자신의 사적인 삶의 모습을 타인들에게 전시하고, 그로 인해 타인에게 받는 지지가 가져다주는 자기만족감이 더 큰 것이다.

자기만족감은 자신의 사적인 삶이 노출된 콘텐츠에 대해 타인들이 클릭한 '좋아요' 수가 늘어날수록, '멋지다' 혹은 '부럽다'와 같은 내용이 들어간 댓글이 많을수록 커진다. 반면 '좋아요'의 수가 거의 없다면, 심지어 댓글조차 달리지 않는다면, 자신이 부끄러워지고, 자존심 역시 상처를 입게 되어 나중에는 올렸던 콘텐츠를 삭제해 버리기도 한다. 이렇게 되면 타인들이 자신에게 관심이 전혀 없는 것은 아닌지, 자신의 모습이 그렇게 가치가 없는 것인지 하는 불안이 생겨난다. 이런 일이 반복되면 심각한 고독감을 겪게 된다. 후자의 경우가 되지 않기 위해서 더 멋진 사진을 찍을 장소를 가보기도 하며, 이미 찍은 사진을 여러 앱을 이용해서 편집하기도 한다. 중요한 건 현실 그대로의 모습이 아니라 멋짐을 생산할 수 있는 편집되고 가공된(미쟝센느Mise-en-Scene된) 이미지이기 때문이다.

고독의 주된 원인 중 하나는 '타인으로부터의 시선과 관심의 결여'이다(Jun, 2012b). 인간은 살아가면서 자신이 주인공이 되는 삶을 살아가고 싶어 한다. 그러나 치열한 경쟁상황과 이미 존재하는 불평등 구조 속에서 주인공이 되어 타인에게 시선과 관심을 받는 삶을 살아가기란 쉽지 않다. 바우마이스터(Baumeister, 1990)는 현대사회에서 타인의 시선과 관심을 받지 못하는 상황과 자살의 증가 간에 밀접한 상관관계가 있다고 설명한 바 있다. 주인공이 되고 싶은 욕구와 그렇게 되기 어려운 현실 간의 간격이 극대화될 때 좌절로 인한 아노미anomie

---

미쟝센느   프랑스어 Mise en Scene에서 나온 단어로서 장면(scene)을 만들기 위한 (mise en) 모든 장치와 방법들을 의미한다. 연극, 영화, 공연 등에서 배우들의 연기를 최대한 현실감 있게 하기 위해 동원되는 수많은 장치들과 배우분장 등이 모두 미쟝센느에 포함된다. 소셜 미디어에서는 식당에서 음식 사진을 잘 찍기 위해 각도와 조명을 잘 파악하여 음식배치를 하는 것, 여행지 사진을 찍은 전 후에 특정한 앱을 사용하여 더 멋진 모습의 사진으로 만드는 것 모두가 일종의 미쟝센느에 해당된다.

상태가 오는 것이다. 통계청(2011)의 보고서에 의하면, 특히 한국 청년세대가 처한 취업위기 상황은 청년세대의 고독과 좌절감 증가와 대단히 밀접하게 연결되어 있다.

그리고 현실에서의 인간관계에 '결핍'이 생길 때, 그 결핍을 메워준다. 이 결핍은 많은 경우 '고독'에서 발생된다. 결핍은 여러 가지 형태로 존재한다. 사람과의 관계 자체가 결핍되어 있을 수도 있으며, 관계 속에서의 존재감에 결핍이 생길 수도 있다. 주위에 친구가 없어도 고독하지만, 친구들이 많이 있어도 그 가운데 존재감이 없을 때는 고독해진다. 후자의 경우는 특히 정체성의 문제와 연결된다. 하지만 자신의 존재감을 인간관계 속에서 드러내기란 쉽지 않다. 사람들과 자주만날 수 있는 것도 아니고, 만나더라도 자신의 존재감을 보여주는 기회를 찾기가 쉽지 않다. 그러나 소셜 미디어의 등장은 이러한 문제들을 해결해주었다. 소셜 미디어에 항상 접속되어 있기 때문에 직접 만나지 않더라도 관계 안에 항상 있게 된다. 그리고 자신의 존재감을 보여주는 글, 사진, 동영상을 언제든지 소셜 미디어 공간에 업로드해 자신에게 연결된 다른 사람에게 노출시킬 수 있게 된 것이다. 인류 역사상 자신의 존재감을 드러내기가 이렇게 손쉬운 적은 없었다.

상호작용론(Interactionism) 사회학이론 중 하나이며, 개인과 개인, 개인과 집단, 집단과 집단 간에 상호직으로 이루어지는 말, 행위를 중심으로 그 개인의 특성, 집단의 특성, 그리고 관계의 특성을 설명하는 이론이다. 조지 허버트 미드에 의해서 발전되었으며, 정보사회론에서는 특히 소셜 미디어에서 유저들 간의 관계를 설명하는 데 유용하게 활용된다.

사회학이론 중 하나인 **상호작용론**에 따르면, 개인은 자신의 정체성을 다른 사람과의 관계를 통해 형성한다. 자신의 모습에 대해 다른 사람이 내리는 평가를 통해 그 모습을 수정해 가면서 정체성이 만들어진다는 것이다. 그런데 정보사회에서 다른 사람과의 사회적(소셜) 관계의 형성과 유지는 소셜 미디어를 통해 이루어지는 측면이 대단히 크며, 결국 소셜 미디어는 한 개인의 정체성에 대단히 중요한 영향을 미친다.

6. 소셜 미디어의 자기전시와 사회적 지지

소셜 미디어에서는 개인의 정체성뿐 아니라 취향, 인간관계, 개인의 고민이 타인에게 공개된다. 이 공개는 타인의 지지를 가장 큰 목적으

그림 6-2 **현실 세계와 소셜 미디어 세계의 개인의 무대 위치의 변화**

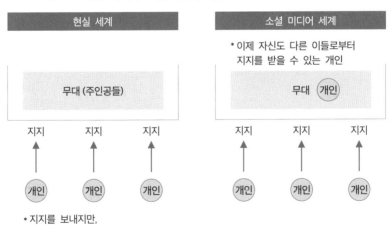

로 한다. 나의 정체성에 타인이 매료되고, 내 취향을 높이 평가하며, 내 인간관계의 다양함에 부러움을 보내고, 내 개인의 고민에 공감할 때 나에 대한 지지가 이루어진다. 한편, 나의 모습을 전시했음에도 불구하고 그 지지가 기대만큼 이루어지지 않을 때 나는 불안해진다. 글과 사진을 업로드하면 얼마나 '좋아요'를 눌러줄지, 댓글은 얼마나 달릴지에 신경이 쓰인다.

이 불안을 해소하기 위한 방법은 하나밖에 없다. 더 많은 지지와 댓글을 가져올 수 있는 '나의 모습'을 생산해 내는 것이다. 더 멋진 식당에 가고, 더 멋진 옷을 입으며, 더 멋진 여행지에 가서 사진을 찍고 편집을 정성스럽게 해서 '지지받을 수 있는 이미지'를 만들어 내야 한다.

스타의 지지와 일반인 지지

사회적 지지를 가장 많이 필요로 하는 이들은 사실 스타들이다. 배우, 가수 등 연예인들은 사회적 지지를 많이 받을 때 비로소 스타로서 존재한다. 이미 스타인 이들도 지속적으로 사회적 지지가 필요하며, 더욱 많은 사회적 지지를 받기 위해 이미지를 만들어 낸다. 하지만 과거 스타들에게 사회적 지지를 보내던 이들이 소셜 미디어의 등장으로 인해 자신들도 **사회적 지지**를 받을 수 있게 되었다.

특히 한국의 경우 청년세대는 현실 공간에서 실업 등으로 인해 시회적 지지를 받을 기회가 줄어드는데, 이러한 상실감을 만회하는 하나의 방식으로 소셜 미디어를 통해 사회적 지지를 받고자 한다. 그리고 이 사회적 지지를 위해서는 자신의 모습을 있는 그대로가 아니라, 최대한 미쟝센느화하여 '전시'할 필요가 있는 것이다.

7. 소셜 미디어의 자기전시와 고프먼의 연극이론

사회학자 어빙 고프먼Erving Goffman의 연극이론은 소셜 미디어의 자기전시를 설명하는 데 대단히 유용하다. 그는 저서 《일상생활에서의 자아 연출》[1]에서 "삶은 연극무대와 같다. 연극무대에서 배우들이 역할을 수행하면서 관객을 만족시키기 위해 최고의 연기를 하려고 노력하는 것처럼, 우리도 일상생활에 각자에게 주어진 역할을 수행하면서 자신들이 만나는 타인들을 만족시키기 위해 최고의 연기를 하려고 노력한다"고 설명한다.

　고프먼은 배우들이 자신의 모습을 있는 그대로 보여주는 것이 아니라 관객의 기대에 최대한 부합하기 위해 그 모습을 변형시키고 꾸미

1　*Presentation of Self in Everyday Life.*

며, 심지어 스스로 관객이 기대하는 사람이라고 거의 믿으면서 새로운 모습을 창조해 낸다고 한다. 이를 고프먼은 '자아 이미지의 재再연출'이라고 말한다. 즉, 자신의 원래 모습은 사라지고, 관객들이 기대하는 모습들로 재탄생되는 것이다. 이때 모습을 완벽하게 만들수록 그 배우는 관객들에게 커다란 지지를 얻게 된다.

페이스북의 자아전시는 고프먼의 이론으로 다음과 같이 설명된다. 현실 공간에서 사회적 지지를 제대로 받지 못하는 현대사회의 개인들은 페이스북 공간에서 이 지지를 받을 수 있다. 하지만 그러기 위해서는 자신의 일상생활 모습을 있는 그대로 보여주어서는 안 된다. 연극 배우가 자신의 원래 모습을 숨기고 관객들이 기대하는 모습으로 무대 위에 나타나듯이, 페이스북에서도 자신의 원래 모습을 그대로 보여주는 것이 아니라, 그 공간에 연결된 타인들이 기대하는 모습으로 나타나야 하는 것이다. 그래야 배우가 관객에게 큰 박수와 지지를 받고 스스로에게 만족하듯이, 페이스북 유저 역시 타인에게 큰 지지를 받아 자기전시를 성공하여 스스로에게 만족하게 되는 것이다.

고프먼의 개념 중 또 하나 의미 있는 것은 '공모共謀'이다. 무대에서 배우의 연기에 대해 관객들은 때론 크게 만족하지 못하지만, 그 무대가 성공한 무대라고 스스로 여기고 타인도 그렇게 여기도록 하기 위해 무대의 배우들에게 지지를 보낸다. 배우 역시 마찬가지다. 그 무대를 관람하러 온 관객들에게 최고의 관객이라는 메시지를 보내야 한다. 이러한 공모관계를 통해 배우와 관객도 그 무대에 대해 만족하게 된다. 페이스북의 경우를 설명해 보면, 나의 모습에 '좋아요'를 누르며 지지를 보내는 타인은 사실 언젠가는 나도 그의 글과 이미지에 '좋아요'를 눌러야 하는 존재다. 설령 그의 글과 이미지가 그렇게 멋져 보이지 않아도 '좋아요'를 눌러야 나 또한 또다시 그에게 '지지'를 받을 수 있는 것이다. 이러한 공모관계를 통해 페이스북에서는 사회적 지지가 재생산된다.

예상 출제 문제

1. 소셜 미디어에서 자신의 사적인 삶의 모습을 타인들에게 노출시키는 사람들이 점점 늘어나고 있다. 이러한 모습들은 프라이버시 침해의 위험에도 불구하고 더욱 뚜렷해지고 있다. 이러한 행동을 어떻게 이해할 수 있는가?

더 보기

과학기술정책연구원 편 (2018), 《4차산업혁명, 아직 말하지 않은 것들》, 이새.
김상배 편 (2008), 《인터넷 권력의 해부》, 한울.
김상배·황주성 편 (2014), 《소셜 미디어 시대를 읽다: 인터넷 권력의 해부 2.0》, 한울.
조화순 편 (2018), 《사회과학자가 보는 4차산업혁명》, 한울.

참고문헌

신지형 (2019), 온라인 미디어 서비스의 이용과 프라이버시 침해 우려, 〈KISDI STAT REPORT〉, 19-13, 정보통신정책연구원.
통계청 (2012), 《한국의 사회동향 2011》.

Hur, J. (2010), A Study on the Problem of "SNS"s Infringement of Personal Information and its Countermeasures, *Journalism and Law*, 9 (2), 75~103.
Goffman, E. (1973), *La mise en scène de la vie quotidienne*, Edition de Minuit, Paris.
Baumeister, R. F. (1990), Suicide as escape from self, *Psychological Review*, 97, 90~113.
Jun, S. (2012a), The Relationshipt between Internet Use, Its Type and Depression in High School Students: Testing a Gender Difference, *Wellbeing and Social Science*, 3, 153~173.

7 장

익명성과 다중정체성

사례 분석을 통해 살펴본
다중자아의 관계적 정체성

김선희

이 장의 핵심

첨단정보기술시대에 우리는 자신의 욕구와 목표를 실현하기 위하여 물리적 현실 세계만이 아니라 사이버 공간에서도 다양한 존재들과 관계를 맺으며 활동한다. 사이버 공간과 현실의 물리 세계 사이를 오가는 것은 일상적인 일이 되었다. 사이버 공간에서 우리는 과거와는 다른 방식으로 자아를 이해하며 익명의 이름 뒤에서 자신의 모습을 숨길 뿐만 아니라 선택적으로 전시하고 드러내기도 한다.

또한 하나의 정체성에 집착하기보다는 다양하고 다중적多重的인 정체성正體性을 표현하며 새로운 정체성을 실험하거나, 심지어 정체성 역할놀이를 하며 타인들과 관계를 맺는다.

이 장에서는 오늘날 일상적으로 사용되는 소셜 미디어를 비롯한 정보기술이 우리의 자아와 정체성을 형성하는 데 어떤 영향을 미치는지 살펴본다. 구체적으로, 정보기술이 초래하는 자아의 익명성과 다중정체성은 어떻게 형성되며 또 변화하고 있는가? 다중자아 및 다중정체성의 성격은 무엇이며, 우리는 다중자아의 현상을 어떻게 이해해야 하는가? 혹은 우리는 다중정체성과 어떻게 관계하는가? 다중자아를 통하여 어떻게 자기 정체성을 조정하거나 상호 영향을 주고받는가? 사이버 정체성은 나의 정체성의 일부인가, 현실 자아에 종속적인가, 독립적 캐릭터인가? 나아가 사이버 다중정체성으로 인해 발생하는 문제는 무엇인가? 사이버 다중정체성과 관계하며 개인이 겪는 문제나 고통이 있다면 그것을 어떻게 이해할 것인가? 등의 문제를 다룬다.

누군가 다중정체성의 관계에서 겪는 고통을 호소할 경우, 그를 이해하기 위해서는 그 사람이 맺는 다중적 관계를 올바로 파악해야 한다. 필자는 사이버 공간의 다중정체성 역할 수행에 관한 사례를 통해 이 문제들을 분석하고 재조명하고자 한다. 우리는 다중정체성이 야기하는 문제에 관한 사례분석을 통해, 사이버 정체성 및 다중정체성의 현상을 이해하는 적절한 방식을 찾을 수 있을 것이다.

1. 디지털 자아, 혹은 사이버 자아의 존재론

우리는 한 개인으로서 자신의 욕구와 신념, 가치 등을 중심으로 형성된 자아정체성을 갖는다. 여기에는 성별, 나이, 직업과 신분 등 사회적·경제적 지위도 포함된다. 이것이 한 개인의 성격 내지 캐릭터를 구성하며 그가 어떤 사람인지 보여주는 고유한 개성이 된다. 그런데 오늘날 개인들은 현실 세계에서 구축한 정체성만이 아니라 첨단정보기술을 이용하여 인터넷에서 새로운 정체성을 만들어 내기도 한다.

인터넷과 SNS 등 사이버 공간에서 활동하며 구성하거나 형성되는 정체성을 '디지털 정체성' 혹은 '디지털 자아自我의 정체성'으로 규정할 수 있다. 디지털 자아는 사이버 공간에서 자신을 대리하는 자아, 즉 사이버 대리자아이다. 우리는 인터넷 등 사이버 공간에서 거주하거나 활동하는 동안 디지털 자아와 상호작용하며 다시 자신을 재구성하게 된다. 현실의 자아와 디지털 자아 사이에 밀접한 관계가 형성되기도 한다.

물리 세계의 현실 자아(본래자아)와 사이버 공간의 디지털 자아(사이버 대리자아) 사이에는 존재론적 차이가 있다. 우리가 몸을 가지고 살아가는 물리 세계는 개별자들의 세계이다. 개인이나 자아도 몸을 가진 개별자들이다. 한 개인이 하나의 몸을 갖기에, 우리는 몸을 세는 것으로 사람의 수를 헤아린다. 이처럼 몸을 가지고 살아가는 물리 세계는 개별자 존재론의 세계이다.

반면에 인터넷에서 우리를 대신해 활동하는 디지털 자아들이 거주하는 사이버 공간은 개별자들의 세계가 아니라, 개별자가 지닌 속성들을 구현하는 속성들의 세계이다. 속성의 다발로 구성된 캐릭터가 바로 디지털 자아이며, 그러한 캐릭터를 구성해 낸 현실의 본래자아를 대신하여 사이버 대리자아가 활동한다.

사이버 공간의 존재론은 보통 '정보 존재론'으로 불린다. 사이버 공간에는 사실상 비트 단위의 정보가 흐르고 있을 뿐이다. 그곳에는 오직 정보가 있을 뿐, 문자 그대로 인간도 없고 사물도 없다. 다만 그 정보들이 인간이나 사물의 형상으로 구현될 수 있을 뿐이다. 즉, 사이버 공간에 존재하는 것은 정보와 정보의 형상화로서 구현된 이미지이다. 그런데 사이버 공간의 존재론으로 표방되는 정보 존재론 혹은 이미지 존재론을 속성 존재론으로 이해할 때 비로소 사이버 공간의 존재와 물리 세계의 존재 사이의 대조적 특성이 잘 드러나며, 또한 사이버 공간의 현상들을 올바로 조명할 수 있다.

사이버 공간의 정보들은 보편자나 형상과 같이 유형으로 존재한다. 정보는 원래 인간이 외부세계와 교환하거나 상호작용하는 내용이며 유형이다.[1] 유형으로서의 정보가 지닌 추상성은 물리 세계의 존재자들이 지닌 개별성과 대조된다. 물리적 세계가 개별자들의 세계라면, 사이버 공간의 존재들은 유형으로서의 속성이거나 속성의 집합이다. 즉, 사이버 공간은 개별자들이 아니라 일종의 유사 속성들의 세계이다. 또한 사이버 공간의 정보가 구현된 이미지들도, 비록 그것이 구체적이고 개별적인 형상을 하고 있을지라도, 개별자라기보다는 정보와 마찬가지로 속성들의 구현이다. 그런 점에서 사이버 공간의 존재론은 속성 존재론이다.[2]

사이버 공간에는 개별적인 물리적 대상은 없으며 오로지 속성들로 구성된 속성적 대상들이 있다. 물론 속성들의 조합이나 구성은 개별자의 경계에 따라 움직이지 않으며, 개별자의 물리적이고 현실적인 조합을 따르지도 않는다. 이처럼 사이버 공간이 개별자 존재론이 유지되지 않는 속성 존재론의 세계라는 사실은 존재론적으로 다음의 몇 가지 중요한 의미를 함축한다.

---

1 위너(Nobert Wiener)에 의하면, 정보란 "우리가 외계에 적응하고 또 우리가 적응한 것을 외계로 하여금 감지하게 할 때 외계와 교환되는 내용에 붙인 이름이다"[노버트 위너 저, 최동철 역(1978), 《인간활용: 사이버네틱스와 사회》, 전파과학사, 20쪽].

2 Novak, M. (1993), Liquid Architectures in Cyberspace, in Benedikt(ed.), *Cyberspace: First Step*, The MIT Press, 235~236. "사이버스페이스에는 대상이 없으며 속성들의 집합이 있을 뿐이다. … 그곳에 있는 것은 실체적 대상이 아니라 '속성적 대상', 즉 속성들의 집합으로 구성된 대상이다."

첫째, 사이버 공간에서는 개별자와 속성의 구분(그리하여 개별인격과 인격성의 구분)이 유지되지 않는다. 사이버 공간의 모든 존재자들은 속성이거나 속성의 다발이다. 그곳에서는 속성이 곧 대상이며, 또한 대상은 속성에 다름 아니다. 이런 세계에서는 개별자와 속성의 구분이 무의미하다. 모든 것이, 개체로 표상되는 것도 속성의 구성물에 불과하다. 이런 세계에서 이름(혹은 ID)은 더 이상 특정 개체를 지시하지 않으며, 임의적으로 구성된 속성의 집합을 가리킬 따름이다.

둘째, 속성 존재론이 지배하는 사이버 공간에서는 개체 간의 경계가 존재하지 않는다. 개체와 속성의 구분이 사라지는 세계에서는 개체 간의 경계도 사라지게 된다. 이는 자아의 개별성이 사라진다는 의미이기도 하다. 그 결과 한 개인이 여러 개의 인격으로 구성되거나 여러 개인의 특성들이 한 개인 안에서 구현되기도 한다. 자아와 타자의 고정된 경계란 없으며, 그 경계는 임의적이며 유동적이다. 자아와 타자의 분리와 융합이 자유자재로 이루어지며, 개체의 속성들은 개체 간의 경계를 넘어 자유로이 결합되고 재구성될 수 있다.

셋째, 개별자 존재론을 속성 존재론으로 대체하는 사이버 공간에서는 개별적 몸의 제약을 받지 않는다. 사이버 공간의 존재들은 개별적 몸을 가진 인간의 물리적이고 생물학적인 제약을 넘어선다. 현실 세계에서는 비록 여성이 남성으로 가장할 수는 있을지라도 생물학적 제약 때문에 남성이 될 수는 없다. 그러나 사이버 세계에서는 여성과 남성 사이의 성전환이 얼마든지 가능하다. 그곳에서 남성으로 행세하는 것은 곧 남성이 되는 것이다. 사이버 세계에서는 둘 사이의 구분이 없기 때문이다.

이처럼 사이버 공간에서는 성을 자유로이 바꿈으로써 생물학적 의미의 여성과 남성의 경계가 사라진다. 또한 인간과 동물의 경계나 인간과 사물의 경계도 사라진다. 나는 사이버 공간에서 동물로도, 의자와 같은 사물로도 구현될 수 있다. 나아가 사이버 자아들은 육체적 한계와 물리적 제약을 초월하여 행위할 수 있으며, 또한 몸을 가진 인간의 실존적 특성을 초월할 수 있다. 즉, 사이버 공간에서는 죽음에서 살아날 수도 있고 과거의 행위를 돌이킬 수도 있으며 신체의 고통을 느끼지도 않는다. 거기서 죽음이나 행위는 불가역적이지 않으며, 유한한 몸의 조건과 한계를 얼마든지 벗어날 수 있다.

넷째, 상상과 현실의 구분이 사라진다. 개별자의 물리적 경계가 사라질 때, 속성들은 자유롭게 혼합되고 결합된다. 속성들의 결합 가능성은 물리 세계의 개별자의 현실적 조합을 따를 필요가 없는 만큼 무궁무진하다. 물리 세계에서 조합될 수 없는 속성들이 사이버 세계에서는 얼마든지 결합될 수 있다. 더구나 비트 단위의 정보는 동질적 속성이므로, 이들 속성 간의 결합은 원리적으로 제한이 없다. 그리하여 원하는 존재들은 무엇이든 구성할 수 있으며, 상상의 세계를 사이버 공간에서 구체적인 모습으로 실현시킬 수 있다.

이상의 특성들을 지닌 사이버 공간의 존재론은 물리 세계의 존재론과 명확하게 대비된다. 알다시피, 물리 세계는 개별자 존재론의 세계로서 개체와 속성의 구분이 존재하며, 개별자의 경계가 유지되고, 개별적 몸을 가진 주체들이 물리적이고 생물학적인 제약을 받는 세계이다. 반면에 속성 존재론의 지배를 받는 사이버 공간에서는 개별자의 경계를 넘나들거나 물리적 제약을 초월할 수 있다. 이와 같이 물리

> 물리 세계의 개별자 존재론 물리적 공간은 개별적인 대상들이 존재하는 공간으로, 물
> 리적 현실 세계의 인간(본래자아)들은 개별적인 몸으로 존재한다.
> 사이버 세계의 속성 존재론 사이버 공간의 대상이나 인물들은 속성들의 집합이며, 사
> 이버 자아(대리자아)들은 속성들로 구성된 정체성 및 캐릭터, 혹은 이미지로 구현된다.

공간과 대조되는 사이버 공간의 존재론적 특성은 곧 사이버 자아의 특
성과 존재론적 지위를 반영한다. 이런 존재론적 특성은 특히 사이버
대리자아의 익명성과 다중정체성을 이해하는 열쇠가 된다.

2. 디지털 자아의 익명성은 어디에서 오는가?

누군가의 신분을 확인하기 위해서는 그 사람을 다른 사람과 구별할 수
있고, 또 시간이 지나도 같은 사람이라는 것을 확인할 수 있어야 한다.
전자는 개별화의 문제이고, 후자는 재再확인의 문제다. 한 개인의 동
일성을 확인하기 위해서는 개별화와 재확인이 이루어져야 하는데, 그
러한 신분확인의 기준은 개별적 몸이다. 즉, 나를 다른 사람과 구분할
수 있는 개별화의 기준은 개별적 몸이며, 어제의 '나'와 오늘의 '나'가
같은 사람임을 재확인하는 기준 역시 내 몸의 시공간적 지속성이다.
이는 개인의 신분확인을 위해 개별적 몸이 필수라는 것을 보여준다.[3]
　그런데 사이버 공간은 왜 익명의 공간이며, 사이버 자아들은 왜 익

3　김선희(2004), 《사이버시대의 인격과 몸》, 아카넷.

명성을 띠는가? 위에서 살펴보았듯이 신분확인을 위한 개별화와 재확인이 가능한 것은 개별적 몸이 있기 때문이다. 그런데 속성 존재론이 지배하는 사이버 공간의 자아들은 물리적이고 개별적인 몸이 없이 속성들만으로 구성된 존재들이기에 신분확인이 가능하지 않다. 누가 누구인지 구별할 수도 확인할 수도 없다.

왜냐하면, 속성이나 성격이 똑같은 두 사람이 있다고 할 때, 개별적 몸이 없다면 둘은 구분되지 않으며 심지어 한 사람인지, 두 사람인지도 알 수 없기 때문이다. 이는 몸이 없다면 개별화에 실패한다는 것을 보여준다. 물론 개별화 없이는 시공간적 지속성을 통한 재확인에도 실패한다.

또한 개별적 몸이 없이 속성들로 구성되는 캐릭터들이 거주하는 속성 존재론의 세계는 자아와 자아의 속성이 구분되지 않는다. 그 경우 개체에 대한 동일성 물음과 속성에 대한 정체성 물음이 구분되지 않으며, 동일성과 유사성 구분도 사라진다. 물리 세계에서는 개별적인 몸을 가지고 있기에 속성과 성격이 같거나 유사해도 그들을 구별하거나 개별화할 수 있지만, 사이버 공간에서는 비슷한 성격(속성)의 여러 인물 사이에서 누가 누구인지 신분확인이 불가능하다. 일반적으로 말하자면, 개별자와 속성의 구분이 사라지는 속성 존재론의 사이버 세계는 개별자 동일론(즉, 개별화와 재확인)이 유지되지 않는 세계이며, 그 결과 신분확인이 불가능한 익명의 공간이 된다.

그런데 비록 사이버 자아가 속성적 존재로서 그자체로 신분확인이 되지 않더라도, 우리가 사이버 공간으로 들어갈 때 사용하는 ID는 사이버 자아의 신분을 확인할 기준이 될 수 없을까? 그러나 사이버 공간

동일성(identification)과 정체성(identity)의 구분

개인동일성의 물음   한 개인의 신분확인을 위한 물음으로서, 이는 한 개인을 다른 개인과 구분할 수 있는 기준(개별화)과 시간이 흘렀음에도 불구하고 한 개인을 같은 개인으로 재확인하는 기준(재확인)을 묻는 것으로 이루어진다. 개인동일성의 대표적 입장으로 신체동일론과 기억동일론이 있는데, 신체동일론은 개인동일성의 기준을 신체와 신체의 지속으로 보는 입장이고, 기억동일론은 기억과 기억의 지속을 그 기준으로 보는 입장이다. 개인정체성의 물음   한 개인을 그 사람답게 해주는 것, 즉 나를 나답게 해주는 속성을 묻는 것이다. 개인의 자아정체성을 구성하는 중요 요소는 욕구와 믿음, 가치이다. 이들로 이루어진 체계의 비교적 안정적인 중심속성이 자아정체성을 나타낸다. 그런 점에서 동일성 물음이 개체를 신분확인하는 문제라면, 개인정체성 물음은 그렇게 신분확인된 개별자가 어떤 속성과 성격의 소유자인지를 묻는 문제이다.[4]

에서 사용되는 이름(혹은 ID)은 하나의 특정한 개체를 지시하지 않는다는 문제가 있다. 한 개인은 각기 다른 개성을 지닌 여러 개의 ID를 가질 수 있을 뿐만 아니라, 하나의 ID를 여러 사람이 공유할 수도 있다. 즉, 나는 하나의 ID로 본래 나의 개성을 그대로 드러내기도 하지만, 여러 개의 ID를 사용하여 각기 다른 속성의 다발을 구성해 냄으로써 별개의 개성을 지닌 여러 존재들로 행세할 수도 있다.

사실상 ID는 특정 개체가 아니라 바로 그렇게 구성된 속성의 집합에 붙여진 이름에 불과하며, 따라서 자신의 신분을 드러내지 않고 익명으로 활동할 수 있다. 그런 의미에서 ID는 신분확인이 되지 않는 익명의 이름이다. 진정한 의미의 신분확인이 이루어지기 위해서는 개별

---

4   김선희 (2015), 《철학상담: 나의 가치를 찾아가는 대화》, 아카넷.

적 몸의 확인이 필요하다. 사이버 자아는 본래자아의 대리자아로서, 물리 세계의 몸을 가진 본래자아를 추적해야만 신분확인이 가능하다.

책임귀속의 차원에서 보면, ID는 몸을 가진 본래자아와 연결되었을 때만 책임주체로서 기능한다. 그 때문에 우리는 ID를 추적하여 그 ID의 사용자(즉, 본래자아)를 찾고자 한다. 이것은 ID 자체가 책임주체의 신분을 드러내는 것이 아니며, 그 ID의 주인인 본래자아를 찾았을 때 ─ 즉, 본래자아의 몸을 확인했을 때 비로소 신분확인이 이루어진다는 것을 의미한다.

3. 왜 사이버 공간에서 다중정체성이 활발히 이루어지는가?

그러면 사이버 다중자아多重自我란 무엇이며, 사이버 공간의 다중정체성 현상은 어떻게 일어나는가? 또한 특히 사이버 공간에서 다중정체성 현상이 활발하게 일어나는 이유는 무엇인가? 사이버 공간의 구성원리로 보자면, 사이버 공간의 다중자아는 개별적 몸을 지닌 하나의 본래자아가 여러 명의 사이버 자아로 활동하는 것을 말한다. 즉, 한 개체가 여러 개의 ID나 캐릭터를 가지고 사이버 공간에서 활동하거나 독립적인 성격을 지닌 여러 개의 아바타로 자신을 표상하는 것이다.

우리는 사이버 공간에서 익명의 이름이나 익명의 이미지를 여러 개 사용하여 자신을 표상하고 각기 독립적인 자아처럼 행위할 수 있다. 사람들은 사이버 공간에서 여러 명의 자아로 행세하는 데 별다른 어려움을 느끼지 않으며, 사이버 공간에서 다중자아는 일반적인 현상이기도 하다. 그러면 사이버 공간에서 다중자아가 발생하는 구조는 무엇이며, 사이버 공간에서 다중자아를 조장하는 존재론적 근거는 무엇인가?[5]

사이버 다중자아 현상은 사이버 공간의 존재론적 구조에서 기인한다. 사이버 공간은 개별자 존재론이 유지되지 않는 속성 존재론의 세계이다. 즉, 사이버 공간의 존재들은 모두 속성이거나 속성의 다발이다. 사이버 행위자들을 지시하는 이름이나 이미지(아바타)들도 정보와 같은 속성의 다발에 불과하다. 개별자들의 경계를 넘어 생성, 조합, 결합, 분리, 변형되거나 개별자의 물리적 제약을 넘어선다는 점에서 사이버 공간의 이미지(혹은 아바타)들도 속성과 같은 방식으로 기능한다.

속성 존재론이 지배하는 이런 세계에서는 다중자아가 되는 데 원리적으로 별다른 제약이 존재하지 않는다. 여러 다발의 속성 집합을 임의적으로 구성해 낼 수만 있다면 얼마든지 많은 사이버 자아들을 창출해 낼 수 있다. 그 속성의 집합들에다가 이름과 캐릭터를 부여하기만 하면 다수의 사이버 자아가 탄생된다. 우리가 사이버 공간에서 여러 개의 자아 혹은 여러 개의 인격을 가질 수 있다는 것은 여러 다발의 성격의 집합(혹은 인격성)을 구성해 낼 수 있다는 의미일 뿐이다.

여기서 하나의 개별자가 개체의 경계를 넘나들며 자신과 타인의 속

---

5 김선희(2003), 사이버 공간이 다중자아 현상을 일으키는 존재론적 구조, 〈철학〉, 74, 171~191.

성을 임의적으로 결합하여 임의의 자아들을 무수히 만들어 내는 것이 얼마든지 가능하다. 더구나 사이버 세계에서 우리는 속성의 다발로 자신을 표상할 때 물리적·생물학적·사회적·경제적 제약들을 모두 뛰어넘을 수 있다. 심지어는 서로 모순되는 성격의 소유자들을 구성해 낼 수도 있다. 그야말로 나는 원하는 대로 어떤 존재라도 될 수 있으며, 각기 개성이 다른 여러 명의 행위자로 행세할 수 있다. 내가 되고 싶은 다양한 상상의 존재들이 동시에 사이버 공간에서 실현되는 것이다.

그러면 사이버 다중자아와 물리 세계 다중자아의 차이는 무엇인가? 물리적 몸의 제약을 받는 물리 세계에서는 '하나의 몸에 하나의 자아, 하나의 인격, 하나의 정체성'을 이룬다. 물리 세계에서 우리는 결코 하나의 몸을 벗어날 수 없다. 다중자아도 하나의 몸에서 표출되기 때문에, 그 몸이 지닌 물리적이고 생물학적인 제약을 벗어나기가 쉽지 않다. 또한 실제 물리 세계에서는 개별적 몸과 공동체가 다중자아의 가능성을 제약한다.

한 개체에서 분할되어 표현되는 여러 마음들(다중자아)은 하나의 몸에 거처하므로 공적으로는 한 개체이자 한 행위자로 간주된다. 즉, 다른 사람들은 다중자아를 한 개체(한 몸)에게서 드러나는 특별한 현상으로 간주하지 독립적인 자아들로 간주하지 않는다. 그 결과 다중자아의 행위와 그 책임은 다중자아들이 거처하는 개별적 몸(개체)에게 귀속되며, 그런 의미에서 그 개체가 책임주체이자 인격체로 간주된다. 만일 (프로이트적 임상실험의 정신분열환자들의 경우처럼) 한 개체의 마음의 분할, 분열이 심각한 수준에 이르러서 한 행위자로 간주

사이버 다중자아　물리 세계에서 하나의 개별적 몸을 가진 본래자아가 사이버 공간에서 여럿의 정체성과 캐릭터를 대리자아로 구성하여 활동하는 것을 말한다. 즉, 한 명의 본래 자아가 사이버 공간에서 여러 명의 사이버 대리자아로 활동하는 것이 사이버 다중자아, 혹은 사이버 다중정체성이다.

할 수 없을 정도가 되면, 이른바 그런 의미의 다중인격자는 합리적 행위주체나 인격체라기보다는 병리학의 치유 대상으로 간주될 것이다. 이와 같이 '단일 신체에 기초한 단일 자아'의 기본원리가 작용하는 물리 세계에서는 한 개체 안에 다수의 자아가 존재할 가능성은 여러 가지 한계와 제약이 뒤따른다.

이에 비해 사이버 공간에서는 성품체계의 임의적 구성이 물리 세계에서보다 훨씬 자유롭다. 그곳에서는 다중자아들 사이의 일관성의 요구나 합리성의 제약이 없으며 물리적·공동체적 제약도 없기 때문이다. 나는 사이버 공간에서 물리 세계의 나와 다르게 표상할 수 있을 뿐만 아니라, 서로 다른 성격과 속성을 지닌 여러 명의 캐릭터를 만들어 낼 수도 있다. 예컨대, 나는 나의 사이버 대리인을 하나는 여성으로 다른 하나는 남성으로 만드는 것도 가능하다. 즉, 나는 사이버 공간에서 여성과 남성 모두로 행세할 수 있으며, 노인과 어린이처럼 서로 상반되는 성격의 소유자들도 표상할 수 있다.

이렇게 나의 사이버 다중자아들은 나의 개별적 몸의 제약을 초월하여 내가 구성해 낸 여러 개의 성품체계의 구현이다. 이렇게 여러 다발의 성품체계를 구성해 낼 수만 있다면 나는 다수의 독립적 사이버 행위자로도 행세할 수 있다. 사이버 공간에서는 여러 다발의 성격 그 자체를 여러 개의 자아로 실현시켜 준다. 다수의 자아들은 비록 익명이지만 제각기 이름과 몸의 이미지도 가질 수 있다.

그리고 사이버 공간에서는 내가 하나의 사이버 자아로 행위하든 여러 명의 사이버 자아로 행위하든 그 차이가 드러나지 않는다. 사실상 다중자아인지 여부가 사이버 공동체 내에서는 구별되지 않으며 별 의미를 갖지 않는다. 왜냐하면 개별적 몸을 대면하는 물리적 공동체와 달리 사이버 공동체의 구성원들은 이 다수의 자아들이 모두 하나의 동일한 개체에 속하는지 아니면 각기 다른 개체에 속하는지 알 수 없기 때문이다. 사실 그들은 사이버 자아의 배후에 누가 있는지조차 알 수 없다. 그리하여 그들은 다른 ID나 다른 이미지(아바타)를 대면할 경우, 각기 독립적 존재로 간주하게 된다. 사이버 공동체 안에서 다중자아는 독립적 자아로 인정받는 셈이다. 즉, 사이버 공동체에는 물리 세계의 공동체와 달리 다중자아에 대한 제약이 없다. 그 공동체는 물리적 몸이 없는 존재들로 구성되기 때문에, 한 개체가 여러 자아를 표출하는 데 아무런 제한을 하지 않는다. 이는 사이버 공간의 다중자아들을 본래자아로부터 더욱 독립적으로 만들며, 다중자아의 활동을 적극적으로 도모할 수 있도록 해준다.

4. 사이버 다중자아의 특성

이상의 논의를 토대로, 우리는 사이버 공간의 다중자아가 지닌 몇 가지 특징을 관찰할 수 있다.

첫째, 사이버 다중자아는 물리적이고 개별적인 몸을 초월하되 몸을 전제로 한다. 사이버 다중자아는 하나의 몸을 가진 개체가 여러 명의 사이버 자아 역할을 한다는 것을 의미하기에, 개별적 몸을 전제로 한다. 만일 그렇지 않으면 사이버 다중자아 현상은 애초에 가능하지도 않다. 사이버 자아들은 본래자아와 연관되지 않고서는 다중자아인지 아닌지 구분이 불가능하기 때문이다.

그럼에도 사이버 다중자아가 몸과 관계하는 양상은 물리 세계의 다중자아와 전혀 다르다. 물리 세계의 다중자아들은 한 개체의 몸을 통해서만 표상되며 한 몸에 속하는 만큼 다중자아들은 독립적이고 개별적인 존재들이 되는 데 한계가 있을 뿐 아니라, 개별적 몸의 물리적 제약을 벗어날 수 없다. 반면에 사이버 다중자아의 경우 몸을 지닌 본래자아를 상정하지만 본래자아의 몸을 통하지 않고도 자신을 표현할 수 있다. 그럼에도 사이버 다중자아 역시 물리적 본래자아의 구현이기에 모종의 관계성을 벗어날 수는 없다(본래자아와 다중정체성의 관계 방식은 다음 절에서 살펴보기로 하자).

둘째, 사이버 다중자아는 마음의 분할이 일어나는 방식에서 차이가 있다. 물리 세계에서 한 개체의 마음은 행위주체가 지닌 욕구나 믿음 사이의 논리적 모순에 의해 경계가 생기고 분할이 일어난다. 마음의 분할이 성품체계 내의 논리적 모순에서 발생되는 셈이다. 이는 행위

주체의 관점에서 보면 능동적 숙고와 선택의 산물이기보다는 인과적으로 일어나는 수동적 결과에 가깝다. 마음의 분할은 이유가 아닌 원인이 존재할 때, 즉 마음의 부분들 사이에 논리적·합리적 관계가 상실되고 인과적 관계만이 성립하는 지점에서 발생한다. 그리고 다중자아 현상은 심각하면 병리적 현상으로 발전하거나 적어도 비합리적인 것으로 간주된다.

반면에 사이버 다중자아는 본래자아가 능동적으로 구성한 자아의 다수성에 의해 발생한다. 이는 직접적으로 논리적 모순에 의해 마음이 분할되기보다는, 한 개체로부터 다수의 사이버 자아가 표상된다는 것에 기인한다. 사이버 공간에서 다중자아는 수동적이고 병리적인 현상이 아니라, 능동적으로 자신의 정체성을 구성하고 그에 따라 캐릭터의 역할을 수행하는 과정에서 형성된다. 사이버 공간에서 다중자아가 되는 것은 다분히 의도적이고 능동적이며 실험적일 수 있다. 현재의 자신과는 다르지만 사이버 공간에 임의적으로 원하는 캐릭터를 구성하고 그런 존재로 역할하며 살아보는 것이다. 대리자아를 통하여 현실에서 구현할 수 없는 자아를 체험해 볼 수도 있다. 그런 점에서 사이버 다중자아는 게임과 놀이의 특성을 지닌다.

셋째, 사이버 다중자아의 경우에도 자아정체성의 혼란을 야기하는 문제가 없는 것은 아니다. 비록 다수의 사이버 대리자아들이 의도적이고 능동적으로 구성되었더라도, 몰입에 의한 본래자아의 망각 내지 자아정체성의 상실이나 혼란을 초래할 수 있다. 사이버 공간에서 자신이 창조한 사이버 대리인을 본래의 자신이라고 착각할 수도 있고, 자신이 구성한 사이버 자아의 정체성이 강화될수록 본래자아의 정체성이 무력하게 느껴질 수도 있다. 더욱이 다수의 사이버 자아로 활동할 경우, 내가 진정으로 누구인지 혼란에 빠질 수 있다.

물리 세계의 다중자아가 한 마음 내에서 일관성이 결렬됨에 따라 정체성의 혼란이 일어난다면, 사이버 다중자아의 경우 관계하는 역할과 방식에 따라 자신과 대리자아와의 관계만이 아니라 타인의 대리자아와 관계할 경우에도 정체성의 혼란을 겪을 수 있다. 현실의 자아정체성과 분리하여 독자적으로 선호하는 디지털 정체성(혹은 사이버 정체성)을 구성할 수 있음에도 불구하고, 디지털 정체성도 타자와 관계를 맺으며 영향력을 주고받는다. 즉, 디지털 정체성도 다중자아 사이에서 관계를 형성한다. 그리하여 만들어진 디지털 정체성도 역할수행을 통해 현실 속 자아정체성의 일부로 작용하거나 본래자아의 정체성과 상충하기도 하며, 현실의 자아 및 타인과의 관계를 변화시키거나 새로운 욕구를 발생시킬 수도 있다. 이 문제를 구체적인 사례를 통해 살펴보자.

5. 상담사례 분석을 통해 살펴본 사이버 다중정체성 이해

다음 사례는 자신의 봇bot을 대리자아로 내세워 상대의 대리자아와 연인으로 계약관계를 맺고 지내던 중 계약위반으로 계약파기를 당했던 사례에 대한 간략한 보고를 이 글의 다중정체성 논의에 맞추어 재구성해 본 것이다. [6]

---

6 융합미술치료 대학원 박사과정 수업에서 한 학생이 이 사례에 관해 간략히 언급한

영이와 철이는 서로 이상적으로 간주되는 캐릭터 봇을 구성하여 연인관계를 맺기로 했다. 영이와 철이는 상호 간에 선호하는 이상적 속성과 성품을 부여한 캐릭터로 영이-봇과 철이-봇을 구성한 후 그런 성격을 구현하는 역할을 수행하며 사귀기로 했다. 그렇게 관계를 맺던 중, 직장 문제 등으로 우울한 상황에 놓여 있던 영이는 약속된 영이-봇의 캐릭터대로 역할을 수행하기보다 자신의 우울한 감정을 실제로 위로받고 싶어졌다. 그래서 현실의 영이는 영이-봇이라면(영이-봇은 영이와 달리 우울하거나 부정적이고 열악한 속성을 갖지 않기에) 하지 않을 요구를 하게 되었다. 이는 캐릭터를 유지해야 한다는 계약을 위반하는 행위로서, 철이에 의해 계약이 파기되었으며, 철이-봇과의 연인관계는 끝나고 말았다. 이렇게 계약을 파기당한 후, 영희는 우울증에 걸려 상담을 요청하였다.

여기서 영이와 영이-봇의 관계는 일종의 사이버 다중자아의 한 양상으로 볼 수 있다. 이 사례에서 영이의 본래자아와 사이버 대리자아(영이-봇)의 두 정체성이 충돌한다는 점에서 다중정체성의 범주가 적용될 수 있다. 영이의 고통은 다중정체성 관계에서 발생하는 우울함이다. 이 문제에 대해 어떻게 상담할 것인지의 문제는 사이버 다중자아와의 관계를 어떻게 볼 것인지의 문제이기도 하다. 즉, 다중정체성 및 다중적 관계에서 오는 고통을 어떻게 이해할 수(혹은 상담할 수) 있을지 논함으로써 다중정체성의 관계적 성격을 해명할 수 있을 것이다.

영이와 철이가 상의하여 각자의 이상형 캐릭터 봇을 구성한 후 연인

적이 있는데, 동의를 얻어 이 논문에서 내러티브로 구성하여 사용했다.

봇(bot) 본래자아(혹은 사용자)가 구성한 정체성이나 캐릭터를 구현하고 수행하는 로봇으로서 일종의 사이버 대리자아다. 봇의 형태는 순수 AI 프로그램으로 이루어지거나, AI와 본래자아의 결합 형태, 본래자아의 언행을 그대로 따라하는 반영적 대리자아의 세 종류로 구분할 수 있다. 여기서 분석한 사례의 봇은 본래자아가 직접 그 정체성을 구성하고 그에 따른 역할을 수행하는 유형으로서 일종의 반영적 대리자아에 해당한다.

관계를 맺기로 계약한 것은 일종의 정체성 놀이를 수행하는 캐릭터 봇의 역할극과 유사한 특성이 있다. 트위터의 캐릭터 봇에 대한 사례연구의 개념을 도입해서 설명한다면,[7] 캐릭터 봇의 정체성 역할극은 캐릭터의 변화와 유연성을 허용하지만 캐릭터의 붕괴('캐붕')에 이르면 역할극이 깨질 수 있음을 경고한다.

애초에 계약을 맺은 것은 서로의 합의에 따라 구성된 캐릭터의 역할을 수행하는 영이-봇과 철이-봇 사이의 연인관계이기에, 여기서 약속된 캐릭터 봇에 부여할 수 없는 이질적인 본래자아의 정체성을 드러내는 것은 계약위반이 된다. 서로의 동의 없이 한쪽에서 오프라인 정체성을 드러내는 것은 캐릭터 구성의 약속을 어긴 셈이다. 아마도 '우울함을 위로해 달라는' 영이의 요구가 계약파기를 야기했다면, 그것은 영이가 영이-봇의 정체성 역할과 어긋나는 자신의 모습을 표출했기 때문이다. 이 경우 약속된 봇의 캐릭터가 전격적으로 무너지기 때문

---

7 윤명희·손수빈(2015), 소셜네트워크와 정체성 놀이: 트위터 봇 사례연구를 중심으로, 〈문화와 사회〉, 18, 287~328. 트위터 봇의 역할극에 대한 사례연구의 개념들은 우리가 분석한 사례에도 적용되는 부분이 있다. 특히 캐릭터 붕괴라는 개념은 분석 사례에서 계약파기를 당한 이유를 설득력 있게 설명해준다.

에 계약된 캐릭터 역할을 수행하는 것이 더 이상 불가능하다. 그 결과 정체성 역할놀이가 중단되고 계약이 종결되기에 이른 것이다.

그런데 영이는 왜 영이-봇의 캐릭터에 어긋나는 요구를 하게 되었을까? 이 물음을 통해 본래자아와 그 대리자아인 봇의 정체성 관계를 조명해 볼 수 있다. 자아정체성은 주어진 대로 고정된 것이 아니라 수행과 실천을 통해 재형성되거나 관계를 통해서 새로운 정체성이 생겨나기도 한다. 영이-봇 자체는 영이의 정체성과 독립하여 구성된 캐릭터이지만, 영이가 자신의 대리자아(영이-봇)의 정체성을 수행하는 역할극을 통해 상호 영향을 주고받는 관계적 정체성을 구성하게 된다. 동시에 대리자아만이 아니라 대리자아를 통해 관계하는 철이-봇과도 관계적 정체성을 형성하게 된다. 예컨대, 영이는 영이-봇의 역할을 수행하던 중에 영이-봇의 연인인 철이-봇에게 자신이 위로받고 싶다는 욕구가 생긴다. 이렇게 다중정체성의 역할수행을 통해 이들 관계에서 새로운 욕구나 가치가 생겨나고, 이것이 다시금 자기정체성의 일부를 구성할 수 있다. 사이버 공간의 다중정체성 역시 자아와 타자 및 자타의 대리자아들(봇)과 상호작용하며 관계적 정체성을 이룬다.

다시 사례로 돌아가 보자. 다중적 정체성으로 인해 고통받는 영이를 위로하기 위해, 본래자아와 사이버 대리자아의 정체성 관계를 어떻게 이해해야 하는가? 사이버 정체성(즉, 영이-봇과 철이-봇의 캐릭터들)은 단지 만들어 낸 가짜 정체성이거나 허구일 뿐이므로 그것을 무시하고 가상에서 빠져나오도록 충고해야 하는가? 그런 충고에 대해, 아마도 영이는 자신의 고통을 이해하지도 공감하지도 못한다고 여길 것이다. 더구나 영이가 사이버 공간에서 영이-봇으로 자신이나 타인과 관계를 맺고 모종의 역할을 수행했다면 그것이 단지 허구일 뿐이라고 보기는 어렵다. 구성된 디지털 정체성, 혹은 캐릭터 봇도 역할수행을 통해 부분적으로 현실의 정체성과 관계하기 때문이다.

이는 캐릭터 봇으로 구현되는 사이버 대리자아가 단순히 본래자아에 의존하지도 않고, 독립적이지도 않으며, 둘 사이에 상호 관계적인 특성이 있음을 보여준다. 사이버 정체성인 영이-봇을 영이로부터 완벽히 독립한 자아로 간주하는 것이나(영이-봇과 독립적이라면 계약파기로 영이가 상처 입을 이유는 없다), 단지 현실과 무관하게 만들어진 가짜 정체성으로 배제하는 것도 적절치 않다(영희가 상처를 입고 고통을 호소한다면, 그 고통을 가짜라고 할 수는 없다!). 또한 다중정체성과 다중자아의 관계성은 본래자아와 대리자아 사이의 관계만이 아니라, 타인의 대리자아와도 관계함으로써 더욱 복잡하고 다양한 양상을 띠게 된다.

이들 다중적 관계는 단지 본래자아들(영이와 철이)의 관계로 환원되지 않으며, 이 관계에서 영이-봇과 철이-봇이라는 사이버 다중정체성이 제거되지도 않는다.

더구나 영이와 영이-봇, 영이와 철이, 영이와 철이-봇, 영이-봇과

다중정체성의 관계성 갑과 을이 사이버 공간에서 관계할 때, 갑의 대리정체성과 을의 대리정체성 사이에서도 상호작용이 일어남으로써, 갑, 갑-봇, 을, 을-봇 사이에서 다중적인 상호관계가 복합적으로 일어나게 된다. 이때 순수하게 갑과 을의 관계만이 아니라, 사이버 다중정체성들 간에도 상호 영향을 주고받는 관계들이 형성된다. 즉, 갑과 갑-봇, 을과 을-봇, 갑과 을, 갑-봇과 을-봇, 갑과 을-봇, 을과 갑-봇 사이에서 다양한 방식으로 다중정체성의 관계가 형성된다.

철이-봇 사이의 관계는 성격이 조금씩 다르다. 영이는 (자신이 본래자아로서 철이-봇에게 위로받고 싶다면) 영이-봇과 철이-봇의 관계가 깨지더라도 철이-봇과 관계하고 싶어 할 수 있다. 하지만 철이는 영이-봇이 아닌 영이와 관계를 끊고 싶어 할 수 있다. 즉, 계약된 연인관계인 영이-봇이 아니라면 영이와 관계하고 싶지 않을 수 있다. 어쩌면 영이의 고통은, 이런 다중적 관계에서 서로 엇갈린 욕구로부터 발생했다고 볼 수 있다.

이처럼 다중정체성의 관계가 지닌 성격은 일의적一義的이거나 일방적인 것이 아니며, 인간관계의 복합성만큼이나 복잡하고 다양하다. 그렇다면 우리가 공적인 관계이든 친밀한 관계이든, 그리고 다양한 종류의 교제에 맞는 적절한 방식으로 인간관계를 맺듯이, 마찬가지로 사이버 다중정체성의 관계에서도 다양한 역할에 따라 적절하게 올바로 관계 맺는 방식을 배워 나가야 할지 모른다.

예상 출제 문제

1. 인터넷과 같은 사이버 공간에서 사람들은 자신이 원하는 다수의 캐릭터를 만들어 낼 수 있으며, 동시에 여러 개의 아이디를 사용하여 여럿의 신분으로 활동할 수도 있다. 이처럼 사이버 공간에서 다중자아 내지 다중정체성이 활성화되는 이유를 존재론적 관점에서 설명해 보자.

2. 사이버 다중자아도 현실자아와 관계를 맺고 서로 영향을 준다면, 어느 한쪽을 소외시키거나 디지털 정체성으로 도피할 수만은 없을 것이다. 이런 관계성을 고려할 때, 물리 세계의 현실자아는 사이버 대리자아 (혹은 사이버 다중정체성)와 어떻게 관계를 맺는 것이 필요한가?

더 보기

김선희(2004), 《사이버시대의 인격과 몸》, 아카넷.
_____(2012), 《과학기술과 인간정체성》, 아카넷.
Benedikt, M(ed.). (1991), *Cyberspace: First Step*, Cambridge: The MIT Press.

참고문헌

김선희(2003), 사이버 공간이 다중자아 현상을 일으키는 존재론적 구조, 〈철학〉, 74집.
_____(2004), 《사이버시대의 인격과 몸》, 아카넷.
_____(2015), 《철학상담: 나의 가치를 찾아가는 대화》, 아카넷.
노버트 위너 저, 최동철 역(1978), 《인간활용: 사이버네틱스와 사회》, 전파과학사
윤명희·손수빈(2015), 소셜네트워크와 정체성 놀이: 트위터 봇 사례연구를 중

심으로, 〈문화와 사회〉, 18권, 287~328.

Novak, M. (1993), Liquid Architectures in Cyberspace, in Benedikt(ed.), *Cyberspace: First Step*, The MIT Press.

소셜 미디어의 일상화와
신新 온라인 문화

최샛별

이 장의 핵심

이 장은 한국사회 온라인 문화의 특성, 특히 최근에 나타난 한국의 온라인 문화에 대한 내용을 다루고 있다. 1990년대 처음 인터넷이라는 매체가 생긴 이래로, 한국 사회의 온라인 문화는 인터넷 대중화(2000년대)와 스마트폰의 보급(2010년대)이라는 두 번의 변곡점을 거쳐 일상의 영역으로 침투하였고, 시간의 흐름에 따라 진행된 1인 미디어의 성장은 온라인 문화의 향유 대상을 청년세대에서 전 세대로 확장시키는 데 일조하였다.

온라인 문화는 개인이 경험해 온 '디지털 여정'을 바탕으로 조금씩 다르게 나타나고, 이로 인해 세대별(베이비붐 이전 세대, X세대, 밀레니얼 세대, Z세대)로 구분되기도 한다. 이러한 온라인 문화 가운데 특히 2020년에 주목할 만한 현상은 크게 두 가지로, 'DIY 셀러브리티Do-It-Yourself Celebrity의 등장'과 '이미지 전시를 통한 구별짓기 및 취향공동체 형성'을 들 수 있다.

먼저, 1인 미디어와 SNS의 발전은 누구나 셀러브리티가 될 수 있는 환경 조성에 큰 영향을 미쳤고, 이는 'DIY 셀러브리티의 등장'으로 이어진다. 실제로 최근 인스타그램, 유튜브 등 다양한 플랫폼을 바탕으로 수많은 사람이 각자의 영역에서 '셀러브리티'가 되고 있고, 이에 따라 자연스럽게 개인의 성공에 영향을 줄 수 있는 '매력자본'이 크게 부상됐다. 또한 사회 각 영역에서 여러 셀러브리티가 생겨나는 만큼, '팬덤' 문화 또한 각 영역으로 확장되는 모습을 보인다. 이미 최근의 청년세대에게 팬덤 문화는 특수한 현상이 아닌 하나의 보편적인 문화로 여겨지는 만큼 향후 사회적으로 전 영역에 걸쳐 팬덤 문화가 정착, 커다란 영향력을 행사할 것으로 예측된다.

두 번째로 주목할 만한 현상은 '이미지 전시를 통한 구별짓기와 취향공동체 형성'이다. 이미 명실상부 활발한 상호작용이 이루어지는 '생활세계'로 거듭난 사이버 공간은 현실 공간과 마찬가지로 취향을 기반으로 한 각양각색의 문화가 형성되는 플랫폼으로 기능하고 있다. 이에 따라 현실 공간과 마찬가지로 사이버 공간에서도 취향을 바탕으로 한 구별짓기 행위가 이어지는데, 최근 한국의 온라인 문화에서 '보여지는 것'이 점차 중요해짐에 따라 '이미지'를 통한 취향의 전시와 그를 바탕으로 한 구별짓기가 발생하게 된다.

이 같은 사이버 공간에서의 취향 전시와 그를 통한 구별짓기 현상을 확인할 수 있는 대표 사례로는 이미지 위주의 SNS 플랫폼인 '인스타그램'의 활성화를 들 수 있다. 이처럼 세련된 이미지를 매개로 한 자기 취향의 전시와 그를 통한 타인과의 구별짓기는 사이버 공간 내에서 상징과 기호를 생산, 소비, 그리고 재생산하는 새로운 문화질서를 형성하는 방향으로 나아간다.

그리고 이러한 질서는 전 세계를 강타한 신종 코로나 바이러스와 이로 인해 초래된 언택트시대의 도래에 따라 비단 청년세대에 국한된 것이 아닌 모든 세대를 아우르는 보편적 질서로 확장될 전망이다. 사이버 공간에서의 일상 활동이 선택이 아닌 '필수'로 자리매김한 지금, 사람들이 모이는 곳, 그래서 사회가 형성되는 곳에 늘 그에 상응하는 문화가 태동하듯, 오늘날의 온라인 문화는 이제 더욱 보편화 일로를 걷게 될 것이다. 또한 시간의 흐름에 따라 현존하는 모든 세대가 디지털 네이티브의 속성을 띠게 되면 우리 사회는 사이버 공간과 현실 공간, 그리고 온라인 문화와 오프라인 문화의 경계가 흐려지는 것을 넘어 전자가 후자를 뒤집는 상황을 맞이할 수 있음을 유념해야 할 시점이다.

1. 문화 영역의 확장과 세대별 온라인 문화

한국사회의 사이버 공간과 온라인 문화는 두 번의 변곡점을 기점으로 빠르게 변화하였다. 1990년대의 온라인 공간이 소수 문화의 코드를 반영하는 대안적 담론들이 생산되는 공간으로 기능하였다면, 2000년대에 들어서 대중화된 인터넷은 사이버 공간이라는 가상공간을 본격적으로 우리의 일상적 공간으로 기능하도록 만들었다. 사이버 공간의 일상화는 오프라인 공간과 유기적으로 연계된 제 2의 생활공간 창출이라는 점에서 곧 우리 사회 내에 존재하는 문화의 영역들이 오프라인을 넘어 온라인으로까지 확장되었음을 의미한다.

실제로, 다양한 디지털 매체를 활용한 온오프라인 속 상호작용은 우리가 존재하는 시공간의 경계를 허물고 분화된 자아와 다변화된 정체성을 가진 개인 행위자들이 새로운 온라인 문화를 생산하고 또 소비하는 현상으로 이어지고 있다. 특히, 2010년대에 들어와 보편화된 스마트폰의 사용은 오프라인 공간과 온라인 공간의 연결형태를 재구조화시켰으며, 그에 따라 사람들은 이제 소셜 미디어를 통해 수시로 개인을 둘러싼 상황과 변화를 즉각적이고도 손쉬운 방식으로 공유할 수 있게 되었다(이광석, 2016).

한때 온라인 문화는 이른바 신세대라 불리는 젊은 세대들의 고유문화로 식별되었으며, 중년층과 노년층은 이와 무관한 존재로 여겨지며 관련 논의들에서 제외되었다. 그러나 사이버 공간이 또 하나의 일상 영역으로 자리한 지금, 온라인 문화는 특정 세대만의 문화가 아닌 전 세대를 아우르는 문화 현상으로 다뤄져야 한다.

이러한 현상은 '수치'로 확인되고 있다. 2019년 국내 인터넷 이용자 비율은 91.8%를 넘어섰고, 국민의 스마트폰 보유율은 약 95%로 세계 1위를 기록했다(한국정보화진흥원, 2019; Silver, 2019). 중장년층의 스마트폰 보유율은 빠르게 증가하고 있으며, 노년층의 스마트폰 사용률 역시 급격하게 늘고 있는 실정이다. 이처럼 온라인 문화를 전 세대의 문화로 확산시킨 원인은 무엇일까? 가장 큰 원인 중 하나는 무엇보다 '1인 미디어'의 증가이다. 1인 미디어 플랫폼의 다원화와 그에 따른 관련 콘텐츠의 범람은 모든 세대를 인터넷이라는 사이버 공간으로 불러 모으는 결과를 야기했다.

그러나 우리가 모두 같은 공간에 살고 있다고 해서 동일한 삶을 향유하지는 않듯이, 사이버 공간에 모인 다양한 세대들은 그들이 지금껏 경험해 온 '디지털 여정'에 따라 각기 다른 온라인 문화를 형성하고 있다. 사이버 공간의 일상화로 인한 온라인 문화의 보편화가 세대별 온라인 문화의 세분화를 촉진한 셈이다. 따라서 우리는 오늘날의 온라인 문화를 보다 자세하게 이해하기 위해 한국의 세대별 온라인 문화를 구분하여 살펴볼 필요가 있다.

여기서는 ① Z세대, ② 밀레니얼 세대, ③ X세대, ④ 베이비붐 이전 세대로 구분하여 살펴보도록 한다. 이 같은 세대 구분은 정치, 경제, 사회문화 측면에서 급격한 변화와 발전을 거듭한 한국사회의 역사를 반영하고 있으며, 동시에 이러한 변화에 수반되었던 정보통신기술의 발전과 그 궤적을 함께한다는 점에서 각기 다르게 '디지털화'된 세대의 면면을 보여준다는 의미가 있다.

오랫동안 '디지털 문맹'이라 불리며 온라인 문화의 논의에서 소외되어 왔던 베이비붐 이전 세대는 빠르게 변화하는 정보통신기술의 발달에 적응하지 못해 일상 및 직장 내 정보격차와 이로 인한 타 세대와의 소통 단절, 소외, 사이버 왕따 문제에 직면했다. '인터넷'이라는 매체는 물론이고 컴퓨터가 보급되기 이전에 출생한 이들은 청년기 이후에 들어와서야 온라인 문화를 접하게 되었으며, 이는 이들이 사이버 공간이라는 새로운 세상에 적응하는 것을 어렵게 만들어왔다. 그러나 최근 노년층의 스마트폰 사용률이 높아지면서, 모바일을 통한 베이비붐 이전 세대의 온라인 문화 참여율 역시 높아지고 있다. 특히 유튜브로 대표되는 동영상 시장에서 그 점유율이 빠르게 늘고 있어(〈경향신문〉, 2018. 8. 7), 베이비붐 이전 세대의 취향을 기준으로 새로운 유형의 온라인 문화가 만들어지고 있음을 예측해 볼 수 있다.

한편, 1965년에서 1980년 사이에 출생하여 현재 '영 포티young forty'라 불리는 'X세대'는 윗세대와 마찬가지로 인터넷이 부재했던 청소년기를 보내며 아날로그적 취향을 담지하고 있다. 그러나 이 세대는 20대에 한국 사상 처음으로 PC통신을 접하고 인터넷 문화를 형성하기 시작한 세대이다. 동시에 컬러TV와 함께 자라나 한국의 대중문화가 꽃피기 시작했던 1990년대에 청년기를 보낸 세대로서 새로운 것을 받아들이는 데 상대적으로 익숙할 뿐만 아니라 유행과 트렌드에도 매우 민감하다. 현재 이들은 다음으로 언급할 밀레니얼 세대 및 Z세대의 문화를 흡수하고 이를 토대로 또 다른 온라인 문화를 형성하며 자신들의 영역을 넓혀가고 있다.

반면에 밀레니얼 세대의 경우 청소년기부터 PC를 접한 덕분에 각종 IT기술에 능통하며 모바일과 SNS를 통한 네트워크 확장에 적극적인 특성을 보인다. '디지털 유목민digital nomade'이라 불리기도 하는 이 세대는 인터넷 접속을 통한 디지털 기기 활용의 일상화로 시공간의 제약을 받지 않고 온라인과 오프라인 공간을 자유로이 이동하며 생활하고, 특히 취향 소비를 중심으로 한 온라인 문화 형성에 앞장서고 있다.

동영상 플랫폼 활용에서도 유튜브, 넷플릭스, 트위치 등을 통해 자신의 취향을 반영하는 콘텐츠를 능동적으로 선택하는 모습은(닐슨코리아, 2019) 유행에 민감하며 개인의 삶과 문화생활에 적극적으로 투자하려는 밀레니얼 세대의 모습을 보여주는 또 다른 지표다.

마지막으로, 태어날 때부터 디지털 기기를 활용하며 '디지털 영향권' 내에서 성장하였다 하여 '디지털 네이티브digital native' 또는 '포노 사피엔스phono sapiens' 등으로 불리는 Z세대는 과거 소수의 방송사만이 제공할 수 있었던 전통 콘텐츠의 수동적 시청자 역할을 넘어, 적극적인 콘텐츠 제작자로까지 나아간다. 이들은 단순한 여가 선용이나 취미 활동을 위해 디지털 기기를 사용할 뿐만 아니라 유튜브, 틱톡, 브이라이브 등을 일상적으로 사용함으로써 동영상 이용의 생활화를 이루고 있다. 아울러 실시간 라이브나 댓글 활용 등을 통한 쌍방향적 소통 방식을 통해 타 세대와는 또 한 번 차별화된 온라인 문화를 형성하고 있다(닐슨코리아, 2019).

그림 8-1 한국의 시대별 온라인 문화 변천사와 세대별 온라인 문화

1980년대	1990년대	2000년대	2010년대
'인터넷' 매체의 등장 전	소수 문화의 코드를 반영하는 대안적 담론들이 생산되는 공간	인터넷의 대중화를 바탕으로 본격적인 일상적 공간이 됨	스마트폰의 보급을 통해 시·공간 및 온·오프라인 경계가 흐려지고 공간이 확장됨
베이비붐 이전 세대(~1964년생) (디지털 문맹)	X세대(1965~1980년생) (영 포티)	밀레니얼 세대(1981~1996년생) (디지털 노마드)	Z세대(1997년생~) (디지털 네이티브)
• 디지털 문맹이나 정보격차로 인한 어려움을 경험함 • 소외, 사이버 불링 등이 문제에 직면 • 모바일을 통한 인터넷 참여율이 높아지고 있고, 모바일 동영상 시청 내 점유율이 성장하고 있어, 이들만의 온라인 문화를 형성하고 있는 것으로 추정	• 세대 코호트 형성기에 인터넷을 접하지 못하여 아날로그 취향을 담지 • 대중문화의 물결에서 자라나 유행과 트렌드에 민감 • 윗세대에 비해 새로운 것을 받아들이는 데 비교적 익숙 • 20대에 PC통신을 접하고, 인터넷 문화를 형성한 세대	• 청소년기부터 PC를 접어어 IT가 손에 능통 • 모바일과 SNS를 통한 네트워크 확장에 적극적 • Z세대와 마찬가지로 온라인 공간을 일상적 공간으로 활용 • 취향소비를 중심으로 온라인 문화 형성	• 태어났을 때부터 디지털 기기 활용 • 전통 콘텐츠의 수동적 시청자를 넘어 콘텐츠 제작자로 활동 • 일상 맥락에서 적극적으로 동영상 활용 • 쌍방향적 소통 방식을 통해 타 세대와 차별적인 온라인 문화 형성

8장 소셜 미디어의 일상화와 신 온라인 문화 175

2. DIY 셀러브리티의 등장과 매력자본의 부상

그렇다면 2020년 현재 새롭게 부상하는 온라인 문화에는 무엇이 있을까? 오늘날 온라인 문화에서 우리가 첫 번째로 주목해 볼 만한 것은 1인 미디어의 증가와 그에 따른 DIY 셀러브리티의 등장, 그리고 매력자본의 부상이다. 유명인 혹은 스타라고도 명명되는 셀러브리티는 과거 TV 등의 매체를 통해서만 접할 수 있는 소수의 선택받은 사람이었다. 그러나 95%에 육박하는 스마트폰 이용률과 텍스트와 음성, 영상 기능까지 모두 지원하는 1인 미디어의 증가는 특정 소수가 아닌 불특정 다수의 사람이 그들 고유의 '채널'을 보유할 수 있게 만들었을 뿐만 아니라, 그를 통해 스스로 '셀러브리티'가 될 수 있는 기회를 대폭 확장했다. 남에 의해 만들어진 스타가 아니라, 내가 스스로 만들어 내는 셀프 셀러브리티, 즉 'DIY 셀러브리티Do-It-Yourself Celebrity'(Turner, 2004)가 가능해진 것이다.

사회구성원 모두가 셀러브리티가 될 수 있다는 사실은 무엇을 의미하는가? 현대의 문화 특수성을 '셀러브리티에 의한 지배'(Evans & Hesmondhalgh, 2005)로 규정할 만큼 현대사회에서 셀러브리티가 갖는 사회적 의미의 중요성과 문화적 상징성은 높아지고 있다. 소수의 셀러브리티가 주목받고 사람들에게 영향을 끼치던 과거와 달리, 오늘날에는 거의 모든 사람이 자신의 블로그나 유튜브, 페이스북, 인스타그램, 트위터와 같은 SNS 활동을 통해 스스로 셀러브리티가 되는 것이 가능해졌다. 이들은 자신의 '사이버 공간'에 직접 방문했던 이른바 '핫 플레이스' 사진을 찍어 올리고, 특히 그 공간 안에 존재하는 자신을 마치 전문 사진사가 파파라치 사진을 찍듯이 찍어 올림으로써 스스로를 셀러브리티와 동일시하는데, 이러한 현상은 우리 사회에서 중요하게 여겨지는 '자원'의 변화를 야기하며 문화변동을 촉진한다는 점에서 매우 중요하다.

그 대표적인 예가 바로 '매력자본erotic capital'의 부상이다. 영국의 사회학자 캐서린 하킴Catherine Hakim이 고안한 이 용어는 '아름다운 얼굴, 건강하고 섹시한 몸, 카리스마, 활력, 옷을 잘 입는 능력을 모두 아우르는 신체적·사회적 매력의 총합'을 뜻하는 개념으로, 개인의 사회적 성공과 밀접하게 연관되어 있어 자본주의사회에서 필수로 갖춰야 할 가장 유용한 자본으로 평가받는다.

DIY 셀러브리티의 대두는 현대사회에서 진행되는 시장주의, 젊고 아름다운 외모와 스타일, 가시화된 일상과 개인행동의 가치를 높게 평가하는 사회적 기류를 촉진하고 심화한다. 이 같은 현상은 미디어 강국인 한국사회에서 특히 빠르게 전파되는 하나의 온라인 문화로 자리 잡고 있으며, 스타 유튜버와 인플루언서 등 새로운 직업군을 탄생시키며 사회직업 구조의 변화에도 영향을 미치고 있다.

그리고 셀러브리티라는 존재는 필연적으로 그들을 향한 '팬덤'과 한 쌍을 이룬다는 점에서 오늘날 DIY 셀러브리티의 증가로 인한 개인 셀러브리티 증가는 이들을 향한 '팬덤'의 규모 역시 비약적으로 커지는 효과를 야기하고 있다. 자신만의 매력자본으로 무장한 셀러브리티들이 대중문화를 넘어 사회 내 여러 영역과 다양한 분야에서 자신들의 존재감을 뽐내고 있는 만큼, 팬덤 문화 역시 정치, 경제, 사법, 교육, 종교 등 성역 없는 확산을 이루고 있다. 많은 '팬'을 확보한 셀러브리

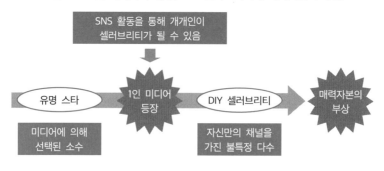

그림 8-2 1인 미디어의 등장, DIY 셀러브리티와 매력자본의 부상

티는 그 자체로 사회에 엄청난 영향력과 파급력을 갖게 된다는 점에서 정치인, 경제인, 심지어 방송 매체를 주 무대로 활동했던 연예인들까지 소셜 미디어를 통해 사이버 공간에 적극적으로 진입하고 있다. 이 같은 현상은 하나의 하위문화를 넘어선 보편적인 사회문화로까지 여겨지고 있다.

이러한 온라인 문화의 향후 전망은 어떨까? 우리는 그 해답을 현재 청년세대들의 특징에서 찾아볼 수 있다. 과거 특정 연예인을 향한 '팬덤'이 일명 '빠순이'라는 다분히 부정적인 용어로 그려지며 특수한 일부 사람들을 지칭했다면, 현재의 '팬덤'은 특수한 '현상'이 아닌 보편적인 '문화'로 여겨지고 있다. 그리고 이러한 환경 속에서 성장한 오늘날의 청년세대는 누군가의 팬임을 입증하는 행위나, 관련된 소비 활동을 일상적으로 수행하고 있다. 한국의 문화 산업, 그리고 미디어의 발전 과정과 생애주기를 함께했으며 또래의 아이돌을 좋아하는 것이 청소년기의 통과의례 같은 과정이었다는 점에서 이들에게 '누구' 혹은 '무엇'에 대한 팬이라는 것은 하나의 정체성이 되었고, 이러한 정체성을 기반으로 사회 전 영역에 팬덤 문화를 정착시킬 수밖에 없다는 것이다.

3. 이미지 전시를 통한 구별짓기와 취향공동체 형성

앞서 살펴본 매력자본의 대두, 가시화된 일상, 즉 '보여지는 것'의 중요성은 '이미지'의 중요성과 일맥상통한다. 그리고 이를 통해 스스로를 셀러브리티화하는 과정은 개인을 규정하는 특징, 특히 외적으로 다른 사람들의 시선을 끌고 매력을 어필하여 팬으로 끌어들일 수 있는 정체성의 일면을 드러내는 과정과 맞닿아 있다.

소셜 미디어라는 플랫폼을 통해 드러낼 수 있는 정체성은 무엇일까? 그것은 다름 아닌 '취향', 매 순간 우리의 선택과 결정을 좌우하는 개별적 선호와 그에 따른 생활양식이다. 이러한 맥락에서 우리는 최근 새롭게 등장한 또 다른 온라인 문화로 '이미지 전시를 통한 구별짓기와 취향공동체 형성'을 꼽을 수 있다.

주지하듯 오늘날 오프라인 공간과 온라인 공간은 현실과 가상의 대립을 넘어 그 자체로 하나의 '일상 영역'을 구성하고 있다. 특히, 스마트폰의 등장 이후 디지털 미디어는 하나의 매체를 넘어 활발한 상호작용이 이루어지는 생활세계로 거듭나기에 이르렀다. 그리고 그에 따라 오프라인 공간에서와 마찬가지로 온라인 공간에서도 취향을 기반으로 하는 각양각색의 문화가 형성되고 있다. 우리는 인터넷 공간에 넘쳐나는 정보들을 끊임없이 취사선택해야 하는 처지에 놓여 있으며, 이

구별짓기(distinction) 프랑스의 저명한 사회학자인 피에르 부르디외(Pierre Bourdieu)
의 저서 《구별짓기: 문화와 취향의 사회학》[1]의 제목에서 유래되었다. 그는 공통된 취향
과 소비에 대한 선호, 더 나아가 삶의 방식에서의 실천을 계급의 영향력이라는 차원에서
조명했다. 그의 시도는 계급 스스로가 자신의 지위를 표현하기 위한 의도를 가지고 생활
양식을 채택하고 그를 통해 타 계급과의 차별화를 시도한다는 사실을 부각함으로써 지
극히 개인적으로 보이는 취향이나 소비패턴, 생활양식 등을 계급분할과 계급투쟁의 핵
심적인 장으로 격상시켰다. 이러한 차별과 구별짓기는 어떤 사람, 집단, 사물을 포함하
고 규정하는 동시에 그 외의 것들을 배제하는 속성을 가짐으로써 소속성과 유사성의 감
정을 발생시킨다.

과정에서 취향은 결정에 중요한 준거로 작동한다. 개인의 취향을 매
개로 한 선택과 결정은 문화적 생산물의 소비와 그것의 의미에 대한
소비를 통해 자신의 정체성을 재생산하는 과정으로 이어지며, 아울러
나와 동일한 취향을 보유한 타인들과 취향공동체를 형성하며 집단 정
체성을 공유하는 것으로 연결된다.

사회 계급별로 상이한 취향이 일련의 지위표식으로 작용하며, 나와
타인을 구별짓는 기제로 작동한다고 주장한 피에르 부르디외는 개인
의 여러 속성 중 '계급'에 특히 초점을 두어 설명했지만, 오늘날의 사
이버 공간에서는 계급뿐만 아니라 연령과 성별, 종교, 지역 등 훨씬
더 다양한 축을 기준으로 하는 보다 복잡한 문화적 지형이 관찰된다.

이는 온라인 공간이 물리적으로 실재하는 오프라인 공간보다 다양
성이 더욱 보장되는 공간이기 때문이며, 이처럼 다양성으로 인한 차

---

1   *Distinction: A Social Critique of the Judgement of Taste.*

이가 발생하는 곳에서는 언제나 그러한 차이를 드러내고자 하는 구별 짓기가 끊임없이 이루어지기 때문이다. 따라서 사이버 공간을 구별짓 기의 개념을 통해 살펴볼 경우, 우리는 이 공간에서 나타나는 온라인 문화의 특징적 양상들에 보다 흥미롭게 다가갈 수 있다.

이 같은 사이버 공간에서의 취향 전시와 그를 통한 구별짓기 현상을 확인할 수 있는 대표적인 사례가 한때 SNS 사용의 주요 지분을 차지 했던 페이스북과 트위터를 제치고 1인자의 자리에 등극한 '이미지' 위 주의 3세대 SNS 대표 플랫폼이라 할 수 있는 인스타그램의 활성화다.

3세대 SNS는 **큐레이션** 기능이 특징적이며, 이는 오프라인 인맥을 중심으로 하는 카카오톡, 페이스북 등 2세대 SNS보다 취향 및 관심사 공유를 중심으로 상호작용을 수행하고자 하는 오늘날 행위자들의 특 성과 밀접한 관련이 있다. 인스타그램에서는 이용자의 관심사나 취 미, 정보를 사진과 영상 등 시각적 요소를 통해 보다 감각적으로 빠르 게, 또 쉽게 공유할 수 있다. 그런데 취향을 통한 구별짓기에 대해 이 야기할 때 이미지는 무엇보다 중요한 역할을 수행한다는 점에서 이 같 은 새로운 커뮤니케이션 구조는 특히 눈여겨볼 만하다.

이미지는 지금 여기, 자신이 경험하고 있는 변화의 '순간'을 포착하 여 타인과 소통할 수 있는 형식이다. 또한 수많은 정보를 사진 한 장으 로 압축하여 즉각적으로 전달할 수 있다는 장점을 가지며, 최근 사이 버 공간 내의 주요 상호작용 수단으로 활용되고 있다. 특히나 텍스트 가 아닌 이미지를 통한 상호작용은 자신의 일상과 취향을 감각적이고 미학적으로 드러내고자 하는 오늘날 청년세대의 요구와 맞물리며 온 라인 문화에서 중요한 입지를 차지하고 있다.

큐레이션(curation)　큐레이션 기능이란 박물관이나 미술관에서 전시를 기획, 선정하여 작품을 선별하고 전시하는 것과 같이 SNS상에 유통되는 방대한 양의 콘텐츠를 수집 및 선별한 후 편집하여 공유하고 소통하는 것을 의미한다. 초기 단계의 웹서비스에서는 검색을 목적으로 정보가 모여 있는 사이트를 이용하는 것이 주목적이었지만, 오늘날 정보의 과잉으로 정보의 필터링 및 콘텐츠 생산과 소비를 도와주는 큐레이션 기능의 역할이 중요한 것으로 대두되었다(한국정보화진흥원, 2012).

이와 유사한 맥락으로, 온라인 공간에서 구별짓기는 유행에 편승하고자 하는 욕구와도 연관을 맺고 있다. 인스타그램을 주로 활용하는 청년세대에게 최신 유행을 아는 것은 이른바 핫한 문화코드를 이해하고 자신의 쿨함을 보여주는 신호가 되기 때문이다(이호영, 2015). '쿨함'은 주류 사회에 대한 반발로써 자신의 특별함을 표현하는 방식이자 자아표현을 구체화하는 수단으로(최현호·이창원, 2014), 청년세대의 개인주의적 특성과도 맞물린다. 상대적으로 세련되고 시대를 앞서고 있다는 인식을 주게 된다는 점에서 새로운 구별짓기의 지표로 작용하고 있다.

이를 가장 잘 보여주는 것이 '#핫플레이스'이다. 여타의 장소들과 구별되는 독특성으로 끊임없이 사람들을 끌어들이는 장소를 뜻하는 핫플레이스는 SNS와 결합하여 이를 활용하는 개인이 현재 유행하는 문화코드를 체화하고 있음을 드러내는 기호로 작용한다(변미리, 2016).

이처럼 사이버 공간이 제2의 생활세계이자 자아표현의 공간으로 기능하면서, SNS 내에서 자신들의 취향을 담지하는 소비 실천들을 전시하는 것은 이제 자연스러운 현상으로 자리 잡아 간다. 그리고 이

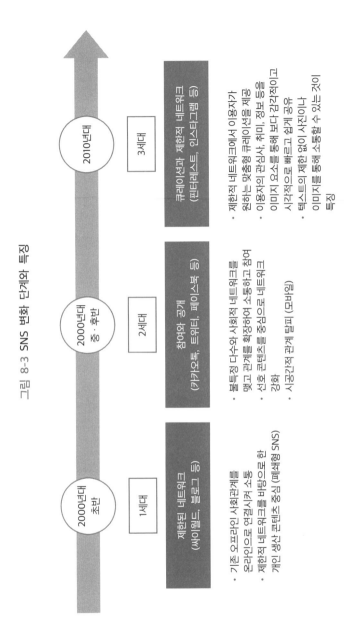

그림 8-3 SNS 변화 단계와 특징

2000년대 초반

1세대

제한된 네트워크
(싸이월드, 블로그 등)

· 기존 오프라인 사회관계를
온라인으로 연결시켜 소통
· 제한적 네트워크를 바탕으로 한
개인 생산 콘텐츠 중심 (폐쇄형 SNS)

**2000년대
중·후반**

2세대

참여와 공개
(카카오톡, 트위터, 페이스북 등)

· 불특정 다수와 사회적 네트워크를
맺고 관계를 확장하여 소통하고 참여
· 선호 콘텐츠를 중심으로 네트워크
강화
· 시공간적 관계 탈피 (모바일)

2010년대

3세대

큐레이션과 제한적 네트워크
(핀터레스트, 인스타그램 등)

· 제한적 네트워크에서 이용자가
원하는 맞춤형 큐레이션을 제공
· 이용자의 관심사, 취미, 정보 등을
이미지 요소를 통해 보다 감각적이고
시각적으로 빠르고 쉽게 공유
· 텍스트의 제한 없이 사진이나
이미지를 통해 소통할 수 있는 것이
특징

때 핫 플레이스는 SNS 공간 속에서 '해시태그'(#)를 통해 청년세대가 자주 가는 공간들을 부각하고, 문화취향을 기반으로 하는 새로운 공간적 지형도를 그려내고 있다. 동시에 이를 사이버 공간상의 타인들과 공유하며, 그들의 취향을 함께하는 이들(내집단)과 그렇지 않은 이들(외집단)을 구별짓기하며 온라인 취향공동체를 형성하고 있다.

결국 세련된 이미지를 매개로 한 자기 취향의 전시와 그를 통한 타인과의 구별짓기는 사이버 공간에서 상징과 기호를 생산, 소비, 그리고 재생산하는 새로운 문화질서의 형성으로 나아간다(고명지, 2020).

이 같은 새로운 질서는 전 세계를 강타한 신종 코로나 바이러스로 인해 비단 청년세대에 국한된 질서가 아닌 모든 세대를 아우르는 보편적 질서로 확장될 전망이다. 예상치 못했던 위기상황이 초래한 언택트시대의 도래는 사이버 공간에서의 일상 활동을 선택이 아닌 '필수'로 만들며, 그 어느 때보다 많은 사람을 매 순간 사이버 공간으로 불러들이고 있다. 사람들이 모이는 곳에 사회가 형성되며, 사회가 형성되는 곳엔 그에 상응하는 문화가 태동하기 마련이다. 청년세대를 중심으로 새롭게 형성된 최근의 온라인 문화는 이제 전 세대로 흡수되어 보편화될 것이며, 시간의 흐름에 따라 현존하는 모든 세대가 디지털 네이티브의 속성을 띠게 되면 우리 사회는 사이버 공간과 현실 공간, 그리고 온라인 문화와 오프라인 문화의 경계가 흐려지는 것을 넘어 전자가 후자를 전복顚覆하는 상황을 맞이하게 될지도 모른다.

예상 출제 문제

1. 정치·경제·사회문화적 변동을 반영하는 세대 구분은 오늘날 디지털 사회를 이해하는 데도 중요한 구분점이 된다. 각 세대들이 경험해 온 디지털 여정의 차이가 존재하기 때문이다. 오늘날 각 세대가 만들어 가고 있는 온라인 문화를 세대별 특징과 연결지어 설명하시오.

2. 1인 미디어의 증가로 나타난 셀러브리티화 현상에 대하여 설명하고, 이 과정에서 중요한 요소로 작동하는 매력자본과 팬덤에 대하여 예를 들어 설명하시오.

3. 온라인 공간에서 공동체를 형성하고 집단 정체성을 형성하는 기준으로 '취향'이 중요한 영향력을 행사하고 있다. 온라인 공간에서 취향을 통한 구별짓기 현상에 대하여 설명하시오.

더 보기

조화순 편(2015), 《사이버 공간의 문화 코드》, 한울아카데미.

최샛별(2018), 《문화사회학으로 바라본 한국의 세대 연대기: 세대 간 문화 경험과 문화 갈등의 자화상》, 이화여자대학교출판문화원.

_____(2019), 2019년 한국: 모든 이가 셀러브리티를 꿈꾸는 사회, 〈지식의 지평〉, 27호, 1~13.

캐서린 하킴 저·이현주 역(2013), 《매력 자본: 매력을 무기로 성공을 이룬 사람들》, 민음사.

피에르 부르디외 저, 최종철 역(2005), 《구별짓기: 문화와 취향의 사회학》, 새물결.

참고문헌

고명지(2020), 청년세대 문화와 경계짓기: 청년세대 공간의 이동을 중심으로, 〈문화와 사회〉, 28(2), 207~271.

닐슨코리아(2019. 11. 26), 세대별 모바일 동영상 애플리케이션 이용행태 분석. http://www.koreanclick.com/insights/newsletter_view.html?

변미리(2016), 서울의 핫 플레이스 혹은 '뜨는 거리': 보보스적 예술과 허세 사이 그 어디쯤, 조세형·서우석·이양숙·정희원 편, 《서울의 인문학: 도시를 읽는 12가지 시선》, 창비, 143~160.

이광석(2016), 2000년대 네트워크문화와 미디어 감각의 전이: 네트워크 주체들의 상호 접속과 단절, 분절의 동학, 유선영·이희진·정준희 외 편, 《미디어와 한국현대사: 사회적 소통과 감각의 문화사》, 대한민국역사박물관, 349~395.

이호영(2015), 선호에 기초한 네트워크와 불평등: 소셜 미디어 시대의 관심의 재분배, 조화순 편, 《사이버 공간의 문화코드》, 한울, 207~235.

최샛별(2019), 2019년 한국: 모든 이가 셀러브리티를 꿈꾸는 사회, 〈지식의 지평〉, 27, 1~13.

최현호·이창원(2014), 브랜드 쿨의 척도개발, 〈유통경영학회지〉, 17(3), 5~20.

캐서린 하킴 저·이현주 역(2013), 《매력 자본: 매력을 무기로 성공을 이룬 사람들》, 민음사.

피에르 부르디외 저, 최종철 역(2005), 《구별짓기: 문화와 취향의 사회학》, 새물결.

한국정보화진흥원(2012), 빅데이터 시대! SNS의 진화와 공공정책, 〈IT & Future Strategy〉, 13, 1~32.

_____(2019), 《2019 인터넷이용실태조사》, 한국정보화진흥원.

〈경향신문〉(2018. 8. 7), 너, 딱 우리 스타일이야 … 5060·7080세대, 유튜브에 푹 빠지다.

Evans, J., & Hesmondhalgh, D(eds.)(2005), *Understanding Media: Inside Celebrity*, Maidenhead, England: Open University Press.

Silver, L.(2019), Smartphone Ownership is Growing Rapidly around the

World, but Not Always Eqaully, *Pew Research Center*, (Feb · 05).
https://www. pewresearch. org/global/2019/02/05/smartphone-owner
ship-is-growing-rapidly-around-the-world-but-not-always-equally/

Turner, G. (2004), *Understanding Celebrity*, London: Sage.

Van Krieken, R. (2012), *Celebrity Society*, London and New York:
Routledge.

3부

정보사회의 권력

집단지성과 전문가 권위의 변화

9 장

이명진

이 장의 핵심

최근에 새로운 지식 창출과 확산 유형인 집단지성集團知性에 대한 관심이 커지고 있다. 실제로 우리는 일상생활에서 집단지성의 예를 쉽게 찾아볼 수 있다. 인터넷상에서 위키피디아나 네이버 지식인 서비스 등을 통해 특정 주제나 질문에 대한 대중의 답이 공유되고 수정되면서 집단적인 지식이 산출된다. 집단지성은 일반 참가자 사이에 활발한 상호작용을 통해 형성되는 수평형 지성을 뜻한다. 이러한 지성은 개별 분산 방식과 동적인 변화 형태를 기반으로 한다.

집단지성은 민주주의의 주요 기반인 공론장을 사이버 공간에서 실현해줄 것이라고 기대를 받았다. 더 나아가 사이버 공간에서 집단지성이 단순하게 전달되는 게 아니라 개인의 역량이 극대화되고 지식의 창발성과 역동성이 증가할 수 있다는 주장도 있다. 개인도 중앙의 규제와 제한이 존재하지 않는 상황에서 기존 규제와 제한에서 벗어나 지식과 정보를 교환함으로써 계속해서 고도의 가치를 창출할 수 있다는 것이다.

이에 따라 전문가를 중심으로 지식이 창출되고 분배되는 피라미드형(수직형) 지성을 기반으로 하는 기존 체계가 흔들리고 있다. 과거 지식의 창조가 축적된 지식을 지니고 이를 활용할 능력을 보유한 개별적 전문가에 의해서만 가능하다고 인식되었다면, 정보기술의 발달은 긴 시간을 두고 형성되어 소수의 전문가 사이에서만 유통되던 지식의 '순환'과 '공유'를 유례없이 촉진함으로써 정보의 무한한 확산을 가능케 하였다. 이에 따라, 오랜 기간 유효한 정보나 지식의 생성자이자 제공자로서 독점적 지위를 유지해 온 언론인, 교수, 연구자, 과학자, 법조인, 의사 등 다양한 전문가 집단의 설 자리가 줄어든 것은 전 세계적으로 공통된 현상이다.

그러나 이렇게 단순히 다수의 선택과 동조가 '진실'을 판단하는 유일한 근거가 되는 현재 집단지성의 현실은 여러 가지 측면에서 제한적이다. 무엇보다도 집단적 감성에 근거한 반응이 일어나는 경우가 많다. 집단지성에서 '집단'은 정보유통의 환경만을 의미한다. 결국 결정적 요소는 지성을 갖춘 이성적 시민이다. 집단지성의 정보유통 방식은 그 자체로 문제적일 뿐 아니라 그 안에서 다양성을 허용하지 않는다는 점에서 특히 위험하다.

무엇보다도 이러한 과정에서 해당 분야 전문가의 역할이 강화될 필요가 있다. 전문가 집단 내에서만 이루어지는 지식의 생성과 전승, 즉 연구와 교육을 시민을 대상으로 확대할 필요가 있다. 다양한 분야에서 전문가의 적극적인 사회참여가 필요하다. 그리고 이들 사이에 협업協業 경험의 축적이 필요하다. 신뢰를 높이고 소통을 원활하기 위한 중요한 요소는 바로 협업이라 할 수 있다. 협력은 일종의 행위적 측면으로 개인이 만나서 연계하여 성과와 결과를 극대화하는 것이다. 개인과 집단은 성공적인 협업을 통해 협업의 가치를 확인할 수 있고, 이로써 이들 사이에 신뢰가 증가하고 소통을 확대할 수 있을 것이다.

1. 지식 창출 방식의 변화: 집단지성의 출현

> 온라인 토론을 벌이다 이슈가 형성되면 언제든지 오프라인 직접 행동에
> 임하고, 그 결과를 성찰해 새로운 방향을 찾는 '이성적 군중'의 사회운동
> 시대가 왔다.   — 조대엽

> 인터넷이라는 신경망을 통해 개인의 창조적 발상이 또 다른 개인의 창의
> 성을 자극·촉발하고 있다.   — 이진경

> 디지털 민주주의를 통해 집단지성으로 지혜와 인재를 모아서 정책과 사
> 람, 국가시스템을 만들어 낼 수 있다.   — 홍석현

21세기 들어 산업사회의 근본적 틀이 바뀌고, 새로운 형태의 패러다임
이 확산되고 있다. 기존 질서가 퇴색하고, 공간적으로는 전 지구적이
며 시간적으로는 동시대적인 이른바 세계화가 진행되며, 제조업 중심
산업구조가 정보의 생산, 가공, 유통업으로 바뀌고 있다. 심지어 정보
화를 넘어 로봇화와 인공지능을 기반으로 하는 4차 산업혁명과 이에
따른 지식정보사회에 대한 논의도 활발하게 진행되고 있다.

그중 한 영역이 지식의 창출과 활용 방식이다. 전통적으로 인간사
회에서 지식은 전문가를 중심으로 형성되고 전승되었다. 이러한 지성
을 피라미드형 혹은 수평형 지성이라고 한다. 고대나 중세에 귀족이
나 성직자에 의해 보존되고 전승된 지식이 대표적인 예이다. 현대사
회에서도 전문가 자격증, 학위 등 다양한 형태를 기반으로 하는 전문

가를 중심으로 지식이 창출되고 배분되는 경향이 크다.

최근에 정보통신기술의 확산에 따라 사회문제 해결이나 사회혁신과 관련하여 다른 방식의 지식 창출과 활용 형태인 집단지성collective intelligence이 주목받고 있다. 이 개념은 인간사회의 많은 지적 능력이 전문가를 중심으로 하는 피라미드형 지성과 달리 상호작용을 통해 형성하는 수평형 지성을 뜻한다. 피라미드형 지성이 중앙집중형 분배 방식과 정적인 변화 형태를 따른다면, 집단지성은 개별분산 방식과 동적인 변화 형태를 기반으로 한다. 특히 인간사회에서 형성된 집단지성은 다양한 방법으로 기억되고 보전되며 때로는 다른 지역으로 전파되고 다음 세대로 전승될 수 있다(〈표 9-1〉 참조).

집단지성은 자연과학과 사회과학 등 다양한 분야에서 예를 찾아볼 수 있다. 특히 사회학, 언론학, 컴퓨터 공학 분야에서는 집단지성이 중앙집중적인 구조를 필요로 하지 않고 인터넷 같은 분산형 네트워크에 기반한 자기조직형 지식이라는 측면에서 공생지성symbiotic intelligence이라고 불리기도 한다(Johnson et al., 1998).

표 9-1 지적 능력의 종류와 특징

	피라미드형 지성 (수직형)	집단지성 (수평형)
정보구성	패쇄 환경	개방 환경
지식 원동력	수동적인 상의하달	창의적인 발상과 참여
지성 분배	중앙 집결	분산
변화 형태	정적	동적
경제 파급력	적음	많음
형성 수단	물질적 재산이나 지식	사람

출처: 박재천·신지웅(2007).

2. 정보사회와 집단지성의 기능

많은 학자가 정보사회에서 집단지성의 기능과 효과에 주목했다. 무엇보다도 집단지성 개념은 독일의 사회철학자인 하버마스(Habermas, 1989)의 공론장公論場과 관련이 깊다. 그는 현대사회에서 민주주의를 유지하기 위해서는 건전한 공론장을 유지할 필요가 있다고 주장했다. 고대 아테네의 민주주의, 계몽주의의 출현을 통한 부르주아 민주주의 혁명, 시민사회 발달 등에 자유로운 시민이 공론을 형성하는 장소인 공론장이 결정적 역할을 했다는 것이다.

하버마스가 직접 사이버 공간에서 집단지성을 통한 공론장 형성을 언급하지는 않았다. 그렇지만 그의 공론장 개념은 집단지성의 유용성을 언급할 때 자주 이용된다. 현대사회에서 개인이 공공의 문제를 논의할 기회는 많지 않다. 시간과 공간의 제약뿐만 아니라 사회경제적 제약으로 인해 다른 사람과 의견을 교환할 기회를 얻기 어렵다. 게다가 자본의 개입, 대중사회의 등장, 관료제의 비대화, 대중매체의 파당화 등으로 대의민주주의가 적절하게 기능하지 못하게 되었다.

사이버 공간에서는 이러한 각종 제약을 극복할 수 있다. 다양한 사회구성원이 열린 공론장에 자유롭게 참여해, 공공의 문제를 다루고 공론을 형성한다. 이러한 과정을 집단지성의 발현 과정이라고 할 수 있다.

하버마스에 비해 프랑스의 철학자 레비(Levy, 1999)의 집단지성에 관한 논의는 더욱 직접적이다. 그는 사이버 공간에서 극대화되는 집단지성의 효과에 주목하였으며 특히 사이버 공간에서 집단지성의 확산과 창발 효과를 강조했다. 그는 개인 사이에 자유로운 지식과 정보가 상호 교환되는 온라인에서 집단지성이 발현될 것으로 예측했다. 전문가같이 지식을 독점하는 집단이나 중앙의 규제와 제한이 존재하지 않는 온라인에서는 개인의 역량이 극대화되고 지식의 창발성과 역동성이 증가할 수 있다는 것이다. 레비는 일반 시민도 기존 규제와 제한에서 벗어나 지식과 정보를 교환함으로써 지속적으로 고도의 가치를 창출할 수 있다고 주장하였다.

공론장(public sphere) 사회구성원 사이에 공공의 문제를 합리적 토론을 통해서 합의를 도출하는 공간이다. 이 공간은 사적 관계에 기반하지는 않지만 공적 관계에 기반한 국가의 영역에도 속하지 않는 중간 영역에 해당한다. 참여자는 사적 이익을 추구하는 것이 아니라 공공의 이익을 추구하는 능동적 역할을 통해 시민성을 실현한다. 공론장은 합리적 시민 참여와 공론 형성을 근간으로 하는 숙의(熟議)민주주의 발전에 중요한 역할을 한다.
창발(emergence) 사회가 더욱 복잡하고 역동적(다이내믹)으로 변화된다는 복잡계이론에서는 사회가 수많은 요소로 구성되어 있으며, 이러한 구성 요소들은 서로 상호작용을 한다고 본다. 이때 구성 요소들의 개별적인 특성과는 다른 거시적인 새로운 현상과 질서가 나타나게 되는데, 이러한 새로운 성질의 출현을 창발이라고 한다.

---

3. 집단지성과 전문가 권위

사회적 신뢰는 어느 사회, 어느 시기를 막론하고 상호 믿음에 기반한 협동을 촉진하고 갈등을 감소시켜 줌으로써 사회구성원 사이에 연대와 공존, 더 나아가 그 사회의 유지 및 발전을 가능케 하는 사회자본의 핵심 요소이자 잣대로 간주되었다. 특히 그 대상자나 평가자로 구분해 보았을 때, 평등한 개인 사이에 형성되는 종류의 신뢰인 '사적 신뢰'와 달리 사회적 차이나 불평등을 전제로 하는 개인 사이에 형성되는 '공적 신뢰'는 내가 개인적으로 알지 못하는 제도나 사람, 집단에 대한 것이라는 점에서, 사회 전반에 대한 신뢰로 확대, 일반화될 수 있는 더욱 근본적인 문화적 규칙 내지는 규범으로 작동하게 된다.

그런데 이러한 공적 영역에서의 '신뢰 부재'가 최근 들어 이른바 각 분야에서 '전문가'로 간주된 집단을 포함하는 넓은 영역으로, 성역 없는 확산을 보여주고 있다는 사실에 주목해야 한다. 전문가 집단은 주로 개인에게 주어지는 삶의 '기회'와 '질적 수준'을 포괄적으로 설명해 줄 뿐 아니라 개인의 정치·경제·사회적 수준을 나타내는 '직업'이라는 영향력 있는 변수를 토대로 명명되고 분류된다. 그런데 사회에서 공인받은 교육체계에서 학습하고 인정받은 증명서를 토대로 전문가로서의 위치를 점해 온 특정 직업군들에 대한 신뢰와 그들의 사회적 입지가 심각하게 손상되어 버린 것이다.

지식의 창출과 확산이라는 측면에서 전문가를 통해 창출되고 분배되는 지식을 수직형 지성으로 볼 수 있다. 소수의 전문가로 이루어진 제한된 세계에서 생산한 지식은 공식적 혹은 비공식적 권위에 기반하여 대체로 하달되는 경우가 많다. 이러한 종류의 지식은 원칙적으로 집단 외부의 간섭 없이 전문가 집단 내부에서 정제되고, 체계적으로 계승된다.

그런데 인터넷 보급으로 인해 매체 환경이 변화하면서 오랜 기간 유효한 정보나 지식의 생성자이자 제공자로서 독점적 지위를 유지한 언론인, 교수, 연구자, 과학자, 법조인, 의사 등 다양한 전문가 집단의 설 자리가 줄어든 것은 전 세계적으로 공통된 현상이다.

과거 지식의 창조가 축적된 지식을 지니고 이를 활용할 능력을 보유한 개별적인 학자, 즉 '전문가'에 의해서만 가능하다고 인식되었다면, 정보기술의 발달은 긴 시간을 두고 형성되어 소수의 전문가 사이에서만 유통되어 오던 지식의 '순환'과 '공유'를 유례없이 촉진함으로써 정보의 무한한 확산을 가능케 하였다. 더구나 추상적 지식이 아니라 일상생활에 직접 필요한 실용 지식에 대한 요구가 높아지는 등 '지식의 위상' 자체가 달라졌음에도 불구하고 이러한 변화를 감지하지 못하고 자신들만을 위한 지식을 생산해 온 전문가 집단의 비실용성 또한 스스로를 대중의 관심에서 더욱 멀어지게 한 요소이다.

4. 집단지성의 두 얼굴

정보사회에서 주목받는 집단지성의 특성과 관련해 몇 가지를 고려할 필요가 있다. 첫째, 집단지성 자체가 정보사회에만 국한된 현상은 아니다. 사실 집단지성이라는 개념이 생물학에서 기원한 것인 만큼 정보사회에서 나타난 새로운 형태의 지성은 아니다. 인류는 초창기부터 집단 내 상호작용을 기반으로 하는 집단지성을 통해 각종 위험을 극복하였다. 어쩌면 인간 본성을 나타내기 위해 자주 사용하는 '사회적 동물' 같은 철학적 개념이 바로 사회 속에서 인간이 집단적으로 지식을 생산하고 공유하고 있음을 의미한다고 볼 수 있다. 프랑스 사회학자인 뒤르켐도 개인이 시공간을 넘어서 지식을 공유하기 때문에 사회가 고급 지성을 구성한다고 주장하였다.

물론 이러한 집단지성의 도구나 범위 혹은 속도가 정보통신기술의 발달로 인해 비약적으로 증가한 것이다. 따라서 집단지성을 기존의 지식 창출 유형을 대체한 새로운 체계로 간주하고 이상적인 효과를 기대하는 것은 적절한 접근법이라고 보기 어렵다.

둘째, 집단지성이 갖는 실질적 효과를 다양하게 살펴볼 필요가 있다. 정보사회 초창기에는 집단지성에 대한 낙관론이 팽배하였으며,

---

사회적 동물　그리스 철학자 아리스토텔레스가 제시한 개념으로 인간이 기본적으로 타인과 관계를 맺고 상호작용을 해야만 존재의 의미가 있다는 뜻이다. 사람은 사회와 다른 사람들 없이 존재할 수 없는 본성을 갖고 태어난다는 것을 강조한다.

집단지성이 가져다주는 긍정적 측면이 집중적으로 조명을 받았다. 집단지성을 통해 많은 사람의 순간적인 피드백이 가능하므로 시민의 참여와 집단행동의 가능성이 증가하게 된다. 더 나아가 행동의 결과를 즉각적으로 논의할 수 있으므로 새로운 형태의 사회참여와 운동이 이루어질 가능성이 크다. 그러나 집단지성이 현실에서 발현되는 방식을 살펴보면, 부정적 측면도 주목해야 할 필요가 있다. 가장 중요한 부정적 측면은 이성적 토론의 가능성이 낮아지고 있다는 점이다. 소수의 선동가에 의해 감정적으로 대중이 휘둘리는 경우가 많다.

셋째, 토론의 재료가 되는 지식과 정보가 얼마나 객관적이고 적절하게 유통되고 있는지에 대해서 부정적 의견이 많다. 정확한 정보가 적절하게 완전히 공개된다고 가정하는 것은 마치 시장이 완전 자유경쟁 체계라고 간주하는 만큼 비현실적이다. 오히려 집단지성의 기반이 되는 창발성이 지식 창출이 아니라 정보의 유통과 확산 과정에서만 발견되기도 한다. 한 대학에서 1천 명 정도의 학생이 수강하는 대형 사이버 강의의 기말고사에서 700명 이상의 학생이 오픈 채팅방을 개설하고 집단으로 답안을 공유한 사례도 있다. 또한 정보 유통이나 확산 과정에서 이성적인 토론보다는 감정에 기반을 둔 반응이 나타나는 경

표 9-2 **집단지성의 두 얼굴**

긍정적 측면	부정적 측면
집단행동과 참여 가능성 증가	이성적 토론의 가능성 감소
순간적인 피드백 증가	집단 수준의 감성적 반응 가능성 증가
자유로운 정보의 소통과 공유	특정 세력에 의한 정보의 왜곡
시민의 의견 반영 확대	대중영합주의의 가능성 증가

우도 많다. 심지어 집단행동을 일으키기도 한다.

5. 집단지성의 사례

우리는 집단지성의 예를 여러 분야에서 찾아볼 수 있다. 무엇보다도 개인이 쉽게 접하는 인터넷상에서 위키피디아나 네이버 지식인 서비스 등을 통해 특정 주제나 질문에 대한 대중의 답이 공유되고 수정되면서 집단적인 지식이 산출된다. 전문 영역에서도 집단지성에 기반을 둔 여러 시도가 진행되고 있다. 예를 들면, 데이터 분산처리를 통해 슈퍼컴퓨터급 성능을 발휘하게 하는 클러스터링 기술 개발로 구성된 네트워크가 주목받고 있다.

이 기술을 이용하면 평범한 개인용 컴퓨터들을 병렬로 연결해 슈퍼컴퓨터에서나 가능했던 연산을 처리할 수 있다. 이러한 기술을 이용한 대표적 네트워크가 세티Search for Extraterrestrial Intelligence, SETI 계획을 위한 병렬네트워크이다. 1999년 5월에 시작된 이 계획은 세계 226개국, 한국인 5천 명 이상을 포함한 200만 네티즌이 자신의 컴퓨터가 아무 일도 하지 않을 때 자동으로 외계에서 수신한 전파정보를 분석해 중앙본부로 보내면 그것을 모아서 외계인이 만든 신호를 찾는 것이다(SETI, 2020). 물론 개별 참가자가 의식적으로 외계인과 관련된 지식을 직접 창출하는 것은 아니지만 네트워크에서 제한된 활동을 통해 새로운 형태의 지식을 탐구하는 데 참가한다. 이러한 종류의 네트워크는 게놈, 기상변화, 대양의 흐름같이 슈퍼컴퓨터급 성능을 요구하는 다양한 연구 분야에 쓰이고 있다.

이와 비슷한 시도로는 인텔과 옥스퍼드대, 미 국립암연구재단, 미국암협회, 그리고 소프트웨어 업체인 유나이티드 디바이스 등을 주축으로 백혈병 등의 연구를 목표로 하는 '박애Philanthropic P2P 프로그램'으로 명명된 야심적 공동계획이 있다. 이 계획도 세티 계획처럼 개인 인터넷 사용자가 소프트웨어를 내려받아서 설치하면, 이 소프트웨어를 통해 주자료 처리센터가 개인 컴퓨터로부터 분석결과를 전달받는다(Intel, 2001).

유사한 유형의 집단지성을 행정이나 사업 분야에서도 찾아볼 수 있다. 미국, 영국, 캐나다의 경우 신속한 민원 서비스를 위하여 행정부처와 산하 기관, 공기업 사이에 데이터와 서비스 연동을 추진하고 있다. 영국은 공공 네트워크Public Network를 구성하여 민간 부문에도 각종 데이터와 서비스를 제공하려 하고 있으며, 몇몇 기업에서도 개방형 R&D 정책을 펴고 있다. 즉, 제품이나 서비스 개발에 외부전문가의 참여를 유도하기 위하여 적극적인 기술개방 정책을 펴고 있다. P&G는 50% 이상의 새로운 아이디어와 기술, 그리고 제품을 외부에서 가져오고자 한다. 물론 이러한 변화를 가속시킨 것은 다양한 형태의 미디어융합기술이다.

기업 사이에도 개방형 네트워크가 성장하고 있다. P&G, 듀퐁, 바이엘, 하니웰, 캐터필러, 지멘스 등과 같은 기업이 함께 1999년에 만든 yet2.com의 경우는 웹기술을 기반으로 기술을 사고파는 사람들을 한데 모아서 그들이 가지고 있는 지적재산이 가진 부가가치의 극대화를 지향하고 있다.

여기에 프로그램상의 문제를 미리 발견해 제거하는 버그 바운티^{bug} bounty, 병원의 여러 분야 의사들이 참여하는 통합진료, 경영 분야나 정치, 행정 영역에서 사용하는 예측시장 시스템, 많은 데이터와 지식의 결합으로 만들어지는 인공지능의 발전 등 집단지성 시스템이 사회 각 분야에서 미래사회를 이끄는 동력으로 자리를 잡은 지 오래다.

집단지성은 사회혁신을 위해서도 다양하게 활용되고 있다. 여러 사회에서 기존 체제의 비효율성으로 인한 사회갈등 격화와 경쟁력 저하 등 다양한 사회문제가 증가하고 있다. 이에 따라 한국사회의 사회적 필요와 문제에 대한 새로운 해결책을 창안하고 구현하는 과정의 필요성이 대두되고 있다. 또한, 지역 차원에서 주민들의 생활 속 문제들 (쓰레기, 교통, 환경, 교육, 주차, 의료 등)과 지역의 현안을 해결하는 데 지역주민들의 역량과 참여 욕구가 높아졌다.

사회혁신은 이러한 문제해결을 위한 시도로 볼 수 있으며, 지역사회혁신은 지역 차원에서 주민들의 생활 속 문제를 해결하는 데 초점을 두고 있다. 전통적인 발전 모형은 주요 행위자로 국가와 시장만 상정하지만, 사회혁신은 공공 부문과 민간 부문의 협력뿐만 아니라 시민사회 부문의 적극적 협력을 요구한다(〈그림 9-1〉 참조).

사회혁신(social innovation) 기존의 방식으로 해결하기 어렵거나 새롭게 발생하는 사회문제를 새로운 방법으로 해결하고, 사회의 시스템을 변화시켜 사회적 가치를 실현하는 것이다(한국정보화진흥원, 2012). 특히 사회혁신은 문제해결에 있어 시민의 참여와 협력 그리고 개별 지역의 실정에 맞는 실효성을 강조한다. 디지털 사회혁신은 사회혁신을 위해 각종 정보통신기술을 활용하는 것을 의미한다.

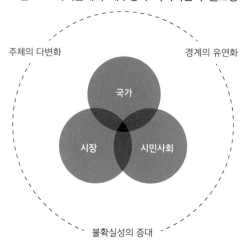

그림 9-1 사회문제의 재구성과 사회혁신의 필요성

그런데 사회혁신 수행 과정에서 지역사회를 중요한 기반으로 삼아야 할 필요가 있다. 전통사회 이래 지역사회는 실제의 공동체가 자리잡은 물리적 공간으로 볼 수 있다. 사회혁신의 과정과 성과도 지역사회를 중요한 기반으로 삼을 필요가 있다. 획일적인 중앙정부의 발전계획이 각 지역사회의 발전을 보장하는 것은 아니며, 각 지역의 현황과 구성원의 욕구가 다를 수 있다. 게다가 사회혁신 자체도 구성원의 구체적 문제해결 능력 향상을 목표로 한다는 점에서 사회혁신의 주요 기반으로 지역사회를 설정할 필요가 있다.

또한, 지역사회의 생활 속 문제를 발견하고 이를 해결하는 데 직접적인 이해관계가 있는 주체가 바로 주민인 점을 감안할 때 주민 중심으로 문제해결의 협력적 거버넌스를 구축할 필요가 있다. 이러한 관점에서 네트워크에 기반한 주민의 적극적 참여를 주요 요소로 하는 디지털 사회혁신도 집단지성의 한 형태로 볼 수 있다. <표 9-3>은 수많

은 공사기관에서 활성화되어 있는 크라우드소싱 제안 제도, 지방자치
단체에서 경쟁적으로 도입하고 있는 리빙랩LivingLab이나 커뮤니티 매
핑mapping 등을 포함한 디지털 사회혁신의 사례를 제시하고 있다.

표 9-3 디지털 사회혁신의 예

영역	명칭	내용	주체
보건	Careables	개인의 특성에 맞는 건강 관련 물품을 생산할 수 있는 디지털 협업 체제 플랫폼을 운영	보건전문가, 시민
교육	Fab Lab Barcelona	디지털기술을 통해 또래 집단 학습 모형을 제시함으로써 기존 방식의 교육 문제를 해결	지방자치 단체
먹거리, 환경	Open Source Circular Economy	순환경제 관련 웨비나 등을 개최	시민단체
이민과 사회통합	Techfugees	이민자와 난민을 위한 앱 개발 이민자와 난민 관련 행사 개최	시민단체
디지털 민주주의	서울혁신기획관 (SIB)	정책 설계와 집행에서 시민 참여 강화 순환, 협력, 사회적 영향을 강화하는 각종 정책을 집행	지방자치 단체
도시개발	Barcelona Activa	도시개발 관련 시민 의견 방영 플랫폼 개발 도시개발 관련 행사 개최	지방자치 단체
문화와 예술	Arts and Heritage Matched Crowdfunding Pilot	영국 예술위원회와 헤리티지 복권 기금과 협업을 통해 크라우드 펀딩 실시 문화와 예술 분야의 프로젝트 지원 플랫폼 운영	중앙정부, 민간, 시민단체
과학	Smart Citizen	일반 시민이 환경 데이터를 수집하고 분석하여 환경 문제를 해결할 수 있도록 기구, 방법론 등 지원	전문가, 시민
금융과 경제	Openspending	현재 영국 시민이 웹상의 인포그래픽으로 세금 사용 내역을 확인하도록 정보 제공 향후에 모든 정부와 기업 재무 관련 정보를 제공할 예정	시민단체

6. 집단지성의 전망

많은 사회에서 사이버 공간의 확장에 기반한 정보 창출과 확산의 변화는 집단지성의 영향력을 증가시켰다. 이에 따라 전통적 방식의 정보 창출의 담당자인 전문가 집단의 권위가 도전받고 있다. 게다가 전문가 집단의 폐쇄성에 따른 부정적 요인은 그들의 전문성과 신뢰성을 감소시켰다. 심지어 다른 외부요인에 따라 전문가의 판단이 영향을 받는 일이 자주 일어남에 따라 객관성에 대한 의문도 제기되고 있다. 이에 따라 전문가의 위상이 한층 하락하고 있다.

결국 대중이 전문가 집단의 '전문성'이나 '능력', '선의', '투명성' 모두를 신뢰하지 않으며, 전문가 개인의 의견을 믿는 것이 아니라 비록 비전문가 집단이라도 다수의 사람을 거치며 가공되고 인정된 정보나 지식이 더 객관적이라고 판단하고, 그러한 다수의 검증을 통해 '인정받은' 아주 소수의 전문가만을 믿고 신봉하기에 이르렀다.

아울러 전문가 집단이 제공하는 콘텐츠에 대한 신뢰의 상실은 곧바로 그들의 사회적 지위나 권위의 하락으로 이어져, 전문가에 대한 사회적 신뢰의 수준 및 구조의 근본적 변화를 일으켰다. 전문가들이 누리는 권위가 그들이 생산한 지식이 옳고, 사회를 이해하는 객관적이고도 과학적인 토대를 제공한다는 대중의 믿음에서 비롯되었던 만큼, 신뢰의 위기가 곧바로 권위 차원의 심각한 하강 국면으로도 이어진 셈이다.

전문가의 권위 하락은 사회 전반에 대한 신뢰 하락으로 이어지기 쉽다. 전문가가 공적·제도적 신뢰를 담당하는 만큼 이들이 신뢰를 잃게 되면 결국 제도 집행에 대한 신뢰 또한 떨어지게 되고 나아가 사회 전반에 대한 신뢰도도 낮아지는 것이다. 실제 기존의 경험적 데이터를 분석해 보면, 전문가에 대한 신뢰와 사회 전반에 대한 신뢰는 대체로 연동하는 경향이 있는데, 이는 전문인 집단이 신뢰를 받는지가 총체적인 사회적 신뢰의 기반이 되고, 이 부분에 문제가 발생할 때 공적 신뢰 전반에 위기가 올 수 있음을 시사한다.

전문가의 권위 하락은 '사회적 비용'을 증가시킨다. 의료 전문가에 대한 불신은 환자들이 백화점에서 쇼핑하듯이 다수의 병·의원을 오가도록 만들었고, 과잉진료에 반대하는 반의학 서적 출간 붐을 일으키기도 했다. 공교육과 교사를 믿지 못하는 풍조가 사교육 시장의 기형적 팽창이나 조기 유학, 대안 교육의 확장 등으로 귀결된 것도 또 하나의 예이다. 또한, 법적인 판결에 불복해 국가나 공공기관을 상대로 소송을 제기하는 건수가 증가하고 정부가 패소해서 지급해야 하는 비용이 연간 800억 원에 달하는 등 공적 기관 및 법조계에 대한 불신으로 생기는 예산 낭비도 심각한 수준이다.

그런데 집단지성이 전문가를 대체하는 새로운 유형의 대안이라고 단정하기는 어렵다. 집단지성에 내포된 위험인자에 관해서 고려해야 한다. 정보나 지식을 취사선택하고 확산시키는 대중의 능동적인 선택과 행위가 한층 중요해졌다. 민주주의적인 의사소통의 가능성도 커졌다. 그러나 최근 사이버 공간에서 정보의 유통과 소통 방식을 살펴보면 '지성적인' 시민의 능동적인 참여를 찾아보기 어렵다. 개인이 자신의 이성적 판단이나 객관적 근거를 찾기보다는 타인의 생각과 행동에 의존하는 경우가 많다. 일정 수의 사람들이 진위眞僞와 관계없이 특정 사실을 옹호하면 다른 사람들도 따라가게 되는 '사회적 폭포 효과social cascades'나, 사회적 규범 혹은 대다수의 의견 등에 개인의 의견이나 행동을 동화시키는 심리적 경향인 '사회적 동조현상'이 자주 일어난다. 많은 이들이 다수의 생각을 근거로 삼아 특정한 신념을 고수하거나 그에 순응하고, 사회적 분위기나 반응을 참고하여 다수와 부딪치는 것을 피함으로써 집단에서 소외되지 않으려 하는 것이다(안지수·이원지, 2011).

이렇게 단순히 다수의 선택과 동조가 '진실'을 판단하는 유일한 근거가 되는 현재의 정보유통 방식은 그 자체로 문제일 뿐 아니라 그 안에서 다양성을 허용하지 않는다는 점에서 특히 위험하다. 대중이 지혜를 지니기 위해서는 무엇보다 지혜의 주체인 대중이 '다양하게' 구성되어 '다양한 목소리'를 낼 수 있어야 하는데, 이러한 다양성이 제대로 갖추어지지 않을 때 갈등과 불안은 증폭된다(Le Bon, 1974). 진실을 판단할 때 진실에 접근하게 해주는 지식을 제공하는 전문가의 권위가 낮으면 대중은 판단하는 과정에서 양분되거나 지나치게 감정적으로 되기도 한다. 이 문제들을 극복하지 못할 때 집단지성은 카소봉Casaubon이 이야기한 '근거 없는 믿음'의 주체로 전락하고(Clark, 1997: 183), 사회의 신뢰 구조는 그 기반에서부터 위태로워진다.

결국, 집단지성이 현실에서 의미 있는 결과를 만들어 내기 위해서는 광범위한 정보의 유통으로는 충분하지 않다. 정보 창출과 확산에는 시민성과 지성을 갖춘 개인이 필수적이다. 무엇보다도 첫째, 이러한 과정에서 해당 분야 전문가의 역할이 강화될 필요가 있다. 전문가 집단 내에서만 이루어지는 지식의 생성과 전승, 즉 연구와 교육을 시민을 대상으로 확대할 필요가 있다. 더욱 다양한 분야에서 전문가의 적극적인 사회참여가 필요하다.

둘째, 이들 사이에 협업이 필요하다. 신뢰를 높이고 소통을 원활하게 하기 위한 중요한 요소는 바로 협업이라고 할 수 있다. 협력은 일종의 행위적 측면으로, 개인이 만나서 연계하여 성과와 결과를 극대화하는 것이다. 개인과 집단은 성공적 협업을 통해 협업의 가치를 확인할 수 있고, 이를 통해 신뢰가 증가하고 소통을 확대할 수 있다.

그렇다면 앞으로 협업을 어떻게 확대할 것인가? 가장 중요한 출발점으로 전체 교육체계에서 협업의 가치를 보다 강조할 필요가 있다. 최근 경쟁의 확산과 세계화로 인해 시장의 불확실성이 증가하고 있다. 따라서 외부와의 협업과 협력이 더 필요한 추세이다. 비교과적 측면에서 이러한 점이 강조되고 있지만, 아직 교과 내에서는 지나치게 개인 성취가 우선되고 있다.

사실 이러한 교육 방향은 정보통신기술과 결합하여 내집단의 더 강한 응집력과 배타성을 불러일으킬 수 있다. 실제로 최근 인터넷은 공론장으로서 잠재력이 활성화되기보다는 사회갈등의 중요한 원천이 되고 있다. 그 중요한 이유는 개인적 경쟁만을 가장 중요한 가치로 여기는 사회적 분위기와 교육 환경을 들 수 있다. 따라서 교육 현장에서 협업을 통한 성취가 더욱 강조된다면 자연스럽게 개인 행위에서 협업의 가치가 반영될 수 있을 것이다. 아울러 장기적으로 구성원들 사이에 원활한 의사소통과 사회자본을 증가시킬 수 있을 것이다.

물론 각종 정보통신기술도 이러한 협업을 원활하게 하는 데 도움을 줄 수 있을 것이다. 예를 들면, 교육 현장에서 학제적 연구처럼 학제적 교육을 각종 융합 미디어를 통해서 구현할 수 있다. 또한, 다른 학교, 다른 지역 학생들과의 협업도 바로 이런 기술을 통해 효과적으로 수행할 수 있다.

예상 출제 문제

1. 인터넷상에서 위키피디아나 네이버 지식인 서비스 등을 통해 특정 주제나 질문에 대한 대중의 답이 공유되고 수정되면서 집단적인 지식이 산출되는 예를 찾아볼 수 있다. 이러한 현상의 긍정적 측면과 부정적 측면에 관해 설명하시오.

더 보기

강양구(2017. 4. 19), '집단 지성'인가, '집단 바보'인가, 〈주간동아〉, 1084호.

리처드 코치·그렉 록우드 저, 박세연 역(2012), 《낯선 사람 효과》, 흐름출판.

제프 올로프스키(2020), 〈소셜 딜레마〉, 넷플릭스 오리지널.

찰스 리드비터 저, 이순희 역(2009), 《집단지성이란 무엇인가?》, 21세기북스.

최항섭(2009), 레비의 집단지성: 대중지성을 넘어 전문가지성의 가능성 모색, 〈사이버커뮤니케이션 학보〉, 26(3), 287~322.

Yun, J., Lee, S., & Jeong, H. (2019), Early onset of structural inequality in the formation of collaborative knowledge in all Wikimedia projects, *Nature Human Behavior*, 3, 155~163.
https://blog.naver.com/withkisti/221422534513.

참고문헌

박재천·신지웅(2007), 웹 2.0 플랫폼에서의 집단지성 활용방안 연구, 〈한국 인터넷 정보학회지〉, 8(2), 15~20.

안지수·이원지(2011), 사회적 동조와 개인의 정보처리 성향이 루머 메시지의 신뢰에 미치는 영향, 〈언론과학연구〉, 11(4), 296~320.

한국정보화진흥원(2012), 《글로벌 사회혁신 정책동향과 시사점》, 한국정보화 진흥원.

Clark, S. (1997), *Thinking with Demons: The Idea of Witchcraft in Early Modern Europe*, Oxford: Oxford University Press.

Habermas, J. (1989), *The Structural Transformation of the Public Sphere*, MIT Press.

Johnson, N., Rasmussen, S., Joslyn, C., Rocha, L., Smith, S. & Kantor, M. (1998), Symbiotic Intelligence: Self-organizing Knowledge on distributed networks driven by human interactions, in C. Adami, R. K. Belew, H. Kitano & Taylor, C. E. (eds.), *Artificial Life 6*, MIT Press.

Le Bon, G. (1974), *Psychologie des Foules*, Paris: PUF.

Levy, P. (1999), *Collective Intelligence*, Basic Books.

SETI. https://www.seti.org (2020년 10월 2일 검색).

Gray, D. F. (2001. 4. 4), Intel Helps Build P2P Computer to Fight Cancer, *PCWorld*.
https://www.pcworld.idg.com.au/article/26425/intel_helps_build_p2p_computer_fight_cancer (2020년 10월 2일 검색).

가짜뉴스와 팩트체크

10 장

정일권

이 장의 핵심

현대사회는 정보가 곧 권력인 사회다. 정보권력은 정보의 접근, 선택, 해석, 세 단계에서 발생하며 더 큰 권력을 갖기 위해 사람들은 정보를 중개하는 개인 혹은 기관에 의존한다. 대표적인 정보 중개기관이 언론으로, 주변에서 일어나는 일을 이해하는 데 도움이 될 만한 정보를 수집하고 뉴스의 형식으로 전환하여 수용자들에게 전달한다. 그리고 수집한 정보 중에서 뉴스로 보도할 내용을 선별하는 작업을 게이트키핑이라고 한다. 이 게이트키핑 과정에서 정보의 중요성과 품질 외에 편향이 개입된다는 점이 문제로 지적되어 왔다.

이런 상황에서 등장한 인터넷은 보통의 사람들이 유통될 정보를 선별하는 주체가 된다는 점에서 편향의 문제를 해결할 대안으로 기대되었다. 그러나 인터넷은 편향성 극복이라는 긍정적 결과뿐만 아니라 루머와 가짜뉴스로 대표되는 질 낮은 정보의 광범위한 유통이라는 부정적 결과를 동시에 가져왔다. 루머와 가짜뉴스는 이전에도 존재했지만 인터넷 등장 이후 보다 정교해졌고, 더 많은 사람에게 더 빠르게 전파됨으로써 피해가 더욱 가중되고 있다.

213

최근에 특히 많은 논란을 불러오는 것이 '가짜뉴스'인데 구체적으로 어떤 정보가 가짜뉴스에 해당되는지에 대해 합의된 기준은 없다. 게다가 정치적 이익을 위해 자신 혹은 자기 세력에 대한 비난을 무력화하는 부당한 수단으로 '가짜뉴스'라는 용어가 사용되기도 한다.

가짜뉴스 문제를 해결하는 방안으로 최근에 등장한 것이 팩트체크 저널리즘이다. 이는 보도된 기사와 정치인 등 유력자의 발언 내용에 대한 사실확인 결과를 보도하는 새로운 형태의 뉴스 장르다. 그러나 사실과 의견을 구분하기 어렵고, 절대적 기준이 아니라 사회적 합의에 의해 사실이 규정되는 경우가 많으며, 뉴스의 일부와 전체를 명확히 구분하지 않은 상태에서 특정 뉴스가 팩트 혹은 진실이라고 평가하기 때문에 결과에 대한 사회적 지지를 얻지 못하는 실정이다. 이런 이유에서 팩트체크 뉴스가 새로운 정쟁의 대상이 되고 사회적 갈등을 심화시키는 요인이 된다는 비난이 제기되고 있다.

결국, 루머와 가짜뉴스 같은 질 낮은 정보 문제를 해결하기 위해 가장 중요한 것은 이용자 개인의 정보 리터러시다. 그리고 뉴스와 관련된 정보 리터러시는 뉴스라는 장르에 포함되는 모든 정보가 의미 있다는 혹은 정확하다는 잘못된 믿음을 버리는 것에서 시작된다.

1. 정보와 언론 기관

현대사회는 정보사회다. 더 많은 정보, 더 좋은 정보를 가진 사람이 그렇지 않은 사람에 비해 더 높은 경쟁력을 지닌다. 정보가 곧 권력인 셈이다. 세분화하면, 정보권력은 정보의 접근, 선택, 해석의 세 단계에서 발생한다. 우선, 개인별로 접근할 수 있는 정보의 양과 범위가 다르고, 다음으로 접근할 수 있는 정보 중 더 나은 품질을 지닌 정보를 골라내는 선택의 능력이 다르다. 마지막으로 선택한 정보의 가치와 의미를 해석하는 능력에 따라 정보권력의 크기가 결정된다.

정보권력이 약하다고 느끼는 사람은 접근, 선택, 해석의 과정에서 정보력이 높은 사람 혹은 기관에 의존하게 된다. 현대사회에서는 언론 기관이 이 역할을 주로 담당했다. 그런데 최근 들어 언론사에 소속되어 정보를 중개하면서 영향력을 행사하던 전문 직업기자들의 힘이 약해지고 있다. 인터넷 때문이다. 과거에 비해 정보 공유가 월등하게 용이한 플랫폼인 인터넷 덕분에 정보의 생산량과 유통량은 폭발적으로 증가했고 그 종류 역시 다양해졌다. 그런데 인터넷에서 정보를 제공하고 유통하고 소비하는 이들은 전문직 기자뿐만이 아니다. 그보다 훨씬 많은 '보통' 사람들이 훨씬 더 활발하게 정보를 중개한다.

보통사람들은 특정 언론 기관에 소속되지 않고 인터넷 이전에는 정보의 수용자에 지나지 않던 사람들이지만 새로운 정보 생산과 유통은 물론이고 전문직 기자들이 생산한 정보를 평가하기도 한다. 인터넷을 통해 정보의 생산, 유통, 그리고 소비 과정이 수평화되고 분권화된 것이다(김상배, 2010).

2. 루머와 가짜뉴스

정보의 생산과 유통량 그리고 이 과정에 관여하는 사람들이 늘어남에 따라 나타난 부작용 중 하나가 정보 품질의 하락이다. 생산되고 유통되는 좋은 정보도 늘었지만 그만큼 나쁜 정보도 늘었다. 품질이 나쁜 정보는 사실이 아닌 허위 요소가 포함되었거나, 정보의 진위가 확인되지 않았거나, 다른 사람에게 해를 끼치기 위한 악한 동기가 있는 정보를 의미한다. 마키아벨리의 권모술수, 허위 정보를 포함한 20세기의 PR, 세계 대전에서 심리교란을 위해 사용된 메시지와 영상, 그리고 미디어의 사실을 왜곡하는 정보 등이 모두 나쁜 정보에 포함된다.

〈그림 10-1〉에 나타난 나쁜 정보 중 가장 널리 알려진 형태가 루머다. 루머란 실재할 것이라는 명백한 증거 없이 사람들 사이에서 주로 구전을 통해 퍼져 나가 신뢰하도록 만드는 진술로, 유언비어流言蜚語라고도 불린다(DiFonzo & Bordia, 2007). 루머는 정보의 타당성을 입증하고 보증할 만한 사람 혹은 출처가 없기 때문에 거짓이나 참이라고 확정할 수도 없다. 루머는 정보로서 품질이 낮지만, 그렇다고 해서 그 기능까지 항상 부정적인 것은 아니다. 루머의 내용이 차후에 참으로 확인되는 경우도 있고, 비록 거짓으로 판명되더라도 그 과정에서 무엇이 진실인지가 보다 분명해진다는 점에서 긍정적인 기능을 수행하는 측면이 있기 때문이다.

루머가 사회적 해가 되는 것은 미확인된 정보임에도 불구하고 사회적으로 참이라고 받아들여질 때다. 래퍼 타블로의 학력위조 루머 사건이 대표적인 예다. 사람들은 타블로의 졸업장, 여권이라는 균형 잡힌 정보를 접하고도 계속 위조, 날조를 주장하는 인터넷 커뮤니티 '타진요'의 루머에 대한 믿음을 버리지 않았다. 이처럼 거짓 정부에 근거한 루머가 사실로 받아들여질 때에는 당사자에게 정신적·물질적 피해를 줄 뿐만 아니라 사회적 갈등을 야기하기도 한다.

그런데 인터넷이 등장하면서 루머가 미확인된 정보라는 점이 유통

그림 10-1 **질 낮은 정보의 종류**

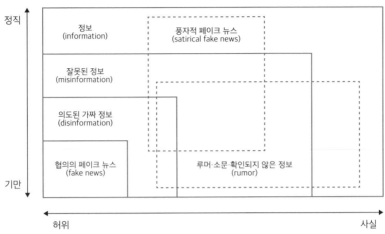

출처: 황용석·권오성(2017), 가짜뉴스의 개념화와 규제수단에 관한 연구:
인터넷서비스사업자의 자율규제를 중심으로, 〈언론과 법〉, 16(1), 68.

과정에서 사라지는 경우가 늘었다. 인터넷 루머의 확산 과정을 추적해 보면 초기에는 '확인되지 않은 정보'라는 점이 드러난 형태로 전파되지만, 이는 점점 흐릿해지고 결국에는 사라져 마치 사실로 확인된 것인 양 받아들여진다. 이것은 인터넷이 정보 제공자 입장에서는 단시간에 많은 사람에게 전달할 수 있는 플랫폼이고 정보 수용자 입장에서는 동일한 혹은 유사한 내용을 서로 다른 정보원으로부터 되풀이해서 전달받을 수 있는 환경을 제공하기 때문이다. 게다가 전달되는 과정에서 루머는 점점 더 구체화되고 더욱더 사실처럼 꾸며지기에 정보의 어떤 부분이 확인되지 않았는지를 알아내기가 점점 더 어려워진다 (Sunstein, 2009).

질 낮은 정보 중 요즘 가장 문제시되는 것은 '가짜뉴스fake news'다. 엄격한 기준을 적용해서 정의하면, 가짜뉴스란 상대에 대한 부정적

타진요 타진요는 인터넷 카페 '타블로에게 진실을 요구합니다'의 약자다. 타블로는 데
뷔 초기부터 스탠퍼드대 석사 출신이라고 밝혀 주목을 받았는데, 이에 대해 타진요 회원
등을 중심으로 일부 누리꾼들이 의혹을 제기했다. 이후 MBC를 비롯한 우리나라 유력
언론들과 서울국제학교, 그리고 스탠퍼드대 측에 의해 여러 차례 타블로의 스탠퍼드대
석사 졸업 사실이 확인되었음에도 불구하고 타진요는 주장을 철회하지 않았다. 2012년
7월 7일 법원은 타블로의 스탠퍼드대 졸업 사실을 인정하며 타진요 회원 2명에 대해 징
역 10월의 실형을 선고했다.

이미지를 형성하기 위해 의도적으로 뉴스의 형식으로 포장하여 전파
하는 거짓 정보다. 그러나 실제로는 이보다 넓은 범위에 걸쳐 미확인
혹은 허위정보를 포함하는 글 혹은 주장을 지칭하는 용어로 사용되고
있다. 가짜뉴스는 인터넷 환경에서 새롭게 나타난 정보의 형태는 아
니지만 인터넷기술 환경 탓에 그 폐해가 급격히 증가했기 때문에 인터
넷으로 인한 새로운 현상으로 인식되고 있다.

인터넷이 등장하면서 가짜뉴스라고 낙인찍히는 정보의 수가 급격
하게 증가했고, 콘텐츠 제작기술 발달로 인해 형식적으로 '진짜'뉴스
와 구분하기가 어려워졌으며, 실제로 접하는 수용자의 수가 급격히
늘어났을 뿐만 아니라 전달 속도마저 빨라져 사회적 영향력이 커지게
된 것이다. 1996년 미국 동부 해안에 보잉 747 여객기가 추락했을 때
는 추락 워이이 미사일에 의한 격추라는 가짜뉴스가 인터넷에 떠돌았
고, 1997년 영국의 다이애나 황태자비가 프랑스 파리에서 교통사고로
사망했을 때는 가짜 현장 사진을 담은 뉴스가 사건 직후 인터넷에 돌
아다니기도 했다(Allan, 2006 · 2008).

그런데 무엇이 가짜뉴스인지를 결정하는 것은 다분히 자의적이다. 보통사람들 누구나 뉴스의 소비자를 넘어 생산자와 유통자가 될 수 있는 시대다. 이들은 스스로 무엇을 생산하고 유통할지를 선택해야 한다. 이들이 생산 혹은 유통하기로 결정했다면 원데이터의 사실성과 가치를 인정한 것이다. 반면에 동일한 원 정보를 접하고도 유통하지 않기로 결정했다면 이 사람들은 다른 판단에 이른 것이고, 이 내용에 대한 뉴스를 가짜뉴스라고 생각할 수 있다. 즉, 동일한 정보를 담은 뉴스를 누군가는 진짜뉴스, 다른 누군가는 가짜뉴스라고 주장하는 것이 오늘날 우리가 접하는 일상이다.

참과 거짓, 진짜와 가짜를 구분하기가 어려워진 현실에서 사람들은 객관적 근거가 아니라 전략적 선택에 따라 이를 판단하는 모습을 보인다. 사람들은 자신이 생산하고 소비하는 뉴스(혹은 그와 유사한 정보)만이 진실이라고 믿음으로써 자신의 판단을 스스로 정당화하려 한다. 반면에 자신의 생각 혹은 의견과 비슷하지 않으면 오보, 틀린 의견, 허위 정보, 가짜뉴스로 판단한다. 가짜뉴스와 관련하여 뉴스 생산자에 대한 비난보다 가짜뉴스라는 판단에 대한 논란이 더 큰 파장을 일으키는 이유다.

한편 가짜정보를 이용하여 정치적 혹은 경제적 이익을 취하려는 세력도 생겨나고 있다. 일부 정치인들은 자신 혹은 자기 진영에 불리한 뉴스를 가짜뉴스라고 낙인찍어 지지자들의 동요를 막는다. 가짜뉴스가 정치적으로 반대 진영을 무력화하고 정치적 주도권을 구축하는 데 사용되는 것이다. 가짜뉴스라는 용어를 전 세계적으로 널리 퍼뜨린 미국의 트럼프 대통령은 이 전략을 매우 효과적으로 사용하고 있는 것으로 평가된다. 국내에서도 여야를 막론하고 많은 정치인들이 자신에게 불리한 뉴스를 가짜뉴스라고 말하는 것을 쉽게 볼 수 있다. 이런 이유에서 수용자들이 관심을 가져야 할 것은 '무엇이 가짜뉴스인가?'가 아니라 '누가 언제 무엇을 위해 가짜뉴스라는 용어를 쓰는가?'가 되어야 한다.

3. 가짜뉴스 걸러내기

정보의 수용자로서 개인이 스스로 질 낮은 정보를 걸러 내고 질 높은 정보만을 골라 수용한다면 본인의 정보권력은 높아질 것이다. 그러나 이러한 정보 선별능력에는 개인 간 차이가 존재한다. 이런 이유에서 많은 사람들은 자신을 대신해서 나쁜 정보를 걸러줄 대행자를 구한다. 뉴스 형식의 정보와 관련해서 전통적으로 이 역할을 해온 것이 언론기관이다. 언론사들이 좋은 정보와 나쁜 정보를 구분하는 선별과정을 게이트키핑gatekeeping이라고 한다. 언론학의 태두 중 한 명인 레빈K. Lewin은 정보가 유통되는 채널 내에 정보의 흐름에 관여하는 문gate과 이 문을 지키는 문지기들gatekeepers 주변에 의사결정 행위에 영향을 미치는 힘이 존재한다고 주장한다(Lewin, 1947). 그리고 이 힘이 작용하는 원리를 설명하기 위해 게이트키핑이라는 용어를 만들어 언론인 종사자의 일상적 활동을 개념화했다.

이에 따르면 매스미디어가 취급하는 정보는 기본적으로 갈등을 내포하며, 게이트키퍼는 특정 정보를 다음 단계로 넘기거나(in) 그 정보가 더는 유통되지 못하도록 차단하는(out) 역할을 함으로써 갈등 해결에 관여하게 된다(Lewin, 1947). 간략히 정리하면, 게이트키핑은 뉴스화되는 정보를 선택하는 과정인 것이다.

그러나 게이트키핑을 통해 선택되는 뉴스가 정말 좋은 뉴스인지와 관련하여 논란이 끊이지 않고 있다. 게이트키핑을 통해 걸러지는 것이 질이 나빠서가 아니라 정치적 혹은 경제적 편향성 때문이라는 것이 논란을 일으키는 주장의 핵심이다. 인터넷은 이러한 비난에 호응할 수 있는 기술을 제공한 것으로 평가된다. 누구나 기자가 될 수 있고 모든 것이 기사가 될 수 있는 인터넷 공간에서는 전통적으로 게이트키핑을 담당해 온 전문 언론인들이 더 이상 편향성을 발휘할 수 없게 되었기 때문이다.

인터넷 생태계 전체로 보면 특정 게이트에서 통과되지 않은 정보가 다른 게이트를 통과할 수 있기 때문에 수용자는 결과적으로 원하는 정보를 대부분 접할 수 있다. 다만, 개별 게이트에 한정해서 본다면 여전히 일부 선택된 정보만 통과되고 있다고 할 수 있다. 따라서 수용자가 어떤 게이트를 이용하는지에 따라 실제로 접하게 되는 정보가 정해지는 것이다. 인터넷이 가져온 변화를 게이트키핑의 소멸로 해석해서는 안 되는 이유가 여기에 있다.

인터넷으로 인해 게이트키퍼가 바뀌고 게이트 수가 늘어나며 개별 게이트별로 기준이 다양해진 것일 뿐 게이트키핑 과정이 사라진 것은 아니다. 뉴스를 유통하는 수용자들이 유통되는 뉴스들 중에서 자신의 관심사와 관련성에 호응하는 인터넷 게이트를 선택하여 이를 통해 뉴스를 수집하고, 여기에 주석이나 비판적 관점을 더함으로써 자신의 네트워크 내 다른 구성원에게 공유하는 2단계 게이트키핑을 실천하고 있는 것이다. 언론사에 소속된 전문 기자들이 1차 게이트키퍼 역할을 한다면, 인터넷 공간에서 정보 중개인으로 활동하는 보통사람들은 2차 게이트키퍼 역할을 하는 것이다.

인터넷이 가져온 정보 선별과정의 강화는 최종적으로 수용자에게 전달되는 뉴스의 양과 종류를 변화시켰다. 그러나 이 과정에서 전통적 게이트키핑이 지닌 순기능, 즉 질 낮은 정보를 걸러내는 기능이 약화된 측면도 부인할 수 없다. 인터넷이 등장한 이후로 더 많은 루머, 허위정보, 가짜뉴스가 광범위하게 유통되고 있기 때문이다.

나쁜 일은 안 하면 된다. 재미없는 것은 안 보면 되고 맛없는 것은 안 먹으면 문제가 안 된다. 그러나 이 일이 쉽지 않다는 것이 문제다. 나쁜 정보를 걸러 내고 좋은 정보만 받아들이는 것 역시 마찬가지다. 개인이 충분히 걸러 낼 능력을 지녔다면 애초부터 질 낮은 정보가 전파되는 것은 문제가 되지 않는다. 그러나 오늘날 우리 사회가 가짜뉴스, 루머 등 질 낮은 정보의 유통을 우려하는 것은 많은 개인이 스스로 이를 차단하지 못하기 때문이다. 말처럼 쉽지 않은 탓이다. 시간이 지나 경험이 쌓이면 인터넷 이용자 스스로가 잘못된 정보를 걸러 낼 때가 올지는 몰라도 최소한 지금은 그렇지 못하다.

왜 사람들은 질 낮은 정보를 비판하면서도 스스로 이를 걸러 내지는 못할까? 지금까지 제기된 설명은 4가지로 정리해 볼 수 있다.

첫 번째 이유는 사람들이 사실과 의견(혹은 주장)을 잘 구분하지 못하기 때문이다. 이는 노력을 안 했기 때문일 수도 있고 능력이 없기 때문일 수도 있다. 대개 뉴스에는 주장과 사실적 근거가 혼재되어 있다.

이 중에서 진짜인지 가짜인지 여부를 다뤄야 하는 대상은 사실에 한정되고, 의견 혹은 주장은 그 대상이 아니다. 주장에 동의하지 않는 것과 주장이 비논리적인 것, 그리고 사실 여부가 불명확한 것과 사실이 아닌 것은 다르다. 그럼에도 불구하고 최근에 우리 사회에서는 주로 주장이 터무니없다는 이유로 가짜뉴스로 낙인찍는 일이 예사다. 이는 결국 주장에 동의하지 않겠다는 의사를 "이것은 가짜뉴스다"라고 표현한 것에 지나지 않는다.

두 번째 이유는 전체와 부분을 구분하지 않기 때문이다. 가짜뉴스라는 말은 뉴스가 가짜라는 의미다. 그런데 그 내용을 자세히 살펴보면 뉴스 내용 중 일부에 대해 가짜라고 판정할 뿐이다. 예를 들어, "내년에 우리 경제는 크게 성장할 것이다"라는 주장을 담은 뉴스가 가짜뉴스로 낙인찍힌다는 것은 미래에 대한 추측, 즉 주장이 틀렸다는 의미로 이해되어야 한다. 그리고 가짜라고 판단할 수 있는 대상은 사실적 정보에 한정되기 때문에 이러한 주장에 도달하기 위해 동원된 근거를 특정해서 가짜라고 말해야 한다.

최종 주장을 위해 동원된 근거가 10개라면 이 중 몇 개가 거짓일 때 이 뉴스 자체가 가짜라고 말할 수 있을까? 2008년 MBC〈PD 수첩〉의 광우병 관련 보도에 대한 대법원 판결에서 소수 입장의 대법관들은 사소한 부분의 오류나 수치적 과장이 있더라도 엠엠MM형 유전자와 인간 광우병 발병의 상관관계를 과학적으로 부정할 수 없기 때문에 허위라고 볼 수는 없다고 판시했다. 결국 부분으로 전체를 평가해서는 안 된다는 의미다.

전체와 부분을 구분한다면 '뉴스 내용 중 이 부분은 가짜'라고 말할 수는 있지만, 뉴스 전체가 가짜라는 말을 할 수 있는 경우는 거의 없다. '가짜뉴스'라는 용어 자체가 수용자에게 혼란을 주는 잘못된 명명인 것이다. 따라서 주장을 뒷받침하는 일부 사실적 정보에 거짓이 포함될 경우 뉴스 전체의 진위 여부를 판단하는 것은 주관적일 수밖에 없다. 누군가는 가짜뉴스로 판단하더라도 다른 누군가는 대체적으로 진짜뉴스라고 판단할 수 있는 것이며, 누구도 틀렸다고 할 수는 없다.

세 번째 요인은 성급한 판단 경향이다. 사람들은 자기 주변에서 일어나는 일들을 설명할 수 있기를 바란다. 따라서 부족한 정보에도 불구하고 본능적으로 결론에 도달하고자 한다. 이때 개인이 지닌 편향성이 정보의 부족한 부분을 채운다. 편향이 강한 사람일수록 자신에게 유리한 정보는 선택하고 불리한 정보는 기피한다. 그리고 자신의 선택을 정당화하기 위해 선택하지 않은 정보를 루머 혹은 가짜뉴스로 간주한다. 심지어 균형 잡힌 정보를 접할지라도 자신이 갖고 있는 기존 신념과 인식에 대한 확신을 더 키우는 방향으로 결론을 내리기도 한다. 이 과정에서 진짜뉴스를 가짜뉴스로 판단하기도 하고 그 역으로 판단하기도 한다. 앞에서 소개한 '타진요'의 경우가 대표적이다. 개인적 편향이 진실과 거짓을 구별하는 눈을 가리는 것이다.

마지막 요인은 지금까지 설명한 요인들과는 성격이 다르다. 앞의 세 요인이 개인의 내부적 문제였다면 마지막 요인은 개인이 관계를 맺고 있는 타인들과의 상호자용 때문에 발생하는 것이다. 흔히 여러 명이 모여서 생각하면 더 나은 결과를 도출할 수 있다고 생각하지만 반드시 그런 것은 아니다. 부족한 부분이 같은 개인들끼리 모이면 서로 부족한 점을 보완하는 것이 아니라 아는 것과 부족한 점이 중첩되면서 잘못된 믿음만 강화되어 거짓이 걸러지지 않고 오히려 더 잘 수용되기 때문이다. 믿을 수 있는 확실한 근거가 없음에도 불구하고 '다른 사람들도 맞다더라!'라는 생각이 정보 확신의 근거로 작용하는 것이다. 자신의 판단에 확신이 없는 사람, 자신감이 부족한 사람들은 자기가 처음에 가졌던 견해가 다른 사람의 동조를 얻었다는 단순한 이유만으로도 더 극단화된다.

그런데 인터넷에서는 자신과 생각이 비슷한 사람들과의 네트워크 구성이 용이하고 이를 기반으로 한 상호작용이 활성화되어 있다. 따라서 사회적 상호작용을 통해 기존의 입장을 확인하고 강화할 수 있는 기회가 늘어난다. 이런 이유로 인터넷 공간에서는 개인이 지닌 인지적 한계에 더해 집단 간 상호작용에 의해서도 정보 오판誤判의 가능성이 커지는 것이다.

4. 팩트체크 저널리즘의 가능성과 한계

최근 몇 년 동안 '가짜뉴스'에 대한 우려가 높아지면서 어떻게 하면 허위, 조작, 미확인 정보를 잘 가려내고 대응할 수 있을까에 대한 다양한 논의가 이뤄지고 있다. 저널리즘의 영역에서 제안된 해결책 중 하나가 '팩트체크 저널리즘fact-check journalism'이다. '팩트체크'란 어떤 정보가 사실인지 허위인지 확인하는 과정을 의미한다. 이는 처음에는 선거 기간 중 정치 분야 기사, 후보자의 주장, 정치 광고에 대한 인터넷 커뮤니티의 검증의 형식으로 시작되었다. 그러다가 그 대상이 정치를 넘어 경제 및 사회 전반으로 확대되었고, 이 결과를 전문 언론기관이 기사의 형식으로 보도하면서 '팩트체크 저널리즘'이라는 새로운 저널리즘 양식으로 발전하게 된 것이다.

일반적으로 팩트체크 저널리즘의 시작을 2003년 팩트체크 오알지 factcheck.org에서 찾는다. 그리고 2007년 〈워싱턴포스트〉의 '팩트체커 factchecker', 〈템파베이 타임스〉의 '폴리티팩트politifact'를 거쳐 2011년에 〈워싱턴포스트〉가 정규지면으로 제공함으로써 팩트체크 저널리즘이 하나의 독립된 뉴스 장르로 자리 잡았다고 평가된다. 우리나라는 2012년 〈오마이뉴스〉가 선보인 대통령 선거공약 검증코너 '오마이팩트'를 팩트체크 저널리즘의 시초로 보고 있다.

팩트체크라는 행위 자체는 새롭지 않다. 2003년 이전부터 기사쓰기의 필수 과정이었다. 그러나 이전까지 언론사들이 수행한 팩트체크는 화자話者가 말한 내용을 정확하게 옮겼는지를 조사한다는 의미였을 뿐이다. 반면에 새로운 팩트체크는 인용구 안의 내용이 사실인지를 규명하는 데 초점을 맞추고 있다는 점에서 다르다. 즉, 화자의 뜻을 훼손하지 않고 정확하게 '받아쓰기' 했는지를 확인하는 것이 과거의 팩트체크라면, 화자가 한 말 자체의 진실성 여부를 가리는 것이 현재의 팩트체크 저널리즘이다. 이것은 정보의 단순 전달자에 머무를 것이 아니라 책임 있는 해설자가 되기를 요구하는 흐름에 언론기관이 호응한 결과로 볼 수 있다.

그러나 '민주사회의 시민들에게 자치自治를 위해 필요한 정보를 제공한다'는 팩트체크 저널리즘의 취지는 폭넓은 사회적 지지를 얻었다. 그러나 그 결과물에 대해서는 우려를 표출하는 사람들이 많다.

허위는 진실과 비교하여 다름이 드러날 때 내릴 수 있는 결론이다. 그런데 가짜뉴스와 관련해서는 진실이 명확히 드러나는 경우가 드물다. 이런 이유에서 가짜뉴스라는 낙인烙印은 하나의 주장에 머물 수밖에 없고 따라서 진영 간 갈등의 소재가 될 뿐이다.

고의성을 증명하기는 더욱 어렵다. 가짜임을 알고도 상대에게 흠집을 내려는 의도로 기사를 유포했다는 것을 증명하는 구체적 방법은 아직까지도 제시되지 않았다. 반론이 제기되었음에도 불구하고 기사에 이를 반영하지 않을 때 고의적으로 가짜 정보를 유포했다고 결론내리는 것이 현재의 관행이다.

마지막으로 뉴스와 형식적으로 유사할 때 가짜뉴스로 판정하는데, 현재는 전통적 뉴스 형식이 도전을 받으면서 새롭고 다양한 형식의 뉴스가 등장했기 때문에 이제는 뉴스 형식의 충족여부를 판단할 기준이 모호하다. 카드뉴스, 한 줄짜리 속보성 뉴스, 에세이 형식의 뉴스 등 전통적 분류에 따르면 뉴스에 속하지 않을 많은 콘텐츠가 뉴스라는 이름으로 인터넷에서 유통되고 있다. 이런 상황에서 형식 측면에서 무엇이 뉴스인지를 규정하는 것은 거의 불가능하다. 결국 가짜뉴스를 규정할 수 있는 3가지 기준 중 실제로 적용할 수 있는 것은 하나도 없는 게 현실이다.

뉴스를 생산하고 유통하는 매체가 다양해질수록 당파와 진영으로 갈려서 상대 뉴스의 품질을 폄하貶下하는 일이 잦아진다. 정보의 홍수 속에 자신을 온전히 내어 맡기는 것이 불안하기에 사람들은 차라리 모든 가능성과 기회를 포기하는 일이 있더라도 특정 매체와 정보만을 편애하는 쪽을 택한다는 것이다. 그리고 그러한 자신의 판단을 정당화하기 위해 대립되는 정보를 제공하는 뉴스를 가짜뉴스라고 낙인찍는 경우가 많다.

5. 나가며

어떤 이는 현대를 '탈脫진실의 시대'라고 말한다. 더 이상 무엇이 진실이라고 말할 수 없는 시대라는 것이다. 뉴스는 곧 진실이라는 신화가 무너졌기에 특정 정보를 '뉴스' 장르에 포함시킨다고 진실 여부에 대한 사회적 합의가 이뤄진 것으로 볼 수도 없다. 무엇이 진실인지를 확신할 수 없는 상황에서 무엇인가를 거짓이라고 말하는 것은 하나의 주장에 지나지 않는다. 인터넷에서 유통되는 무수한 뉴스와 게시물이 사실인지를 모두 확인할 수도 없고 누군가가 그 작업을 수행하더라도 그 결과를 다른 사람들이 그대로 받아들일 것이라고 기대할 수도 없다. 이런 상황을 고려하여 가짜뉴스, 루머 등의 질 낮은 정보의 유통이 가져올 폐해를 방지하기 위해 다음의 3가지를 제안한다.

첫째, 가짜뉴스라고 믿는 정보를 발견하면 이를 유포한 상대의 목소리를 힘으로 억압할 것이 아니라 상반된 근거를 제시하며 담론談論 경쟁을 유도해야 한다. 서로 대응하는 담론 중 어느 것을 믿고 어느 것을 믿지 않을 지는 개인의 선택 영역이기 때문에 타인이 이를 강요할 수는 없다.

인터넷은 거짓과 진실이 공존하는 공간이다. 문제를 해결하는 방안은 무엇이 진실이고 무엇이 거짓인지를 명확히 가르는 것이 아니라,

그러한 결론에 도달할 수 있는 모든 근거를 제시하고 이 근거를 바탕으로 수용자들이 판단하도록 하는 것이다.

다음으로, 모든 질 낮은 정보는 가짜뉴스라고 낙인찍는 일을 막아야 한다. 앞에서 소개한 〈그림 10-1〉에 제시된 것처럼, 질 낮은 정보는 악의성 유무와 사실 유무라는 두 개의 축을 기준으로 다양한 형태를 지닌다. 단순한 허위정보는 허위지만 다른 이에게 피해를 입힐 의도가 없는 정보로서, 의도적으로 다른 사람이나 조직을 해하려고 만들어진 허위인 '악의적 허위정보'와 구별해야 한다(Kuklinski & Quirk, 2000). 그리고 악의적 허위정보로 분류된 정보의 내용이 사실이라면, 이는 '악의적 사실정보'로 재분류해야 한다. 마지막으로, 의도를 지닌 허위정보 중에서 형식적으로 뉴스로 분류할 수 있는 것만을 가짜뉴스라고 칭해야 옳다. 이런 맥락에서 보면 일종의 정치적 레토릭으로 가짜뉴스를 악용하는 세력을 경계할 필요가 있다. 무엇이 가짜뉴스인지를 따질 것이 아니라 누가 왜 가짜뉴스라고 낙인을 찍는지를 따져 볼 것을 다시 한 번 강조한다.

마지막으로 데이터를 조사하여 옥석을 가려 종합하는 능력을 의미하는 정보 리터러시를 개인이 스스로 강화할 것을 제안한다. 〈그림 10-2〉와 같이 크게는 두 번 정보에 대한 합리적 판단을 거치는 것을 생활화해야 한다. 판단 이전에 갖춰야 할 인식의 출발점은 모든 정보가 다 좋은 것은 아니라는 점이다. 접근 가능한 정보 중에는 루머나 가짜뉴스와 같은 질 낮은 정보가 있을 수 있다는 경계심을 가져야 한다. 다음으로 의견과 사실적 정보를 구분하고 사실적 정보 에 대해서만 진짜와 가짜를 따져야 한다.

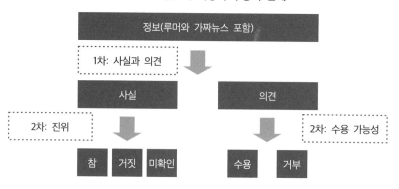

그림 10-2 정보의 이성적 수용의 단계

마지막으로, 다른 경합하는 정보와 비교하여 사실 여부를 판정하거나 제시된 의견 혹은 주장을 수용할지 여부를 결정해야 한다. 이 과정에서 많은 사실은 참인지 거짓인지 판단할 수 없는 상태일 것이다. 이 경우에는 최종적 판단을 유보해야 한다. 그리고 이런 미확인된 사실을 근거로 한 의견 혹은 주장이라면 그에 대한 수용 여부에 대한 판단도 보류해야 한다. 섣부른 판단은 결국 잘못된 정보에 의한 피해로 이어진다는 점을 명심해야 한다.

우리는 이제 일상적으로 인터넷 공간에 글을 올리고 읽고 또 그에 대해 서로 이야기한다. 이 중에는 틀린 말, 불확실한 말도 있다. 그런 말에 분노하고 슬퍼하고 기뻐하는 것이 우리의 삶이다. 각자에게 시선을 돌리면 인터넷에 올라온 글, 사진, 동영상을 보고 흥분하는 것도 '나'이고, 새로운 것을 깨닫는 것, 의지를 다지는 것, 생각을 고쳐먹는 것도 다 '나'이다. 다른 사람들도 마찬가지다.

인터넷 공간에서 활동하는 사람들이 '감정에 치우친 군중群衆이냐, 이성적으로 사고하는 공중公衆이냐'를 따지는 것은 소모적이다. 양자의 특성을 모두 가지고 있고 상황에 따라 바뀌기 때문이다. 군중이었다가 공중이 되기도 하고, 공중이었던 사람이 군중이 되기도 한다. 겉으로 드러난 모습이 군중이든 혹은 공중이든 구성하는 개인은 다르지 않다. 상황에 따라 이들을 군중이라고 부를 수도 있고 공중이라고 부를 수도 있다. 인터넷에 모인 보통의 사람들은 모두 공중, 혹은 이들의 말은 옳다는 방식은 적절하지 않다. 반대의 경우도 마찬가지다. 공중이 만든 뉴스는 진짜뉴스, 군중이 만든 뉴스는 가짜뉴스라는 태도 역시 바뀌어야 한다. 보통 사람들을 감정에 치우친 군중이라고 말하는 것이 곧 가짜뉴스라는 식으로 금기시하는 것 역시 옳지 않다.

여론은 '진실'이 아닌, '합의'라는 새로운 가치체계를 천명한 것이다. 즉, 명확한 근거가 있어서 진짜뉴스 혹은 가짜뉴스를 판단하는 것이 아니라, 판단에 참여한 구성원들의 합의에 의해 그 결과가 결정되는 것이다. 인터넷 공간에서는 흔히 관심사나 의견이 유사한 사람들이 모여 유사類似공동체를 구성한다. 따라서 개인이 지닌 편향이 강화되는 방향으로 결론이 나는 것은 어찌 보면 자연스럽다. 편향의 수정보다는 강화가 일어나기 유리한 환경이라면 이곳에서 정보가 자율적으로 잘 걸러질 것으로 기대하기는 힘들다. 따라서 인터넷 공간이란 곧 가짜와 진짜, 혹은 질 낮은 정보와 질 높은 정보를 공유하는 곳으로 인식하는 것이 무엇보다 중요하다.

1. 가짜뉴스가 늘어나고 이에 따른 피해도 늘고 있다는 점에 대부분의 사람들이 동의한다. 그럼에도 불구하고 가짜뉴스를 없애는 것이 어려운 이유는 무엇인가? 문제 해결을 위해 제시된 정책적 대안이 지닌 문제점은 무엇인가?

더 보기

김경희(2016), 저널리즘 관점에서 본 모바일 기반 포털뉴스의 게이트키핑과 이용자의 뉴스 이용, 〈한국언론학보〉, 60(3), 117~144.

정은령(2018), 한국 팩트체크 저널리즘의 특징: 팩트체크 언론인들의 사실 인식과 사실 검증과정 탐색을 중심으로, 〈언론정보연구〉, 55(4), 5~53.

정일권(2015), 소극적 SNS 이용자와 중도포기자의 출현을 계기로 고찰해 본 SNS 긍정론의 한계, 〈커뮤니케이션이론〉, 11(4), 77~107.

Sunstein, C. R. (2009), *On Rumors: How Falsehoods Spread, Why We Believe Them, What Can Be Done*, New York: Farrar, Straus and Giroux.

Tarde, G. (1901) *L'opinion et la foule*, Paris: F. Alcan, 이상률 역(2012), 《여론과 군중 SNS는 군중의 세계인가 공중의 세계인가?》, 지도리.

참고문헌

김상배(2010), 《정보혁명과 권력변환 네트워크 정치학의 시각》, 한울.

황용석·권오성(2017), 가짜뉴스의 개념화와 규제수단에 관한 연구: 인터넷서비스사업자의 자율규제를 중심으로, 〈언론과법〉, 16(1), 53~101.

Allan, S. (2006), *Online News Journalism and the Internet*, UK: Open

University Press, 한국언론재단 편역(2008), 《온라인 뉴스: 저널리즘의 신세계》, 한국언론재단.

DiFonzo, N., & Bordia, P. (2007), *Rumor Psychology: Social and Organizational Approaches*, Washington, DC: American Psychological Association.

Kuklinski, J. K., & Quirk, P. J. (2000), Reconsidering the rational public: Cognition, heuristics, and public opinion, in Lupia, A., McCubbins, M. D., & Popkin, S. L. (eds.), *Elements of Reason: Cognition, Choice, and the Bounds of Rationality*, 153~182, New York: Cambridge University Press.

Lewin, K. (1947), Frontiers in group dynamics II: Channels of group life; social planning and action research, *Human Relations*, 1, 143~153.

11 장

포털과 권력

유경한

이 장의 핵심

포털 사이트는 인터넷 이용자들에게 유용성과 용이성, 편의성을 제공하고 인터넷의 접근성을 높여줌으로써, 웹2.0 환경의 참여와 공유, 개방이라는 특성을 구현하는 데 긍정적 기능을 한다. 그러나 한편으로 포털 사업자는 수익을 추구하는 사업자로서 여론형성에 막대한 영향을 미치므로, 포털의 권력화 논란이 일어난다. 이러한 포털을 둘러싼 권력관계를 이해하려면 우선 미디어 상품을 정보 · 뉴스와 여타 오락적 콘텐츠 서비스로 구분해서 살펴볼 필요가 있다.

첫째, 미디어 사업자로서 포털의 권력화는 미디어 정치경제학의 상품화와 공간화, 구조화라는 개념을 통해 살펴볼 수 있다. 포털은 광고주에게 조회수와 페이지뷰로 환산된 이용자라는 상품을 판매하는데, 이 과정에서 이용자는 충분한 노동의 대가를 받지 못하고 포털의 이윤 추구에 동원됨으로써 불평등한 관계가 형성된다. 또한 포털은 지금까지 출자와 기업분할 방식으로 자회사와 계열사를 늘려 인터넷상의 부를 독점하고 독과점 시장질서를 형성하여 강력한 경제권력이 되었으며, 이용자의 의식에 관여하는 미디어권력으로서 위치를 누렸다.

둘째, 정보ㆍ뉴스 서비스와 관련하여 포털의 권력화는 의제설정이론과 공론장 개념을 통해 이해해 볼 수 있다. 포털은 큐레이션 기능을 통해 이용자들에게 특정 이슈에 주목하게 하고, 그 이슈에 대해 생각하는 방식에 영향을 미침으로써 강력한 의제설정 기능을 수행하고 여론 형성에 막대한 영향력을 행사한다.

또한, 포털은 과도한 상업화를 추구하면서 정보 제공의 공정성과 편향성, 연성화된 선정적 정보 제공 등의 논란을 일으키며 이용자들의 정보 선택권을 제한하고, 특정 이슈에 대한 공중의 참여를 제약하는 결과를 가져온다. 특히 뉴스의 경우 편집과 배열의 편향성과 연성화된 뉴스의 확산이라는 논란을 초래하며 합리적 의견 개진과 토론을 제약하고 공론장의 기능을 저하하며 결과적으로 시민의 사회참여를 제약한다는 비판을 받는다.

1. 포털 사이트, 또는 검색엔진

'포털portal'을 문자 그대로 표현하면 '관문', 또는 '입구'로서, 포털에 대한 여러 가지 정의를 종합해 보면 인터넷에 처음 접속할 때 반드시 거쳐야 하거나 적어도 최초로 들어가게 되는 사이트를 의미한다. 인터넷은 적어도 이론적으로는 100% 완전하게 개방된 공간이므로, 원하는 정보를 찾으려면 그 정보가 있는 위치를 알아야 하는데, 광활한 인터넷 공간에서 원하는 정보를 정확히 찾기란 너무나 어려운 일이다. 따라서 우리는 인터넷을 좀더 효율적으로 활용하기 위해서 어떠한 정보가 어디에 있는지 알 수 있게 도와주는 가이드가 필요한데, 이 역할을 하는 것이 바로 포털이다. 이러한 이유에서 포털은 "웹에서 사용자들이 인터넷에 접속할 때 기본적으로 통과하도록 만들어진 사이트로 사용자들이 필요로 하는 정보 또는 그에 대한 메타데이터를 종합적으로 제공하는 서비스"로 정의되고 있다(Shin, 2013).

사실 '포털'이라는 말은 우리나라에서 주로 사용되는 다소 독특한 용어이다. '포털 사이트' 혹은 '인터넷 포털'은 '웹 포털web portal'이라는 공식적 용어로 사용되기는 하지만, 이때의 웹 포털은 이메일이나 블로그, 카페, 검색엔진과 같은 다양한 정보들을 일관된 방식으로 가져올 수 있게 설계된 웹사이트로 볼 수 있다. 이와 같은 정의에 해당되는 사이트는 네이버, 다음, 네이트, 야후, 구글 등이 있으며, 구글 크롬이나 익스플로러, 파이어폭스와 같은 웹 브라우저도 여기에 포함될 수 있다.

그런데, 구글이나 야후 등은 우리에게 익숙한 '포털'이란 표현보다는 '검색엔진search engine'이라는 용어를 사용한다. 웹 포털은 일반적인 검색엔진 기능과는 달리 이메일이나 기상정보, 주식시세 등 각종 데이터베이스로부터 다양한 정보 서비스를 제공하는데, 최근에는 이러한 서비스들을 구글이나 야후와 같은 검색엔진에서도 제공하고 있으므로, '포털'과 '검색엔진' 간에 사실상 서비스의 차이가 없다고 볼 수 있다.

그럼에도 우리나라에서는 검색엔진보다 포털이라는 용어가 더 광범하게 사용되는 이유는 포털이 제공하는 서비스가 지닌 독특함 때문이라고 할 수 있다. 포털 사이트는 이용자가 찾고자 하는 정보의 유형과 성격에 따라 다양하게 존재할 수 있다. 가령, 게임, 음악, 법률, 정부 민원 등 분야별로 포털 사이트는 존재할 수 있는데, 이들을 목적 사이트destination site라고 부른다. 반면에 우리가 일반적으로 포털 사이

검색엔진(search engine)　월드와이드웹(www)상에서 검색하고자 하는 특정 정보를 체계적으로 찾을 수 있도록 설계된 소프트웨어를 의미한다. 검색엔진은 인터넷에서 사용자가 원하는 정보와 데이터를 신속하고 정확하게 찾을 수 있도록 다양한 기능을 갖추고 검색의 실행을 지원한다.

트라고 지칭하는 사이트는 일반적인 정보 모두를 취급하므로 종합 포털 사이트로 구분한다. 포털과 권력에 관해 이 장에서 다루는 포털은 목적 사이트가 아닌 종합 포털 사이트에 해당된다.

2. 포털 사이트는 왜 문제일까?

포털 사이트는 이용자들에게 긍정적 기능을 제공하기도 한다. 무엇보다 포털 사이트는 인터넷 이용자들에게 유용성과 용이성, 편의성을 제공한다. 포털 이용자들은 포털 사이트를 통해 쉽고 편리하게 정보를 검색하고 활용할 수 있어, 포털 사이트만 이용해도 인터넷상에서 원하는 목적을 대부분 달성할 수 있다(Sreenivasan, 2003). 또한, 포털 사이트에서 제공하는 다양한 상호작용 도구들을 활용하면 이용자들이 일방적 소비자가 아닌 능동적 참여자 또는 생산자로서 참여할 수 있는 폭이 넓어지고, 컴퓨터에 익숙하지 않은 초보 이용자들에게 인터넷의 접근성을 높여줌으로써, 웹2.0 환경의 참여와 공유, 개방이라는 특성을 구현하는 데에도 긍정적 기능을 한다.

　포털 사이트가 이처럼 긍정적 역할을 수행하는데, 왜 포털 사이트

웹2.0　참여와 공유, 개방이 핵심 특징인 인터넷 환경의 변화를 의미한다. 2004년 이전까지는 인터넷 환경이 데이터의 체계적 분류와 디렉토리를 통한 데이터검색 환경을 마련하는 데 초점을 맞췄다. 1990년대 후반 야후가 대표적인 서비스로서 이를 웹1.0으로 구분한다. 2004년 이후의 인터넷은 이용자가 콘텐츠를 함께 생산하고, 이를 공유하는 방향으로 변화가 일어났다. 이른바 이용자제작 콘텐츠(User-Generated Content, UGC)가 유행하면서 이용자들이 자발적으로 생산, 공유할 수 있도록 인터넷 환경을 더욱 개방적으로 운영하는 특징을 보인다. 이를 웹1.0과 구분해 웹2.0으로 지칭한다.

최근에는 웹2.0에 알고리즘과 기계학습을 통해 인터넷에 지능이 부여되면서 이전과는 달리 개인별 상황 맞춤형 미디어 서비스 환경이 조성되고 있는데, 이를 웹3.0으로 구분하기도 한다. 일부에서는 전송 속도에 따라 웹1.0과 2.0, 3.0을 구분하기도 한다.

가 권력화되었다는 비판이 계속 제기되는 것일까? 이와 관련해서 우리는 두 가지 측면에서 포털과 권력의 관계를 살펴봐야 한다. 첫째, 포털 사이트는 인터넷 서비스를 제공하는 사업자Internet Service Provider, ISP로서 수익을 극대화하는 사업화 전략을 가진 민간 사업자이다.

문제는 포털 사이트가 민간 사업자로서 판매하는 정보 상품과 서비스가 개인적 성격과 공공의 성격을 동시에 갖고 있다는 점이다. 이 때문에 포털의 전반적인 콘텐츠 서비스는 미디어 정치경제학적 논쟁을 불러일으킨다.

둘째, 포털 사이트의 영향력이 과거와는 달리 너무나 막대해졌다는 점이다. 특히 검색엔진과 콘텐츠를 모두 제공하는 종합 서비스 제공자로서 정치, 사회, 문화적 주요 현안이 발생할 때마다 여론을 형성하는 데 막대한 영향력을 행사하고 있다. 이는 주로 포털의 정보 상품 및 서비스의 판매와 관련되는 것으로서 의견과 여론 형성의 지배력이라는 저널리즘 차원의 쟁점이 제기된다. 이러한 이유로 우리는 포털과 권력을 논의할 때 정보 상품과 여타 콘텐츠 서비스를 구분해서 살펴볼 필요가 있다.

3. 포털과 권력(1): 포털 서비스

포털 사이트가 권력 논쟁에서 자유롭지 못하다는 것은 포털 사이트가 어떤 형태로든 권력을 쥐고 있고, 그 권력을 과도하게 행사한다고 받아들여진다는 의미일 것이다. 일반적으로 권력이란, 타인의 의사와 무관하게 자신의 의도를 관철하는 힘이라고 할 수 있다. 어떠한 경우에도 자신의 의도를 관철하는 데 타인의 영향을 받지 않거나 적어도 무력화할 수 있는 힘이 바로 권력의 핵심 속성이라는 사실은 변하지 않는다.

그렇다면 인터넷 서비스 사업자인 포털 사이트가 도대체 어떤 권력을 쥐고 있다는 것일까? 미디어 정치경제학이라는 학문에서는 이러한 미디어와 권력관계에 대해 주요 개념을 제시하고 연구했다.

대표적인 미디어 정치경제학자인 빈센트 모스코Vincent Mosco는 미디어 정치경제학을 "미디어를 통한 자원의 생산과 유통, 소비를 상호적으로 구성하는 사회적 관계를 연구하는 학문"으로 정의하고, 상호적으로 구성된 여러 사회적 관계 가운데 특히 권력관계에 초점을 맞춘다(Mosco, 2008). 이렇게 설명해도 권력관계라는 말은 여전히 모호하게 들린다. 권력관계는 사회적으로 다양한 층위에서 형성되는 것이므로, 미디어를 둘러싼 권력관계가 구체적으로 눈에 보이는 형태로 드러나지 않는 경우가 많기 때문이다.

경제적 측면에서 권력관계를 파악하는 가장 손쉬운 방법은 미디어 생산, 유통, 소비를 담당하는 주체들을 도식으로 표현하는 것으로, 간단하게 정리하면 〈그림 11-1〉과 같다. 이 그림을 통해 이해할 수 있는 권력관계는 ① 재화와 서비스 제공자와 소비자 간의 권력관계, ② 재화와 서비스 제공자들 간의 권력관계, ③ 전체 구조 속에서 개별 행위자들 간의 권력관계 등 3가지가 있다.

이 3가지 유형은 모스코가 미디어와 권력관계를 연구하기 위한 진입점으로 제시한 '상품화'와 '공간화', '구조화'라는 핵심 개념을 통해 조금 더 자세히 이해할 수 있다.

모스코가 제시한 첫 번째 진입점인 '상품화'는 "사용가치를 교환가치로 바꾸는 과정"을 의미한다(Mosco, 2008). 따라서 상품화는 자본주의 시스템에서 미디어 기업이 사용가치를 교환가치로 전환해 가치를 얻는 자본주의 이윤 축적의 원리와 방식을 이해하는 것이 목적이다.

그렇다면 우리는 가장 먼저 포털은 무엇을 상품화하는지 질문을 던져볼 수 있을 것이다. 이에 대해 예상할 수 있는 첫 번째 답변은 포털 사이트가 수용자에게 정보 상품을 판매한다는 것이다. 그런데 이용자들은 포털 사이트에서 정보 상품을 구매하기 위해 값을 지불하지 않는다. 물론 돈을 내고 보는 콘텐츠가 점점 늘어나고 있기는 하지만, 여전히 인터넷상에서 정보를 검색하거나 정보를 이용하는 데 돈을 내지는 않는다. 그렇다면 정보 재화나 서비스가 이용자들이 직접 돈을 내고 구매하는 상품은 아닌 것이다.

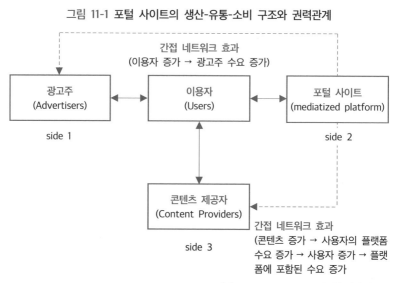

그림 11-1 포털 사이트의 생산-유통-소비 구조와 권력관계

간접 네트워크 효과
(이용자 증가 → 광고주 수요 증가)

광고주
(Advertisers)

이용자
(Users)

포털 사이트
(mediatized platform)

side 1

side 2

콘텐츠 제공자
(Content Providers)

side 3

간접 네트워크 효과
(콘텐츠 증가 → 사용자의 플랫폼
수요 증가 → 사용자 증가 → 플랫
폼에 포함된 수요 증가

출처: Van Couvering, E. (2017)를 활용하여 재구성.

그렇다면 포털은 무엇을 판매할까? 우리는 여기서 광고주-미디어-수용자라는 관계틀 안에서 포털이 지닌 미디어로서의 사업 전략에 주의를 기울일 필요가 있다. 미디어는 광고로 먹고 사는 기업이고, 광고주에게 이용자라는 상품을 판매한다. 이렇게 본다면, 포털 사이트는 이용자들의 주목을 조회수와 페이지뷰, 방문자수UV, 체류시간으로 계산하여 이를 광고주에게 판매한다고 볼 수 있다.

스마이드(Smythe, 1977)라는 미디어 정치경제학자는 이러한 원리를 '수용자 상품'이라는 개념으로 처음 제시한 바 있다. 스마이드는 미디어가 메시지를 판매한다는 것은 환상이고 본질은 메시지를 본 수용자들의 시청 행위를 시청률과 같은 지표로 환산하여 광고주에게 판매하는 것으로 보았다. 미디어 이용자들은 텔레비전 프로그램과 같은 상품을 공짜로 시청한다고 착각하지만, 실제로는 광고를 시청하는 일종의 노동 행위를 통해 상품을 구매하는 것이 된다.

포털 사이트의 경우 이용자들이 정보를 검색하고 활용하는 행위, 블로그에 글을 올리거나 댓글을 다는 생산 행위, 퍼나르기, 해시태깅과 같은 공유 행위 등 모든 이용 행위들이 조회수와 방문자수, 체류시간으로 기록되어 광고주에게 판매된다.

문제는 이러한 상품화 과정에서 포털 이용자들이 불평등한 권력관계에 놓일 수밖에 없다는 점이다. 이용자들은 참여와 개방, 공유라는 웹2.0의 가치에 호응하면서 스스로 생비자prosumer가 되어 생산된 콘텐츠에 적극적으로 의견을 표명하거나, 자신의 개인정보를 자발적으로 노출하는 '보여주기 식' 노동을 하지만, 동시에 적극적으로 정보를 제공하지 않을 경우 이러한 편의를 누릴 수 없을지도 모른다는 불안에 빠지기 때문에 기본적으로 불평등한 권력관계를 가질 수밖에 없다 (Andrejevic, 2002; Campell & Carlson, 2002).

이러한 생산-소비 행위 과정에서 이용자 개인이 수행한 노동은 충분한 대가를 보상받지 못하고, 정보를 유통하는 포털 사이트의 이윤 추구와 자본의 축적에 동원된다. 이로써 포털이라는 미디어와 이용자 간에는 불평등한 관계가 지속될 수밖에 없다(한선, 2010).

두 번째 진입점은 '공간화'이며, 이 개념은 유연한 자원으로서 시간과 공간의 변화에 관심을 기울인다. 좀더 구체적으로 설명하면 공간화는 보통 비즈니스 목적으로 발생하는 기업 간 전략적 제휴나 수직적 통합, 수평적 결합, 교차 소유와 같은 미디어 기업의 사업확장 전략을 연구하기 위해 고안된 개념이다. 미디어 정치경제학은 소유 구조를 분석하면 어떠한 미디어 상품이 생산, 유통, 소비되는지에 대해 파악할 수 있다고 보기 때문에, 전통적으로 누가 미디어를 소유하는지에 대해 관심을 가져왔다. 빈센트 모스코(Mosco, 2008)에 따르면, 공간화라는 개념에 생산 논리와 권력 논리를 동시에 포함하기 때문에 거대 미디어 기업의 소유구조를 분석하면 기업이 경제 영역, 나아가 사회 전반에 미치는 영향력을 파악할 수 있다고 본다. 즉, 미디어 기업이 지닌 경제권력의 속성을 이해할 수 있다는 것이다.

그렇다면 경제권력은 왜 문제가 될까? 규모가 큰 기업은 동원할 수 있는 자금이 풍부하고, 시장 지배력이 크므로 가격 경쟁력을 확보하기가 용이하다. 이는 공정한 경쟁을 저해하고 특정 기업의 독과점을 야기하는데, 이렇게 시장질서가 형성되면 소수의 특정 사업자가 부를 독점하고, 가격 결정권이나 서비스 제공 권한 등이 특정 기업에 종속됨으로써 소수의 대기업이 시장 전체를 비효율적으로 통제하게 될 우려가 있다.

포털 사업자는 이러한 경제권력을 쥐고 있는 것일까? 2020년 5월 1일 기준 공정거래위원회의 공시자료를 보면, 카카오는 자산 규모가 10조 원 이상인 상호출자제한 기업집단에 해당되며, 네이버의 경우도 2017년 이후로 자산 규모 5조 원 이상인 공시대상 기업집단에 지정되어 있다. 상호출자제한 기업집단이나 공시대상 기업집단은 경제력이 특정 기업에 지나치게 집중되지 않도록 내부거래나 주식 소유 등을 감시할 필요가 있다는 것을 의미하며 일단 두 포털 사업자는 이 기준에서 경제권력에 해당된다.

실제로 두 기업이 소유한 자회사는 카카오가 97개, 네이버가 43개로, 2017년 대비 불과 3년 만에 카카오는 37개, 네이버는 22개가 늘어났다. 물론 이런 수치가 경제권력화를 의미하는지에 대해서는 논란이 있다. 기술기반 기업이 자유경쟁을 저해하지 않는 한 계열사의 수나 자산 규모로 경제권력화되었다고 보는 것이 적절하지 않다는 주장도 있다. 그렇지만 한편으로는 기술과 아이디어를 가진 스타트업을 계열사로 흡수하거나 자회사로 분사하여 계열사로 편입시킴으로써 인터넷 전체의 시장 지배력을 강화한다는 비판도 제기된다.

세 번째 진입점인 '구조화'는 "구조가 인간과 상호적으로 구성되는 과정" 또는 인간 행위자가 매개작용을 함으로써 구성되는 구조를 설명하기 위해 고안된 개념이다(Mosco, 2008). 구조화는 젠더, 인종, 계급 등 여러 사회 행위자들이 조직하는 사회적 관계와 권력 작용이 포함되는 다소 광범한 사회적 관계를 다룬다. 미디어 정치경제학은 기든스의 구조화이론을 미디어 영역에 접목하여 특정 구조를 결정주의 시각으로 보는 경향을 배제하고 사회변동을 행위-구조의 상호적 관계 속에서 살펴보고자 한다. 어떠한 권력관계도 고정적으로 재생산되지 않으므로, 구조화 개념을 활용하면 다양한 포털 사이트의 상품과 서비스가 포털 이용자들의 사회적 삶과 사회적 관계에 미치는 영향을 분석할 수 있다. 따라서 미디어가 매개하는 사회 구조와 인간 행위의 상호적 구성을 출발점으로 다양한 사회적 권력관계를 이해하는 데까지 나아갈 수 있다.

일반적으로 미디어 상품과 서비스는 인간의 의식에 관여한다고 본다. 대표적으로, 독일 프랑크푸르트학파는 문화 산업이 대중의 비판의식이 형성되는 것을 가로막고 체제에 순응하게 만드는 이데올로기적 기능을 수행한다고 보았다. 비판이론이 아니더라도, 정보 상품과 서비스가 인간의 의식에 관여한다는 점에는 대체로 동의한다. 왜냐하면 인간이 정보를 소비하는 행위는 그 정보를 기초로 견해를 형성하고, 견해를 표출하는 행위와 연관되기 때문이다.

비판이론과 초기 미디어 정치경제학은 이러한 정보를 생산하는 통제주체가 정치적·경제적 **지배권력**이라고 보고 이들의 계급적·정치적 재생산을 위한 이데올로기적 영향력을 특히 강조하였다. 그러나 이후에 비판이론을 계승한 사람들은 특정 지배권력이 미디어의 정보 생산을 통제하는 것이 (여전히 막강하지만) 유일한 힘은 아니라고 판단하고, 다양한 사회적 권력관계 속에서 정보 헤게모니를 두고 벌이는 투쟁의 양상을 보는 것이 중요하다는 입장을 취했다.

구조화라는 개념은 바로 이런 맥락에서 등장했다고 볼 수 있다. 구조화 개념이 특히 유용하게 활용되는 분야가 있는데, 바로 의견을 교류하고 여론을 형성하는 과정이다. 그리고 여론의 형성과정은 이어서 다룰 주제인 '언론으로서 포털 사이트가 지닌 기능'과 밀접하게 연관되어 있다.

4. 포털과 권력(2): 포털 저널리즘

포털의 권력화와 관련된 두 번째 쟁점은 바로 뉴스 소비의 핵심 창구가 된 포털이 뉴스를 취사선택하고 그 결과를 노출하는 데 임의로 권한을 행사한다는 비판에서 비롯된다. 포털을 둘러싼 이 같은 논란은 포털 사이트가 여러 형태의 정보 가운데 가장 공신력 있는 정보 상품인 뉴스를 제공하면서부터 시작되었다. 한국에서 뉴스 서비스를 처음 제공하기 시작한 포털 사이트는 1998년 야후 코리아였고, 이후 2000년 5월과 2003년 3월에 각각 다음과 네이버가 초기 화면에 뉴스를 게시하면서 국내 포털 사이트의 뉴스 서비스가 본격적으로 시작되었다 (최홍규·최믿음·김정환, 2018).

오래전 이야기이지만, 적어도 2003년 이전까지는 포털을 통해 뉴스를 이용하는 사람들보다 언론사 홈페이지를 통해 뉴스를 소비하는 이용자들이 더 많았다. 그러나 2003년 1월 기준 포털 뉴스사이트 방문자수가 1,700만 명으로 같은 기간 1,500만 명을 기록한 종합일간지 뉴스사이트를 추월하였고, 그 격차는 2005년에는 2배 이상으로 벌어졌다(석종훈, 2004).

언론사닷컴뿐 아니라 모든 언론 매체를 통틀어 비교해도 포털을 통한 뉴스 소비의 영향력은 시간이 지날수록 점점 더 확대되었다. DMC 미디어에서 발간한 〈2018년 포털 사이트 이용행태 조사분석 보고서〉에 따르면, 인터넷 포털 사이트에서 주로 이용하는 서비스는 검색과 뉴스로 나타났고, 연령이 높을수록 뉴스 이용률이 더 높게 나타났다. 또한, '여론집중도 조사위원회'에서 2016년부터 2018년까지 3년간 뉴스 이용집중도를 조사한 결과, 포털의 뉴스 이용점유율은 지상파 TV를 추월한 것으로 드러났다. 즉, 포털을 통한 뉴스 소비가 가장 보편적인 뉴스 이용 행태가 된 것이다.

이처럼 포털 서비스에서 이루어지는 뉴스 소비가 급증하면서 포털의 뉴스 서비스에 대한 논쟁이 시작되었다. 그러니까 포털의 권력화 논쟁이 본격적으로 일어나기 시작한 것은 뉴스 시장을 장악하기 시작한 2004년을 지나면서부터라고 볼 수 있다.

포털 사업자는 뉴스를 직접 생산하지 않기 때문에 저널리즘 생산자로 볼 수는 없지만, 포털 사이트가 뉴스의 생산, 소비 환경을 새롭게 만들어감에 따라 포털을 저널리즘으로 간주해야 한다는 주장이 많아졌다. 예를 들어, 포털이 독립적인 뉴스 서비스 환경을 만들고 실질적인 저널리즘 기능을 수행한다는 의미에서 '포털 저널리즘'이라는 용어가 새롭게 등장했고(임종수, 2005), 이후 많은 언론학자들이 포털이 저널리즘 기능을 수행하는지에 관한 연구들을 수행했다. 포털 뉴스 연구들을 메타 분석한 논문을 보면 2004년 이후로 모두 79편의 논문이 이러한 쟁점을 다루었다(최홍규·최민음·김정환, 2018).

구체적으로 포털의 의제설정이나 게이트키핑과 같은 여론형성 과정에서 나타나는 언론의 영향력이나 미디어로서 포털의 기능을 다룬 연구가 가장 많았고, 포털 뉴스가 성장함에 따라 확대되는 포털의 저널리즘 영향력을 다룬 연구와 저널리즘 차원에서 포털 뉴스의 규제 필요성을 다룬 연구들이 주로 수행되었다. 즉, 많은 연구들이 포털의 서비스 가운데 여론을 형성하는 언론의 영향력에 관심을 기울였다.

포털 사이트가 저널리즘 기능을 수행하고 있다면, 여론형성 과정에 어떤 힘을 행사하는 것일까? 먼저, 여론형성 과정에서 포털이 갖고 있는 가장 큰 영향력은 의제를 설정하는 데 있다고 본다. 미디어에는 뉴스를 반복해서 보도함으로써 이용자들에게 이슈가 중요하다고 인식하도록 하는 **의제설정**agenda setting **기능**이 있다. 의제설정 기능은 미디어가 '무엇을 생각하도록 하는지'보다 '무엇에 대해 생각해야 하는지'를 의제설정(agenda setting) 의제설정에는 미디어 의제(media agenda)와 공중 의제 (public agenda)라는 두 개의 변인이 있다. 미디어 의제란 뉴스미디어가 다루는 뉴스 아이템을 의미하고, 공중 의제란 미디어 이용자들이 중요하다고 인식하고 있는 이슈가 된다. 의제설정 연구자인 매콤과 쇼(McComb & Shaw)는 1968년 대통령 선거에서 이 둘 간의 강력한 상관관계를 입증하였고, 후속 연구를 통해 미디어 의제가 공중 의제에 인과적 영향을 미친다는 연구결과를 제시했다.

의제설정은 미디어가 이용자들에게 무엇에 대해 어떻게 생각할 것인지 관점과 프레임을 제시한다는 점에서 영향력이 크다고 설명한다. 즉, 미디어가 특정한 방식으로 이용자의 인지와 정서에 동시에 관여한다는 점에서 틀짓기 효과(framing)와 점화 효과(priming)가 함께 발생하게 된다.

제시한다는 점에서 매우 큰 영향력을 행사한다고 볼 수 있다. 나아가 의제설정 연구자들은 더 나아가 미디어가 이슈보다는 이슈에 관한 속성을 제시한다는 '2단계 의제설정 기능'을 제시한다(Weaver, 2007).

이는 어떤 이슈에 대해 뉴스가 가진 관점이나 프레임을 제시하는 것이므로, 언론이 어떤 속성을 현저하게 드러내도록 함으로써 이슈를 '어떻게 생각할 것인가'에도 영향을 미친다고 본다(김경희, 2008; 정인숙, 2013).

포털의 권력화를 제기하는 입장에서는 포털이 뉴스를 유통하는 과정에서 편집, 배열하는 큐레이션 기능에 주목한다. 포털의 뉴스 큐레이션 서비스가 포털 이용자들로 하여금 특정 이슈에 주목하게 만들고 (혹은 주목하지 못하게 배제하고), 그 이슈에 대해 생각하는 방식에 영향을 미치므로 강력한 의제설정 기능을 수행한다고 지적한다.

5. 포털의 권력화(3): 포털 공론장

포털의 뉴스 서비스에 대해 처음부터 비판이 거세게 일어난 것은 아니다. 처음에는 뉴스에 달린 댓글과 다음 '아고라'와 같은 커뮤니티형 대시보드가 공론장으로서의 기능을 수행하면서 새로운 형태의 의견 교류와 이용자들의 참여가 기반이 되는 여론 형성이 가능해질 수 있다고 보았다. 댓글달기나 퍼나르기와 같은 인터넷의 상호작용성이 레거시 미디어legacy media에서 불가능했던 뉴스의 생산과 유통, 소비 과정에 이용자들의 양방향적인 참여를 증진할 것이라고 기대한 것이다(오연호, 2006). 실제로 2007년 대선 전까지만 해도 포털은 시민들이 의견을 교류하고 다양한 사회적 이슈에 목소리를 내는 참여의 공간으로 기능했다.

포털이 전통적 공론장과 달리 큰 호응을 받았던 것은 공론장으로서의 기능에 충실할 수 있었기 때문이다. 우리가 일반적으로 공론장이라 부르는 의견 교류와 표현의 공간은 비배제성, 동등성, 합리성이라는 **3가지 제도적 기준**을 충족시켜야 한다. 이러한 공론장의 기준이 포털 사이트에서 얼마나 잘 준수되었는지에 대해서는 판단이 엇갈릴 수 있으나, 적어도 초기에는 포털 사이트가 이러한 기준에 맞게 새로운 공론장으로 기능할 것이라는 기대가 높았다.

그러나 지난 10년 동안 포털 사이트의 이용자수가 급증한 것과 달리 공론장으로서의 포털은 위축되어 왔다. 대표적인 토론 공간이었던 다음 '아고라'가 2019년 1월에 서비스를 종료했고, 네이버의 '핫이슈 토론장'은 이미 2007년 대선이 끝나고 바로 서비스가 폐지되었다. 공론

공론장의 3가지 제도적 기준　공론장과 의사소통 합리성으로 널리 알려진 독일 사회학자 위르겐 하버마스는 공론장의 공통된 제도적 기준을 비배제성과 동등성, 합리성으로 제시한다. 비배제성이란 모든 사적인 개인이 공중의 일원으로 참여할 수 있어야 한다는 것이고, 동등성은 제도적 지위나 서열이 토론이나 의견 개진에 개입되면 안 된다는 것이다. 그리고 어떤 이슈든 합리적인 토론의 주제로 다뤄져야 하고, 이때 참여자들은 이성적인 언어로 토론에 참여해야 한다.

장으로서 가장 이용이 활발한 뉴스 댓글 역시 악플과 비방, 정치적 선동이라는 논란 속에 대폭 축소되거나 제한되고 있다.

이처럼 지난 10여 년간 포털의 공론장 기능이 상당히 위축된 이유는 포털의 상업화와 관련이 있다. 개방과 공유, 참여로 상징되는 인터넷 공간이 상업화되어감에 따라 긍정적인 공론장 기능보다는 상업화로 인한 **공론장의 재봉건화**라는 비판이 제기된 것이다(하버마스, 2001).

그렇다면 포털의 상업주의가 어떻게 공론장公論場의 쇠퇴를 초래했는가? 지금까지 포털의 상업화와 관련한 이슈는 크게 ① 정보 제공의 공정성, ② 정보의 편향성, ③ 정보의 연성화와 선정성으로 정리해 볼 수 있다.

첫째, 포털 사이트는 정보를 제공하고 이를 광고주와 연계하여 수익을 얻는 사업 모델을 갖고 있다. 그런데 검색 결과에 제휴사업자나 광고주와 연계된 것만 나오거나, 우선 배치된다면 정보에 접근하는 이용자들의 정보 선택권을 제한하게 되고 이는 특정 이슈에 대한 공중의 참여를 제약하는 결과를 야기할 수 있다.

둘째, 포털에서 제공하는 정보, 특히 뉴스의 경우 정보 왜곡이나 편향성으로 인해 여론이 왜곡되고 사회적 혼란이 가중될 우려가 있다. 포털 뉴스의 편집과 배열에 대한 편향성 문제는 알고리즘과 기계학습을 통해 해결을 시도하고 있지만, 정보의 편향성은 합리적 의견 개진과 토론을 제약하여 의사소통의 합리성을 저해할 수 있다는 점에서 공론장의 기능을 저하하는 요인이 된다.

셋째, 이와 유사하게 포털이 제공하는 뉴스는 알고리즘에 의한 이용자 선호를 반영하고 있어 연예, 스포츠와 같은 연성화된 뉴스의 비중이 증가할 수밖에 없다. 그에 반해, 정치사회적인 토론과 견해의 형성이 필요한 주제는 비중이 줄어들 수밖에 없다. 이는 포털의 정보 제공이 알고리즘에 의한 자동화 방식으로 이뤄진다 해도, 숙의熟議가 필요한 의제의 비중이 축소되고 흥미와 오락적 내용의 비중이 증가한다는 것은 토론거리보다 구경거리가 늘어난다는 의미이므로, 이용자들이 시민으로서 합리적 토론에 참여하기보다 오락을 즐기는 구경꾼으로 전락할 가능성이 높아진다.

특히 포털 사이트는 효율적 정보검색을 지원하는 역할을 하기도 하지만, 검색 서비스는 광고수익과 직결되고, 그 밖의 서비스들, 가령 4C(커뮤니티, 콘텐츠, 커머스, 커넥션)로 대표되는 커뮤니티와 엔터테인먼트 서비스를 제공함으로써 이용자들을 포털 사이트에 오랫동안 머무르게 하도록 유인하여 기업의 사적 이익을 추구하는 데 몰두하고, 공공의 책임을 수행하는 데는 소극적인 모습을 보인다(한선, 2010). 이 때문에 포털 사이트는 상업권력으로서 공론장의 기능을 저하하고 결과적으로 시민의 사회참여를 제약한다는 비판을 받는다.

6. 종합 및 요약

포털과 권력관계를 이해하기 위해 지금까지 크게 미디어 서비스 제공자로, 정보 제공자, 공론장으로서의 포털이라는 3가지 측면을 살펴보았다. 그리고 이 3가지 측면의 이해를 돕기 위한 핵심 개념으로 미디어 정치경제학과 저널리즘, 공론장의 주요 이슈를 살펴보았다. 지금까지의 내용을 간추리면 〈표 11-1〉과 같다.

미디어 정치경제학 측면에서 포털은 광고주에게 이용자 상품을 판매하는 과정에서 이용자의 자발적 참여행위를 이윤추구에 동원함으로써 이용자를 상품으로 판매하는 양면시장의 수익을 독점함으로써 강력한 경제권력으로서 입지를 구축해왔음을 알 수 있다. 포털의 이러한 수익화 전략은 양면시장이라는 플랫폼 경제의 특성으로 정당화된다. 그래서인지 포털 사업자는 스스로를 '포털'보다는 '플랫폼' 사업자로 규정하고자 한다. 그러나 포털이든 플랫폼이든 기본적으로 정보상품과 서비스를 판매하기 위해 이용자를 확보하고 이들을 계속 포털에 머무르게 함으로써 경제적 이윤을 추구한다. 그런데 정보라는 재화는 사적인 동시에 공적인 속성도 있으므로, 정보재화 및 서비스와 관계

표 11-1 포털과 권력관계의 주요 내용

	미디어 정치경제학	저널리즘	공론장
주요 개념	상품화, 공간화, 구조화	의제설정	비배제성, 동등성, 합리성
주요 상품/ 서비스	미디어 상품/서비스	정보/뉴스	정보/뉴스/이용자 의견
포털의 권력	경제권력	미디어권력	미디어권력
권력관계	광고주-미디어- 이용자	(정치/경제)-미디어- 이용자	(정치/경제)-미디어- 이용자
주요 내용	시장독점 이용자와 불평등한 경제관계	의제설정을 통해 여론 형성에 영향력 행사	시민 참여를 제약하고 과도한 상업화 추구

된 다양한 행위를 단순히 경제적 측면에서만 이해할 수는 없다. 이 장에서는 이러한 다양한 행위의 정치사회적 측면을 미디어 정치경제학, 그중에서도 특히 구조화라는 개념을 통해 살펴보았다. 따라서 구조화 개념은 저널리즘, 공론장 차원의 포털과 권력관계를 이해하는 핵심 연결고리가 된다.

또한, 저널리즘과 공론장의 주요 개념을 통해 포털은 뉴스의 배열과 노출 등 큐레이션과 편집을 통해 강력한 의제설정 기능을 수행하고, 이를 통해 막대한 여론영향력을 행사하는 미디어 권력이 되었다는 점을 이해할 수 있었다. 포털이 의도적으로 특정 정파적 이익을 대변하지는 않겠지만, 상업화가 과도해지면서 이용자에게 필요한 정보보다 선호하는 정보를 위주로 제공하게 됨으로써 이용자 정보 선택권을 제한하게 되고, 주요 사회적 의제에 관한 시민적 참여를 제약하는 결과를 가져온다.

포털은 이용자에게 유용성과 편의성을 제공하는 긍정적인 기능을 수행한다. 그렇지만 포털은 재화와 서비스를 독점하는 강력한 경제권력인 동시에 이용자 의식과 여론에 영향력을 행사하는 막대한 미디어 권력으로서 이중적 지위를 누리고 있으므로, 포털의 기능과 영향력에 대한 종합적인 이해와 평가가 필요하다.

예상 출제문제

1. 앞으로의 미디어 환경은 지능정보기술이 결합된 지능화 미디어가 주도하는 웹3.0시대이다. 향후 미디어 환경에서 포털을 둘러싼 권력관계는 어떠한 변화가 일어나게 될 것인지 이 장에서 정리한 포털과 권력관계의 3가지 측면을 중심으로 전망해 보자.

더 보기

강준만 (2019), 《한국언론사》, 인물과사상사.

위르겐 하버마스 저, 한승완 역 (2001), 《공론장의 구조변동: 부르주아 사회의
한 범주에 관한 연구》, 나남.

임종수 외 (2020), 《저널리즘 모포시스: 21세기 저널리즘 형태변이를 위한 진
단과 제안》, 팬덤북스.

Mosco, V. (2009), *The Political Economy of Communication*, 2nd Edition,
Sage.

Smythe, D. W. (1977), Communications: blindspot of western Marxism,
Canadian Journal of Political and Social Theory, 1(3), 1~27.

참고문헌

김경희 (2008), 포털 뉴스의 의제설정과 뉴스가치, 〈한국언론학보〉, 52(3), 28~52.

석종훈 (2004), 뉴스 포털사이트의 파급력, 〈관훈저널〉, 45(2), 34~42

오연호 (2006), 상호작용성의 두 차원과 인터넷저널리스트의 변천, 〈커뮤니케
이션이론〉, 2(2), 104~149.

임종수 (2005), 포털 미디어 재매개에서의 뉴스 소비: 하나의 탐색적 연구,
〈한국방송학보〉, 19(2), 8~45.

정인숙 (2013), 《커뮤니케이션 핵심이론》, 커뮤니케이션북스.

최홍규·최믿음·김정환 (2018), 포털 뉴스 연구에 대한 메타분석, 〈정보사회
와 미디어〉, 19(2), 223~248.

한 선 (2010), 네이버의 포털 시장 내 구조변화와 사회적 함의, 〈한국언론학
보〉, 54(1), 107~127.

Andrejevic, M. (2002), The work of being watched: Interactive media and
exploitation of Self-disclosure, *Critical Studies in Media Communi-
cation*, 19(2), 230~248.

Campell, E. J., & Carlson, M. (2002), Panopticon.com: Online surveil-
lance and commodification of privacy, *Journal of Broadcasting &*

Electronic Media, 46(4), 586~606.

Mosco, V. (2009), *The Political Economy of Communication* 2nd Edition, SAGE.

Shin, D. (2013), User experience in social commerce: In friends we trust, *Behavior and Information Technology,* 32(1), 52~67.

Smythe, D. W. (1977), Communications: blindspot of western Marxism, *Canadian Journal of Political and Social Theory,* 1(3), 1~27.

Van Couvering, E. (2017), The Political Economy of New Media Revisited, In *Proceedings of the 50th Hawaii International Conference on System Sciences.*

Weaver, D. H. (2007), Thoughts on agenda setting, framing, and priming, *Journal of communication,* 57(1), 142~147.

4부

정보사회와 자본

정보사회의 소비와 사회적 배태성

12 장

박찬웅

이 장의 핵심

온라인 시장은 정보사회의 등장으로 전통적인 오프라인 시장과 대등한 대표적 유형의 시장으로 성장했다. 온라인 시장에서는 정보기술과 운송통신기술의 활용으로 비대면 거래와 같이 거래의 시공간적 제약이 줄어들고, 소비자는 온라인 공간을 통해 자신의 정체성과 사회적 지위를 나타내려는 경향이 나타난다. 또한 온라인 시장은 품질에 대한 불확실성과 판매자의 기회주의적 행동이 일어날 가능성이 대면관계를 통해 이루어지는 오프라인 시장에 비해 높아 심각한 문제가 되기도 한다.

이런 불확실성에 대한 대응 방안으로 온라인 시장의 판매자와 구매자는 시장 내에서 사회적 관계를 형성하고 사회적 평판, 신뢰와 같은 사회적 관계를 활용하는 '배태성' 전략을 사용한다. 배태성 전략은 대면관계가 아닌 가상의 공간에서도 단순히 가격이나 상품에 대한 객관적 정보만을 근거로 거래를 맺는 대신, 반복 거래를 통해 단골관계를 맺으면서 신뢰를 형성하거나 거래 경험자들이 부여하는 평판에 근거하여 구매 결정을 함으로써 판매자의 기회주의적 성향에 대응하는 것이다.

1. 정보사회의 소비와 온라인 시장

시장 혹은 경제 영역은 정보사회information society에 대한 논의에서 가장
주목받는 영역이라고 할 수 있다. 정보사회의 핵심은 개인이나 조직
이 다양한 정보기술을 활용하여 필요한 정보를 수집하고 해석하며 이
를 바탕으로 의사를 결정하는 것이라고 할 수 있다. 정보사회의 이런
특성은 경제적 교환이 이루어지는 시장에서 가장 잘 드러난다. 정보
사회에서 경제적 교환과 거래는 판매자와 구매자 모두 정보기술을 통
해 정보를 제공하고, 수집하며, 해석하는 경향이 증가한다는 점에서
전통적 의미의 시장과 경제적 교환의 성격을 바꿔 놓았다고 할 수 있
다. 이에 사회과학자들은 오프라인 시장과 구분해서 온라인 시장의
중요성에 대해 논의해 왔고, 온라인 시장의 등장으로 우리의 경제생
활이 근본적으로 바뀔 것이라고 주장했다(Shapiro & Varian, 1999;
Tapscott, 1996).

온라인 시장은 1990년대 이후 우리 사회뿐 아니라 전 세계에서 폭
발적으로 성장했다. 온라인 시장의 한 유형인 국내 온라인 쇼핑몰의
경우, 2019년 현재 86조 6천억 원 규모이고, 2020년 신종 코로나 바
이러스로 인한 온라인 시장 활용도의 증가는 2020년 상반기에만 거래
규모가 101조 8천억 원을 달성하는 결과로 이어졌다(〈국민일보〉,
2020. 10. 15). 미국의 경우 2020년 2분기 동안 온라인 시장을 통한 개
인구매의 규모는 2,115억 달러로 나타났다(U. S. Department of
Commerce, 2020).

2. 온라인 시장의 특성

전 세계적으로 폭발적인 온라인 시장의 성장 배경에는 어떤 요인이 작동하고 있을까? 첫째로, 온라인 시장에서 제공하는 정보기술은 다양한 상품에 대한 검색 및 수집을 가능하게 했고, 특히 전통적 시장과 달리 정보탐색의 범위에 대한 시공간의 제약을 혁신적으로 줄였으며, 판매자와 구매자는 더 이상 동일한 시공간에 있어야 할 필요가 줄었다. 이에 따라 경제적 교환에 대해 제공되는 정보가 증가하고 거래의 시공간적 제약이 감소하면서 온라인 시장은 폭발적으로 성장했다.

둘째로, 온라인 시장에서 소비자는 단지 상품을 구입하는 것뿐 아니라 자신의 소비를 다른 사람들에게 알리고 이를 통해 정체성과 사회적 지위를 형성하는 경향이 나타났다(Frenzen et al., 1994). 구체적으로, 최근 상품 구매자들이 자신이 구입한 것을 다양한 SNS를 통해 지속적으로 알리는 경향이 나타났고, 이런 온라인 소비는 베블렌(Veblen, 1994)이 제시한 '과시적 소비' 현상과 같이 자신의 지위를 나타내기 위한 소비 형태를 급속히 증가시켰다. 이에 따라 제조기업과 판매자는 단순한 상품의 품질과 가격 경쟁을 넘어 상품이 제공하는 이미지 혹은 사회적 지위를 통한 경쟁에 초점을 맞췄다(Podolny, 1993 · 1994). 그 결과 정보사회에서는 소비를 통해 자신의 정체성과 지위를 만들어가는 경향이 중요하게 부각되었다. 이렇게 소비를 통해 사회적 지위를 형성하고자 하는 경향은 온라인 시장의 성장으로 이어졌다.

온라인 시장이 경제적 거래의 시공간적 제약을 줄이고, 소비와 사회적 지위 간 연계가 강화되면서 시장 내 경쟁이 전 지구적으로 확산되는 결과로 이어졌다. 예를 들어, 미국 대형 쇼핑몰의 연례 할인행사인 '블랙 프라이데이'는 미국 내 소비자뿐 아니라 국내 소비자들도 대규모로 구매하는 행사가 되었다. 이렇게 시공간적 제약이 감소한 결과는 온라인 시장은 물론 전통적 오프라인 시장에 참여하는 판매자 간 경쟁을 비약적으로 증가시켰다.

이에 따라 최근 다양한 유형의 상품을 판매하는 시장에서는, 휴대폰 시장의 사례로 알 수 있듯이, 소수의 판매자가 압도적으로 높은 시장 점유율을 보이는 '승자 독점' 현상이 강화되고 있다. 이처럼 온라인 시장의 등장에 따른 경쟁 격화는 소수의 상위 판매자가 시장 점유율을 독점하면서 경제적 불평등 수준을 전반적으로 상승시키는 경향이 있다.

정보기술을 활용해 상품에 대한 다양한 정보를 제공하고 또한 거래의 시공간적 제약을 줄일 수 있다는 점에서 온라인 시장은 기존의 상거래보다 경제학자들이 말하는 고전적 시장에 더 가깝다고 할 수 있다. 정보기술의 발전과 보편적 확산이 이루어진다면 수많은 개인이 시간, 장소의 제한 없이 자신이 사거나 팔기를 원하는 상품에 대한 정보를 손쉽게 구할 수 있고 전 세계인을 대상으로 거래가 가능하다는 점에서 애덤 스미스Adam Smith가 말하는 이상적 시장에 가깝게 접근했다고 할 수 있다. 그렇다면 온라인 시장은 전통적 시장과 어떤 점에서 다른가?

3. 온라인 시장의 불확실성

온라인 시장이 등장하면서 제기된 질문은 정보기술을 통해 시장 전체와 시장에서 거래되는 상품에 대한 다양한 정보를 실시간으로 전달함으로써 판매자와 구매자 모두에게 시장 불확실성을 줄이고 고전경제학자들이 말하는 이상적 시장, 즉 가격을 통한 완전 경쟁이 가능해질 것인가 하는 점이다(박찬웅, 2003).

온라인 시장에서 우리는 원하는 상품을 검색하면 그 특성과 가격에 대한 정보를 언제 어디에서나 쉽게 구할 수 있다. 특히 상품 가격은 가장 쉽게 얻을 수 있는 정보가 되었다. 이렇게 상품 가격을 구매자들이 쉽게 파악할 수 있다면, 같은 상품의 가격 차이가 더 이상 존재하지 않을 것인가?

예를 들어 동일한 전자제품 혹은 동일한 작가의 책을 새 상품으로 거래하는 온라인 시장에서는 가격 차이가 사라질 것인가 하는 점이다. 누구나 같은 상품에 더 많은 가격을 지불하길 원하지 않는다. 이를 판매자도 알고 있다면 온라인상에서 확인되는 것보다 더 높은 가격을 제시하기 어려울 것이고, 이에 따라 동일한 상품에 대한 가격 분산성price dispersion은 사라질 것이라고 예측할 수 있지 않을까?

경제학자들은 온라인 시장의 가격 검색 기능으로 가격 분산성은 줄어들거나 소멸할 것이라고 주장했다(Tapscott, 1996). 그렇다면 가격 분산성은 사라졌을까? 현재 온라인 시장을 검색해 보면 중고 상품은 물론이고 책과 같은 신상품 역시 다양한 가격으로 판매되고 있다. 상품의 품질이 상대적으로 표준화되어 있는 신상품들에 여전히 가격분산성이 존재하는 이유는 무엇일까? 이에 대한 답변은 온라인 시장 역시 시장 참여자들이 구매하는 과정에서 불확실성uncertainty의 문제를 경험한다는 점에서 찾을 수 있다(Kocak, 2002; Kollock, 1999). 즉, 상품의 품질에 대한 다양한 측면의 정보들을 구매자들이 쉽게 파악할 수 없고, 이에 따라 판매자와 구매자 간 정보비대칭성이 발생하며, 이런 정보격차를 이용해서 자신의 경제적 이해를 실현하려는 기회주의적 행동의 가능성이 존재함으로써 온라인 시장에서도 불확실성이 존재한다(박찬웅, 1999·2003).

최근 기사에 의하면 온라인 거래에서 구매한 위조 상품에 대한 신고가 급증하고 있는데, 2019년 1월과 8월 사이에 4,194건이었던 위조 상품 신고가 2020년 같은 기간에 1만 2,767건으로 늘었다(〈국민일보〉, 2020.10.15).

온라인 거래를 해본 사람이라면 위조 상품의 문제뿐 아니라 판매자가 제시한 상품의 품질, 포장 및 배송 시기와 방법, 환불 조건, 그리고 제조품의 경우 보증 수리 등의 문제를 생각해 본 경험이 있을 것이다. 이런 다양한 불확실성의 문제는 판매자와 구매자 모두에게 이를 해결하기 위한 방안을 모색하도록 했고, 그중 한 가지 결과는 겉으로는 같은 품질이라도 다양한 불확실성을 줄일 수 있는 방안을 제시한 상품이 그렇지 않은 상품보다 더 높은 가격으로 거래되는 현상으로 이어졌다.

예를 들어 구매자가 상품의 품질에 만족하지 않는다면 환불해주는 조건을 제시하거나, 반품 시 무료 배송을 제공하는 경우를 생각해 볼 수 있다. 또한 같은 상품을 제공하는 판매자라도 온라인 공간에서 해당 판매자의 평판이 높은 경우, 그렇지 않은 경우보다 더 높은 가격을 제시하더라도 판매가 이루어지는 경우를 생각해 볼 수 있다.

거래되는 상품 혹은 서비스와 판매자에 대한 불확실성의 문제는 온라인 시장에서 대면 거래를 하지 않는다는 이유로 설명할 수 없다. 시장에 대한 사회학적 접근을 제공하는 경제사회학의 핵심 논의는 거래에 대한 모든 정보가 공개되어 있다는 고전경제학의 주장과 달리 온라인 시장을 포함해 존재하는 모든 시장에는 다양한 유형과 수준의 불확실성이 존재한다고 주장한다. 경제사회학자들은 이런 불확실성에 대응하기 위해 거래 참여자들이 참여자 간 사회적 관계, 평판, 지위, 그리고 사회적 규범과 공식·비공식적 사회 제도를 활용한다고 주장한다. 경제사회학에서 말하는 시장의 '사회적 배태성'은 온라인에서나 오프라인에서나 시장이 존재하기 위해서는 거래의 불확실성에 대응하기 위해 시장이 사회적 관계와 제도에서 분리된 공간이 아니라 사회적 관계를 통해 구성되어야 한다는 개념이다(Granovetter, 1985; Podolny, 1993·1994).

그렇다면 시장의 불확실성을 줄이기 위해 온라인 시장에서 판매자와 구매자는 어떤 전략을 실시하고 있고, 이는 온라인 시장에 어떤 특성을 가져왔는가? 다음 절에서는 사회자본이라는 개념으로 이를 설명하고자 한다.

4. 시장과 사회자본

사회자본이란 무엇인가? 콜먼에 의하면 사회자본이란 "한 개인이 그 안에 참여함으로써 특정한 행동을 하는 것을 가능하게 만들어 주는 사회 구조 혹은 사회적 관계의 한 측면"이다(Coleman, 1990·2000). 다시 말해서 사회자본이란 한 개인에게는 없지만 그 개인이 참여하는 사회적 관계를 통하여 다른 사람들이 가지고 있는 자원을 동원할 수 있는 능력을 말한다.

콜먼은 사회자본을 경제자본이나 인간자본과 구별되는 새로운 유형의 자본으로 제시한다. 사회자본은 생산적이라는 점에서 자본이라고 할 수 있다. 즉, 그것을 가진 사람에게 그것이 없을 때 하지 못했던 새로운 활동을 가능하게 하고 새로운 목표를 성취할 수 있도록 한다. 이 점에서 사회자본은 다른 유형의 자본들과 자본으로서의 특징을 공유한다.

그렇지만 사회자본은 몇 가지 중요한 측면에서 다른 유형의 자본과 구별된다. 첫째, 사회자본은 사회적이다. 여기서 '사회'라는 용어는 사회자본이 사회 구조의 특정한 측면을 내용으로 하고 그 사회 구조에 참여하는 행위자에게 특정 행위를 가능하게 한다는 점을 지칭한다. 예를 들어 규범, 조직, 권위관계, 권리와 의무관계 등은 모두 사회 구조의 한 측면을 가리킨다. 따라서 사회자본은 다른 자본들과는 달리 개인이나 물리적 생산시설에 존재하는 것이 아니라 사회적 관계 내에 존재한다는 특징이 있다.

〈그림 12-1〉에서 인간자본은 각 꼭짓점으로 나타나는 A, B, C 행

위자의 개인적 속성이라고 할 수 있고, 반면에 사회자본은 A와 B, B와 C, C와 A를 잇는 삼각형의 선, 즉 사회적 관계라고 할 수 있다.

둘째, 경제자본은 가장 구체적으로 관찰 가능한 반면에 인간자본에서 사회자본으로 갈수록 직접 관찰은 힘들어진다.

셋째, 사회자본은 선별적으로 교환 가능하다. 즉, 한 종류의 목적이나 행위를 촉진하는 사회자본이 다른 종류의 목적이나 행위에는 부적절할 수 있다. 예를 들어 위계규범은 군대 조직에서는 효과적인 사회자본일 수 있으나 친구 집단 등에서는 관련 없을 뿐 아니라 관계 자체를 저해할 수 있다는 것이다.

넷째, 사회자본은 도덕적 자원이다. 즉, 사회자본은 사용하면 할수록 늘어난다. 예를 들어 상호 협동의 규범은 많은 사람에게 자주 작용할수록 없어지는 것이 아니라 그 혜택을 통하여 늘어날 수 있다.

사회자본의 가장 대표적 유형은 신뢰이다. 신뢰란 "한 행위자가 위험을 무릅쓰고 다른 행위자가 자신의 기대 혹은 이해에 맞도록 행동할 것이라는 주관적 기대이다"(Gambetta, 1988). 신뢰는 사회적 관계를

그림 12-1 인간자본과 사회자본

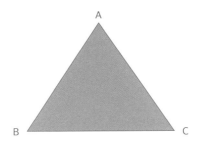

출처: Coleman (1990), 190.

전제로 하고, 그 관계 속에서 존재하며, 신뢰를 바탕으로 관련 행위자들은 협동할 수 있고, 감시와 통제 비용을 줄일 수 있다는 점에서 사회자본의 전형적 예라고 할 수 있다. 사회자본으로서의 행위자 간 신뢰는 시장에서의 잠재적 거래 행위자 간에 발생하는 다양한 유형의 비용을 낮추는 요인으로 작용함으로써 경제 행위의 발생을 촉진하고 유지하는 효과가 있다.

사회자본으로서의 신뢰는 경제 거래에 어떤 영향을 미치는가(박찬웅, 2000·2006·2010)? 디마지오와 라우치(DiMaggio & Louch, 1998)에 따르면 신뢰는 경제 거래를 가능하게 하는 기반이 될 뿐 아니라 시장 거래의 대안이 될 수 있다. 이들은 1996년 미국에서 실시된 〈일반 사회조사〉 결과를 토대로 사람들이 자동차, 주택, 가구를 사거나 집 수리공, 변호사를 구할 때 자신들의 사회적 연결망을 활용하는 정도를 분석하였다. 분석결과에 따르면, 사람들은 예상보다 높은 정도로 시장보다는 사회적 연결망을 통해서 상품에 대한 정보를 구하거나 상품을 구입했다. 상품의 질에 대한 불확실성이 높고 구매횟수가 낮을수록 사람들이 연결망을 활용하는 정도가 높았는데, 이는 사회적 연결망 내의 행위자 간 신뢰를 통해서 이러한 불확실성과 관련된 비용을 줄이고자 하기 때문이라고 분석했다. 또한 사회적 연결망을 통해 상품이나 서비스를 구입한 사람들은 그렇지 않은 사람들에 비해서 가격이나 품질에 대해 더 높은 수준의 만족감을 나타냈고, 이는 신뢰가 경제적으로 효율적인 자원 배분 메커니즘일 수 있다는 것을 보여준다.

프렌젠과 데이비스(Frenzen & Davis, 1990)의 연구는 사회자본이 시장에서 거래 가능성과 거래 결과에 직접적 영향을 준다는 것을 보여준다. 이들은 행위자 간의 사회적 연결망과 사회자본이 거래에 어떤 영향을 미치는지를 보여주기 위해 홈파티 판매 방식을 조사했다. 홈파티 방식의 전형적인 예는 '암웨이'이다. 이 회사는 각 지역에 있는 주부들을 동원하고, 이 주부들은 호스트로서 자신의 집으로 다른 주부들을 동원하여 상품을 홍보하고 판매한다. 호스트 역할을 하는 주부는 판매되는 상품 매출액의 일정 비율을 보상으로 받게 된다. 프렌젠과 데이비스의 연구는 이러한 홈파티 방식에서 호스트와 구매자 간 사회자본의 수준이 구매 결정과 구매액 수준에 큰 영향을 미친다는 것을 보여준다.

이와 같이 시장에 대한 경제사회학 분야의 연구들은 시장의 불확실성을 줄이기 위한 방안으로 시장 참여자들이 사회적 관계와 이를 통해 축적한 사회자본을 활용한다는 점을 제시했다. 그렇다면 대면관계를 전제로 하지 않는 온라인 시장의 경우에도 사회적 관계와 사회자본은 중요할 것인가? 다음 절에서는 온라인 시장에서 대면관계에 기반을 두지 않더라도 참여자 간의 사회자본이 불확실성에 대응하기 위한 중요한 방안으로 활용된다는 점을 설명하고자 한다.

5. 온라인 시장과 사회자본

판매자와 구매자 간에 상품에 대한 '정보 비대칭성'이 존재하고, 이를 자신에게 유리하도록 사용하려는 기회주의 성향은 신뢰가 온라인 시장의 형성과 유지에서 핵심적임을 보여준다(Brynjolfsson & Smith,

2000). 그러나 대면관계가 가능하지 않은 온라인 공간에서도 사회자본 형성이 가능할까? 가상공간에서 경제적 거래가 이루어지는 온라인 시장에서 사회자본이나 신뢰는 가능한가?

웰먼(Wellman, 1999), 웰먼과 굴리아(Wellman & Gulia, 1999)의 연구는 가상공간에서 사람들이 어떤 사회적 관계를 형성하고, 그런 사회적 관계들이 사회공동체로 기능하는지를 분석했다. 이들의 연구에 따르면 가상공간에서도 사람들은 사회자본을 만들고, 동원하며, 유지한다. 즉, 가상공간은 기존 공동체와 큰 차이가 없다는 것이다. 이 연구는 전통공간과 가상공간의 중요한 차이는 자원의 유형이나 사람들 간의 사회적 관계의 구조적 특성이 아니라 사회자본을 공유하는 사람들의 특성이라고 주장한다. 즉, 기존 공동체에서 사회자본을 공유하는 사람들은 지리적 공간이나 사회적 속성을 공유하는 사람들이지만(가족, 친척, 이웃, 직장동료), 가상공간에서는 이해나 관심을 공유하는 사람들이라는 것이다.

온라인 시장에서 사회자본의 가능성에도 불구하고, 온라인 시장의 불확실성과 이에 대한 방안으로 사회자본을 분석하는 사회학적 연구들은 아직 많지 않다. 하지만 온라인 시장에서 사회적 관계의 특성이 거래 성과에 어떤 영향을 미치는지를 분석하여 온라인 시장의 불확실성과 그 영향을 이해하는 데 중요한 방향을 제시하는 연구들이 있다.

콜록(Kollock, 1994·1999)은 온라인 시장과 신뢰에 대한 글에서 온라인 시장의 유형을 정리하고, 온라인 시장의 가장 중요한 문제가 기회주의적 행동이라고 논의했다. 이러한 기회주의적 행동을 막고 거래 행위자 간의 신뢰를 향상시키기 위한 방안으로 콜록은 긍정적 평판과 부정적 평판을 제안한다. 즉, 온라인 시장은 인터넷이라는 기술 매체의 특성상 정보 분배비용이 적다는 점을 활용하여 신뢰할 수 있는 거래 행위자들과 신뢰할 수 없는 거래 행위자들에 대한 정보를 퍼뜨림으로써 기회주의적 행동을 억제하고 시장 전체의 사회자본과 신뢰의 수준을 향상시킬 수 있다는 것이다.

콜록에 따르면, 이베이와 같이 조직화된 온라인 경매시장에서 사용하는 거래자의 '신용 점수' 역시 이처럼 평판을 활용하여 시장의 신뢰 수준을 향상시키고 이를 통해 시장 자체를 활성화하는 방안이다. 그러나 콜록의 연구는 주로 이론적 논의에 그쳤고, 구체적인 경험적 데이터를 분석하지 않았다.

스탠디퍼드(Standifird, 2001)의 연구는 온라인 시장에서 사회적 평판이 거래 결과에 어떻게 영향을 미치는지를 경험적으로 보여준다. 그는 이베이의 거래 결과에 따라 거래 행위자에게 부여되는 긍정적 평판 점수와 부정적 평판 점수가 이후 거래 가격에 미치는 영향을 분석하였다. 연구결과에 따르면, 두 유형의 평판 점수가 모두 거래 결과에 영향을 미치지만, 긍정적 평판이 거래 가격을 높이는 것보다, 부정적 평판이 거래 가격을 낮추는 영향이 더 큰 것으로 나타났다.

이 연구는 불확실성이 높은 온라인 시장에서 거래 행위자의 사회적 평판이 구매자들에게 중요한 정보로 작동한다는 것을 보여준다. 또한 이는 단순히 상품의 객관적 특성이나 품질과 가격 이외에 사회적 평판과 같이 거래자의 사회적 관계 내 위치가 거래 성과에 중요한 영향을 준다는 것을 제시한다.

초기 온라인 시장이 신제품 거래를 중심으로 성장했다면, 최근에는 개인 간 중고품의 거래 비중이 커지고 있다. 중고품은 신제품에 비해 상품 품질에 대한 불확실성 수준이 높기 때문에 정보 비대칭성과 기회주의적 행동이 나타날 가능성이 크다. 그런데 이런 시장들은 대부분 개인 간 거래를 감시, 규제하는 조직이 없다. 해당 사이트를 제공하는 조직은 단지 직거래 장소로써 사이트 게시판을 제공할 뿐이고, 거래에서 발생할 수 있는 사기나 분쟁은 전적으로 거래 당사자들이 책임져야 하는 경우가 흔하다. 이 시장에서는 이미 신품을 다루는 시장에서 유통되지 않은 상품을 다루는 경우도 많기 때문에 가격에 대한 객관적 기준이 없고, 성능 면에서도 상품별 차이가 크다.

요약하면, 온라인 중고시장은 ① 제도적 보호 장치가 상대적으로 부족하고, ② 상품의 성능, 품질, 상태, 그리고 가격 면에서 동일 모델이라도 개별상품 간 차이가 크고, ③ 거래 행위자에 대한 정보가 제한적인 개인 간 온라인 중고 시장은 상대적으로 불확실성 문제가 큰 시장 유형이라고 할 수 있다.

그렇다면 온라인 중고 시장은 어떻게 운영되고 있고, 시장 참여자들은 불확실성의 문제에 어떻게 대응하는가? 또한 그런 대응 방안들은 거래 성과에 어떤 영향을 미치는가? 오디오기기를 거래하는 온라인 중고시장에 대한 연구에 따르면 거래자들은 기회주의적 행동으로 인한 피해를 줄이기 위해 다양한 전략을 시도하는 것으로 나타났다(박찬웅, 2003). 자신의 고유한 아이콘을 만들어 지속적으로 사용함으로써 시장 내에서 정체성을 형성하고 이를 통해 잠재적 거래 대상자들에게 신뢰를 주고자 한다. 이 외에 자신의 전화번호를 언급하고, 거래 상품의 사진과 기술적 특성 등을 사용함으로써 상품과 판매자에 대한 불확실성을 줄이고 이를 통해 거래 성사 가능성을 향상시키고자 한다.

온라인 시장 내 거래 성과에 영향을 미치는 요인들에 대한 분석 결과는 상품과 판매자에 대한 추가적인 정보를 제공하거나, 판매자와 다른 시장 참여자 간 사회적 상호작용의 수준이 높을수록 거래가 성공할 가능성이 높은 것으로 나타났다. 이런 결과는 오프라인 시장뿐 아니라 대면 거래를 하지 않는 온라인 시장에서도 사회자본과 신뢰는 가능할 뿐 아니라, 판매자와 구매자의 거래 성과에 중요한 영향을 주는 것을 알 수 있다.

6. 온라인 시장의 미래

인터넷이 보급되면서 본격적으로 논의되기 시작한 정보사회가 가장 빠른 속도로 성장한 영역은 경제 영역, 특히 경제적 교환의 장소로서 온라인 시장이다. 2020년 전 세계를 강타한 신종 코로나 바이러스라는 전 지구적 전염병은 온라인 시장의 규모를 폭발적으로 성장시키고 있다. 이에 따라 온라인 시장은 상대적으로 표준적인 상품을 거래하는 데서 벗어나 중고 상품은 물론 서비스 분야까지 폭넓게 확대됐다.

신종 코로나 바이러스로 인한 대면적 상호작용의 제약이 없어지더라도 경제 영역으로서 정보 공간의 중요성은 줄어들지 않을 전망이다. 이는 온라인 시장이 전통적인 오프라인 시장과 달리 경제적 교환의 장소 이상의 의미가 있기 때문이다. 정보사회에서 온라인 공간의 의미는 판매자와 구매자가 서로를 찾고 거래하는 장소일 뿐 아니라, 구매자는 서로의 구매 경험과 소비 과정을 다른 사람들과 공유함으로써 자신의 정체성과 지위를 형성하고 보여주는 공간이 되었다. 이에 따라 앞으로 온라인 시장에 참여하는 기업들과 이들의 상품과 서비스를 판매하는 판매자들에게 시장의 경쟁은 단순한 품질과 가격의 차원을 넘어서게 될 것이다. 즉, 자신들이 판매하는 상품의 소비를 통해 구매자들의 사회적 지위를 형성하고 유지하는 데 어떻게 기여하는가라는 점이 중요해질 전망이다.

베블렌의 논의처럼 자본주의사회의 시장에서는 이런 소비와 사회적 지위 간의 연계가 항상 존재했지만, 특히 정보사회에서는 구매하는 물건의 종류, 그리고 이를 소비하는 과정을 실시간으로 전 세계의 불특정 다수에게 전달하는 것이 가능해지면서 사회적 지위로서의 소비 행위가 지닌 특성을 강화시켰다. 또한 온라인 공간에서 소비자는 자신의 소비 행위를 공유하는 과정에서 광고 수익을 얻게 됨으로써 전통적 의미의 소비와 생산 혹은 판매 간 경계가 사라지고 있고, 이런 점에서 판매자와 소비자 간 전통적인 의미의 경계 역시 사라지고 있다.

온라인 시장은 단지 소비의 의미만 변화시킨 것이 아니라 경쟁의 특성에도 서로 다른 방향의 변화를 가져올 것이다. 그중 하나는 제한된 시공간의 범위 안에서 경쟁이 일어나는 경쟁의 국지성locality이 줄어들면서 승자독점 현상이 강화되는 것이다. 동시에 새로운 상품과 서비스의 소비 경험에 대한 공유 가능성이 폭발적 증가는 신생 기업이 진입 장벽을 낮춤으로써 혁신기반 경쟁의 중요성을 강화시킬 전망이다.

전통적 시장에서 성공적인 경쟁을 위해 사회적 관계, 지위, 평판, 신뢰 등이 중요하다는 시장의 사회적 배태성은 온라인 시장에서도 여전히 중요할 것인가? 앞에서 언급했던 정보사회의 소비가 사회적 지위와 정체성 형성에 갖는 중요성은 온라인 시장의 사회적 배태성을 이전보다 더 강화시킬 것이다. 이에 따라 시장 참여자 간에 발생하는 사회적 상호작용은 누가, 무엇을, 어떻게 소비하고, 어떤 기업이 이런 시장에서 성공할 것인가를 규정하는 핵심적인 과정이 될 것이다. 이에 따라 정보사회의 시장은 전통적 의미의 시장보다 그 사회적 공간으로서의 특성이 강화될 것이다.

예상 출제 문제

1. 우리는 상품이나 서비스를 구매할 때 광고나 검색을 사용해서 가격 비교를 통해 구매할 수도 있고, 주변 사람들에게 문의하거나, 혹은 이전에 거래했던 판매자를 통해 구매할 수도 있다. 지난 1년간 구매했던 경험 중에서 각각의 방식으로 구매했던 상품이나 서비스는 무엇이고, 왜 그 방식을 통해 구매했는지를 비교해 보자. 그 경우 주변 사람이나 단골관계를 사용한 이유는 무엇인지 논의해 보자.

2. 온라인 시장이 활성화되면서 인터넷 구매 사례가 증가하고 있다. 어떤 경우에 온라인 거래를 하고, 어떤 경우에 온라인 거래를 피하는지 생각해 보자. 그리고 온라인 거래와 오프라인 거래의 장단점과 자신이 각 유형의 거래를 이용하는 조건에 대해 논의해 보자.

더 보기

Kocak, O. (2002), Social Orders of Exchange: Problems of Valuation and the Emergence of Social Order in Markets, Unpublished Doctoral Dissertation, Business School, Stanford University.

Kollock, P. (1999), The Production of Trust in Online Markets, in *Advances in Group Processes*, 16.

Standifird, S. (2001), Reputation and E-commerce: eBay Auctions and the Asymmetrical Impact of Positive and Negative Ratings, *Journal of Management*, 27, 279~295.

참고문헌

박찬웅(1999), 경쟁의 사회적 구조: 기업 내 신뢰의 사회적 연결망과 개인의 조직 내 성과, 〈한국사회학〉, 33, 789~817.

_____(2000), 사회적 자본, 신뢰, 시장: 시장에 대한 사회학적 접근, 한국사회학회 편, 《21세기 시장과 한국사회》, 143~185, 나남.

_____(2003), 온라인 중고시장의 시장불확실성과 경제적 교환의 사회적 성격, 〈한국사회학〉, 37(2), 35~60.

_____(2006), 《시장과 사회적 자본》, 그린.

_____(2010), 시장과 배태: 경제적 거래의 사회적 배태성, 〈한국사회학〉, 44(5), 44~80.

Brynjolfsson, E., & Smith, M. (2000), Frictionless Commerce? A Comparison of Internet and Conventional Retailers, *Management Science*, 46, 563~585.

DiMaggio, P., & Louch, H. (1998), Socially Embedded Consumer Transactions: For What Kinds Of Purchases Do People Most Often Use Networks?, *American Sociological Review*, 63, 619~637.

Frenzen, J., & Davis, H. (1990), Purchasing Behavior in Embedded Markets, *Journal of Consumer Research*, 17, 1~12.

Frenzen, J., Hirsch, P., & Zerrillo, P. (1994), Consumption, Preferences, and Changing Lifestyles, 403~425 in Smelser, N., & Swedberg, R. (eds.), *The Handbook of Economic Sociology*, Princeton: Princeton University Press.

Kocak, O. (2002), Social Orders of Exchange: Problems of Valuation and the Emergence of Social Order in Markets, Unpublished Doctoral Dissertation, Business School, Stanford University.

Kollock, P. (1994), The Emergence of Exchange Structure: An Experimental Study of Uncertainty, Commitment, and Trust, *American Journal of Sociology*, 100, 313~345.

_____(1999), The Production of Trust in Online Markets, in *Advances in Group Processes 16*.

Gambetta, D. (1988), Can We Trust Trust?, in Gambetta, D. (ed), *Trust: Making and Breaking Cooperative Relations*, Cambridge: Basic Blackwell.

Granovetter, M. (1985), Economic Action and Social Structure: The Problem of Embeddedness, *American Journal of Sociology*, 91, 481~510.

Podolny, J. (1993), A Status-Based Model of Market Competition, *American Journal of Sociology*, 98, 829~872.

_____(1994), Market Uncertainty and the Social Character of Economic Exchange, *Administrative Science Quarterly*, 39, 458~483.

Shapiro, C., & Varian, H. (1999), *Information Rules: A Strategic Guide to the Network Economy*, Boston: Harvard Business School Press.

Standifird, S. (2001) Reputation and E-commerce: eBay Auctions and the Asymmetrical Impact of Positive and Negative Ratings, *Journal of Management*, 27, 279~295.

Tapscott, D. (1996), *The Digital Economy: Promise and Peril in the Age of Networked Intelligence*, New York: McGraw-Hill.

Veblen, T. (1994), *The Theory of the Leisure Class*, New York: Penguin Books.

Wellman, B. (ed.) (1999). *Networks in the Global Village: Life in Contemporary Communities*, Boulder: Westview.

Wellman, B., & Gulia, M. (1999) Net-Surfers Don't Ride Alone: Virtual Communities As Communities, in Wellman, B. (ed), *Networks in the Global Village: Life in Contemporary Communities*, 331~366, Boulder: Westview.

디지털 플랫폼 경제

정윤혁

이 장의 핵심

플랫폼은 이해관계자 간의 정보와 상품의 거래, 물류 등을 가능하게 하여 가치를 생산하고 생태계를 형성하게 하는 시스템을 의미한다. 플랫폼은 네트워크 효과, 양면(다면)시장, 생태계 기반이라는 특징을 가지고 있다. 전통기업은 파이프라인 형태의 선형적이며 닫힌 구조에 기초해 있고, 플랫폼기업은 네트워크 형태의 참여적이며 열린 구조로 되어 있다. 전통기업은 자원을 통제하고 내부 프로세스를 최적화하여 고객가치를 확대함으로써 이윤을 극대화하려고 하는 반면, 플랫폼기업은 자원을 조정하고 외부 상호작용을 촉진하여 생태계 가치를 극대화하려고 한다.

전통기업은 유무형자산의 소유를 통한 규모의 경제를 성장 동력으로 삼고, 이를 위해 구매-판매-서비스의 선형적인 공급사슬 최적화에 힘쓴다. 이에 반해 플랫폼기업은 생태계 참여자들의 자원을 조정하는 데 집중하고 참여자 간 상호작용을 원활하게 하여 가치를 창출한다. 즉, 수익을 창출하기 위해 전통기업은 소비자 가치를 극대화하는 반면, 플랫폼은 생태계 전체의 가치를 높인다.

결국 소비자의 신속한 피드백이 가능한 시스템과 유형자산의 최소화라는 플랫폼의 장점은 기업의 혁신을 용이하게 하여 사업 환경의 변화에 적절하게 대응할 수 있도록 한다. 이러한 민첩성은 전통기업과의 경쟁에서 플랫폼기업이 우위에 서게 할 뿐만 아니라 전체 비즈니스 혁신을 이끌게 한다.

플랫폼기업은 비즈니스 분야, 나아가 사회에서 혁신을 주도하지만, 플랫폼의 독점적 지위에 대한 우려를 불러일으킨다. 플랫폼 경제에서는 네트워크 효과에 의해 플랫폼기업의 규모가 커지고, 승자독식의 양상이 나타나기도 한다. 독점적 지위에 이른 플랫폼기업은 혁신을 주도하기보다는 약탈적 행위를 하기도 한다. 현재는 플랫폼기업의 시장독점을 규제하려는 움직임이 있으나 시장독점 적용을 위한 시장의 획정이 선결 과제로 논의되고 있다. 플랫폼기업의 독점과 관련하여, 국가 간 플랫폼기업 역량의 불균형이 문제점으로 제기되기도 한다. 플랫폼 경제가 지속가능하기 위해 플랫폼의 독점과 플랫폼 역량의 지역 간 불균형 문제에 대한 사회적 논의가 필요한 시점이다.

1. 플랫폼의 개념

플랫폼의 사전적 의미는 '평평한 표면을 갖는 구역'이다. 언제부터인지 '플랫폼'이란 단어가 미디어나 일상에서도 빈번하게 등장하고 있는데, 대략 여러 사람이 모여서 특정한 목적을 이루게 해주는 장이란 의미로 사용된다. 예를 들어, 기차역 플랫폼은 떠나고 돌아오는 사람들을 위한 공간이고, 전통시장은 사고파는 사람들의 만남을 가능하게 하는 장소다.

이처럼 기존에도 다양한 플랫폼이 존재했지만, 최근에는 디지털기술을 기반으로 하는 디지털 플랫폼의 영향력이 커지면서, '플랫폼'은 디지털기술을 기반으로 하는 비즈니스 플랫폼 모형을 가리키는 말로 통용되고 있다. 플랫폼은 이해관계자들 간의 정보와 상품의 거래, 물류 등을 가능하게 하여 가치를 생산하고 생태계를 형성하게 해주는 시스템을 의미한다. 이러한 비즈니스 플랫폼의 등장은 무엇보다도 디지털 네트워크의 확산에 기인한다고 할 수 있다.

전 사회적인 디지털 네트워크의 구축은 생태계 참여자들을 매개하는 비용을 낮춤으로써 플랫폼이 자리 잡을 수 있는 환경을 조성했고, 나아가 지능정보기술의 발전과 모바일 환경의 확산은 글로벌 플랫폼의 등장도 가능하게 하였다.

플랫폼은 외부 생산자와 소비자를 연결시켜 가치를 창출한다는 점

그림 13-1 플랫폼 생태계 구성원

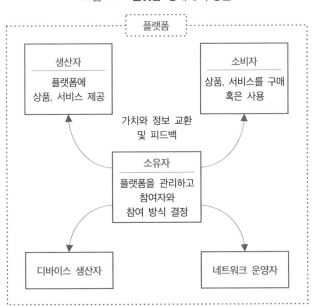

에서, 플랫폼의 기본 구성원은 플랫폼 소유자, 생산자, 소비자이다. 플랫폼 소유자는 플랫폼을 제공 및 운영하며 플랫폼 생태계 참여자를 결정하는 권한을 가지고 있다. 생산자는 플랫폼에 상품이나 서비스를 제공하고, 소비자는 플랫폼에서 그것들을 소비하고 피드백을 제공하기도 한다. 이러한 기본 구성원 외에도 다양한 생태계 참여자가 있을 수 있다. 예를 들어, 유튜브(플랫폼 소유자)는 동영상을 공유할 수 있는 환경을 제공하고, 사용자는 동영상을 생산하거나 소비하는데, 디바이스 생산자(예, 스마트폰 생산자)나 네트워크 운영자가 생태계에 참여하여 이를 유지, 변화시키기도 한다.

2. 플랫폼기업의 성장: 전통기업과의 비교

마이크로소프트나 구글, 애플과 같은 기존의 거대 정보기술기업들이 플랫폼 환경을 도입하여 성장했을 뿐만 아니라, 새로운 플랫폼기업들이 전통기업을 위협하는 모습도 나타나고 있다. 이는 경쟁 기업 간의 비교에서 직감적으로 알 수 있다. 예를 들어, 〈표 13-1〉에서 보듯이 전통적 자동차 기업인 BMW의 시가총액은 우버에 이미 추월당했고, 메리어트 호텔은 에어비앤비에 추격받고 있다.

전통기업과 플랫폼기업은 조직 구조 측면에서 차이가 있다. 〈그림 13-2〉에서 보듯이 전통기업은 파이프라인 형태의 선형적이며 닫힌 구조에 기초하고, 플랫폼기업은 네트워크 형태의 참여적이며 열린 구로 되어 있다. 이러한 구조적 특징의 차이가 전통기업과 플랫폼기업의 전체적인 차이를 유발한다.

전통기업의 사업 방식에 비해 효율적인 비즈니스 운영이 플랫폼기업 성장의 원동력이 되고 있다. 전통기업은 생산자에서 소비자로 향하는 가치의 흐름을 통제하는 게이트키퍼 역할을 하는 반면, 플랫폼기업은 그러한 역할을 시장의 피드백에 맡긴다(Alstyne et al., 2017). 전통기업은 수많은 제품 아이디어 중에 그들의 선택 기준에 따라 제품 생산을 결정한 후 시장의 상황을 보지만, 플랫폼기업은 생산되어 있

표 13-1 **전통기업과 플랫폼기업의 시가총액 비교**

기업	시작시기	고용(명)	시가총액(십억 달러)
BMW	1916	131,000	51
우버	2009	16,000	76
메리어트 호텔	1927	177,000	39
에어비앤비	2008	10,000	38

출처: WEF (2019), Platform and Ecosystems: Enable the Digital Economy.

그림 13-2 **전통기업과 플랫폼기업의 모형 비교**

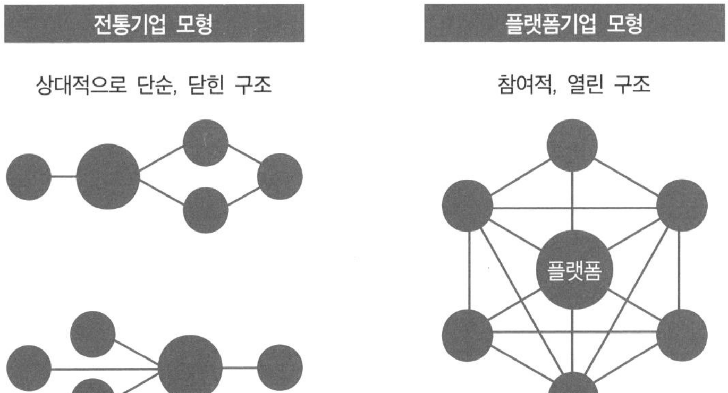

는 수많은 제품들을 소비자가 선택할 수 있게 한다. 플랫폼에서 소비자의 선호는 즉각적인 피드백에 반영됨으로써, 자동적인 품질관리가 가능하고 불필요한 자원의 투입이 조기에 차단될 수 있는 효율적 환경이 만들어지는 것이다.

나아가, 소비자가 선택할 수 있는 옵션이 보다 다양하기 때문에 소비자 후생이 높아질 수 있다. 예를 들어, 기존에는 온라인 교육콘텐츠 제공자가 소비자의 수요를 예측해 콘텐츠를 개발하고 제공하면, 소비자는 그중에서 선택했지만, 코세라Coursera와 같은 교육콘텐츠 플랫폼은 전 세계 교육자들의 콘텐츠를 제공함으로써 이전에 비해 소비자 선택의 폭을 비교할 수 없을 정도로 넓혔다.

전통기업과 비교했을 때 플랫폼기업의 또 다른 차이점은 공급에 필요한 자산을 최소화한다는 것이다. 전통적으로 호텔사업은 막대한 자본을 들여 호텔건물을 짓고, 관리하며, 확장하는 반면, 에어비앤비는 호텔건물을 별도로 소유하지 않으면서도 소비자에게 더 많은 객실을 제공할 수 있다. 물론 정교한 예약시스템의 개발과 운영에 투자하지만, 호텔건물을 짓고 유지하는 비용에는 비할 바가 아니다. 결국 플랫폼기업은 자산관리 비용을 절감함으로써 전통기업과의 경쟁에서 우위에 선다.

이와 같은 전통기업과 플랫폼기업의 차이를 요약하면, 전통기업은 자원을 통제하고 내부 프로세스를 최적화하여 고객가치를 확대하고 이윤을 극대화하려 하는 반면에, 플랫폼기업은 자원을 조정하고 외부 상호작용을 촉진해 생태계 가치를 극대화하려고 한다(Alstyne et al., 2016). 전통기업은 유무형자산의 소유를 통한 규모의 경제를 성장 동

그림 13-3 **전통기업과 플랫폼기업의 비즈니스 비교**

전통기업		플랫폼기업
성장 동력	**자원 통제** vs	**자원 조정**
	유무형자산 소유 또는 독점을 통한 규모의 경제	생태계 참여자가 소유하고 있는 자원에 대한 조정
운영 방식	**내부 프로세스 최적화** vs	**외부 상호작용 촉진**
	공급 가치사슬을 최적화	외부 생산자와 소비자 상호작용을 촉진
가치 창출	**고객 가치 극대화** vs	**생태계 가치 극대화**
	공급 가치사슬의 맨 끝에서 고객의 평생가치 극대화 추구	피드백 프로세스를 통해 생태계 전체 가치의 극대화 추구

출처: 앨빈스타인 외 (2016) 재구성.

력으로 삼고, 이를 위해 구매-판매-서비스의 선형적 공급사슬을 최적화하고자 힘쓴다. 이에 반해 플랫폼기업은 생태계 참여자들의 자원을 조정하는 데 집중하고 참여자 간 상호작용을 원활하게 하여 가치를 창출한다. 즉, 수익을 창출하기 위해 전통기업은 소비자 가치를 극대화하는 반면, 플랫폼기업은 생태계 전체의 가치를 높인다.

결국 소비자의 신속한 피드백이 가능한 시스템과 유형자산의 최소화라는 플랫폼의 장점은 기업의 혁신을 용이하게 하여 사업 환경의 변화에 적절하게 대응할 수 있게 한다. 이러한 민첩성은 플랫폼기업으로 하여금 전통기업과의 경쟁에서 우위에 서고 전체 비즈니스 혁신을 이끌게 한다.

3. 플랫폼의 특징

전통기업과 구분되는 플랫폼기업의 특징은 다양하지만, 이 절에서는 대표적 특징이라고 할 수 있는 네트워크 효과, 양면시장 구조, 그리고 생태계 기반에 대해 논의한다(삼정KPMG 경제연구원, 2019).

네트워크 효과network effect는 플랫폼의 가장 기본이 되는 특징으로, 동일 제품을 소비하는 사용자의 수가 늘어나면 늘어날수록 그 제품을 소비함으로써 얻게 되는 효용이 더욱 증가하는 것을 의미한다(Shapiro & Varian, 1998). 네트워크 효과는 제품의 사용자 수에 비례하며, 선형적이 아니라 기하급수적으로 증가한다. 플랫폼 생태계는 다양한 구성원이 상호작용을 하면서 가치가 창출되는데, 생태계 참여자가 늘어남에 따라 네트워크 효과가 나타나 전체 생태계의 가치가 증가한다. 간단한 예로 메신저 사용자가 3명일 때 3개의 연결이, 4명의 경우에는 6개의 연결이 생성될 수 있고, 사용자가 5명일 경우에는 연결이 10개까지 생길 수 있다. N을 사용자 수라고 할 때, $N(N-1)/2$ 만큼의 연결이 생성될 수 있는 것이다. 메신저 사용자 수가 늘어날수록 메신저 서비스의 가치는 선형적이라기보다 기하급수적으로 증가한다.

네트워크 효과는 직접 네트워크 효과와 간접 네트워크 효과로 나눌 수 있다. 직접 네트워크 효과는 생산자 혹은 사용자 영역 중 한 곳에서 참여자가 증가하면 네트워크 효과가 나타나 참여자가 급증하는 현상을 나타낸다. 한 사용자가 특정 메신저를 사용하며 주변 몇몇 친구들을 끌어들이고, 이들과 소통하려는 더 많은 사람이 그 메신저를 사용하게 되는 것을 직접 네트워크 효과의 예로 들 수 있다.

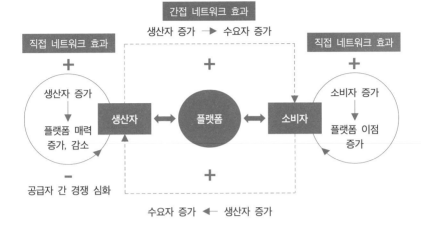

그림 13-4 **플랫폼의 직접·간접 네트워크 효과**

간접 네트워크 효과

생산자 증가 → 수요자 증가

직접 네트워크 효과

생산자 증가

플랫폼 매력
증가, 감소

생산자 ⟷ 플랫폼 ⟷ 소비자

직접 네트워크 효과

소비자 증가

플랫폼 이점
증가

공급자 간 경쟁 심화

수요자 증가 ← 생산자 증가

　간접 네트워크 혹은 교차 네트워크 효과는 생태계의 한 영역에서 참여자가 증가해 다른 영역의 참여자 증가를 유발하는 것을 의미한다. 예를 들어, 스마트폰 사용자 중에 구글 안드로이드 운영체제 사용자가 늘어나 앱 다운로드가 증가할수록 앱 개발자가 구글 앱마켓(구글플레이)으로 몰리는 현상이 생길 수 있다. 또한 역으로 특정 앱마켓에서 앱 개발자가 늘어나 보다 다양한 앱이 제공될수록 더 많은 사용자가 그 앱마켓에 참여하게 된다.

　네트워크 효과로 인해 플랫폼은 확장될 수 있지만, 동시에 승자독식 현상이 나타나기도 한다. 생태계 참여자 증가가 다시 참여자 증가를 유발하는 선순환 구조가 자리 잡고, 플랫폼의 지배력은 더욱 커지면서 다른 플랫폼과의 경쟁에서 독점적 위치를 갖게 된다. 특히, 네트워크 효과에 따라 특정 플랫폼에 사용자가 집중될 뿐만 아니라, 한 플랫폼 사용자가 다른 플랫폼으로 이동할 경우 계정가입과 개인정보 제공 등 전환비용이 있어 사용자를 기존 플랫폼에 묶어 두는 락인lock-in 현상이 나타나기도 한다. 이러한 승자독식 환경 때문에 플랫폼기업들은 초기에 적자를 감수하더라도 소비자를 끌어들이기 위한 전략을 구사하기도 한다.

양면(다면) 시장 구조 역시 플랫폼, 특히 거래형 플랫폼의 중요한 특징 중 하나이다. 양면(다면) 시장 구조는 두 개 혹은 그 이상의 참여자 집단 간의 상호작용을 통해 가치를 창출하는 형태로서, 간접 네트워크 효과를 유발하는 환경이 된다. 생산자와 소비자로 구성된 양면 형태가 기본 구조이고, 추가로 참여자 집단이 상호작용할 경우 다면시장 구조를 갖게 된다. 예를 들어, 우버는 운전자와 승객, 두 집단의 상호작용을 기반으로 하는 양면시장이지만, 주문 배달을 위해 음식점이 참여할 경우 삼면시장이 된다.

이렇듯 플랫폼기업의 참여자 집단 결정에 따라 생태계 모습이 변화한다. 참여자 집단이 많아질수록 간접 네트워크 효과는 상승하고 수익이 다변화되지만, 생태계의 복잡성이 증가하여 갈등이 유발되며 통제의 어려움이 생긴다. 따라서 플랫폼기업(소유자)은 생태계를 유지하기 위해 적정한 참여자 집단 수를 고민할 필요가 있다.

또한, 양면(다면) 시장에서 생태계 참여자와 상호작용의 규칙, 즉 거버넌스는 생태계의 모습에 영향을 미친다. 예를 들어, 개방형 거버넌스를 택할 경우 생산자를 확보하는 데는 유리하지만, 소비자에게 서비스 품질과 신뢰도를 보장하기가 어렵다. 폐쇄형의 경우 생산자 확보에 제한이 있겠지만, 소비자에게 서비스 품질과 신뢰도를 보장하기 용이하다.

플랫폼의 또 다른 특징은 생태계 기반이다. 플랫폼은 생산자, 소비자, 광고주, 디바이스 생산자, 네트워크 운영자 등 다양한 참여자로 구성되는 생태계를 기반으로 한다. 가치는 생태계 참여자들의 상호작용을 통해 창출되기 때문에 생태계의 한 영역을 이루는 참여자의 활동이 부실할 경우 전체 생태계가 위협받게 된다. 예를 들어, 스마트폰 앱마켓 수수료 인상에 따른 개발자의 이탈은 앱마켓의 쇠퇴를 가져올 수 있다.

스마트폰 앱마켓에서 사용자가 유료 앱을 다운로드할 경우, 수익 중 일정 부분은 수수료 명목으로 앱마켓 운영자(플랫폼기업)에게 지불되고 개발자는 나머지를 가져간다. 플랫폼기업이 수수료율을 인상할 경우 개발자는 다른 앱마켓으로 옮기거나 앱 가격을 인상함으로써 수익을 유지하려 할 것이다. 이는 소비자의 만족도를 낮추고 연쇄적으로 소비자 이탈을 부추겨, 궁극적으로는 해당 앱마켓의 쇠퇴를 가져올 수 있다. 따라서 플랫폼기업은 전체 생태계의 관점에서 전략을 수립하여 다양한 참여자가 원활하게 상호작용할 수 있도록 지원할 필요가 있다.

4. 플랫폼의 분류

플랫폼을 분류하는 방식은 다양하지만, 이 절에서는 플랫폼을 역할에 따라 4가지로 구분하여 설명한다(Evans & Gawer, 2016).

첫째로, 거래 플랫폼은 사용자, 소비자, 서비스 제공자 등 다양한 생태계 참여자 간의 거래를 촉진하는 중개자 역할을 하는 플랫폼으로서, 양적인 측면에서 플랫폼의 대표적인 형태라고 할 수 있다. 매개형 플랫폼이라고도 불리며(류한석, 2020), 공유서비스(우버), 이커머스 마켓플레이스(이베이), 디지털 콘텐츠 플랫폼(넷플릭스), 게임 등이 거래 플랫폼에 해당한다.

둘째로, 외부 참여자(개발자, 개발회사)에게 상호보완적 소프트웨어나 상품, 서비스를 개발하기 위한 환경을 제공함으로써 기반 소프트웨어(예: 운영체제)를 진화시키는 플랫폼을 혁신 플랫폼이라고 한다. 이러한 형태의 플랫폼은 대규모의 개발자 네트워크를 포함하는데, 마이크로소프트, 오라클, SAP가 혁신 플랫폼의 대표적 예이다. 생태계 내에서 다른 참여자들과의 협업이 가치 창출과 혁신의 원동력이 되는 환경이다.

셋째로, 통합 플랫폼은 거래 플랫폼과 혁신 플랫폼이 결합된 형태로서, 시장 규모 면에서는 가장 큰 형태의 플랫폼이다. 통합 플랫폼은 양면시장 참여자들의 상호작용을 매개한다는 측면에서 거래 플랫폼의 성격이 있다고 할 수 있고, 다수의 개발자들이 참여하여 제품이나 서비스를 생산한다는 점에서는 혁신 플랫폼의 역할을 겸한다. 통합 플랫폼의 대표적 사례로는 구글, 애플, 페이스북, 아마존, 알리바바 등이 있다. 이러한 기업은 다양한 서브 플랫폼을 운용한다는 점에서 플랫폼 복합기업platform conglomerate이라고 할 수 있다.

마지막으로, 투자 플랫폼은 플랫폼 포트폴리오 전략에 기초해 다양한 플랫폼에 투자를 지원하는 지주회사 형태의 플랫폼이다. 프라이스라인 그룹, 소프트뱅크 등이 이에 속한다. 예를 들어 프라이스라인 그

룹은 부킹닷컴, 프라이스라인닷컴, 카약닷컴, 렌탈카스닷컴 등 호텔 및 레저 분야에 특화된 플랫폼들의 투자 지주회사다. 투자 플랫폼은 기본적으로 투자 지주회사지만, 플랫폼 투자 포트폴리오 전략을 수립하고 플랫폼기업에 집중적으로 투자한다는 점에서 플랫폼기업의 한 형태로 분류했다. 이들이 지원하는 플랫폼은 백엔드 인프라^{backend infra}

그림 13-5 **플랫폼의 종류**

거래 플랫폼 (Transaction platform)

플 랫 폼

사용자, 소비자, 서비스 제공자 등 다양한 생태계 참여자 간의 거래를 촉진하는 중개자 역할을 하는 플랫폼

혁신 플랫폼 (Innovation platform)

플 랫 폼

생태계 참여자(개발자, 개발회사)에게 상호보완적 소프트웨어나 상품, 서비스 개발을 위한 환경을 제공하는 플랫폼

통합 플랫폼 (Integrated platform)

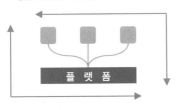

플 랫 폼

거래 플랫폼과 혁신 플랫폼이 결합된 형태의 플랫폼

투자 플랫폼 (Investment platform)

플 랫 폼

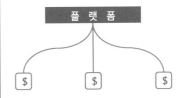

플랫폼 포트폴리오 전략에 기초하여 다양한 플랫폼에 투자를 지원하는 지주회사 형태의 플랫폼

와 고객 경험을 공유하여 전략적으로 활용할 수 있다는 이점이 있다. 빅데이터시대가 도래함에 따라 고객 정보의 활용과 맞춤형 서비스의 가치가 높아지고 있다는 점에서 투자 플랫폼의 위상도 높아지고 있다.

5. 멀티 호밍과 탈중개화 위협

플랫폼기업은 멀티 호밍multi-homing과 탈脫중개화의 위험을 안고 있다 (Feng & Iansiti, 2019). 멀티 호밍이란 플랫폼 참여자가 또 다른 플랫폼에 동시에 참여하는 것을 의미한다. 예를 들어, 우버는 대표적인 승차 공유 플랫폼이지만, 많은 운전자와 승객은 리프트Lyft라는 플랫폼도 동시에 사용하면서, 가격이나 대기시간을 비교하여 플랫폼을 결정한다. 대체로 플랫폼에 참여하는 데 드는 비용이 낮기 때문에 멀티 호밍은 플랫폼 비즈니스에서 나타나는 전형적인 현상이라고 할 수 있다.

플랫폼기업은 시장 참여자에게 인센티브를 제공하거나 서비스를 차별화하여 이에 대응한다. 가령 아마존은 판매자가 아마존 마켓플레이스에서만 상품을 판매할 경우 인센티브를 제공하며, 소비자를 위해서는 빠른 배송서비스를 제공함으로써 그들을 묶어 두려고 한다.

탈중개화란 플랫폼의 매개를 벗어나 생산자와 소비자가 직접 거래하는 현상을 말한다. 거래형 플랫폼의 수익이 거래를 매개하는 데서 나오기 때문에 탈중개화는 플랫폼기업에 위협이 될 수 있다. 실제로 탈중개화로 인해 파산한 회사도 있다. 홈조이Homejoy는 2010년 개업한 소비자와 청소업자를 매칭해주는 플랫폼기업이었다. 소비자는 처음에는 홈조이를 통해 청소업자를 구했지만, 청소업자의 서비스에 만족한 경우 굳이 홈조이를 사용할 필요 없이 직접 그 청소업자에게 연락하게 되었다. 이러한 현상이 지속되자 홈조이는 거래 플랫폼의 역할을 상실했고, 결국 2015년 파산하였다.

탈중개화의 위협에 대응하기 위해 플랫폼기업은 서비스 규약을 통해 생산자와 소비자 간의 직접 상호작용(거래, 연락정보 교환)을 차단하기도 한다. 애플은 스마트폰 유료 앱에 대한 결제를 애플의 결제시스템에서만 가능하게 하고, 앱 자체의 결제시스템 사용을 불허함으로써 매개자의 역할을 지키고 있다. 탈중개화 위협에 대한 플랫폼기업의 또 다른 대응방법은 양질의 매개 서비스를 제공하는 것이다. 에스크로Escrow를 활용해 거래의 안정성을 보장하거나, 참여자 간 문제가 발생했을 때 중재를 담당하고, 생산자에게 소비자 데이터 분석에 기초한 마케팅 전략을 제안하는 방안 등을 포함할 수 있다.

6. 플랫폼 규제

플랫폼은 비즈니스 분야, 나아가 사회에서 혁신을 주도하고 있지만, 동시에 몇몇 우려를 불러일으키기도 한다. 우선 플랫폼기업의 독점적 지위에 대한 우려이다. 플랫폼 경제에서는 네트워크 효과에 의해 플랫폼기업의 규모가 커지고, 승자독식의 양상이 나타나기도 한다. 독점적 지위에 이른 플랫폼기업은 혁신을 주도하기보다는 약탈적 행위를 하기도 한다. 앞서 언급한 스마트폰 앱마켓의 수수료 인상 사례는 플랫폼이 독점적 지위를 사용하여 앱 개발자를 압박하고 앱 가격을 상승시켜 결국에는 개발자와 소비자를 위축시키는 사례라고 할 수 있다. 현재로서는 시장독점에 대한 규제를 적용해 플랫폼기업을 규제하려는 움직임이 있으나 시장독점 적용을 위한 시장의 획정이 선결 과제로 논의되고 있다.

한편에서는 플랫폼기업의 독점은 일시적 과정이라는 주장도 있다. 비즈니스의 경계가 모호해지면서 산업 간의 융합현상이 발생하는 플랫폼 경제에서는 플랫폼기업이 여러 영역을 넘나들며 경쟁하기 때문이다. 예를 들어, 아마존은 사업을 미디어 분야로 확장하면서 애플TV의 판매를 중단하기도 했다.

플랫폼기업의 독점과 관련하여, 국가 간 플랫폼기업 역량의 불균형이 문제점으로 제기되기도 한다. 규모 면에서 주요 플랫폼기업으로 간주할 수 있는 구글, 애플, 아마존, 마이크로소프트, 페이스북은 모두 미국 회사이지만, 세계 각지에서 수익을 올리고 있다. 국내도 마찬가지로, 페이스북은 국내의 대표적 소셜 네트워킹 서비스로 자리 잡았고, 구글서치는 이미 네이버 검색 서비스를 넘어서고 있다. 유럽연합은 일명 '구글세稅'와 같은 세금정책을 통해 글로벌 플랫폼을 견제하고자 하였고, 국내에서도 글로벌 플랫폼에 대한 규제를 논의 중이다. 요컨대, 플랫폼 경제가 지속가능하기 위하여 플랫폼의 독점과 플랫폼 역량의 지역 간 불균형 문제에 대한 사회적 논의가 필요한 시점이다.

1. 전통기업과 플랫폼기업의 차이점은 무엇인가?

2. 플랫폼기업이 직면한 위협은 무엇인가?

더 보기

마셜 밴 앨스타인·상지트 폴 초더리·제프리 파커 저, 이현경 역(2017), 《플랫폼 레볼루션》, 부키.

삼정KPMG 경제연구원(2019), 플랫폼 비즈니스의 성공 전략, 〈삼정 Insight〉, 67호.

이화령·김민정(2017), 《플랫폼 경제의 시장기제와 정부정책》, KDI 연구보고서 2017-07.

Evans, P. C., & Gawer, A. (2016), *The Rise of the Platform Enterprise*: A *Global Survey*, The Center for Global Enterprise.

Zhu, F., & Iansiti, M. (2019), Why Some Platforms Thrive and Others Don't, *Harvard Business Review*.

참고문헌

마셜 밴 앨스타인·상지트 폴 초더리·제프리 파커 저, 이현경 역(2017), 《플랫폼 레볼루션》, 부키.

삼정KPMG 경제연구원(2019), 플랫폼 비즈니스의 성공 전략, 〈삼정 Insight〉, 67호.

이화령·김민정(2017), 《플랫폼 경제의 시장기제와 정부정책》, KDI 연구보고서 2017-07.

Evans, P. C., & Gawer, A. (2016), *The Rise of the Platform Enterprise*: A *Global Survey*, The Center for Global Enterprise.

Jacobides, M. G., Sundararajan, A., & Van Alstyne, M. (2019), Platforms and Ecosystems: Enabling the Digital Economy, *World Economic Forum*.

Zhu, F., & Iansiti, M. (2019), Why Some Platforms Thrive and Others Don't, *Harvard Business Review*.

콘텐츠와 이윤, 그리고 저작권

14장

류영달

이 장의 핵심

초연결사회로 진입함에 따라 디지털 환경에 친화적인 C세대^{Connected generation}가 주목받고 있으며, 인공지능, 빅데이터와 같은 기술의 진화는 이용자의 선택성 증대와 이용 경험의 심화라는 형태로 나타나고 있다. 콘텐츠와 이용자의 연결이 긴밀해지면서 빅데이터에 기반한 데이터 분석은 이용자 요구에 맞는 콘텐츠를 추천하고 제공할 수 있게 되었으며, 다양한 연결관계를 통해 구축된 플랫폼에 집결한 이용자 간에 특정한 사회관계가 형성되어 콘텐츠 이용에 네트워크 효과가 발생하고 있다. 이러한 변화의 흐름 속에 MCN^{Multi-Channel Networks}의 영향력도 커지고 있다.

또한 정보검색엔진으로서 동영상 플랫폼이 부각되며, 텍스트에서 동영상으로 검색 트렌드가 변화하고 있다. 이용자들은 검색 정보 유형에 따라 포털, 동영상, SNS 등 플랫폼을 선택적으로 이용하고 있으며, 최근에는 텍스트가 아닌 영상을 통해 정보를 확인하는 검색 행대가 증기히고 있다. 한편 5세대 이동통신, 5G시대가 본격적으로 개막하여 초고속, 초저지연, 초연결기술을 통한 산업 전반의 혁신적 변화가 예상된다.

한편 넷플릭스와 같은 글로벌 콘텐츠기업의 등장으로 콘텐츠 공급 방식과 이용자들의 이용 행태가 변화하였으며, 이로 인해 콘텐츠와 관련된 수익 구조도 다양한 방식으로 달라지고 있다. 한국은 K-팝, K-드라마 등 다양한 문화콘텐츠를 제공할 뿐만 아니라 '오리지널 콘텐츠 전략'을 앞세워 직접 제작하는 넷플릭스의 핵심 제작기지로도 활용되고 있다.

타인의 저작물을 이용하는 경우에는 먼저 저작물 확인과정이 필요하다. 〈저작권법〉상 우리나라에서 보호받는 저작물인지, 외국인 저작물의 경우에는 우리나라가 가입, 체결한 조약(베른협약, 세계저작권협약, TRIPS협정 등)에 따라 보호받는지, 보호기간이 만료되었는지, 보호받지 못하는 저작물은 아닌지, 저작재산권이 제한되는 경우인지 등을 먼저 확인해야 한다.

콘텐츠를 소비하는 형태가 변화하고 산업 규모가 확대되면서 이를 둘러싸고 나타나는 이윤과 권리의 문제가 대두됨으로써 디지털 콘텐츠와 저작권 문제는 디지털사회의 중요한 쟁점이 될 것이다.

1. 정보기술의 발전과 미디어 환경 변화

지능정보기술의 발전에 따른 지능정보사회는 연결 및 지능을 기초로 하는 사회를 의미한다. 이는 인간 주도적 사회가 아닌 인간과 사물이 동시에 지능을 지니고 주도하는 사회이다. 지능정보기술을 기반으로, 경제는 물질 경제를 넘어서 서비스 경제화하고 공유 경제로 발전한다 (김대호, 2016). 지능정보사회에서는 정보사회, 산업사회와 유사한 방식으로 산업, 생산, 기술 혁신, 고용 구조 등의 변화가 촉발되고 있다. 또한 모바일과 사물인터넷으로 각종 정보를 수집하고 전달하며,

초연결사회(hyper-connected society) 초연결이라는 말은 2008년 미국의 IT 컨설팅 회사 가트너(The Gartner Group)가 처음 사용한 말이다. 초연결사회는 인간과 인간, 인간과 사물, 사물과 사물이 네트워크로 연결된 사회이며, 가트너는 이미 우리가 이런 초연결 사회로 진입했다고 말했다. 이 용어는 4차 산업혁명시대를 설명하는 특징 중 하나로서 모든 사물이 마치 거미줄처럼 촘촘하게 사람과 연결되는 사회를 말한다. 초연결사회는 사물인터넷(IoT)을 기반으로 구현되며, SNS(소셜 네트워킹 서비스), 증강현실 같은 서비스로 이어진다.

클라우드와 빅데이터를 통해 정보를 효율적으로 분석, 처리, 저장한다. 지능정보기술은 다양한 제품과 서비스를 지능화하여 4차 산업혁명의 원동력이 된다.

또한 사람과 유사한 수준 또는 더 월등한 수준으로 지능적 판단이 가능한 '지능적 주체'인 인공지능이 등장하면서 다양한 차원의 변화가 일어났다. 이에 과학기술정보통신부는 2018년 5월부터 데이터Data, 네트워크Network, 인공지능AI을 중심으로 하는 D. N. A 과제를 통해 '데이터 산업 활성화', '5G 초연결 지능형 네트워크 구축', '인공지능 기술 경쟁력 확보' 등을 중점적으로 추진하며 **초연결 지능화사회**로 진입하고자 시도하고 있다.

그림 14-1 패러다임 변곡점 발생과 지능화시대로의 진전

	산업사회	정보사회	지능정보사회
핵심 수단	증기기관 (석탄·석유·전력 등)	컴퓨터·인터넷	ICBM + AI / (빅)데이터
성장 원천	자본설비	지식·정보	
변화 모습	자동화	전산화·온라인화	지능화·자율화 (스마트머신)
핵심 변화	기술 혁신 → 생산성 한계 극복	정보 활용 → 시공간 제약 극복	지능 활용 → 두뇌 한계 극복
특징	개별산업 중심 성장	ICT 활용으로 생산성 제고	연결·융합으로 산업 경제 파괴

패러다임 변곡점 (산업사회 → 정보사회)
- 정보혁명
- 컴퓨터 등장
- 인터넷
- 전자메일 활용
- 위성통신
- 디지털통신망

패러다임 변곡점 (정보사회 → 지능정보사회)
- 초연결혁명
- IoT 등장
- 지능기술 발전
- 데이터 폭증
- 사이버·물리공간 융합
- 기술 간·산업 간 융합

주요 특징

[경제·산업]
- 데이터에 기반한 생산 지능화
- 지능정보기술이 생산비용 대폭 절감
- ICT기업이 기존 산업구조 재편

[고용·생활]
- 지능화된 기계가 위험노동 대체
- 지능정보화로 맞춤형 서비스 보편화
- 편리하고 최적화된 생활 제공

지능기술 부상과 발전
- 인간·사물을 연결하는 인터넷(IoT)
- 빅데이터·로봇틱스·나노·인공지능
- 증강현실·가상현실·임베디드SW 등
- 무인자동차·무인비행기
- 지능화·개인화·사물정보화

기술·경제 패러다임
- 생산자·소비자 간 정보비대칭 감소
- 자율권력적 소조직, 개인제조와 생산
- 노동의 유연성, 오픈 이노베이션
- API 경제·데이터 경제·공유 경제 탄생
- 산업·시장 경제 파괴, 신경제시스템 구축

출처: 한국정보화진흥원(2017).

주석: ICBM은 사물인터넷(IoT), 클라우드(Cloud), 빅데이터(Big Data), 모바일(Mobile)을 통합해서 지칭하는 용어.

2. 지능정보사회의 특징과 과제

지능정보사회는 지식과 정보가 최고의 가치이며 최대의 권력인 지식 기반 사회를 의미한다. 지능정보사회에서는 모든 영역의 요소를 최대한 디지털 데이터화하고, 자동화 프로그램을 활용해 처리하는 방식으로 구현하여 실수의 요인과 비효율성을 제거하는 등 빅데이터 분석, 디지털화, 즉시성, 상시 연결성, 알고리즘 등의 수단을 이용하여 고도의 효율화가 나타난다. 또한 '지능을 갖춘 비인격적 존재'인 인공지능이 새로운 행동주체로 등장하게 된다. 인공지능^AI^이란, 기계 혹은 시스템이 만들어 낸 지능을 뜻하며, 인간처럼 이상적으로 사고하고 행동하는 시스템으로 분류된다.

인공지능은 컴퓨터기술과 디지털을 기반으로 한다는 점에서 정보사회의 연장선에 있지만, 사람의 역할과 개입이 최소화되거나 사라질 수 있다는 점에서 정보사회와 단절적인 측면 또한 지닌다. 정보사회에서 인간만이 판단을 하고 실행에 옮기는 주체였지만, 지능정보사회에서는 인간뿐만 아니라 인공지능이 판단과 실행능력을 갖춘 새로운 주체로 등장했다. 사람과 유사한, 또는 더 뛰어난 수준으로 판단하고 실행하는 '지능적 주체'의 등장과 그로 인한 다양한 차원의 변화가 미래 지능정보사회를 기존의 정보사회와 구별하는 핵심적 요소이다(한국정보화진흥원, 2017).

또한 지능정보사회는 사회 전체를 하나의 플랫폼으로 작동하게 하여 플랫폼의 사회적 특성이 강화된다. 지능기술은 이러한 사회의 플랫폼 수준에 의존한다. 그래서 1차 산업혁명이 공장을 중심으로 이루어졌다면, 4차 산업혁명은 플랫폼을 중심으로 일어난다는 말이 나온다. 그러므로 앞으로의 기술 발전도 네트워킹기술과 컴퓨팅기술이 결합하면서도 컴퓨팅기술이 결정적 역할을 하는 방향으로 전개될 것이다. 사물인터넷과 인공지능, 가상현실은 그러한 기술 발전의 연장선상에 있는 것들이다.

이뿐만 아니라 지능정보사회는 대량 생산이 아닌 이용자별 맞춤형 경제가 중심이 된다. 지능화를 통해 규모의 경제가 축소되고, 소수 대상 상품과 소규모 서비스 등이 주류를 이룬다. 이는 개인의 상황과 요구를 반영한 개인화된 맞춤형 서비스로 삶의 질을 향상하는 데 기여할 수 있다(김대호, 2016).

반면, 지능정보사회에서는 데이터 및 알고리즘이 강력한 힘과 자원으로 작용하므로 보유한 지식정보와 활용능력에 따라 개인과 사회, 그리고 나아가 국가 간의 격차가 더욱 확대될 것이다. 이를 극복하는 방안으로 **리터러시 교육**이 필요하며, 특히 지식의 구조 변동이 일어나는 지능정보사회에서는 변화에 걸맞은 새로운 교육체계를 갖춰야 한다.

특히 지능정보사회에서는 새로운 기술과 미디어를 통해 지식을 활용할 수 있는 능력이 필요하다. 다양한 정보들 속에 유익하거나 유해한 정보가 혼합되어 있으므로 이를 판별할 수 있는 비판적 리터러시 또한 필요하다. 책무성, 윤리 측면에서 지능정보사회의 새로운 기술의 긍정적·부정적 영향과 구조를 인지하도록 하며, 기술의 영향력에 대해 공동체의 통제를 적용해야 한다는 공통의 인식과 권리 참여를 유도해야 한다. 이를 위해 정부는 시민들이 디지털사회에서 갖추어야 할 필수적인 **디지털 리터러시**와 디지털 시민의식에 주목하고 있다.

디지털 리터러시(digital literacy) 디지털 환경에서 디지털 시민으로서 필수적이고 보편적으로 갖춰야 할 정보화기술 활용능력을 말한다. 보다 구체적으로는 디지털로 기록되고 저장된 정보를 사용하여 만들어지거나 전송된 여러 양상을 통해 세상의 의미를 인코딩하고 디코딩하는 문화적 관습을 말한다.

3. 콘텐츠 소비 형태의 변화

1) 새로운 소비세대의 등장

2007년 아이폰 출시 이후 포털을 통해 지식을 가져오고, 한편으로 끊임없이 포털에 자신의 지식을 더함으로써 인류는 같은 생활 방식을 공유하는 형태로 진화하고 있다고 평가된다. 영국 경제주간지 〈이코노미스트〉는 스마트폰 등장 후 10년이 지나지 않은 시점에서 '포노 사피엔스phono sapiens'시대가 되었다고 평가하고 있다. 포노 사피엔스는 영국 경제주간지 〈이코노미스트〉에서 처음 소개한 개념으로 생각, 지성을 뜻하는 '사피엔스sapiens'와 휴대전화를 뜻하는 '포노phono'의 합성어로 스마트폰 없이 살기 어려워진 인류를 의미한다.

스마트 기기를 활용하는 C세대는 새로운 소비 행태와 성향으로 인해 주요 소비자 계층으로 부상하고 있다. 선진국 인구 중 C세대로 볼 수 있는 밀레니얼 세대는 약 20%를 차지하며, 보스턴컨설팅그룹BCG은 이 세대의 구매력이 막 정점에 도달하기 시작했기 때문에 지출 비중이 계속 상승할 것으로 전망한다.

C세대(Connected generation)   C세대는 소셜 네트워크에서의 상호작용을 통해 자아 정체성을 형성하며, 그들이 공유하고, '좋아요'를 누르고, 댓글을 달고, 리트윗하는 것들이 그들 자신이 된다. C세대의 엔터테인먼트 수요는 주로 유튜브에서 일어나며(이들을 '유튜브 세대'라고도 함), C세대는 항상 온라인 상태로 인터넷에 연결된 기기와 함께한다. C세대는 관련성과 독창성을 중시하며, 관심사에 관한 대화에 큰 가치를 부여하고, 관심사에 부합하는 광고라면 거부감을 별로 느끼지 않는다.

C세대는 순간의 필요와 선호에 따라 물건을 구매하는 가벼운 소비를 지향하여 소유에 집착하지 않고, 자신의 경험을 중시하는 소비 행태가 특징이다. 넷플릭스가 등장함에 따라 스마트 기기만 있으면 언제 어디서나 영화를 감상하고 이를 주변 사람들과 공유할 수 있게 되었다. 또한, 모든 것을 주변 사람과 공유하고, 제품을 구매할 때 다른 사용자의 인터넷 후기를 전문가 의견보다 더욱 중요시한다.

이처럼 C세대는 페이스북, 트위터 등 소셜 미디어를 통해 브랜드와 소통하기를 원하는 경향이 있고, 소셜 네트워크와의 연결이 즉각적인 상품 판매실적에 상당한 영향을 미치고 있다. C세대는 자신의 의견이 상품의 마케팅 전반에 적극적으로 반영되기를 바라며, 이에 따라 많은 기업이 소비자와 소통을 위해 블로그 등을 운영하지만 대부분 일방적으로 정보를 제공하는 데 그치고 있다.

C세대의 소비 형태에 따라 초연결사회에서 비즈니스의 성공 요소로는 ① 소비자 행동 및 특성을 이해하기 위한 빅데이터 분석, ② 소비자 유인 스토리, ③ 미디어 활용, ④ 플랫폼에 기반을 둔 생태계 구축, ⑤ 서비스의 신속성 등이 새롭게 떠올랐다.

2) 이용자의 선택성 증대

인공지능, 빅데이터와 같은 기술의 진화는 이용자의 선택성 증대와 이용 경험의 심화라는 형태로 나타나고 있다. 미디어(콘텐츠) 이용 환경이 아날로그 기반이던 시절에 이용자의 선택권은 극히 제한적이었으며, 이에 따라 미디어(콘텐츠) 이용 양상도 획일적인 양상을 보였다. 하지만 디지털시대로 접어들면서 이용자의 미디어(콘텐츠) 이용 양상이 '파편화'되는 양상이 나타난다(Webster, 2005). 아울러 과거에는 이용자의 미디어 선택권이 제한되어 이용자가 미디어에 종속되어 있었으나 미디어가 다양해지면서 이용자의 자율성autonomy이 높아지고 있다. 이러한 현상은 4차 산업혁명시대에 더욱 심화하고 중요한 변화 요인으로 작용할 것으로 전망된다. 한편, 자동화가 심화함에 따라 오히려 이용자가 미디어를 이용하는 과정에서 발생하는 기술 종속과 이용자 간 사회 양극화가 심해질 것이라고 지적되기도 한다.

3) 니치 마켓의 부상과 롱테일 시장의 성장

콘텐츠와 이용자의 연결이 긴밀해짐에 따라 빅데이터에 기반한 데이터 분석으로 이용자 요구에 맞는 콘텐츠를 추천하거나 제공할 수 있게 되었다. 또한, 이용자의 취향을 콘텐츠를 통해 파악하고 이를 다양한 일반 상품 및 서비스에도 적용할 수 있다. 이에 따라 개별 취향에 최적화된 마이크로 콘텐츠micro contents의 가치가 높아질 것으로 예상된다. 마이크로 콘텐츠란 콘텐츠를 작은 단위로 나누어 제공하는 것을 의미하는데, 사용자가 콘텐츠에 접근하는 부담감이 적고, 제작하기에 편리하여 소셜 플랫폼에 적합하다는 특징이 있다.

4차 산업혁명에 따라 개인에게 적합한 '스토리'의 제공과 니치 마켓niche market이 부상할 것으로 보이며, 다양한 소재와 소수 취향의 콘텐츠도 시장에서 가치를 갖게 되었다. 수익을 추구하는 기존의 상업 콘텐츠와는 다른 매력을 기반으로 한 니치 콘텐츠가 인프라, 규모, 속도면에서 가치를 축적하리라 예상된다. 온라인 유통업에서 다품종 소량생산이 효과적일 수 있다는 롱테일The Long Tail 법칙이 초연결사회에서더욱 의미를 갖게 되었다. 롱테일 법칙은 크리스 앤더슨Chris Anderson이 2004년 처음 사용한 개념으로 사소한 80%의 다수가 중요한 20%의소수와 맞먹는 가치를 창출하는 현상을 일컫는 용어이다. 넷플릭스는니치 마켓의 글로벌 가능성을 고려하여 한국의 스토리텔링에 관심을두고 오리지널 콘텐츠를 제작하는 전략을 취한다. 초연결사회에서 이용자들은 디지털 네트워크를 통해 스스로 콘텐츠를 홍보하여 다양한콘텐츠를 소비하게 만든다.

기존에 '히트 상품'을 강조하던 미디어 산업이 다양한 니치 마켓을공략하기 위해 파편화하고 다각화하는 방향으로 확대됨에 따라 '마이크로 컬처', '마이크로 콘텐츠' 시대가 도래하리라 예상된다. 결국, 보편적인 킬러 콘텐츠가 니치 콘텐츠와 함께 공존하게 될 것이다.

4) 플랫폼의 집결과 네트워크 효과 발생

다양한 연결관계를 통해 구축된 플랫폼에 집결한 이용자 간에 특정한 사회관계가 형성되어 콘텐츠 이용에 네트워크 효과가 발생한다. 플랫폼 내부에서 만들어지는 다양한 콘텐츠는 이용자의 스펙트럼을 넓혀 대중적 취향을 만족시킬 뿐 아니라 소수취향 문화의 팬덤 형성까지 가능하게 한다. 소수취향의 문화콘텐츠는 이용자 사이에서 동질성 인식으로 인한 공감대 형성이 더 중요하므로 네트워크 효과가 더욱 크게 나타난다. 또한, 하나의 미디어 생태계에 영리나 비영리, 정부나 교육계, 기업 등에 종사하는 다양한 콘텐츠 제작자들이 다른 목적을 가지고 같은 미디어 채널과 특정 콘텐츠를 사용해 복잡한 상호작용이 발생한다.

초연결사회에서는 협력적 공유사회의 접근성이 핵심이 되어, 촘촘히 연결된 정보에 언제든, 누구든 접근하여 상호작용을 통해 새로운 가치를 창출할 수 있다. 사물인터넷을 비롯한 정보통신기술ICT의 발전을 통해 정보를 생산하고 교환하는 데 들어가는 비용을 점차 감소시켜 제로 수준으로 낮출 수 있다. 사회 구성원은 창조하거나 재구성한 자원을 공유하고 혁신하여 협력을 이룰 수 있다.

5) 초연결사회에서의 콘텐츠 공유와 연대

초연결사회에서는 콘텐츠의 공유와 연대가 쉬우며, 보편적이지 않은 특수한 감수성을 가진 사람들이 집단화되기 용이하다. 이를 통해 기존에 정치적 영향력이 없던 소수가 세력이 커져 새롭게 영향력을 갖게 될 수 있다. 또한, 차별화, 양극화된 사람들이 콘텐츠를 통해 공감대를 형성하고 친밀감을 느끼게 되어 인간성을 회복할 수 있다. 이뿐만 아니라 4차 산업혁명의 가속화로 인해 대면 만남이 줄고, 인간성이 결핍되는 문제가 생길 수 있는 반면, 콘텐츠에 대한 공감, 플랫폼에서의 유대로 이용자들의 친밀감이 높아지고 인간성이 회복될 수 있다.

4. 콘텐츠 공급과 이용 행태

아프리카TV의 경우, 개인방송국은 BJBroadcasting Jockey들과 팬들이 적극적으로 소통하는 공간으로서 시간이 지날수록 공동체적 특징을 지니게 된다. 우선, 공동체에서 BJ와 시청자는 모두 공동체 유지를 위한 참여 노동을 수행한다(이동후·이설희, 2017). 이러한 문맥에서 엿볼 수 있듯, 아프리카TV로 상징되는 실시간 방송 기반 1인 미디어는 채팅을 필두로 하는 상호소통의 가치를 중시해왔다.

유튜브도 비슷한 절차를 밟으며 발전하는 것으로 보인다. 최근 유튜브에 라이브와 커뮤니티 기능이 추가되면서 과거에 크리에이터가 영상을 올리면 댓글을 다는 방식으로 불완전하게 (혹은 비동시적으로) 이루어졌던 커뮤니케이션이, 새로운 두 가지 기능으로 보완되어 보다 활발한 상호소통을 가능하게 만들었다.

한편 동영상 서비스 성장의 지속과 유튜브 주도 속 숏폼short form 영상 플랫폼 성장이 기대된다. 유튜브의 경우 이용 계층이 노년층으로까지 확장되며 범위가 크게 증가하였고, 동영상 플랫폼 내 절대적인 이용시간 점유율을 차지해 영향력이 확대되리라 예상된다. 현재 콘텐츠 소비 트렌드는 동영상 중심으로 진행되고 있으며, 유명인부터 일반인에 이르기까지 점점 더 다양한 사람이 크리에이터로 진출하면서 영상 콘텐츠가 다양한 주제로 확대되고 있다. 이는 유튜브가 주도하는 동영상 시장의 성장이 지속할 것이라는 전망을 가능하게 한다.

또한, 정보검색엔진으로서 동영상 플랫폼이 부각되고, 텍스트에서 동영상으로 검색 트렌드가 변하고 있다. 이용자들은 검색하는 정보의 유형에 따라 포털, 동영상, SNS 등 플랫폼을 선택적으로 이용한다. 최근에는 텍스트가 아닌 영상을 통해 정보를 확인하는 검색 행태가 증가하고 있다.

전국 단위 소비자연례조사ARC 결과, 2018년 이용자들의 하루 평균 디지털 이용시간(포털, 소셜 미디어, 동영상 사이트 합계)은 223분, TV -set(지상파, 케이블·종편) 이용시간은 143분이었다. 미디어를 이용하는 디바이스는 파편화되었지만, 소비시간은 몰아보기 등을 통해 상당히 집중되는 경향성이 있음을 관찰할 수 있었다. 조사 결과 응답자 58%가 최근 1개월 이내에 특정 프로그램을 몰아서 시청한 경험이 있다고 응답했으며, 몰아보기 시청 매체 중 가장 시청 비율이 높은 매체는 TV였다.

온라인 라이브방송 콘텐츠 역시 빠르게 성장하고 있다. 유튜브, 페이스북, 인스타그램, 네이버 V-live 등 많은 플랫폼이 라이브방송 경쟁 시장에 진출했다. 이는 라이브방송이 미래의 플랫폼 트래픽과 플랫폼의 성패를 좌우할 중요 콘텐츠 중 하나이기 때문으로 보인다.

5세대 이동통신, 5G시대가 본격적으로 개막하여 초고속, 초저지연, 초연결기술을 통한 산업 전반의 혁신적 변화가 예상된다. 특히 5G기술에 기반한 실감형 콘텐츠(VR, AR 등)가 활성화되고, 이를 활용한 마케팅이 증가할 전망이다.

디지털 콘텐츠 시장의 핵심 키워드는 '유료 동영상'으로 꼽을 수 있으며, 유료 동영상 시장은 콘텐츠 구매에 호의적인 2030 이용자를 중심으로 성장 중이다. 또한 콘텐츠 구매에 대해 이용자의 인식이 개선되고 콘텐츠 품질이 향상되어 유료 동영상 시장은 지속해서 확대되리라고 예상된다. 성숙한 국내 미디어 소비 환경에서 '3ㅌ' 매체(틱톡, 트위치, 트위터)는 특화 서비스로 존재감을 드러냈다. 이러한 '3ㅌ' 매체의 주 이용자층은 현재 시장에서 가장 주목받고 있는 Z세대(C세대)라는 특징이 있다. 이는 '3ㅌ' 매체가 특화된 서비스를 제공할 뿐만 아니라 경쟁 플랫폼들과 차별화된 매체정체성을 구축하고 있기 때문으로 분석된다.

전 세계에 콘텐츠 왕국을 구축 중인 넷플릭스는 한국 콘텐츠 제작 등에 많은 투자를 하고 글로벌 진출 플랫폼으로서 주요한 역할을 하고 있다. 'K-좀비' 열풍을 일으킨 〈킹덤〉 등 한류 콘텐츠가 세계적으로 사랑받고, 신종 코로나 바이러스 사태로 주요국의 콘텐츠 제작이 줄줄이 멈춰 선 상황에서도 한국은 큰 여파가 없었다는 점에서 유리한 환경이 조성되고 있다.

한국은 최근 넷플릭스 가입자 증가세에 큰 역할을 했을 뿐 아니라 '오리지널 콘텐츠 전략'을 앞세운 넷플릭스의 핵심 제작기지로서의 역할도 하고 있다. 넷플릭스의 한국 내 유료 가입자는 2020년 9월 30일

오리지널 콘텐츠 전략   넷플릭스가 스트리밍 서비스의 핵심은 고품질 콘텐츠에 있다고
보고, 경쟁력 있는 콘텐츠를 확보하기 위하여 직접 제작해 자체 서비스에서 제공하는 것
을 말한다.

기준 330만 명으로 추산된다. 2019년 같은 달(184만 명) 대비 2배 가까운 증가세다. 넷플릭스는 2015년 이후 콘텐츠 공동 제작 등 한국에 약 7억 달러를 투자한 것으로 알려졌다. 넷플릭스에서는 현재 한국 창작자가 참여한 드라마 70여 편이 오리지널 드라마로 전 세계에 개봉했고, 31개 언어로 자막이, 20개 언어로 더빙이 제공된다(〈중앙일보〉, 2020. 10. 21).

최근 콘텐츠 개발 및 공급과 관련하여 새로운 사회적 이슈들도 제기되고 있다. 웹툰과 웹소설 등 온라인 콘텐츠 창작자들이 구글 인앱결제 시스템 의무화에 반대의사를 표명한 것이다. 구글은 2020년 9월 게임앱에만 적용하던 인앱결제 강제 방식을 2021년부터 전체 디지털 콘텐츠앱에 확대 시행하겠다는 정책을 발표한 바 있다. 이에 구글플레이에 입점한 게임 외 디지털 콘텐츠 제공 앱 사업자는 인앱결제 강제와 30%의 수수료를 부담하게 되었다. 30% 수수료는 구글과 통신사, 결제대행사 등이 나누어 갖는다.

한국 창작스토리 작가협회와 한국 웹소설 산업협회는 2020년 11월에 구글의 자사 결제시스템 의무화 정책을 반대한다는 성명서를 발표하고, 11월 현재 국회에서 추진 중인 구글 인앱결제 방지 법안의 조속한 통과를 촉구했다. 한국 창작스토리 작가협회는 "구글이 글로벌 시

장의 지배력을 남용해 앞으로 수수료를 30% 강제적으로 떼어간다면 창작자들의 피와 땀이 스민 노력의 대가가 고스란히 아무 기여도 하지 않은 구글에 돌아가게 된다"며, "구글의 인앱결제 시스템 의무화로 인해 직접적으로 피해를 보는 대상 중 하나가 바로 창작자인 웹소설, 웹툰 작가"라고 지적했다. 또한 "구글이 주도하는 인앱결제 수수료에 대한 부담으로 신규 콘텐츠에 대한 투자는 자연적으로 크게 감소할 수밖에 없다"면서 "현재 구글이 추진하는 인앱결제 강제화 정책은 우리나라 콘텐츠 산업의 발전을 심히 저해하는 글로벌 거대사업자의 횡포"라며 반발했다(〈지디넷코리아*ZDNet Korea*〉, 2020. 11. 17).

5. 저작권

저작권이란 시, 소설, 음악, 미술, 영화, 연극, 컴퓨터프로그램 등과 같은 '저작물'에 대하여 창작자가 갖는 권리를 말한다. 예를 들면, 소설가는 소설작품을 창작한 경우에 이를 원고 그대로 출판, 배포할 수 있는 복제, 배포권과 함께 그 소설을 영화나 번역물 등 다른 형태로 저작할 수 있는 2차적 저작물 작성권, 연극 등으로 공연할 수 있는 공연권, 방송물로 만들어 방송할 수 있는 방송권 등을 갖는다. 이러한 여러 가지 권리 전체를 저작권이라고 하며, 이는 크게 저작재산권과 저작인격권으로 나누어 볼 수 있다.

저작권은 부동산과 마찬가지로 매매하거나 상속할 수 있고, 다른 사람에게 빌려줄 수도 있다. 만일 어떤 사람이 허락받지 않고 타인의 저작물을 사용한다면 저작권자는 그를 상대로 민사상 손해배상을 청구할 수 있고, 그 침해자에 대하여 형사상 처벌을 요구(고소)할 수도 있다. 저작권자는 일반적으로 저작권을 다른 사람에게 양도하거나 다른 사람에게 자신의 저작물을 사용할 수 있도록 허락함으로써 경제적 대가를 받을 수 있다. 이러한 저작권의 경제적 측면을 저작재산권이라고 한다.

결국, 저작권이 있기 때문에 저작자는 저작물 사용에 따른 경제적 대가를 받으며, 동시에 그 저작물이 사용되는 과정에서 저작자가 작품 속에 나타내고자 하는 창작의도를 그대로 유지할 수 있다. 그러나 부동산도 공공적 목적 등을 위해서는 일정한 범위 안에서 재산권 행사가 제한되는 것처럼 저작재산권도 일정한 범위 안에서는 저작자가 그 권리를 행사할 수 없다. 예를 들면, 비영리 목적의 개인적 이용이나 교육을 목적으로 하는 경우, 시사보도를 위한 경우 등에 대해서는 저작재산권의 일부가 제한된다.

컴퓨터프로그램은 다른 저작물에 비해 특이한 면이 있다. 컴퓨터프로그램이란 특정한 결과를 얻기 위하여 컴퓨터 등 정보처리능력을 가진 장치 내에서 직접 또는 간접으로 사용되는 일련의 지시나 명령으로 표현되는 창작물을 말한다. 〈저작권법〉은 컴퓨터프로그램저작물의 보호에 대해서는 별도의 법으로 정하도록 했다가, 제17차 개정(2009년)에 의해 〈저작권법〉으로 일관되게 보호하도록 했다. 다만, 컴퓨터프로그램의 특수성을 고려하여 저작재산권 제한 규정 등에 대하여 일부 특례 규정을 두었다.

〈저작권법〉은 2차적 저작물에 대해서도 규정을 두었다. 2차적 저작물이란 기존의 원저작물을 번역·편곡·변형·각색·영상제작, 그 밖의 방법으로 작성한 창작물을 뜻한다(제5조). 예를 들면, 소설을 영화로 만든 경우 그 영화는 2차적 저작물이 되며, 외국 소설을 한국어로 번역한 경우에는 그 번역물이 2차적 저작물이 된다.

우리나라에서 저작자의 권리, 즉 저작권은 저작인격권과 저작재산권으로 나누어지며, 이러한 저작권은 저작한 때로부터 발생하고 등록이나 납본과 같은 절차가 필요한 것은 아니다(제10조). 이에 반해, 1976년 미국 저작권법의 경우에는 모든 저작물에 ⓒ 표시와 저작연도, 저작자 성명을 표시하고 저작권청에 등록해야 저작물로서 완전한 보호를 받도록 했다. 그러나 미국은 베른협약에 가입하기 위해 1988년에 저작권 표시에 대한 의무 제도를 원칙적으로 폐지하고 저작권 등록이 침해소송의 요건이었던 기존의 규정을 개정했다.

저작권과 관련해서 실제 창작자와 작품에 표시된 저작자가 다를 때가 있다. 대표적 사례가 회사 등에서 업무상 만들어 낸 저작물로서 '법인 등의 명의'로 공표되는 경우이다. 〈저작권법〉상 이를 '업무상 저작물'이라고 하는바, 회사, 단체, 그 밖의 사용자의 기획하에 작성되고 회사 등의 명의로 공표되는 업무상 저작물의 저작자는 계약 또는 근무규칙 등에 달리 정한 것이 없을 때에는 회사 등이 된다. 다만, 컴퓨터프로그램저작물의 경우에는 공표되는 것을 요하지 않는다(제9조).

영상저작물도 실제 창작자와 저작권자가 다른 경우에 해당된다. 영상저작물은 원작자, 시나리오작가, 감독, 배우, 촬영자, 작곡가, 미술가 등 많은 사람들의 공동작업에 의해 만들어지는 종합예술작품이므로, 실제 창작자 모두가 저작자로서 권리를 행사하게 되면 영상저작물의 유통이 매우 어렵다. 그래서 영상저작물의 경우에는 원칙적으로 영상제작자가 영상저작물을 이용하는 데 필요한 권리를 행사한다 (제100조). 그러나 영상저작물에 포함된 음악, 시나리오 등을 개별 저작물로서 이용할 때 음악가, 시나리오작가 등은 저작권자로서 권리를 행사할 수 있다.

6. 디지털 콘텐츠와 거버넌스

우리는 수시로 스마트폰을 보고 활용하며, 일상생활의 많은 부분이 이를 통해 이루어진다. 매일같이 검색을 하고 앱을 사용하며 나도 모르게 나의 정보를 곳곳에 제공한다. 이런 과정에서 디지털의 빛과 그림자가 나타나는데, 데이터의 생산, 유통, 활용, 이윤창출과 분배 등 다양한 측면에서 문제가 발생할 수 있다.

지능정보사회에 들어서면서 다양한 디지털 역기능 이슈가 발생하고 있으며, 이슈에 따라 대상과 교육 방법의 차별화가 필요하다. 정보 격차 해소를 위한 정책이라는 측면에서 장애인에 대한 미래 정책방향은 보편화된 정보화 기기에 접근하는 데 필요한 기본적 역량과 콘텐츠 접근 및 활용에 대한 리터러시에 중점을 두어야 할 것이다. 노·장년 층의 경우에는 디지털 정보에 대한 유인책을 통한 자발적인 이용 증가 및 정보 리터러시 향상 방안에 대한 연구가 필요하다.

새로운 디지털 환경에서 콘텐츠의 문제는 이에 따른 역기능과 디지털 윤리의 문제도 수반한다. 콘텐츠의 이용과 전달과정에서 발생하는 이러한 문제에 대해서도 대안적 방안이 종합적으로 마련되어야 한다. 혐오표현은 모욕죄, 명예훼손죄를 통한 형사법적 처벌과 함께 혐오표현을 직접적으로 규제하는 방안이 있지만, SNS나 미디어상에서 혐오표현을 없애는 근본 대책으로서 실효성이 있는지에 대한 논란이 있다. 따라서 성장하는 청소년에게는 특히 혐오표현에 대한 올바른 인식 교육이 전제되어야 하며, 나아가 이러한 차별을 철폐하기 위한 정책적 대응이 필요하다.

허위조작정보의 경우, 고령화사회로 접어들며 노년층의 비중이 높아지고 이들과 젊은 세대와 소통이 단절되면서, 폐쇄적 네트워크 안에서 떠도는 허위조작정보에 대해 이의를 제기하지 않고 그대로 수용하기 쉬운 상황이다. 정확한 정보를 제공하려는 노력과 함께 허위조작정보가 사실과 다르다는 것을 스스로 분별할 수 있도록 하는 교육이 필요하다.

다가오는 미래사회에서 디지털기술을 활용한 콘텐츠의 양은 엄청나게 증가할 것이며, 이들은 우리의 생활을 풍부하고 윤택하게 만드는 데 기여할 것이다. 동시에 콘텐츠 소비 형태가 변화하고 산업 규모가 확대되면서 그것을 둘러싸고 나타나는 이윤과 권리의 문제 등 다양한 사회적 이슈들을 해결해 나가는 데도 다양한 이해관계 집단과 정책 관계자가 지혜를 모아야 할 것이다.

1. 4차 산업혁명의 가속화로 인해 면대면 만남이 줄고, 인간성이 결핍되는 문제가 생길 수 있다. 한편으로는 콘텐츠에 대한 공감, 플랫폼에서의 유대로 이용자들의 친밀감이 높아지고 인간성이 회복될 수 있다는 측면도 강조되는데, 앞으로 콘텐츠 이용과 공급체계는 어떻게 변화할 것으로 전망되는가?

더 보기

신창환(2018), 디지털 저작권 소진 이론에 관한 연구, 서울대학교 박사학위논문.

임한규(2020), 유럽연합 디지털 단일 시장의 저작권 및 저작인접권 지침의 주요 내용과 시사점, 〈외국입법 동향과 분석〉, 70호.

한국콘텐츠진흥원(2010), 디지털 콘텐츠 보호·관리 기술 동향, 〈문화기술 심층리포트〉, 7호.

참고문헌

과학기술정보통신부(2019), 〈2018 디지털정보격차 실태조사〉.

김대호(2016), 《4차 산업혁명》, 커뮤니케이션북스.

이동후·이설희(2017), 인터넷 개인방송 BJ의 노동 과정에 대한 탐색: 아프리카TV 사례를 중심으로, 〈한국언론학보〉, 61(2).

이용관(2019), 1인 미디어 크리에이터 활동여건 분석, 〈문화경제연구〉, 22(1).

이현정(2018), 크리에이터의 성별에 따른 유튜브 키즈 채널 놀이 콘텐츠 및 댓글 분석, 성균관대 아동·청소년학과 석사학위 논문.

한국정보화진흥원(2017), 《새로운 기술, 새로운 세상 지능정보사회》.

_____, 《2018 국가정보화백서》.

〈중앙일보〉(2020. 10. 21), 넷플릭스, 한국·일본 가입자 올해 성장 일등공신.
〈ZDNet Korea〉(2020. 11. 17), 온라인 콘텐츠 창작자들, 구글 인앱강제 반대.

Webster, J. G. (2008), Structuring a Marketplace of Attention, in Joseph, T. , & Lokman, T. (eds.), *The Hyperlinked Society*: *Questioning Connections in the Digital Age*, Ann Arbor, MI: The University of Michigan Press.

5부

4차 산업혁명시대의 정보사회

가상현실, 컴퓨터로 만들어 낸 실재의 경험

최순욱

이 장의 핵심

가상현실에 대한 정의는 여러 가지가 있으나, 쉽게 설명하면 '그 안에 있다는 확신(현전감)과 경험을 주는 컴퓨터기술로 만들어진 환경'이라고 할 수 있다. 가상현실에서는 사람이 감각하거나 지각할 수 있는 모든 것, 상상할 수 있는 모든 것을 만들어 이용자에게 제공할 수 있다. 이런 가상의 것들은 현실에 존재하진 않지만, 현실과 동일하게 경험되기 때문에 가상현실은 환상과는 완전히 다르다. 한편 가상현실은 환경을 100% 가상의 이미지로 채운다는 점에서 환경의 일부만을 가상이미지로 교체하는 증강현실과도 구분된다.

수십 년간 꾸준히 발전한 각종 하드웨어, 소프트웨어기술은 이용자에게 점점 더 높은 수준의 가상환경을 제공하는 시스템을 제작하는 데 도움이 된다. 가상현실 시스템은 기본적으로 입력, 애플리케이션, 렌더링, 출력의 4가지로 구성되며 이용자의 정보를 가상현실 시스템에 전달하고, 가상환경의 정보를 이용자에게 전달하기 위해 HMD^{Head Mounted Display}, 트레드밀, 공간 오디오 등 다양한 입·출력장치가 사용된다.

가상현실의 핵심 작동원리는 '원격현전^{tele-presence}'이다. 이는 이용자가 미디어의 내용에 완전히 몰입하면서 미디어의 존재를 순간적으로 잊는 현상이다. 원격현전의 경험을 좌우할 수 있는 기술적 요소로는 생생함과 상호작용성을 들 수 있다. 이는 더 많은 종류의 정보를 더 정밀한 수준으로 제공하고, 가상환경을 직접 조작할 수 있는 여지가 더 클 때 이용자가 쉽게 가상환경에 완전히 몰입하게 된다는 것을 의미한다.

시공간을 초월해 현실이 아닌 상상할 수 있는 모든 환경을 이용자에게 제공할 수 있는 가상현실의 활용 범위는 무궁무진하다. 수년 전부터 상대적으로 저렴한 개인용, 가정용 HMD가 잇달아 출시되며 다양한 산업 분야에서 가상현실을 도입, 활용하는 사례가 늘어나고 있다.

하지만 가상현실은 여러 잠재적 문제점을 안고 있다. 이용자 차원에서는 VR 멀미로 대표되는 건강, 안전 문제가 제기될 수 있다. 사회 차원에서는 윤리의식의 쇠퇴가 일어날 수 있으며, 가상인간을 접하는 경우가 많아지면서 인간관계에도 근본적인 변화가 찾아올 수 있다. 가상현실은 이제 대중화의 첫발을 뗀 상태이므로, 이런 문제들의 발생에 대비하기 위해 사회 전체 차원의 관심과 연구가 필요하다.

1. 가상현실에 대한 이해

1) 가상현실과 가상성의 개념

가상현실이라는 말이 처음 사용된 시기는 1938년이다 (Davis, 1998; Kelly, 2016). 프랑스의 극작가이자 연극 감독이었던 앙토냉 아르토 ^{Antonin Artaud}가 무대 위 가공의 인물과 사물들이 관객들을 매료시키고 극에 몰입하게 만든다는 의미에서 '가상현실^{la réalité virtuelle}'이란 용어를 사용했다. 이는 가상현실이 반드시 컴퓨터기술과 결부될 필요는 없다는 것을 시사한다. 하지만 1980년대 이후 가상현실은 미국의 컴퓨터 예술가인 재런 래니어Jaron Lanier나 마이런 크루거Myron Krueger 등의 논의를 거치며 점차 컴퓨터와 매우 밀접한 관계에 있는 것으로 받아들여졌다. 각종 컴퓨터기술이 관객(이용자)의 매료와 몰입을 획기적으로 증대시키기 위해 사용되었기 때문이다.

그럼에도 HMDHead Mounted Display 등 가상현실에 사용되는 특정 하드웨어나 기술을 중심으로 가상현실을 정의하는 것은 적절하지 않다(Steuer, 1992). 이런 것 없이도 가상현실을 구현할 수 있을뿐더러, 이렇게 할 경우 가상현실은 명확한 분석 단위를 갖지 못할 뿐만 아니라 가상성의 정도에 따른 유형화도 불가능해지기 때문이다.

이 때문에 많은 미디어 연구자들은 가상현실의 개념이 인간의 경험 관점에서 설명되어야 한다고 본다. 스튜어(Steuer, 1992)가 대표적인데, 그는 가상현실을 "지각하는 사람이 원격현전을 경험하는 실재의 또는 모사된simulated 환경"이라고 정의했다. 원격현전은 커뮤니케이션 수단에 의해 어떤 환경 안에 '존재한다는 느낌'을 받는 것이다.

하임(Heim, 1993/1997)도 같은 입장이다. 그에 따르면 가상현실은 "참여자가 수신한 정상적인 감각 입력을 컴퓨터가 산출한 정보와 대치시킴으로써, 참여자가 실제로 다른 세계에 있다고 확신하게 만드는 것"이다. 제럴드(Jerald, 2016/2019)는 "컴퓨터로 생성된 디지털 환경을 마치 실제인 것처럼 경험하고 상호작용할 수 있는 것", 피멘텔과 테이셰이라(Pimentel & Teixeira, 1993)는 "컴퓨터로 생성된 몰입적이고 상호작용적인 경험"이 가상현실이라고 설명했는데, 역시 사용자의

'경험'이라는 요소에 방점을 찍고 있다.

이상의 정의들에서 공통되는 요소를 쉬운 말로 정리하면 가상현실이란 결국 '그 안에 있다는 확신(현전감)과 경험을 주는 컴퓨터기술로 만들어진 환경'이라고 할 수 있겠다.

그런데, 이 지점에서 '가상virtual, 假想'이란 말의 의미를 생각해 볼 필요가 있다. 표준국어대사전은 가상현실의 '가상'을 "사실이 아니거나 사실 여부가 분명하지 않은 것을 사실이라고 가정하여 생각함"이라고 설명한다. 가상이 사실이 아닌 것과 관련된다면 가상현실의 경험은 모두 가짜인가? 또는 용이나 유니콘같이 이 세상에 존재하지 않은 것을 그려야만 가상현실로 인정되는가?

사실 원어 virtual의 뜻은 국어와 상당한 차이가 있다. virtual은 어떠한 효력을 발생시킬 수 있는 잠재력을 뜻하는 라틴어 'virtus'에서 유래한 말로, 영어나 프랑스어 등에서 가상은 '잠재되어 있으나 아직 현실화되지 않은 상태'를 의미한다. 이를 나무와 씨앗의 관계에 적용해보면, 씨앗은 나무가 될 잠재력을 갖고 있으므로 나무는 씨앗 안에 가상적으로 실재하지만 아직 현실화되지 못했다고 말할 수 있다. '현실'은 시공간에서 직접 지각할 수 있는 대상과 그와 관련된 경험을 가리키지만 '실재'는 현실화된 것과 그렇지 않은 것을 모두 아우르는 더 넓은 개념이라는 점을 고려하면, 결국 가상은 '실재reality'와 반대되는 것이 아니라 '현실actuality'과 반대관계에 있다고 할 수 있다. "가상도 있긴 있는 그 무엇이며, 실재의 중요한 차원 중의 하나"(차건희, 2002)인 것이다.[1]

이렇게 가상의 의미를 명확하게 하면 가상현실의 본질도 이해할 수 있다. 가상현실의 대상은 실재이므로 사람이 감각하거나 지각할 수 있는 모든 것, 상상할 수 있는 모든 것을 이용자에게 제공할 수 있다. 그리고 가상화된 모든 것은 비록 현실은 아닐 수 있으나, 분명히 실재하므로 가상현실의 경험도 현실의 경험만큼이나 진짜일 수밖에 없다. 즉, 가상현실의 경험은 경험한 사람이 현실인지 아닌지 끝까지 인식할 수 없는 환상hallucination과는 완전히 다르다(Heim, 1993/1997).

2) 가상현실 시스템

수십 년간 꾸준히 발전한 각종 하드웨어, 소프트웨어기술은 이용자에게 점점 더 높은 수준의 가상환경을 제공하는 기반이 되고 있다. 이 절에서는 비오카(Biocca, 1997)와 제럴드(Jerald, 2016/2019)의 논의를 참조해 컴퓨터기술을 활용한 가상현실 시스템의 기본 구조와 여기에 활용되는 대표적 장비를 간략히 살펴본다.

　제럴드(Jerald, 2016/2019)는 가상현실 시스템을 구성하는 기본 요소를 입력, 애플리케이션, 렌더링, 출력의 4가지로 설명한다. 입력은 몸의 움직임이나 목소리처럼 가상현실 이용자에게서 나오는 데이터를 수집하는 부분이다. 애플리케이션은 입력된 정보에 맞춰 가상환경의 정보를 새롭게 계산하고 조정하는 시스템의 요소다. 렌더링은 애플리

1　여명숙(1999)은 그래서 'reality'를 '실재'가 아니라 '현실'이라고 번역한 가상현실 (*virtual reality*)이 모호한 개념이며, 가상현실이 아닌 '가상실재'가 더 나은 번역이라고 주장했다.

케이션에서 생성된, 컴퓨터가 이해하는 형태로 된 가상환경의 정보를 사람이 이해할 수 있는 형태로 변환하는 부분이다. 출력은 소리를 스피커를 통해 음파로 내보내는 것처럼 변환된 정보를 물리적으로 이용자에게 전달하는 과정이다.

가상현실 시스템의 출력단과 입력단은 다양한 기기로 구성될 수 있다. 시각 정보를 이용자에게 전달하는 대표적인 장비는 HMD^{Head Mounted Display}이다. 머리에 다소 꽉 맞게 부착하는 HMD는 이용자의 눈앞에 디스플레이를 배치해 HMD 외부로 향하는 시선을 차단함으로써 몰입감이 강한 영상을 제공할 수 있다. HMD에는 대개 이어폰이나 스피커가 달려 있기 때문에 가상환경의 청각 정보를 이용자에게 전달하는 역할도 동시에 수행한다. 아울러 HMD는 이용자의 머리 움직임을 애플리케이션에 전달하는 훌륭한 입력장치 역할도 수행할 수 있다. 이렇게 다양한 기능 때문에 HMD는 1960년대에 개발된 직후부터 가상현실 시스템의 가장 중요한 구성 요소로 대접받고 있다.

하지만 HMD가 가상현실의 필수 요소는 아니다. 가상환경의 시각 정보를 전달하기 위해 이용자의 머리와 함께 움직이지 않는 '월드 고정형 디스플레이^{World-Fixed Display, WFD}'를 이용할 수도 있다. WFD를 사용한 가상현실 시스템에서는 보통 사용자가 위치한 방의 바닥과 벽에 정확한 원근법에 따라 입체 이미지가 투사되며, 청각 정보는 헤드폰이나 사방에 배치된 여러 스피커를 이용해 공간감을 표현하는 '공간 오디오'를 통해 전달된다.

촉각 정보를 이용자에게 전달하는 대표적인 하드웨어는 데이터 글러브^{data glove}인데, 이는 진동이나 공기압 등으로 착용자의 손에 가상

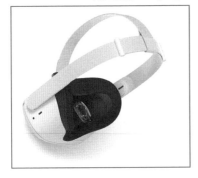

출처: oculus.com; virtuix.co.

환경의 변화를 느낄 수 있게 해주는 장치다. 최근에는 손으로 작동시키는 HMD의 컨트롤러에 진동 기능이 추가되며 데이터 글러브와 유사한 기능을 수행하는 경우도 많아졌다. 그리고 이런 장비들은 가상환경 정보의 출력장치인 동시에 이용자의 손 움직임을 애플리케이션에 전달하는 중요한 입력장치이기도 하다.

포스 피드백force feedback은 이용자가 가한 힘에 대한 반발력을 전달해주는 가상현실 출력장치인데, 한 장소에 머무는데도 걷고 뛰거나 환경이 기울어진 듯한 느낌을 주는 트레드밀treadmill이 여기에 해당될 수 있다. 트레드밀 역시 이용자의 몸 움직임 정보를 입력하는 장치가 된다. 이 밖에 이용자가 입을 수 있는 데이터 슈트data suits나 외골격 장치exoskeletons 등도 포스 피드백 출력장치이자 몸 움직임 입력장치의 대표 사례다.

이 외에도 가상현실 시스템에는 뇌전도EEG처럼 이용자의 자율신경계 상태를 입력할 수 있는 장치나 맛, 냄새, 바람(공기 흐름) 정보를 출력하기 위한 장치를 추가로 적용할 수도 있다. 이런 장치를 추가하는 궁극적인 목적은 이용자를 가상환경에 더 깊이 몰입시키기 위함이다. 〈그림 15-2〉는 가상현실 시스템의 구조와 감각 정보별 주요 입·출력장치를 정리한 것이다.

그림 15-2 **가상현실 시스템의 구조와 주요 장치들**

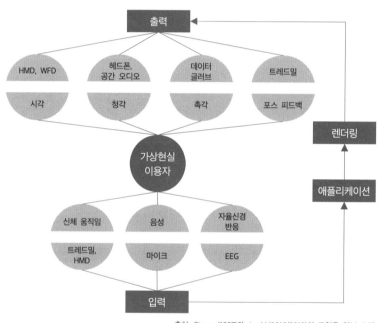

출처: Biocca (1997)와 Jerald (2016/2019)의 모형을 일부 수정.

3) 현전감의 결정 요인

가상현실 시스템은 어떻게 이용자에게 가상의 환경 속에 있다는 경험을 주는가? 이러한 경험을 '원격현전'이라 한다고 언급한 바 있다. 원격현전은 어떤 미디어의 사용자가 미디어로 표상된 내용에 주의를 집중하고 몰입하면서 미디어 자체의 존재를 잊게 되는 상태에서 발생한다. 이때 이용자의 실재는 미디어를 보고 있는 현실의 시공간이 아니라 미디어의 콘텐츠에 등장하는 시공간으로 구성된다. 이런 상황은 특별한 것이 아니다. 공포영화를 볼 때 화면 속에서 나를 향해 뛰어오는 것이 실제가 아님에도 공포를 느끼거나 깜짝 놀라는 것, 몰입해서 읽고 있는 소설 속 세계가 진짜인 듯 생생하게 느껴지는 것이 모두 일상 속의 원격현전 경험이다.

스튜어(Steuer, 1992)는 원격현전의 발생 여부를 좌우할 수 있는 중요한 기술적 요소로 생생함과 상호작용성을 제시했다. 생생함은 "감각적으로 풍부한 매개 환경을 생성할 수 있는 기술의 능력"이며, 이와 관련된 요인은 정보의 폭과 깊이다. 폭은 동시에 전달되는 감각 정보의 수를, 깊이는 이러한 감각 정보를 제공하는 채널들의 해상도^{解像度}를 말한다. 간단히 말해 시각, 청각의 2개 정보를 제공할 때보다 시각, 청각, 촉각, 후각의 4개 감각 정보를 이용자에게 제공할 때(폭의 증대), 그리고 저화질 이미지 대신 고화질 이미지를 제공하거나 2D 이미지 대신 3D 이미지를 제공할 때(깊이의 증대) 이용자는 더욱더 미디어에서 표현되는 세계가 이 순간의 현실이며 본인이 그 안에 있다고 느끼게 된다는 것이다.

상호작용성은 "미디어의 이용자가 매개된 환경의 형식과 내용에 영향을 미칠 수 있는 정도"를 말한다. 스튜어는 상호작용성과 관련된 핵심 요인으로 속도, 범위, 그리고 매핑mapping 등 3가지를 꼽았다. 속도는 사용자의 입력이 미디어에 전달되는 반응 속도이며, 범위는 미디어를 통해 나타난 세계 속에서 이용자가 조작하거나 변형시킬 수 있는 요소의 양을 가리킨다. 매핑은 현실 속 이용자의 행동이 미디어에 나타난 세계 속에서의 행동과 일치되는 정도이다.

컴퓨터게임을 생각하면 세 요소와 상호작용성의 관계를 쉽게 이해할 수 있다. 이용자가 시킨 대로 캐릭터가 즉각적으로 반응하고(속도), 게임에서 할 수 있는 것이 많으며(범위), 이용자의 캐릭터 조작 방식이 직관적·일관적일수록 게임은 더 상호작용적이라고 받아들여지며 이용자는 게임의 가상세계가 현실인 것처럼 빠져들 가능성이 높아진다.

다른 학자들도 원격현전의 경험을 증대시킬 수 있는 요인들을 제시한 바 있다. 예를 들어 문학이론가인 라이언(Ryan, 1999·2001 등)은 원격현전 경험에 대한 논의를 가상현실이 아닌 다른 텍스트로 확장하기 위하여 스튜어가 언급한 생생함을 '몰두沒頭'로 대체했다. 셰리든(Sheridan, 1992)은 이용자가 미디어에서 재현된 세계를 지각하는 방식을 '통제'할 수 있어야 원격현전 경험이 증대된다고 주장했다. 가상환경이 이용자가 시점을 이동하는 대로, 몸이 움직이는 대로 거기에 맞춰 가상환경이 변화해야 한다는 뜻이다.

롬바드와 디턴(Lombard & Ditton, 1997)은 생생함과 상호작용성 같은 기술적 요인 외에 콘텐츠, 이용자 등과 관련된 요인도 원격현전의 경험을 좌우한다고 설명했다. 콘텐츠 요인은 사회적 현실성, 미디어 관습, 이용 난도 등이며, 이용자 요인에는 불신중지의 의지, 미디어에 대한 사전지식과 경험 등이 포함된다.

한편, 생생함(또는 몰입)과 상호작용성은 제공할 수 있는 원격현전 경험의 수준에 따라 특정한 미디어기술을 분류하는 기준이 되기도 한다. 〈그림 15-3〉은 이를 간략하게 표현한 것이다. 영화는 상호작용의 수준이 책과 비슷하지만, 훨씬 더 폭 넓고 깊은 정보를 제공하기 때문에 책보다 더 큰 원격현전의 경험을 제공할 수 있다. 전화가 책보다 원격현전 측면에서 더 나은 경험을 제공할 수 있는 것은 생생함 측면에선 큰 차이가 없지만, 상대방과의 대화로 인한 상호작용성이 훨씬 더 크기 때문이다. 그리고 몰입성과 상호작용성 모두 다른 미디어를

그림 15-3 원격현전의 수준에 따른 미디어 분류

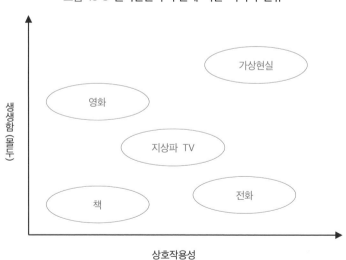

출처: Steuer (1992)와 김선호·신효섭·정세훈 (2016)의 모델을 참고해 수정.

압도할 수 있는 가상현실은 가장 높은 수준의 원격현전을 생성할 수 있다.

4) 가상현실과 증강현실, 그리고 360° 영상

가상현실과 증강현실augmented reality은 명확히 구분되어야 한다. 2020년 들어 언론이나 각종 보고서 등에서 이 둘을 하나인 것처럼 엮어서 사용하는 경우가 부쩍 늘었는데, 두 개념에는 매우 큰 차이가 있다.

증강현실은 '컴퓨터로 만들어진 가상의 요소가 현실 속에 있다는 확신과 경험을 주는 환경'이다. '수나 양을 늘려서 더 강하게 한다'는 증강增强의 사전적 의미대로 가상의 요소를 현실에 추가한 것이다. 주변을 촬영 중인 스마트폰 화면에 게이머가 잡을 수 있는 가상의 동물이 실제 공간의 이미지에 겹쳐져 나타나는 게임 〈포켓몬고Pokémon GO〉가 증강현실의 대표적인 사례다.

아즈마(Azuma, 1997)에 따르면 증강현실은 3D로 표현된 가상의 요소가 3D의 실제 세계와 매우 정확하게 결합되어 있으며, 이용자와 실시간 상호작용이 가능하다는 특성을 갖는다. 혼합현실과 가상현실을 구분하는 기준은 현실의 대체 여부다. 가상현실은 가상의 세계로 실제 세계를 완전히 대체하지만, 증강현실은 가상의 이미지로 실제 세계를 보완한다는 것이다.

밀그램과 키시노(Milgram & Kishino, 1994)가 제시한 '가상성 연속체virtuality continuum' 개념을 이용해 가상현실과 증강현실의 차이를 더 직관적으로 이해할 수 있다. 이들은 가상의 객체object나 이미지들이

그림 15-4 밀그램과 키시노의 가상성 연속체

혼합현실
(Mixed Reality)

현실환경	증강현실	증강가상	가상환경
(Real Environment)	(Augmented Reality)	(Augmented Virtuality)	(Virtual Environment)

출처: Milgram & Kishino (1994).

환경을 구성하는 정도를 기준으로 우리가 접할 수 있는 환경을 구분했다. 한쪽 끝에는 가상의 이미지가 하나도 포함되지 않은 실제의 현실환경이, 다른 쪽 끝에는 가상의 객체로만 구성된 완전한 가상환경이 있다. 그리고 그 사이에 현실환경에 가상의 객체가 일부 섞인 증강현실과 가상환경에 실제 대상이 일부 포함된 증강가상augmented virtuality이 존재한다. 혼합현실Mixed Reality은 양 극단 사이에 있는 모든 증강현실과 증강가상을 아우르는 개념이다.

아즈마가 제시한 증강현실의 개념은 밀그램과 키시노의 혼합현실 개념과 거의 같다. 아즈마는 실시간 상호작용이 가능한 3D 객체가 현실환경 속에 결합되어 있는 것은 모두 증강현실이라고 설명했고, 밀그램과 키시노가 증강현실과 증강가상을 달리 설명했지만 이는 어디까지나 이론적인 구분이고 실제로 둘을 나누는 객관적 기준을 찾는 건 쉽지 않기 때문이다.

요약하자면 가상현실은 100% 가상의 이미지로 구성된 환경이며, 증강현실은 현실이 100%가 아닌 환경이다. 이런 개념 차이는 구현

방식의 차이로도 이어진다. HMD를 이용한 가상현실에서 HMD 밖 현실환경을 보는 이용자의 시야는 차단된다. 현실환경을 모두 가상의 이미지로 대체해야 하기 때문이다. 하지만 가상의 이미지를 현실 공간과 결합해야 하는 증강현실에서는 HMD를 이용하더라도 이용자가 여전히 현실환경을 볼 수 있어야만 한다. 증강현실을 스마트폰이나 태블릿같이 외부 환경을 촬영할 수 있는 카메라와 가상의 이미지를 표시하기 위한 디스플레이만 있는, HMD보다 상대적으로 간단한 장비만으로 구현할 수 있는 것도 이 때문이다.

하나 더 생각해 볼 것은 360° 영상이다. 360° 영상은 카메라가 놓인 한 점에서 모든 방향을 동시에 촬영한 내용을 재생하는 것이 특징으로 몰입형 영상, 구형spherical 영상이라고도 한다. 최근 〈뉴욕타임스〉(언론사)나 디스커버리(다큐멘터리 전문 채널)처럼 VR이란 명칭을 내세우며 360° 영상을 제공하는 일이 늘었는데, 일각에서는 360° 영상은 가상의 이미지도 아닐뿐더러 상호작용 요소가 부족하기 때문에 가상현실로 볼 수 없다고 주장한다(Goldman & Falcone, 2016; 한국콘텐츠진흥원, 2017; 정동훈, 2017 등).

그러나 이는 가상현실의 범위를 너무 좁게 설정한 것이다(김선호·신효섭·정세훈). 우선 가상현실의 핵심은 정의에서도 강조했듯 이용자를 현실이 아닌 다른 세계로 몰입시키는 것이다. 즉, 무엇인가를 가상적으로 경험하게 하는 것이 중요하지 그 경험이 현실에 없는 것을 컴퓨터로 만들어 낸 것인지, 360° 카메라로 실제 장면을 촬영한 것인지는 크게 중요하지 않다. 예를 들어 한국에서 프랑스 파리의 노트르담 대성당 내부를 360° 영상으로 감상할 때 비록 그 수준은 낮더라도 그곳에 있다는 느낌(현전감)은 생성될 수 있다.

물론 360° 영상의 상호작용이 제한적이라는 지적은 타당하다. 그러나 앞서 가상현실의 작동원리에서도 살펴보았듯 상호작용성 외에도 그곳에 있다고 느끼게 할 수 있는 요소는 여럿 있다. 상호작용성은 낮더라도 생생함 요소를 강화함으로써 360°도 영상도 상당한 수준의 현전감을 생성할 수 있다. 그리고 최근에는 HMD를 이용해 시선 추적을 적용하는 등 상호작용성을 강화한 360° 영상도 크게 늘었다. 이런 점과 함께 앞서 논의한 원격현전의 결정 요소들을 모두 고려하면 360° 영상은 상대적으로 낮은 수준의 원격현전 경험을 제공하는 가상현실의 한 유형으로 볼 수 있을 것이다.

2. 가상현실의 활용 사례

시공간을 초월해 상상할 수 있는 모든 환경을 이용자에게 제공할 수 있는 가상현실의 활용 범위는 무궁무진하다. 오큘러스의 리프트Rift나 퀘스트Quest, HTC의 바이브Vive, 소니의 플레이스테이션 VRPlaystation VR 등 수십만 원대의 HMD가 잇달아 출시된 2016년 이후 군사, 스포츠, 의료, 미디어 등 다양한 분야에서 가상현실을 도입하는 경우가 급격하게 늘었다. 이 절에서는 이러한 주요 사례 몇 개를 간략히 살펴보도록 한다.

1) 군사

가상현실은 개발 초기부터 군사 분야와 깊은 연관을 맺어 왔다. 1930
년대 에드윈 링크Edwin A. Link가 조종석과 조종간을 갖춘, 탑승자에게
비행하는 움직임과 느낌을 제공하는 기계식 비행 시뮬레이터를 개발
해 미 공군에 납품한 것이 가상현실기술 개발의 중요한 계기가 되었다
(Jerald, 2016/2019). 그 이후로 지금까지 주요국에서는 가상현실을
군사적으로 활용하려는 시도가 끊임없이 이어졌다. 가상현실은 현실
이 아닌 환경에서 안전하면서도 실전과 유사한 경험을 제공할 수 있는
훈련용 수단이 될 수 있기 때문이다.

미 육군이 채택한 '보병훈련시스템DSTS'2이 그런 사례다(충남대 산학
협력단, 2018). 가상환경에서 최대 9명으로 구성된 분대가 서로 협력
해 전술 훈련을 할 수 있는 시스템으로 HMD와 스피커, 마이크, 소총
설치용 센서, 컴퓨터가 들어 있는 배낭 등으로 구성된다. 5개의 주제
별 작전 시나리오와 다양한 작전 환경을 설정할 수 있고, 훈련에 참여
하는 분대원은 현실에서는 지름 3미터 이내의 공간에서만 움직일 수
있으나, 가상환경에서는 소총에 부착된 센서 덕분에 자유롭게 이동할
수 있다. 덕분에 이 시스템은 좁은 공간에서도 다양한 전술적 환경에
맞춘 훈련을 실행할 수 있다는 장점이 있다.

미 육군은 가상현실 기반의 헬리콥터 조종 시뮬레이터 시스템인
'AVCATT'3도 채택하고 있다. HMD를 통해 미군이 운용하는 다양한

---

2   *Dismounted Soldier Training System.*

종류의 헬리콥터를 모두 재현할 뿐만 아니라 장소, 날씨, 적 항공기 등 다양한 요소를 훈련 필요에 맞게 생성해 가상환경에 반영할 수도 있다. 워낙 복잡한 연산이 필요한 대형 가상현실 시스템인 만큼 3대의 이동형 트레일러에 분산되어 구성됐다는 것도 특징이다.

한편, 우리나라 육군도 2018년에 '가상현실 정밀사격훈련 시뮬레이터'를 개발해 주요 군 인사를 대상으로 시연회를 개최한 바 있다(〈중앙일보〉, 2018. 8. 30). 가상의 환경에서 개인화기를 활용한 영점사격, 실내 축소사격, 실거리사격, 이동표적사격, 야간사격, 전장 상황 속 사격 등 다양한 상황을 만들어 낼 수 있을 뿐만 아니라 실제 사격과 유사한 반동과 소리를 구현해 총기와 탄약의 종류에 맞춤화된 정밀사격 훈련을 할 수 있다.

2) 스포츠

스포츠 분야에선 2010년대 중반부터 가상현실을 이용한 훈련 프로그램을 도입하는 경우가 종종 나타났다. 하지만 2020년 전 세계에 불어닥친 신종 코로나 바이러스 사태가 가상현실의 수용을 본격적으로 부채질하는 모양새다. 모든 주요 스포츠의 프로리그 진행이 중단되고 선수들이 한곳에 모여 단체훈련을 진행하는 것도 어려워진 상황에서 가상현실 기반의 훈련이 선수들의 경기력을 유지할 수 있는 대안으로 대두되었기 때문이다. 훈련 도중에 부상을 입을 가능이 현격히 적다

---

3   *Aviation Combined Arms Tactical Trainer.*

출처: 충남대 산학협력단 (2018), experience.sap.com

는 건 덤이다.

　독일 프로축구리그 소속팀 'TSG 1899 호펜하임Hoffenheim'은 2015년 가상현실 기반의 훈련 시스템인 '헬릭스Helix'를 도입했다(SAP, 2015). 원통형 공간에 선수가 입장하면 벽에 설치된 월드 고정형 디스플레이 WFD에 가상의 축구장이 나타나고 그 안에서 가상의 선수들이 다양한 시나리오에 따라 드리블과 패스를 하며 격렬하게 움직인다. 훈련하는 선수는 전체 상황을 조망하면서 가상의 선수들이 볼을 터치한 순서대로 번호를 불러야 한다. 반응속도와 함께 집중력 등 인지능력을 향상시키는 훈련인데, 원격현전의 경험을 강화하거나 훈련 난도를 높이기 위해 실제 경기장에서 발생하는 소음의 크기를 조절해 삽입할 수도 있다. 호펜하임이 처음 도입한 헬릭스 시스템은 180° 스크린만 지원했으나, 훈련 효과를 확인한 이후 몰입감을 높이고 더 다양한 훈련 상황을 제공할 수 있도록 360° 스크린으로 시스템을 확장했다.

3) 의료

의료 분야도 가상현실을 적극적으로 받아들이고 있다. 군사 분야에서처럼 낮은 비용으로, 안전하게 외과적 시술 방법을 훈련할 수 있는 수단으로 이용할 뿐만 아니라, 인체에 대한 지식을 학습할 수 있는 교육 플랫폼, 정신장애의 치료법 등으로 활용 방법을 확대하고 있다.

미국의 '비비드 비전Vivid Vision'은 약시弱視를 비롯한 시각 장애의 치료에 가상현실을 활용하는 기업이다. 이 회사의 창업자인 제임스 블라하James Blaha는 약시 증세를 겪고 있었는데, 본인이 직접 증세를 약화시킬 수 있는 가상현실 게임 〈디플로피아〉[4]를 개발했다. 약시가 주로 뇌와 협응력이 떨어지는 눈으로 들어온 신호에 뇌가 제대로 반응하지 못하는 경험이 반복되면서 발생하는 데 착안, HMD를 착용하고 가상현실 게임을 하는 도중에 좌우의 눈에 다른 이미지를 투사하여 뇌를 자극하고 눈과 뇌의 연계를 복원, 강화하도록 했다.

안과 의사의 처방하에 개인용 HMD를 이용해 집에서 시력 향상을 도모할 수 있는 가정용 제품과, 시력의 변화 내역을 기록하고 더 큰 치료 효과를 기대할 수 있도록 방 크기의 가상환경을 구현하는 병원용 제품을 동시에 개발해 판매하고 있다. 2015년 창업 이후 약 2년간 100개에 가까운 병원에 제품을 공급한 것으로 알려졌다(정보통신기획평가원, 2017. 6. 28).

LA에 위치한 '시더스 시나이Cedars-Sinai' 병원은 환자들의 스트레스

---

4 *Diplopioa.*

와 통증 완화를 위해 가상현실을 활용하고 있다. HMD를 착용한 환자들은 아이슬란드의 자연환경 체험, 가상스튜디오에서의 미술작품 제작, 고래와 함께하는 바다수영 체험 등을 할 수 있다. 2017년 초에 병원에서 발표한 데이터에 따르면 가상현실을 경험했던 환자들의 평균 통증 점수가 5.4에서 4.1로 하락했는데, 이는 일반적인 2D 이미지를 제공했을 경우(4.8)보다 훨씬 큰 폭의 통증 완화 효과를 거둔 것이다. 병원 측은 이를 바탕으로 가상현실이 환자가 병원에서 겪는 경험을 긍정적으로 전환하고 치료비용도 줄일 수 있는 잠재력이 있다고 설명했다.

다만, 병원 측은 일부 질환의 경우 가상현실을 이용한 치료에 특별히 조심스럽게 접근해야 한다고 경고했다. 외상 후 스트레스 증후군 PTSD 환자의 경우 몰입감 있는 시각적 경험이 오히려 외상 발생 당시의 기억과 고통을 유발할 수 있다는 것이다. 또 신체가 쇠약하거나 간질, 뇌졸중을 앓는 환자도 가상환경 시스템을 이용하는 것이 적절하지 않을 수 있다(김수범, 2017.12.1).

4) 미디어

엔터테인먼트 산업을 제외하고 가상현실의 활용과 확산에 대해 말한다는 것은 어불성설이다. 사람들이 일상적으로 이용하는 게임, 라이브 공연 등의 엔터테인먼트 콘텐츠는 가정용 HMD의 가격 인하와 맞물리며 가상현실 대중화의 기폭제가 되고 있다.

대표적인 분야가 게임이다. 상당수의 게이머에게 가상현실은 사실상 게임과 같은 의미로 받아들여진다. 가상의 세계에 게이머를 몰입시키는 것이 지상과제인 게임에 원격현전의 잠재력이 가장 높은 미디어인 가상현실은 최적의 기술적 기반이 될 수 있다.

'밸브Valve'가 2020년 3월에 출시한 가상현실 전용 FPS(1인칭 슈팅) 게임인 〈하프라이프: 알릭스〉[5]는 현존하는 가상현실 게임 중 가장 상호작용성이 높은, 가상현실기술을 게임에 최적화한 좋은 사례다. 일례로 단순한 배경 요소인 피아노의 모든 건반을 손가락의 압력을 반영해 정밀하게 누를 수 있고, 게임 속에서 알루미늄으로 된 캔을 살살 잡으면 캔 모양이 그대로 유지되지만 손에 힘을 주면 캔이 손 모양대로 우그러드는 식으로 게임 진행에 필수적이지 않은 다양한 요소들에도 상호작용성이 부여되어 있다. 또, 게이머의 캐릭터가 가상환경에서 이동하는 방법으로 '순간 이동'을 적극 도입해 가상현실을 이용할 때 흔히 발생하는 멀미나 두통을 줄이려 한 것도 좋은 평가를 받았다. 이 외에 날아오는 물체를 음악에 맞춰 자르는 리듬게임 〈비트 세이버〉[6]도 가상현실기술을 특별히 잘 활용한 게임 중 하나로 꼽힌다.

포르노그래피 등 성인 엔터테인먼트 분야도 가상현실 활용에 적극적으로 나서고 있다. 사실 성인 엔터테인먼트는 비디오카세트VHS, 고해상도 디스크Blu-ray, 동영상 스트리밍 같은 새로운 기술이 등장할 때마다 적극적으로 도입하면서 사회 전체의 디지털 혁신을 주도했다. 이젠 가상현실이 성인 엔터테인먼트 기업에서 수익을 창출할 수 있는

---

5 *Half-Life: Alyx.*

6 *Beat Saber.*

새로운 창구가 된 것인데, 이 분야의 대표적 기업으로 현재까지 가장 많은 수의 가상현실 포르노 영상을 제작, 배포하고 있는 '너티 아메리카Naughty America', 세계 최대 포르노그래피 사이트인 '폰허브Pornhub'에 가상현실 포르노 전용 섹션을 개설한 '바도잉크VRBaDoinkVR' 등을 들 수 있다(〈이코노믹리뷰〉, 2018. 9. 24). 다만 아직까지 가상현실 포르노의 형식은 대부분 상호작용이 극히 제한적인, HMD 기반의 360° 영상에 머무르고 있다.

5) 저널리즘

저널리즘 영역에서도 제한적이나마 가상현실기술을 활용하려는 시도가 등장하고 있다. 기존의 일방향적 보도가 지닌 정보 전달의 한계를 가상현실의 생생함과 상호작용성을 통해 극복해 보려는 노력의 차원이다. 다만, 앞서 언급했듯이 언론사들의 가상현실 관련 콘텐츠 중에서 유튜브 채널 등 평면 스크린을 통해 재생되는 360° 영상을 넘어선 것은 찾아보기 어렵다.

2016년 가상현실 저널리즘 전담팀을 출범시킨 영국의 〈가디언〉은 2016년 4월 독방에 수감된 죄수가 정신적으로 어느 정도 피폐해질 수 있는지 체험해 볼 수 있는 가상현실 콘텐츠 '독방 수감의 가상 경험'7을 선보였다. 이는 글로 전하기 어려운 체험을 가능케 한 VR 저널리즘의 가장 훌륭한 사례로 꼽힌다(김선호·신효섭·정세훈, 2016).

---

7 *A Virtual Experience of Solitary Confinement.*

영국의 시사주간지 〈이코노미스트〉도 2015년부터 가상현실 저널리즘 콘텐츠에 대한 실험을 진행하고 있다. 〈이코노미스트〉의 대표적인 가상현실 콘텐츠로 이슬람 근본주의 단체인 IS에 의해 파괴된 모술 지역의 박물관 재건축을 다룬 '모술의 가상 재건축'[8]을 들 수 있는데, 이 작품은 2016년 국제 인터넷 콘텐츠 시상식인 '로비상 Lovie Awards'에서 가상현실 부문의 상을 받기도 했다.

6) 예술

가상현실은 개발 직후부터 예술가들이 영감을 표현할 수 있는 수단으로 각광받았다. 자신만의 고유한 예술세계를 지각할 수 있는 것으로 구현해 관객에게 제공할 수 있는 가상현실기술을 예술가들이 외면할리 없다. 수십 년간 가상현실기술을 활용한 다양한 작품이 선보여졌는데, 여기서는 가상현실 개발 초기인 1960년대의 작품과 그보다 약 50년 후에 만들어진 2010년대의 작품을 하나씩 소개한다.

〈글로플로〉[9]는 마이런 크루거 Myron Krueger가 1969년 공개한 작품이다. 다양한 빛깔을 내는 형광 튜브와 스피커가 사방 벽에 설치된 어두운 방에 입장한 관람객은 움직일 때마다 바닥 센서에 연동된 형광 튜브에서 나오는 빛과 스피커에서 나오는 소리를 접하게 된다. 이를 통해 관람자는 말이나 움직이는 행위와 튜브의 불빛, 스피커의 소리 패

---

8   *RecoVR Mosul: A Collective Reconstruction.*
9   *Glowflow.*

턴을 결합함으로써 새로운 환경에 적응해 나가도록 유도된다(정소라, 2019). 가상의 환경에서 일어난 빛과 소리의 신체적 경험이 이용자에게 미치는 영향을 탐구한 작품인 셈이다.

권하윤이 2017년에 발표한 〈새鳥 여인〉은 HMD를 착용한 관람객이 하나의 이야기를 따라가는 서사 구조를 채택한 가상현실 예술작품이다. 이야기는 기본적으로 건물의 수치를 측정해 설계도를 그리는 사람이 온갖 새가 모여 있는 저택을 방문하게 되는데, 그 모습에 매료되어 원래 하려던 일을 잊었다는 내용이다. 관람객은 HMD를 쓰고 저택 곳곳을 탐험하거나 새들이 새장 안팎에 앉아 있다가 날아가는 모습을 볼 수 있는데, 그 와중에 이야기의 전개 정도는 관람객의 움직임에 따라 달라진다(〈중앙일보〉, 2017. 8. 6). 즉, 〈새鳥 여인〉은 관람객에게 상호작용 요소를 통제하게 함으로써 가상환경에 대한 몰입감을 증대시키려 한 작품이다.

마지막으로 잊지 말아야 할 것은 가상현실이 개념 그 자체로 수많은 예술작품의 소재가 되고 있다는 사실이다. 가상현실을 소재로 묵직한 사회적·윤리적 질문을 제기하는 작품은 순수, 대중예술을 막론하고 수없이 많다. 윌리엄 깁슨이 1984년에 발표한 소설 〈뉴로맨서〉[10]는 가상현실을 이용한 사이버스페이스의 모습을 가장 처음 구체적으로 그려 내며 현실, 가상, 실재, 몸과 관련된 수많은 논의를 촉발시켰다. 영화 〈매트릭스〉 시리즈는 가상현실과 현실의 경계에서 헤매는 인간의 모습을 그려 냈으며, 2010년작 〈인셉션〉은 고도의 기술이 적용된

---

10 *Neuromancer.*

환경에서 가상과 현실을 구분할 수 있는 수단이 과연 있겠느냐는 철학적 질문을 대중적인 형태로 그려 대성공을 거뒀다. 2018년 영화 〈레디 플레이어 원〉에서는 가상현실에서 생성된 인간적 호감이 현실에서도 유지될 수 있을 것인지를 가볍게 다루기도 했다. 이런 가상현실의 이미지들은 마지막으로 설명할 가상현실의 문제점, 또는 가상현실의 미래에 대한 전망과 연계되는 것이기도 하다.

3. 향후 전망: 가상현실이 제기하는 문제들

앞으로 산업 현장과 생활 속에서 가상의 환경을 경험하는 일이 점점 더 늘어나게 될 것이다. 그러나 가상현실의 대중화는 사회 전체에 심각한 고민거리들을 제공한다. 여기서는 이러한 문제 중 아주 일부만 간략히 소개하지만, 향후에는 이러한 문제들을 해결하는 데 사회의 역량이 상당 부분 집중될 것이다.

1) 개인적(신체적) 문제

가상현실은 이용자 차원의 문제를 일으킬 수 있는데, 이른바 'VR 멀미'가 대표적이다. 이는 가상현실이 유발하는 가장 흔한 건강상의 부작용으로 메스꺼움, 어지럼증, 두통, 방향감각 상실 등의 증상이 나타날 수 있는데, 제럴드(Jerald, 2016/2019)는 이것이 가상현실기술이 해결해야 할 가장 큰 문제라고 본다. VR 멀미의 발생 이유를 설명하는 이론은 여럿이지만, 이용자의 몸에 들어오는 감각 정보가 서로 맞지 않고 우리가 기대한 심상 모델과 일치하지 않는 방식으로 환경이 바뀌는 것을 원인으로 보는 '감각충돌 이론'이 가장 널리 받아들여진다. 가상환경에서 오는 시각·청각 정보와 현실 세계의 몸동작에서 오는 신체 위치, 자세, 평형 및 움직임 등에 대한 감각(고유 감각, 전정 기관 감각)의 불일치가 몸에 이상을 일으킨다는 것이다. 이 때문에 고유 감각, 전정기관 감각 정보와 일관된 시청각 정보를 만드는 것이 가상현실을 제작할 때 가장 큰 과제 중 하나가 된다.

이 외에 안구 피로, 발작 등이 일어날 수 있으며, 심지어 가상환경에서 벗어나 현실 세계로 돌아왔을 때 방향감각 상실 등의 부작용이 발생할 수 있다. 하지만 이런 문제는 가상현실기술의 발전에 따라 줄어들 가능성이 있다. 또 멀미나 어지럼증은 뇌가 같은 상황에 반복적으로 노출되었을 때 점차 감소하는 경향이 있으므로 가상현실의 대중화 자체가 이 문제의 해결책이 될 수도 있다.

2) 사회적·윤리적 문제

가상현실의 대중화는 사회 전체의 반성적·윤리적 사고와 행위를 감소시킬 수 있다. 가상의 세계에서는 현실에 있는 사람이나 대상과 물리적으로 상호작용하는 것이 아니므로, 가상현실 이용자는 현실에서라면 죄의식이나 제재에 대한 두려움 때문에 절대 하지 않을 일을 스스럼없이 할 수 있다. 하지만 가상환경에서의 행위도 사용자에게 현실 행위와 유사한 정신적·심리적 영향을 미칠 수 있다. 마다리와 메칭거(Madary & Metzinger, 2016)는 "가상환경에서의 고문도 여전히 고문"이라고 말했다. 이는 '폭력적인 영화를 본 사람은 폭력성이 증가하는가?', '폭력적 게임의 이용자는 폭력적인 사람이 되는가?'와 같은 기존에도 수없이 제기된 질문과 궤를 같이하지만, 완전한 몰입을 추구하는 가상현실에서는 이용자가 가상을 현실이 아닌 것으로 인식하지 못할 가능성이 훨씬 크다.

이는 결국 가상환경을 통해 제공할 수 있는 것과 제공하지 말아야 할 것을 구분하자는 규제 논의로 이어질 텐데, 사회 구성원 대부분이 수긍할 수 있는 합의점을 찾기는 쉽지 않을 것이다. 가상현실이 제공할 수 있는 콘텐츠의 범위와 풍부함이 기존의 미디어들에 비해 너무나 광대하기 때문이다.

인간이 만들어진 가상의 인간과 어떤 관계를 맺을 것인지도 중요한 문제다. 상징적 상호작용론에 따르면 사람들은 몸짓, 말투, 언어와 같은 상징을 통해 서로 감정을 공유하며 사회적 관계를 만들어 간다. 하지만 가상세계에 접속한 인간과 그 속에서 만들어진 가상의 인간끼리는 이런 상호작용이 불가능하다. 가상의 인간은 감정 없이 사전에 프로그램된 대로 행동하기 때문이다. 이런 관계가 인간에게 장기적으로 어떤 영향을 미치게 될지 아직은 불분명하지만, 이 문제에 관심을 쏟을 필요가 있다는 것만은 확실하다.

2020년 MBC가 방영한 〈너를 만났다〉는 인간과 가상적 인간 사이의 관계에 대해 생각하게 만드는 좋은 사례다. 4년 전 병으로 7살에 세상을 떠난 딸을 가상현실로 구현해 어머니와 만나게 한 프로젝트의 진행 과정을 그린 다큐멘터리인데, 방송 자체는 가상으로나마 수년 만에 딸을 만난 어머니가 카타르시스를 경험하는 것으로 끝났다.

하지만 이런 좋은 결말이 언제나 보장되는 것은 아니다. 가상세계에서 빠져나온 이후 트라우마가 발생할 가능성도 있고, 가상의 고인이 인간 이용자가 원래라면 하지 않았을 행동을 하도록 만들 수도 있다. 그리고 가상의 고인은 다른 사람의 알고리즘에 의해 생성되고, 다른 사람이 작성한 알고리즘에 따라 행동한다는 점을 잊지 말아야 한다. 이런 가상의 고인을 진짜 고인과 등치시키는 데 윤리적 문제는 없는가? 어머니가 가상의 고인과 맺는 관계는 사실 알고리즘의 프로그래머와 맺은 것이 아닌가?

이 외에도 인간이 현실을 떠나 가상의 세계에만 천착하게 되거나, 현실과 가상을 구분하지 못하고 둘 사이에서 혼돈을 겪는 경우가 많아질 수도 있다. 하임(Heim, 1993/1997)은 이런 문제를 개인의 차원에서 '대안 세계 증후군Alternate World Syndrome, AWS', '대안 세계 분열증Alternate World Disorder'이라는 용어를 써서 설명했는데, 이는 실은 사회 전체 차원에서 고민해야 할 문제일 것이다.

예상 출제 문제

1. 가상현실과 증강현실의 개념적 차이를 제시하고, 가상현실의 원격현전 경험을 증대시킬 수 있는 방법을 설명하라.

더 보기

Irwin, W. (ed.) (2002), *The Matrix and Philosophy*: *Welcome to the Desert of the Real* (Vol. 3), 이운경 역 (2003), 《매트릭스로 철학하기》, 한문화.

Lanier, J. (2017), *Dawn of the New Everything*: *Encounters with Reality and Virtual Reality*, 노승영 역 (2018), 《가상현실의 탄생》, 열린책들.

Milgram, P., & Kishino, F., (1994), A Taxonomy of Mixed Reality Visual Displays, *IEICE Transactions on Information and Systems*, 77 (12), 1321 ~1329.

Rubin, P. (2018), *Future Presence*: *How Virtual Reality is Changing Human Connection, Intimacy, and the Limits of Ordinary Life*, 이한음 역 (2019), 《미래는 와 있다》, 더난출판사.

Steuer, J. (1992), Defining Virtual Reality: Dimensions Determining Telepresence, *Journal of Communication*, 42 (4), 73 ~ 93.

참고문헌

김선호 · 신효섭 · 정세훈 (2016), 《VR 저널리즘 연구》, 한국언론진흥재단 연구서 2016-07, 한국언론진흥재단

김수범 (2017), 메디컬 증강현실 (AR) /가상현실 (VR) 시장동향 분석, 〈보건산업브리프〉, 251, 한국보건산업진흥원.

여명숙 (1999), 사이버스페이스의 존재론과 그 심리철학적 함축, 이화여대 대학원 박사학위 논문.

정동훈 (2017), 《가상현실 개념사전》, 21세기북스.

정보통신기획평가원 (2017), 〈주간기술동향〉, 1802호.

정소라 (2019), 가상현실 수용자에 대한 현상학적 연구: 메를로-퐁티의 지각이론 및 핸슨의 '코드 속의 신체' 개념을 중심으로, 〈현대미술사 연구〉, 46권, 37 ~ 61.

차건희 (2002), 가상과 현실의 존재론, 〈철학연구〉, 57권, 341 ~ 358.

충남대학교 산학협력단 (2018), 〈공군 교육훈련체계 발전을 위한 가상현실 및 증강현실 기술 적용방안 연구〉, 국방부 연구보고서.

한국콘텐츠진흥원 (2017), 《2016 방송영상산업백서》.

〈이코노믹리뷰〉(2018. 9. 24), 가상현실 붐 일으킬 선도산업은 역시 포르노?

〈중앙일보〉(2017. 8. 6), 증강현실, 가상현실로 펼친 새로운 공간적 체험.

_____ (2018. 8. 30), 훈련도 실제처럼 … 육군, VR · AR 기반 훈련체계 첫 선.

Azuma, R. T. (1997), A Survey of Augmented Reality, *Presence*: *Teleoperators & Virtual Environments*, 6(4), 355~385.

Biocca, F. (1997), The Cyborg's Dilemma: Progressive Embodiment in Virtual Environments, *Journal of Computer-Mediated Communication*, 3(2).

Davis, E. (1998), *TechGnosi*: *Myth, Magic and Mysticism in the Information Age*, New York: Gale Group.

Goldman, J. & Falcone, J. (2016), Virtual Reality Doesn't Mean What You Think It Means, Cnet. com

Heim, M. (1993). *The Metaphysics of Virtual Reality*, New York, NY: Oxford University Press, 여명숙 역(1997), 《가상현실의 철학적 의미》, 책세상.

Jerald, J. (2016), *The VR book*: *Association for Computing Machinery*, 고은혜 역(2019), 《VR BOOK: 기술과 인지의 상호작용, 가상현실의 모든 것》, 에이콘출판.

Kelly, K. (2016), *The Inevitable*: *Understanding the 12 Technological Forces that Will Shape Our Future*, New York, NY: Viking.

Lombard, M. , & Ditton, T. (1997), At the Heart of It All: The Concept of Presence, *Journal of Computer-mediated Communication*, 3(2).

Madary, M. , & Metzinger, T. (2016), Real Virtuality: A Code of Ethical Conduct, Recommendations for Good Scientific Practice and the Consumers of VR-Technology, *Frontiers in Robotics and AI*, 3(3).

Milgram, P. , & Kishino, F. (1994), A Taxonomy of Mixed Reality Visual Displays, *IEICE Transactions on Information and Systems*, 77(12), 1321~1329.

Pimentel, K. , & Teixeira, K. (1993), *Virtual Reality*: *Through the New Looking Glass*, Intel/Windcrest McGraw Hill.

Ryan, M. L. (1999), Immersion vs. Interactivity: Virtual Reality and Literary Theory, *SubStance*, 28(2), 110~137.

_____ (2001), *Narrative as Virtual Reality*, Baltimore, MD: The Johns Hopkins University Press.

SAP (2015. 11. 16), Soccer Goes Digital: The "Helix" Revolutionizes Cognitive Training at TSG 1899 Hoffenheim.

Sheridan, T. B. (1992), Musings on Telepresence and Virtual Presence, *Presence: Teleoperators & Virtual Environments*, 1(1), 120~126.

Steuer, J. (1992), Defining Virtual Reality: Dimensions Determining Telepresence, *Journal of Communication*, 42(4), 73~93.

기계학습과 딥러닝 알고리즘의 이해

16 장

이상엽

이 장의 핵심

이 장에서는 인공지능기술의 핵심이 되는 기계학습과 딥러닝 알고리즘의 기본적인 원리에 대해서 설명한다. 인공지능 기반의 컴퓨터는 일반적으로 사람의 지능 intelligence이 필요한 작업을 스스로 알아서 해결할 수 있는 컴퓨터를 일컫는다 (Nilsson, 2014). 간단히 말하면, 똑똑한 컴퓨터를 의미한다고 볼 수 있다. 그렇다면 컴퓨터는 어떻게 똑똑해지는가? 컴퓨터가 똑똑해지는 데 사용되는 방법은 크게 두 가지가 있다. 하나는 규칙 기반의 방법이고 다른 하나는 학습 기반의 방법이다(Russell & Norvig, 2015). 2000년대 중후반 이후로는 컴퓨터가 학습할 수 있는 데이터가 증가하고 학습하는 데 필요한 알고리즘이 발달하여 학습 기반의 방법이 주로 사용되고 있다. 컴퓨터가 주어진 데이터에서 문제를 푸는 데 필요한 정보를 추출하는 것을 기계학습machine learning이라고 한다. 그리고 이러한 정보를 추출하기 위해서 사용되는 것이 기계학습 알고리즘이다.

이 장에서는 인공지능기술의 핵심이 되는 이러한 기계학습 알고리즘에 대해서 알기 쉽게 설명하고자 한다. 여러 가지 다양한 기계학습 알고리즘이 존재하는데, 최

355

근 인공지능기술에 있어서 가장 중요한 역할을 하는 알고리즘으로 딥러닝 알고리즘이 있다. 인공지능기술이 우리 사회에 미치는 영향이 커지는 상황에서 딥러닝 알고리즘의 작동원리에 대한 이해는 앞으로의 인공지능사회에서 발생할 수 있는 다양한 사회현상과 사회문제를 이해하고 해결하는 데 중요한 기본 지식이 될 것으로 생각된다. 이에 따라, 이 장에서는 되도록이면 수학적 내용을 배제하고 딥러닝 알고리즘 관련 주요 개념과 핵심적인 작동원리를 설명하고자 한다.

1. 인공지능이란 무엇인가?

인공지능 또는 인공지능 컴퓨터는 일반적으로 사람의 지능이 필요한 작업을 스스로 해결할 수 있는 컴퓨터를 의미하며, 간단하게 '똑똑한 컴퓨터'라고 생각할 수 있다(Nilsson, 2014). 인공지능 컴퓨터가 수행할 수 있는 작업의 예로 '자율주행', '기계번역', '추천시스템', '음성인식' 등이 있다. 요즘 많은 사람이 집에서 사용하는 인공지능 스피커가 인공지능기술을 사용한 대표적 사례다.

  그렇다면 컴퓨터는 어떻게 똑똑해질 수 있는 것일까? 혹은 어떻게 스스로 알아서 사람의 지능이 필요한 문제를 해결할 수 있는 것일까? 컴퓨터를 똑똑하게 만드는 방법은 크게 ① 규칙 기반 방법rule-based approaches과 ② 학습 기반 방법learning-based approaches으로 구분할 수 있다 (Russell & Norvig, 2015). 규칙 기반 방법은 컴퓨터로 하여금 어떠한 문제를 풀게 하기 위해서 사람이 먼저 문제를 푸는 데 필요한 규칙을 세우고, 그 규칙대로 컴퓨터가 작동하여 주어진 문제를 푸는 방식이다(Abraham, 2005). 반면에, 학습 기반 방법은 컴퓨터가 주어진 문제를 푸는 데 필요한 정보를 담고 있는 데이터를 학습하여 문제를 해결하는 방식이다(컴퓨터가 학습하는 데 사용되는 데이터를 학습 데이터 training data라고 부른다)(Nilsson, 2014). 규칙 기반 방법은 2000년대 초까지 많이 사용되었으나, 최근에는 그 사용 정도가 크게 줄었고, 대신 학습 기반 방법이 주로 사용된다.

그렇다면, 왜 최근에 학습 기반의 방법이 인기를 끌게 됐을까? 학습 기반 방법을 사용하기 위해 중요한 것으로 학습 데이터, 알고리즘, 컴퓨팅 파워 등이 있다. 2000년대 중후반 이후에 이 3가지 부분에서 큰 성과가 있었기에, 학습 기반 방법이 크게 발전할 수 있었다.

컴퓨터가 데이터를 학습해서 똑똑해지기 위해서는 기본적으로 학습할 수 있는 데이터가 많이 존재해야 하는데, 사물인터넷기술과 스마트폰의 발달로 이러한 학습 데이터의 양이 크게 증가했다(이러한 많은 양의 데이터를 흔히 '빅데이터'라 한다). 컴퓨터가 데이터를 학습하기 위해서는 학습 데이터뿐만 아니라, 데이터를 학습하는 데 필요한 수학적 모형이 있어야 한다. 이러한 수학적 모형을 보통 알고리즘이라고 한다.[1] 학습 데이터의 증가와 더불어 최근에 이러한 알고리즘도 큰 발전이 있었는데, 그 대표적인 예가 '딥러닝 알고리즘'이다.

딥러닝 알고리즘은 2010년 이후부터 지금까지 급속도로 발전하고 있다. 많은 양의 데이터를 우수한 알고리즘으로 학습하기 위해서는

---

1 모형과 알고리즘은 정확하게 말하면 동일한 개념은 아니나, 이 장에서는 둘을 구분하지 않고 사용한다.

그림 16-1 인공지능, 기계학습, 딥러닝의 관계

컴퓨팅 파워가 필요하다. 즉, 성능 좋은 컴퓨터가 있어야 한다. 학습 데이터가 증가하고 알고리즘이 발전하는 동시에 컴퓨팅 파워도 빠르게 향상되었고, 그로 인해 인공지능기술이 크게 발달할 수 있었다.

컴퓨터는 주어진 문제를 풀기 위해서 정답이 존재하는 학습 데이터를 학습하여 필요한 정보를 추출한다. 이러한 학습에 반드시 필요한 것이 수학적 모형, 즉 컴퓨터 알고리즘이다. 그리고 학습에 사용되는 이러한 수학적 모형을 우리는 '기계학습 알고리즘'이라고 한다. 딥러닝 알고리즘은 기계학습의 한 종류이지만, 그 작동하는 방식이나 성능이 전통적 기계학습 알고리즘들과 차이가 있어 많은 경우 두 가지를 구분한다. 인공지능, 기계학습, 그리고 딥러닝의 관계는 〈그림 16-1〉과 같이 도식화할 수 있다.

1) 기계학습

기계학습은 간단하게 말하면 기계, 즉 컴퓨터가 (데이터를) 학습한다는 것을 말하고, 이는 데이터에서 주어진 문제를 푸는 데 유용한 인사이트와 정보를 추출하는 것을 의미한다고 볼 수 있다. 그리고 이러한 학습에 사용되는 수학적 모형을 기계학습 알고리즘이라고 한다. 기계학습 알고리즘은 크게 다음과 같이 3가지로 구분한다.

지도학습

지도학습supervised learning은 컴퓨터가 어떠한 문제를 풀기 위해서, 일단 해당 문제에 대한 정답과 정답을 맞히는 데 필요한 힌트 정보가 모두 있는 데이터 (이러한 데이터를 '학습 데이터'라고 한다)를 학습하여 정답과 힌트 간의 관계를 파악하고, 그 결과를 이용해서 주어진 문제에 대한 새로운 데이터unseen data에 적용하여 문제를 푸는 방식이다. 이러한 새로운 데이터에는 정답 정보가 없고, 정답을 맞히는 데 필요한 힌트 정보만 존재한다.

비지도학습

비지도학습unsupervised learning은 관측치에 대한 특성 정보를 담고 있는 데이터를 분석하여, 관측치의 특성을 파악하거나, 데이터에 존재하는 패턴을 분석하고자 하는 경우 사용한다. 특성 정보를 파악하여 서로 유사한 관측치를 찾고 군집화하는 군집화 분석이 대표적인 비지도학습의 예이다. 비지도학습은 데이터에 저장되어 있는 정보를 정답과 힌트 정보로 구분하지 않는다(Burkov, 2019).

강화학습

강화학습reinforcement learning은 지도학습이나 비지도학습보다는 그 사용 정도가 제한적이다. 주로 컴퓨터게임에서 사용한다. 컴퓨터가 어떤 행동을 하면 그에 대한 상 또는 벌을 내려 더 바람직한 결과를 얻도록 유도하는 방식이다(Burkov, 2019).

3가지 종류의 학습 방법 중에서 지도학습 방법이 가장 일반적으로 많이 사용되므로 여기서는 지도학습을 바탕으로 기계학습의 작동원리를 살펴보고자 한다. 지도학습 알고리즘을 설명하기 위해 다음과 같은 예제를 사용고자 한다.

〈그림 16-2〉와 같이 두 장의 사진이 주어졌을 때, 각 사진에 있는 동물이 강아지인지 고양이인지 맞히는 문제가 있다고 가정한다. 우리는 쉽게 왼쪽 사진에 있는 동물은 강아지이고, 오른쪽 사진에 있는 동물은 고양이라는 것을 알 수 있다. 우리는 어떻게 어떠한 동물이 강아지이고, 고양이인지를 알 수 있을까? 우리가 태어났을 때부터 강아지와 고양이를 구분할 수는 없었을 것이다. 처음에는 강아지나 고양이가 무엇인지도 몰랐다가, 성장하면서 학습을 통해서 강아지와 고양이를 구분할 수 있게 된다.

아마도, 우리는 왼쪽에 있는 동물을 늑대라고 했을 수도 있고, 오른쪽에 있는 동물을 호랑이라고 했을 수도 있다. 하지만, 주변에 있는 누군가가 (아마도 우리의 부모님께서) 그럴 때마다 오른쪽 동물은 강아

그림 16-2 **강아지와 고양이**

지이고, 왼쪽 동물은 고양이라고 말씀해 주셨을 것이다. 우리는 이러한 시행착오를 겪으면서 결국엔 어떠한 모양을 하고 있는 동물이 강아지이고, 고양이인지를 알 수 있게 되었을 것이다. **이러한 과정을 우리는 학습이라고 부른다.**

학습을 통해서 동물의 생김새가 구체적으로 어떠한 특징을 가질 때 해당 동물이 강아지이고, 고양이인지를 알 수 있다. 예를 들어, 귀가 아래로 처진 동물은 강아지일 확률이 높고, 귀가 세모 모양으로 위로 솟은 동물은 고양이일 확률이 높다는 것을 학습을 통해서 알게 된다. 혹은 수염이 길면 고양이일 확률이 높고, 수염이 짧으면 강아지일 확률이 높다는 것을 알게 된다. 그리고 그러한 학습을 통해서 배운 것을 새롭게 보는 동물에게 적용한다. 이 동물의 귀 모양, 수염 길이 등을 토대로 해당 동물이 강아지인지 고양이인지를 구분할 수 있는 것이다.

이러한 이미지를 구분하는 것은 컴퓨터가 할 수 있는 작업들 중에서 사람의 지능을 요구하는 작업의 한 예이다. 즉, 인공지능 컴퓨터들이 할 수 있는 작업이다. 컴퓨터는 이러한 작업을 어떻게 할 수 있을까? 컴퓨터도 사람과 비슷하게 학습을 통해서 이러한 작업을 할 수 있다.

컴퓨터는 정답이 있는 데이터를 가지고 학습한다. 사진에 있는 동물이 강아지인지 고양이인지를 맞히는 문제의 경우, 컴퓨터는 수많은 강아지 사진과 고양이 사진을 가지고 학습한다. 이러한 학습에 사용되는 학습 데이터는 앞서 언급했듯이 정답을 맞혀야 하는 새로운 데이터와 달리 정답에 대한 정보를 가지고 있다.

컴퓨터가 학습에 사용하는 강아지와 고양이 사진은 각각의 사진에 있는 동물이 강아지인지 아니면 고양이인지에 대한 정보(즉, 정답)가 같이 존재한다(〈그림 16-3〉 참고). 정답뿐만 아니라, 기본적으로 정답을 맞히는 데 필요한 힌트 정보도 같이 존재한다. 컴퓨터는 학습 데이터를 공부해서 이러한 힌트(예: 귀의 모양 등)와 정답 사이에 어떠한 관계가 있는지 파악한다. 그리고 이를 이용해서, 힌트만 존재하고 정답은 없는 새로운 데이터의 정답을 예측하게 되는 것이다.

예를 들어서, 사진에 있는 동물이 강아지인지 고양이인지를 맞히는 경우에는 학습 데이터를 통해서 힌트와 정답 간의 다음과 같은 관계를 발견할 수 있다.

관계: 동물 귀가 세모 모양이고 위로 솟아 있으면, 그 동물은 고양이일
　　　확률이 높다.

즉, 컴퓨터가 학습을 한다는 것은 힌트와 정답 간의 관계를 파악하는 것을 의미한다.

기계학습에서는 힌트 정보를 저장하는 변수를 독립변수, 정답을 취하는 변수를 종속변수라고 한다. 힌트와 정답 간의 관계를 파악한다

그림 16-3 학습 데이터의 예

는 것은 독립변수와 종속변수 간의 관계를 파악한다는 의미이다.

지도학습을 이용해서 풀 수 있는 문제의 종류는 크게 두 가지로 구분한다. 하나는 분류문제, 다른 하나는 회귀문제다(Burkov, 2019). 주어진 문제가 분류문제인지 회귀문제인지는 종속변수의 종류에 따라 구분한다. 종속변수가 명목변수 또는 범주형 변수인 경우의 문제를 분류문제, 종속변수가 연속변수인 경우의 문제를 회귀문제라고 한다.

앞서 설명한 강아지와 고양이의 예는 분류문제다. 왜냐하면 종속변수가 취하는 값이 두 가지(강아지 또는 고양이)이고, 각 값이 특정한 그룹의 이름을 의미하기 때문이며, 이러한 변수를 명목변수라 한다.

2) 독립변수와 종속변수 간의 관계

기계학습에서는 학습 데이터에 존재하는 **독립변수와 종속변수의 관계를 파악하기 위해 수학적 모형을 사용한다.** 기계학습에서는 이런 수학적 모형을 기계학습 알고리즘이라고 표현하기도 한다. 수학적 모형은 일반적으로 파라미터를 가진다. 예를 들어 다음과 같은 선형 모형은 b_0, b_1이라고 하는 두 개의 파라미터를 가진다.

$$\hat{y} = b_0 + b_1 X$$

이러한 모형의 파라미터는 학습 데이터에 존재하는 독립변수와 종속변수의 관계를 정의하는 역할을 한다. 우리는 파라미터가 취할 수 있는 여러 개의 값들 중에서 최적의 값을 찾아야 한다. 즉, 우리가 선택한 수학적 모형을 이용해서 학습 데이터에 존재하는 독립변수와 종속변수의 관계를 가장 잘 설명할 수 있는 파라미터의 값을 찾아야 한다. 이러한 파라미터의 값을 최적값이라고 한다. 〈그림 16-4〉와 같이 데이터가 분포되어 있는 경우에는 선 A에 해당하는 파라미터의 값을 찾아야 하는 것이다(선 A가 x와 y의 관계를 가장 잘 설명하는 선이라고 가정한다).

그렇다면 어떻게 파라미터의 최적값을 찾을 수 있을까? 파라미터의 최적값을 찾기 위해서, 기계학습에서는 비용함수cost function라는 개념을 사용한다. 비용함수는 모형이 학습 데이터에 존재하는 종속변수의 값을 설명하지 못하는 정도를 의미한다(좀더 구체적으로 말하면, 비용함수는 실제의 종속변수값과 모형을 통해서 나온 종속변수값의 예측치의 차로 구성된다). 따라서 파라미터의 최적값은 비용함수의 값을 최소화하는 파라미터의 값이 된다. 다시 강조하면, 학습을 통해서 우리가 선택한 수학적 모형을 이용해 학습 데이터에 존재하는 독립변수와 종속변수의 관계를 가장 잘 파악할 수 있는 파라미터의 값을 찾게 된다.

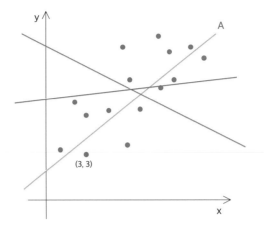

그림 16-4 **파라미터 최적값의 의미**

학습한 후에는 학습을 통해서 구한 구체적인 파라미터값을 갖는 모형의 성능을 평가해야 한다. 이러한 목적으로 사용되는 데이터를 평가 데이터test data라고 한다. 평가 데이터는 정답과 힌트 정보가 모두 존재하는 데이터이지만, 학습에 사용되지 않은 데이터이다.

평가 데이터를 통해서 모형의 성능을 평가한 후, 결과가 만족스럽다고 판단되면, 구체적인 파라미터값을 갖는 모형을 풀고자 하는 문제에 대한 데이터에 적용한다. 이러한 데이터에는 정답은 존재하지 않고 힌트 정보, 즉 독립변수에 대한 정보만이 존재한다. 그러면, 우리는 우리가 풀고자 하는 문제에 대한 데이터에 존재하는 각 관측치가 갖는 독립변수(들)의 정보를, 학습을 통해 도출된 구체적 파라미터의 값을 갖는 모형에 대입해 해당 관측치의 종속변수값을 예측하게 된다. 하지만, 우리가 풀고자 하는 문제에 대한 데이터에는 정답이 존재하지 않기 때문에 모형을 통해서 예측한 정답이 얼마나 정확한지는 알 수 없다. 만약에 학습에 사용된 학습 데이터가 우리가 풀고자 하는 문제에 대한 데이터를 잘 반영한다면, 학습을 통해서 도출된 모형으로 정답을 되도록 정확하게 예측할 수 있는 것이다.

전반적인 지도학습 알고리즘의 작동원리를 다시 한 번 정리하면 다음과 같다.

대표적인 지도학습 알고리즘의 예로 선형 회귀모형과 로지스틱 logistic 회귀모형이 있다. 선형 회귀모형은 회귀문제, 로지스틱 회귀모형은 분류문제를 풀고자 할 때 적합하다. 사회과학 분야에서도 선형 회귀모형과 로지스틱 회귀모형은 자주 사용되지만, 그 목적은 기계학습에서 사용되는 동일한 모형들과 다르다. 사회과학 분야에서는 특정 독립변수와 종속변수의 관계를 파악하는 것이 주 목적인 반면, 기계학습에서는 여러 가지의 독립변수를 사용해서 주어진 종속변수의 값을 정확하게 예측하는 데 중점을 둔다. 따라서 기계학습에서는 각 파라미터에 대한 통계적 추론 혹은 가설 검정이 별로 중요하지 않다.

2. 딥러닝 알고리즘 소개

앞에서 언급한 것처럼 딥러닝 알고리즘은 기계학습 알고리즘의 한 종류지만, 전통적인 기계학습 알고리즘과 그 작동 방식의 차이로 인헤 구분해서 표현한다. 많은 경우에 딥러닝 알고리즘의 성능이 기존 기계학습 알고리즘(예: 선형 회귀, 로지스틱 회귀 등)보다 좋은 것으로 알려져 있다. 최근 인기를 끌고 있는 다양한 인공지능 서비스(예: 인공지능 스피커, 음성 인식, 기계 번역, 추천 시스템 등)는 많은 경우 이러한 딥러닝을 기반으로 한다. 딥러닝 알고리즘은 '신경망'이라고 하는 알고리즘을 바탕으로 구현된다. 따라서 딥러닝을 이해하기 위해서 먼저 신경망 알고리즘에 대해서 살펴볼 필요가 있다.

신경망

하나의 신경망neural network은 보통 다음과 같은 구조로 되어 있다.

보통 하나의 신경망은 3개의 서로 다른 종류의 층(혹은 계층)들로 이루어졌다. 가장 첫 부분에 있는 층이 입력층input layer이고, 마지막에 있는 층이 출력층output layer이다. 그리고 입력층과 출력층 사이에 존재하는 층을 은닉층hidden layer이라 한다. 입력층과 출력층은 1개씩만 존재하지만, 은닉층은 사용자의 목적에 따라서 여러 개가 존재할 수 있다. 〈그림 16-5〉는 은닉층이 1개인 신경망을 보여준다. 보통 은닉층의 개수가 많은 신경망을 다층 신경망deep neural network라고 하며, 이를 딥러닝 알고리즘이라고 부른다. 그와 반대로 은닉층의 수가 적은 신경망(예: 1~2개)을 얕은 신경망shallow neural network라고 한다. 각 층의 주요 역할은 다음과 같다.

입력층: (독립변수 또는 피처feature에 대한) 데이터를 입력받는다.
은닉층: 입력받은 데이터에서 종속변수의 값을 맞히는 데 중요한 특성을 추출한다.
출력층: 종속변수에 대한 예측치를 출력한다.

입력층과 출력층은 여느 다른 기계학습 알고리즘(예: 선형 회귀, 로지스틱 회귀모형 등)이 작동되는 원리와 비슷하다(독립변수의 값을 입력받고 주어진 모형에 따라 종속변수값에 대한 예측치를 출력한다). 즉, 은닉층이 없는 신경망은 기존의 다른 기계학습 알고리즘과 비슷하게 작동한다고 볼 수 있다.

설명을 위해서 다음과 같은 선형 회귀모형을 신경망을 이용해서 표현해 보겠다.

$$\hat{y} = b_0 + b_1 X_1 + b_2 X_2 + b_3 X_3 + b_4 X_4$$

그림 16-5 신경망

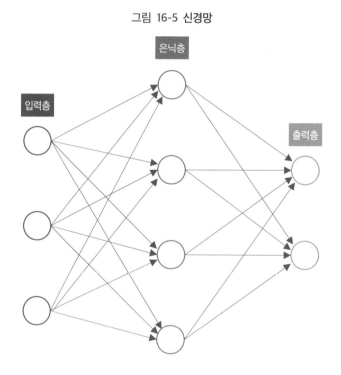

이와 같은 선형 회귀모형을 〈그림 16-6〉의 신경망으로 표현할 수 있다. 딥러닝에서 사용되는 신경망에 비해서 은닉층이 없다는 것을 알 수 있다. 이는 은닉층이 신경망(또는 딥러닝)에서 중요한 역할을 한다는 것을 의미한다(혹은 다른 기계학습 알고리즘과 딥러닝의 차이를 만드는 역할을 한다고 말할 수 있다). 앞에 기술된 것처럼 은닉층의 주된 기능은 데이터(즉, 독립변수)에 존재하는 특성들 중에서 종속변수의 값을 예측하는 데 중요한 역할을 하는 특성 정보를 추출하는 것이다. 하나의 신경망에 은닉층이 여러 개 있을 경우, 각 층을 지날수록 점점 더 중요한 정보를 추출한다. 은닉층이 그러한 특성을 잘 추출해 낼수록 출력층에서 나오는 종속변수값에 대한 예측치가 정확해진다고 볼 수 있다.

그림 16-6 신경망으로 표현한 선형 회귀모형

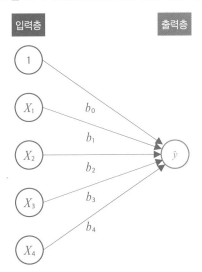

(1) 신경망의 작동원리

신경망의 작동원리는 지도학습을 기준으로 설명할 필요가 있다. 딥러 닝은 비非지도학습에도 사용되기는 하지만, 주로 지도학습 분야에서 사용되기 때문이다. 딥러닝 지도학습 알고리즘이 작동하는 방식은 전 통적 기계학습 알고리즘(예, 선형 회귀, 로지스틱 회귀모형 등)과 거의 동일하다. 학습 데이터에 존재하는 독립변수들과 종속변수의 관계를 파악하기 위해 사용되는 수학적 모형만 달라진다고 할 수 있다. 즉, 수학적 모형으로 전통적 기계학습 알고리즘을 사용하는 대신 딥러닝 알고리즘을 사용하는 것이다.

딥러닝 알고리즘도 수학적 모형의 한 종류이며, 독립변수와 종속변 수의 관계를 정의하는 역할을 하는 파라미터를 가진다. 그리고 딥러 닝 알고리즘은 은닉층의 존재로 인해 많은 경우 그 성능이 더 좋아진 다. 딥러닝 지도학습 알고리즘이 작동하는 방식은 다음과 같다.

① 정답이 있는 데이터를 준비한다.

② 정답이 있는 데이터를 학습 데이터와 평가 데이터로 분리한다.

③ 딥러닝 알고리즘을 이용해 학습 데이터에 존재하는 독립변수들과 종 속변수의 관계를 파악한다.

④ 학습 데이터에 대해서 비용함수를 최소화하는 파라미터의 (최적) 값 을 찾는다.

⑤ 학습을 통해 도출된 구체적인 파라미터값을 갖는 모형의 성능을 평가 데이터를 이용해서 평가한다.

⑥ 평가 결과가 괜찮은 경우, 해당 모형을 우리가 풀고자 하는 문제에 대

한 데이터에 적용해서 종속변수의 값을 예측한다.

설명을 위해서 다음과 같은 데이터를 이용하여 아파트 가격을 예측하는 문제를 푼다고 가정해 보자.

문제: 아파트의 가격 예측하기
사용 독립변수: 아파트의 크기(평형)와 연식
학습 데이터: 〈표 16-1〉의 5개 관측치

이 문제를 풀기 위해서 우리는 다음의 (전통적 기계학습 알고리즘인) 선형 회귀모형을 사용할 수 있다.

$$\hat{y} = b_0 + b_1 X_1 + b_2 X_2$$

이 모형은 파라미터를 3개(b0, b1, b2) 갖는다. 우리는 학습 데이터를 학습해서 그 안에 존재하는 독립변수들과 종속변수의 관계를 가장

표 16-1 예제 학습 데이터

ID	평수 (X_1)	연식 (X_2)	가격 (y)
1	34	5	5
2	25	5	2.5
3	30	2	4
4	38	20	3
5	44	12	3.3

잘 설명하는 값들을 찾을 수 있다.

만약에 이 문제를 은닉층이 포함되어 있는 신경망을 활용해 푼다면 어떻게 될까? 신경망을 사용하는 경우는 학습을 통해 그 값을 추정해야 하는 파라미터의 수가 무척 많아진다. 이 문제를 은닉층이 하나이고 은닉노드가 2개인 신경망을 가지고 풀 경우에 존재하는 파라미터들은 〈그림 16-7〉과 같다.

이 그림에서 $b_{0,1}$, $b_{1,2}$ 등은 편향노드, $w_{1,1}$, $w_{1,2}$ 등은 입력노드, 그리고 $w_{3,1}$, $w_{4,1}$ 등은 은닉노드에 대한 파라미터이다(신경망에서는 파라미터를 보통 가중치weight라고 한다). 우리는 학습을 통해서 비용함수의 값을 최소화하는 이러한 파라미터의 값을 찾아야 하는 것이다.

그렇다면, 학습 데이터에 존재하는 각 관측치에 대한 종속변수의 값은 어떻게 예측될까? 신경망에 존재하는 입력노드는 각 관측치가 각 독립변수에 대해 갖는 값을 입력받고, 그 값을 그대로 출력한다. 첫 번째 관측치(아파트)는 $X_1 = 34$이고 $X_2 = 5$이기 때문에 첫 번째 입력노드와 두 번째 입력노드에 입력되는 값이 〈그림 16-8〉과 같다.

그리고 각 독립변수의 값과 각 노드의 파라미터의 곱과 편향노드파라미터와의 합으로 계산된 값이 은닉층에 있는 각 노드에 들어가는 입력값이다. H_1 노드의 입력 값은 다음과 같다(여기서는 해당 값을 편의상 z_1이라고 표현하겠다).

$$z_1 = b_{1,1} + w_{1,1} \cdot 34 + w_{2,1} \cdot 5$$

비슷한 원리로, H_2 노드의 입력값은 아래와 같다.

$$z_2 = b_{1,2} + w_{1,2} \cdot 34 + w_{2,2} \cdot 5$$

입력노드와 달리 은닉노드는 입력받은 값을 그대로 출력하지 않는다. 입력된 값을 특정한 형태로 변환시키는데, 이러한 목적으로 사용되는 함수를 활성화 함수activation function라고 한다. 활성화 함수로는 보통 비선형nonlinear 함수를 사용한다. 이는 독립변수와 종속변수 간에 존

그림 16-7 신경망 모형

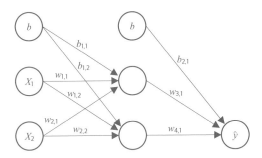

그림 16-8 첫 번째 관측치 독립변수값의 입력

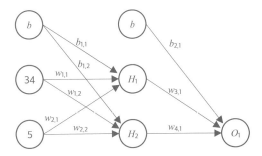

재할 수 있는 관계를 파악하기 위해서다. 활성화 함수에는 여러 가지 다른 함수들이 존재한다. 여기서는 간단히 활성화 함수를 $f(z)$라고 표현하겠다. 각 노드는 하나의 활성화 함수를 가지고, 보통은 같은 층에 있는 노드들은 같은 활성화 함수를 사용한다. $f(z)$에서 z는 이전 층에서 전달되는 입력값이며 입력값을 받아서 정해진 활성화 함수의 결과로 나오는 값을 출력한다. 이렇게 출력된 값은 다음 층에 존재하는 노드의 입력값을 계산하는 데 사용한다.

〈그림 16-8〉에서 은닉층 H_1은 z_1을 이전 층에서 입력받아 정해진 활성화 함수(f)의 값〔즉, $f(z_1)$〕을 계산하고 그 결과를 출력하며, H_2는 z_2를 입력받아 $f(z_2)$의 값을 계산하고 그 결과를 출력한다. 이러한 의미에서 〈그림 16-9〉와 같이 표현할 수 있다.

첫 번째 아파트의 경우 독립변수의 값이 (34, 5)이기 때문에 각 은닉노드에 입력되는 값은 아래와 같다.

$$z_1 = b_{1,1} + w_{1,1} \cdot 34 + w_{2,1} \cdot 5$$
$$z_2 = b_{1,2} + w_{1,2} \cdot 34 + w_{2,2} \cdot 5$$

H_1과 H_2 노드는 주어진 z_1과 z_2에 대해서, 각각 $f(z_1)$, $f(z_2)$의 값을 출력하고 이는 출력노드 (O1)의 입력값으로 사용된다. 출력노드에 입력되는 값은 아래와 같다.

$$b_{2,1} + w_{3,1} \cdot f(z_1) + b_{2,1} + w_{4,1} \cdot f(z_2)$$

그림 16-9 은닉노드의 활성화 함수

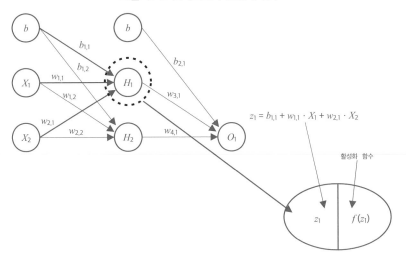

그림 16-9 은닉노드의 활성화 함수

출력노드는 종속변수의 형태에 따라서 활성화 함수가 있을 수도, 없을 수도 있다. 종속변수가 연속변수인 경우에는 활성화 함수가 보통 존재하지 않는다. 하지만, 종속변수가 범주형 변수categorical variable인 경우에는 (항등함수가 아닌) 활성화 함수가 존재한다.[2]

위의 아파트 가격을 예측하는 문제에서는 종속변수(아파트 가격)가 연속변수이므로 출력노드에는 활성화 함수가 존재하지 않는다. 즉, 이전 층에서 입력된 값이 그대로 출력된다. 그리고 회귀문제에서는 이 출력값이 각 관측치의 종속변수값에 대한 예측치가 된다. 즉, 출력노드의 입력값$[b_{2,1} + w_{3,1} \cdot f(z_1) + b_{2,1} + w_{4,1} \cdot f(z_2)]$이 출력값이 되므

---

2 종속변수가 범주형 또는 명목변수인 경우에는 각 출력노드에서 출력되는 값은 종속변수가 각 값을 가질 확률값이다. 이러한 확률값을 계산하기 위해서 소프트맥스라고 하는 활성화 함수를 사용한다.

로 종속변수에 대한 예측치는 다음과 같이 표현된다.

$$\hat{y} = b_{2,1} + w_{3,1} \cdot f(z_1) + b_{2,1} + w_{4,1} \cdot f(z_2)$$

그리고 해당 관측치의 실제 종속변수값과 예측치의 차이(오차)를 계산한다. 이러한 과정을 학습 데이터에 존재하는 모든 관측치에 대해 반복하고, 각 관측치의 오차를 이용해서 학습 데이터 전체에 대한 비용 함수를 만든다. 그리고 비용 함수를 최소화하는 파라미터의 값들을 찾는다.

그 후 평가 데이터에 대해서 학습을 통해 도출된 모형의 성능을 파악하고, 평가의 결과가 만족스러운 경우, 우리가 풀고자 하는 문제에 대한 데이터에 적용해 해당 데이터에 존재하는 각 관측치의 종속변수를 예측하게 된다.

(2) 주요 딥러닝 알고리즘

이러한 기본 신경망 구조를 이용해 구현된 다양한 형태의 딥러닝 알고리즘이 있다. 가장 대표적인 것이 합성곱 신경망CNN, 순환 신경망RNN, 생성적 적대 신경망GAN이다(Goodfellow, Bengio, & Courville, 2016). 합성곱 신경망은 이미지 데이터에 주로 적용해 이미지 분류, 이미지에 있는 물체 인식 등의 목적으로 사용하고, 이러한 알고리즘을 이용해 자율주행 자동차와 같은 기술이 구현된다. 순환 신경망 기반 모형은 텍스트 데이터에 적용해 번역, 감성분석 등에 사용하며, 생성적 적대 신경망은 이미지나 텍스트를 생성하는 목적으로 사용한다.

3. 나가며

이 장에서는 인공지능기술의 핵심이 되는 기계학습과 딥러닝 알고리즘에 대해서 간략하게 살펴보았다. 이러한 알고리즘은 최근에 눈부신 발전을 보여주고 있다. 하지만, 이러한 알고리즘을 사용할 때는 주의를 기울여야 한다. 경우에 따라서 여러 가지 문제를 야기할 소지가 있기 때문이다.

지도학습 알고리즘의 경우에는 학습 데이터의 특성에 따라서 학습의 결과가 달라질 수 있다는 것이 그러한 예가 될 수 있다. 만약, 정답이 사회적 또는 문화적 요인에 의해서 달라질 수 있는 경우를 살펴보자. 예를 들어, 미국에서는 정답인데 한국에서는 정답이 아닌 경우가 있을 것이다. 한국에서 발생하는 이러한 문제를 풀기 위해서 미국 사람들이 생산한 데이터를 학습 데이터로 사용하여, 그 결과를 한국의 상황에 적용한다면, 한국의 문제를 제대로 해결하지 못하고, 오히려 혼란을 야기할 수도 있다는 것이다.

앞으로 인공지능기술은 이러한 결함에도 불구하고 우리 사회에서 더 중요한 역할을 할 것이며, 더 많은 제품과 서비스가 인공지능기술을 기반으로 생산되어 상용화될 전망이다. 인공지능이 더 중요해지고 일상화되는 사회에서 발생하는 다양한 사회문제를 제대로 이해하고, 해결할 수 있는 방안을 제시하기 위해서는 인공지능기술을 제대로 알아야 할 필요가 있다.

예상 출제 문제

1. 지도학습에 있어서 비용 함수는 무엇을 의미하는가?

2. 전통적인 기계학습 알고리즘과 딥러닝 알고리즘의 주된 차이는 무엇인 가?

더 보기

박해선(2020), 《혼자 공부하는 머신러닝+딥러닝》, 한빛미디어.

전창욱 외(2020), 《텐서플로 2와 머신러닝으로 시작하는 자연어 처리》, 위키 북스.

참고문헌

Abraham, A. (2005), *Rule Based Expert Systems*, Handbook of Measuring System Design.

Burkov, A. (2019), *The Hundred-Page Machine Learning Book* (Vol, 1), Andriy Burkov Canada.

Goodfellow, I., Bengio, Y., & Courville, A. (2016), *Deep Learning* (Vol. 1), MIT press Cambridge.

Nilsson, N. J. (2014), *Principles of Artificial Intelligence*, Morgan Kaufmann.

Russell, S., & Norvig, P. (2015), *Artificial Intelligence: A Modern Approach*, Pearson.

17 장

알고리즘에 대한 이해와 오해
알고리즘 관점에서 본 인공지능 관련 이슈

김도훈

이 장의 핵심

알고리즘에 대한 올바른 이해를 위해서는 인공지능, 알고리즘, 데이터 등을 구분하여 접근할 필요가 있다. 알고리즘은 인공지능 시스템의 일부로, 데이터를 원료로 인공지능을 구동시키는 엔진에 비유된다. 이러한 관점에서 보면, 알고리즘은 의사결정문제를 해결하는 기법을 총칭한다. 다양한 의사결정문제가 존재하듯이 알고리즘의 유형도 사실 다양한데, 알파고와 같은 인공지능이 유명세를 타면서 신경망 혹은 뉴럴 네트워크[NN] 중심의 딥러닝이 알고리즘을 대표하는 것으로 오해될 때가 많다. 컴퓨팅 기술의 발전과 인터넷과 사물인터넷[IoT] 등을 기반으로 데이터가 넘치면서 21세기 들어 신경망이 눈부시게 개발되어 기계학습 혹은 머신러닝 발전에 기여한 것은 사실이지만, 신경망은 현실에서 사용되는 알고리즘의 하나일 뿐이다. '신경망 = 기계학습'과 같은 잘못된 도식이 세간에 퍼지면서 알고리즘 및 더 나아가 인공지능에 대한 오해와 더불어 과도한 염려 및 두려움과 이에 따른 (시기상조에 가까운) 소모적인 논쟁까지 등장하고 있다. 알고리즘의 투명성[transparency]에 대한 불가능에 가까운 요구와 알고리즘 담합[collusion]을 염려한 나머지 선제적 규제를 주장하는 것 등이 그 예이다. 이러한 배경에서 알고리즘에 대한 올바른 이해를 통해 오해를 불식시키고 실현 가능하며 생산적인 논의에 집중하는 것이 4차 산업혁명시대를 준비하는 바람직한 자세일 것이다.

먼저, 알고리즘의 특성을 이해하기 위해 계산복잡성computational complexity 개념을 소개한다. 계산복잡성을 알면 현실에서 사용되는 많은 알고리즘이 태생적으로 완벽하지 못하다는 것을 깨닫게 되며, 이는 결국 인공지능 시스템이 완벽할 수 없다는 것을 이해하는 데 큰 도움이 된다. 알고리즘의 성능평가를 위해 다양한 지표가 존재한다는 것도 알고리즘의 불완전성을 암묵적으로 시사한다.

알고리즘의 종류도 매우 다양한데, 기계학습과 관련된 알고리즘은 분류기classifier를 생성하는 유형에 해당한다. 분류기는 말 그대로 목적에 따라 대상을 분류할 수 있는 필터와 같은 역할을 한다. 또한 분류기를 생성하는 방식에 따라 크게 지도학습supervised learning과 비지도학습unsupervised learning으로 구분된다. 인공지능 시스템은 분류기를 바탕으로 데이터와 더불어 구축되는 복잡적응 시스템complex adaptive system에 가깝다.

알고리즘을 구현하는 방식과 절차에 있어서도 여러 문제가 발생하므로 이를 해결하기 위해 여러 기법들을 적용한다. 대표적으로 주어진 혹은 과거의 데이터에만 좋은 성과를 보이는 과적합overfitting 문제를 해결하기 위해 교차검증cross validation, 정규화regularization, 배깅bagging · 부스팅boosting을 통한 랜덤화randomization 등의 절차를 거친다. 이러한 과정에서 화이트박스형 알고리즘조차 블랙박스에 가까운 특성을 보이게 된다. 즉, 알고리즘의 구현과정 자체가 불투명성을 높일 수밖에 없으며, 이는 알고리즘이 산출한 결과에 대한 해석의 문제를 낳는다. 불투명성의 문제를 해결하기 위해 설명 가능한 인공지능Explainable AI, XAI이 연구되고 있지만 그 태생적 한계를 완벽히 극복하는 것은 아직까지 어려워 보인다. 또한 투명성 강화를 통해 알고리즘 책임성accountability 및 인공지능의 신뢰성을 보장하려는 시도 역시 한계가 있을 수밖에 없다.

1. 알고리즘의 개념

1) 알고리즘 이해를 위한 배경

인공지능^AI의 초창기와는 달리, 오늘날의 인공지능은 사용자 인터페이스^user interface와 인공지능을 구동하는 엔진인 알고리즘, 핵심자원인 데이터 등으로 구성되는 복잡적응^complex adaptive 시스템이다. 따라서 인공지능, 알고리즘, 데이터를 분리해서 살펴봄으로써 불필요한 오해의 소지를 줄이고 보다 본질적인 특성을 파악할 수도 있다. 실제로 알고리즘은 (세간의 이해와는 달리) 데이터와 독립적으로 설계되고 구현되며,[1] 인공지능 시스템 내에서 어느 정도 독립적으로 작동하는 엔진과 같다. 인공지능 시스템 중에서 사물이나 사건을 분류하는 것에서 더 나아가 의사결정에 직간접적으로 관여할 경우에 알고리즘의 역할은 더 중요해진다.

　알고리즘 연구도 인공지능과 분리되어 진행되는 것이 일반적이다. 알고리즘을 전문으로 다루는 비즈니스 애널리틱스와 데이터 사이언스는 구조적 및 비구조적 데이터로부터 과학적 방법론을 적용하여 체계

---

[1]　데이터와 상호작용하면서 동적으로 갱신되는 기계학습에서는 데이터와 알고리즘이 긴밀하게 상호작용하기 때문에 그 역할과 기능, 코드블록 등을 명확하게 가려내는 것이 쉽지 않다. 그럼에도 불구하고 원칙적으로 위 세 요소들을 분리시켜 생각하는 것이 실용적일 때가 많다. 예를 들어, 인공지능과 로봇의 윤리(*ethics*)에 대해서는 생각하고 논의해 볼 수 있어도, 알고리즘의 윤리를 따지는 것에 대해서는 회의적인 시각도 많다. 이는 자동차나 그 운행에 관한 윤리는 따져 볼 수 있지만 '윤리적 엔진'에 대한 사고를 진행하기 쉽지 않은 것과 같다.

적으로 정보와 지식을 생산하는 학문이다. 이 분야는 통계학과 경영과학 및 응용최적화 등의 방법론을 컴퓨터과학의 여러 기법과 결부시킴으로써 융합적 방법론으로 재탄생하였다. 여기서 알고리즘은 연구대상이자 수단인데, 딥러닝으로 잘 알려진 머신러닝 혹은 기계학습 Machine Learning, ML을 포함하여 다양한 문제해결 기법들을 통칭하는 용어이다. 알고리즘을 활용하는 과정에서 '학습'이 강조되는 추세에 있기 때문에 데이터의 중요성이 부각되고 있지만, 알고리즘이란 개념은 사실 학습과도 무관하다. [2] 〈그림 17-1〉은 비즈니스 애널리틱스 및 데이터 사이언스를 적용하는 일반적 과정을 묘사한다.

현재 널리 쓰이는 알고리즘이라는 용어는 이를 주로 연구하고 현실에 적용하는 전문적·학술적 관점에서 볼 때 적절한 것은 아니다. 특히 경영과학과 컴퓨터과학의 용례에 따르면 여기서의 '알고리즘'은 '휴리스틱heuristic'으로 대체되는 것이 더 타당할 수도 있다. 이런 관점에서 이 장에서의 알고리즘은 (좁은 의미의) 알고리즘과 휴리스틱을 모두 포괄하는 넓은 의미의 알고리즘이다. (좁은 의미의) 알고리즘과 휴

---

2 이러한 이유에서 딥러닝의 바탕이 되는 뉴럴 네트워크 혹은 신경망(NN, *Neural Network*) 알고리즘은 매우 독특한 위치에 있다. 신경망은 애초부터 충분한 데이터가 확보될 수 있다는 것을 전제로 데이터 기반 학습을 통해 최적해(*optimal solution*)에 근사한 답을 찾도록 개발된 문제해결기법이었다. 그러나 뒤에서 보듯이 모든 알고리즘이 데이터 기반 학습을 전제로 개발된 것은 아니다(오히려 이와 독립적으로 활용되도록 개발된 것이 더 많다). 즉, 대부분의 알고리즘에서 데이터와 학습을 (알고리즘이란 엔진의 외부 루틴으로) 활용하면 일반적으로 성능이 개선되지만, (본질적 측면에서 볼 때) 충분한 데이터와 학습이 확보되어야만 알고리즘이 제대로 기능할 수 있는 것은 아니다.

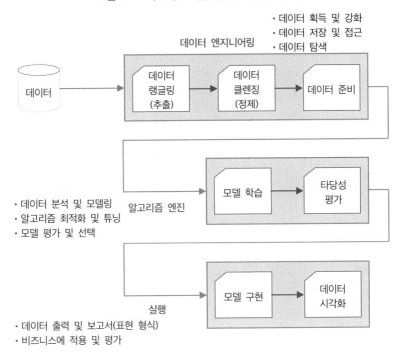

그림 17-1 비즈니스 애널리틱스의 일반 절차

- 데이터 획득 및 강화
- 데이터 저장 및 접근
- 데이터 탐색

데이터 엔지니어링

데이터

데이터
랭글링
(추출)

데이터
클렌징
(정제)

데이터 준비

- 데이터 분석 및 모델링
- 알고리즘 최적화 및 튜닝
- 모델 평가 및 선택

알고리즘 엔진

모델 학습

타당성
평가

실행

모델 구현

데이터
시각화

- 데이터 출력 및 보고서(표현 형식)
- 비즈니스에 적용 및 평가

리스틱의 차이와 각각의 의미와 응용 가능성에 대해서는 사이먼^{Herbert} $^{A.\ Simon}$이 이미 1970년대에 설파한 바 있다.

2) 알고리즘의 학문적 구분

넓은 의미에서 알고리즘을 문제해결기법으로 정의한다면, 해당되는 의사결정문제의 종류에 따라 크게 최적화^{optimization}를 위한 알고리즘과 분류^{classification}를 위한 알고리즘으로 구분할 수 있다. 실제 현실에서 사용되는 프로그램은 최적화와 분류 알고리즘을 복합적으로 사용하는 경우가 대부분이지만, 프로그램을 구성하는 단위 모듈은 결국 하나의 의사결정문제를 다루기 때문에 현 단계에서는 위와 같이 구분할 수 있다. 또한 알고리즘의 적용 대상이 되는 의사결정문제 자체의 특징이 알고리즘의 성과의 한계를 결정할 수도 있다. 대표적으로, 문제해결 과정에서 필요한 정보량에 따라 정확도가 크게 좌우되는 NP-Complete형 의사결정문제와 그렇지 않은 P형 문제가 서로 분리되어 존재한다.[3] NP-Complete형 문제를 위한 알고리즘은 복잡도가 높을 수밖에 없으며 현실에서 마주치는 큰 문제에 대해서는 정확한 답을 제공한다는 것을 보장할 수 없기 때문에 정확성과 속도 사이에서 타협해야만 한다. 최근의 빅데이터와 기계학습의 발전으로 정확성과 속도 모두 비약적으로 개선되고는 있지만, (양자quantum컴퓨팅이 보편화되지 않는 한) 알파고와 같은 성능의 인공지능이 스마트폰에 하드웨어로 탑재되기가 불가능한 이유도 여기에서 찾을 수 있다.

인공지능 시스템이 해결하려는 대상이 많은 경우에 NP-Complete형 문제로 정식화된 후 프로그램으로 코딩된다는 것은 알고리즘을 이해하는 데 시사하는 바가 크다. 먼저, 세간에서 오해하는 바와 같이, 이 경우 알고리즘은 최적화된 답을 제시하지 못한다. 단지 그나마 괜찮은 답을 제시할 뿐이다. 예를 들어, '최적 포트폴리오'라는 말은 (최소한 알고리즘 관점에서는) 정말로 최적화된 포트폴리오를 의미하는 것

---

3 알고리즘의 계산복잡성(*computational complexity*)은 컴퓨터에서의 계산속도 혹은 계산량을 정식화한 것이다. 이는 NP-Complete와 P에 대한 개념 및 이들 사이의 관계에 대한 가설(*conjecture*) 등으로 정식화되는데, 1971년 쿡(Cook)에 의해 정립되었다. 이에 대한 자세한 내용은 생략한다(Garey & Johnson, 1979 등을 참조).

이 아니라 꽤 괜찮은 대안을 찾아줄 수 있다는 뜻이다. 이는 인공지능 시스템에서 '최적화된'이라는 수식어가 붙는 거의 모든 경우에 해당된다. 따라서 아무리 고도화된 인공지능 시스템이라고 해도 최적 대응을 보장하지 못하며 오류도 발생한다. 단지 인간이 그 차이를 식별할 수 없거나 비교할 대상이나 경험이 없기 때문에 그 결과에 만족하는 것이다. [4]

---

4 일부의 최적화 의사결정에서만 진정으로 '최적의 결과'(*optimal solution*)를 기대할 수 있다. 대표적인 예로, 내비게이션이 알려주는 최단 경로는 정말로 '가장 짧은' 경로이다. 이는 최단 경로를 찾는 문제가 소위 'P형 문제'(*polynomial type decision*)에 속하기 때문이다. 그렇다고 해서 '최적'의 의미를 현실적으로 타협하여 재정의한다 해도 해결되지 않는다. '최적'이라는 의미 자체가 그것을 판단할 수 있는 기준과 함께 제공되어야 하는데, 이론적으로 (혹은 법률적 판단에 필요한 논리적 해석의 문제 없이) 최적을 정의하기 위해서는 그 대상을 의사결정문제(*decision problem*)로 정식화해야만 한다. 그런데 일단 의사결정문제로 정식화되면, P형과 NP형(*non-deterministic polynomial type*) 문제의 분리가능성에 관한 매우 까다로운 수학 문제로 환원될 수밖에 없다는 것이, 계산복잡성(*computational complexity*) 이론을 정립한 쿡(Cook)의 주장이다. 그리고 NP형 문제에 속하는 의사결정문제는 (P형과는 달리) 상황에 관계없이 늘 최적의 결과를 기대할 수는 없어서 '휴리스틱'이라는 대안적 해결책(예: 신경망)에 의존하게 된다. 자세한 내용은 Garey & Johnson(1979) 등을 참조하라.

2. 알고리즘의 유형과 성격

1) 알고리즘의 유형과 성격

알고리즘의 복잡성 문제를 논외로 하더라도, 의사결정문제의 종류에 따른 알고리즘의 성격과 유형을 구분하는 것은 알고리즘에 대한 정확한 이해와 사회적 응용 및 법제도적 논의에서도 중요하다.

(1) 최적화 알고리즘

최적화 알고리즘optimizer은 내비게이션에서 최단 경로를 찾거나 최적 재고관리와 생산일정을 결정하고 국가 에너지 수급계획을 마련하는 것과 같은 최적화 문제를 해결하는 알고리즘이다. 제 2차 세계대전 당시 미국에서 군수물자 생산과 병참 물류에 관한 계획을 수립하기 위해 개발된 이후, 경영학, 경제학, 공학 등 광범위한 분야에서 사용되는 선형linear계획법에 사용되는 알고리즘들이 대표적인 예이다. 선형계획법을 비선형 함수와 이산형 변수 등으로 확장한 제반 수리mathematical계획법에서도 다양한 알고리즘이 개발되어 사용 중인데, 이 경우 NP-Complete형 의사결정문제가 대부분이기 때문에 최적해 찾기를 포기하는 대신에 꽤 괜찮은 결과를 빠른 속도로 찾는 휴리스틱이 사용된다 (Curtis & Scheinberg, 2017; Parnas, 2017). 휴리스틱에 관한 일반화된 이론은 없지만 메타 휴리스틱meta heuristic으로 불리는 여러 방법들은 매우 잘 개발되어 있다(〈표 17-1〉 참조).

표 17-1 최적화 알고리즘의 종류

구분	특성	알고리즘
(좁은 의미) 알고리즘	· (이론적) 최적해 보장 · NP-Complete형 의사결정문제에서는 속도와 저장공간의 효율성은 보장 못함 (단, P형은 가능; 예: 선형계획법의 Karmarkar 및 Dijkstra 최단 경로 알고리즘 등)	· 선형계획법을 위한 단체법(simplex), 타원체법(ellipsoid), Karmarkar법 등 내부점(interior point) 알고리즘 · 비선형계획법(nonlinear programming)을 위한 수치해석(numerical analysis) 기반 알고리즘들 · (혼합)정수계획법[(mixed) integer programming]을 위한 분지한계법(branch & bound method)과 그 변형 등 · 최단 경로, 최대 흐름 등, 네트워크와 이산형 최적화(discrete optimization)에서 개발된 다양한 알고리즘들
휴리스틱 알고리즘	· 최적해를 보장 못함[5] · 빠른 속도 · 효율적인 저장공간 활용	· 일반 탐색(search)을 위한 휴리스틱: 국소 탐색(local search) 등 · 시뮬레이션 기반 최적화 휴리스틱 [예: 몬테카를로(Monte Carlo) 시뮬레이션 활용 등] · 메타 휴리스틱: 유전자 알고리즘 (genetic algorithm), 타부 서치(Tabu search), 시뮬레이티드 어닐링(Simulated annealing) 등 · 뉴럴 네트워크 혹은 신경망(NN, Neural Network)

(2) 분류형 알고리즘

분류형 알고리즘classifier은 사물이나 여러 대상을 적절하게 분류하는 의사결정에 사용되는 알고리즘이다. 대부분의 이메일 시스템에 구현되어 있는 스팸메일 분류기가 그 예이다. 이는 의사결정문제의 기반이 되는 수리 모형, 구현 전략, 사용 목적에 따라 다양하게 유형화할 수

---

5 휴리스틱은 이론상 최적해를 보장하지 못하지만, 현실적으로 꽤 괜찮은 결과를 주는 경우가 많기 때문에 일반적으로 (특히 상업용) 목적에서는 최적화 방식으로 불리기도 한다. 파르나스(Parnas, 2017)는 인공지능이 대중화되면서 최적의 답을 주는 것처럼 과장되고 왜곡되는 상황을 경계한다.

있다. 여러 교재와 문헌(Hastie, Tibshirani & Friedman, 2009; James et al., 2013; Mullainathan & Spiess, 2017 등)에서 가장 많이 채택된 유형화에 따르면, 기본 구현방식에 따라 지도학습과 비지도학습으로 대별된다(〈표 17-2〉 참조). 분류형 알고리즘을 구현하는 과정에서 최적화 알고리즘이 서브루틴으로 호출되는 경우가 거의 대부분이기 때

표 17-2 분류형 알고리즘의 종류

구분	특성	알고리즘
지도학습 (supervised learning)	· 판별 결과(맞거나 틀리거나)가 알려진 검증 데이터나 지식이 있고, 이를 활용하여 분류기를 산출 · 분류기 성능 평가가 용이하고 표준화되어 있음(예: confusion matrix, ROC 등) · 훈련용 데이터의 품질에 성능이 크게 의존함(예: garbage-in garbage-out)	· 회귀분석형(regression analysis) 분류기: 선형 및 비선형 회귀분석, 로지스틱형(logistic) 회귀분석(Logit, Probit 등) · 반복 분할형(recursive partitioning) 분류기: CART(Classification and Regression Tree), MARS(Multivariate Adaptive Regression Spline) 등 · 커널함수(kernel function) 및 거리함수(distance function)기반 분류기: SVM(Support Vector Machine), k-nearest neighbor 등 · (기본) 뉴럴 네트워크 혹은 신경망(NN, Neural Network): N-계층 신경망, CNN(Convolution NN)에 의한 딥러닝 등
비지도학습 (non supervised learning)	· 판별 결과를 확인해 줄 수 있는 검증 데이터 및 지식을 사전에 확보하지 않음 · 성능 평가를 위한 또 다른 프레임워크나 전략이 필요함 · 새로운 분류체계를 창출해야 하는 경우에 적합(예: 신규 시장에서 고객집단 분류, 핵심정보 요약 추출을 위한 차원 축소 등)	· 클러스터링(clustering) 혹은 군집화 알고리즘: k-means, p-median, 계층화(hierarchical) 클러스터링 등 · 성분분석(component analysis, CA) 유형: 주성분분석(principal CA), 독립성분분석(Independent CA) 등 · 분산분석(variance analysis) 유형: (공분산)행렬 분해(covariance matrix decomposition), SVD(Singular Value Decomposition) 등의 차원 축소(dimension reduction) 등 · 비정상 행위 및 이상 징후 탐지(anomaly detection) 알고리즘 · 자기강화학습(self-reinforcing learning) 딥러닝 NN[6]: generative adversarial NN, Hebbian NN, 자기조직화지도(self-organizing map) 등

문에(Curtis & Scheinberg, 2017), 계산이론 관점에서 볼 때 분류의 정확성을 담보할 수 없다(최적화의 정확성에 대해 앞서 설명한 바를 참조).

지도학습은 올바른 분류에 대한 답(예: 회귀분석의 종속변수)과 해당 속성값(예: 회귀분석의 설명변수)이 관계를 맺을 때 가장 좋은 성과를 보이는 분류기를 산출한다. 이 과정은 마치 아래 수식에서 '주어진' x와 y의 쌍 n개에 대해, (x_i, y_i)들을 가장 잘 연결시키는 함수 $f(\ )$를 찾는 것과 같다. 여기서 $f(\ )$를 분류기로 부르며, 이 분류기가 정확하다면 새로운 데이터 x_{n+1}이 입력되었을 때 출력되는 y_{n+1}이 실제 값과 큰 차이가 없을 것이다. 즉, 정확한 예측을 제공한다.

$$y_i = f(x_i) \qquad i = 1, \cdots, n$$

예를 들어, 〈표 17-2〉에서 소개한 로지스틱형 회귀분석에 사용되는 함수 형태는 아래와 같으며, 여기서 '파라미터parameter'로 불리는 α와 β를 조정하면서 구체적인 함수(분류기) $f(\ )$를 결정한다. 아래 $f(\ )$는 성장곡선에서 많이 보이는 S-자 형태의 모양을 취하며, 어떤 x에 대해서도 y는 $0 \sim 1$ 사이의 값을 가지기 때문에 특정 입력(x)이 $y =$

6　자기강화학습을 구현하는 방법과 전략에 따라 지도학습으로 분류될 수도 있다. 그러나 훈련 단계에서 판별 결과를 검증할 수 있는 수단이 있다고 해도 이를 적극적으로 활용하지 않는다면[예를 들어, 오류 가능성을 인정하지만 오류를 사후에 바로잡는 방식으로(correction) 구현하면] 비지도학습에 가깝다. 이는 자기강화학습에서 보상(reward)을 보는 시각과 구현 전략에 따른 해석의 차이이다.

1인 상태로 분류될 수 있는 가능성odds으로 해석된다.

$$y = f(x) = \frac{1}{1 + e^{-(\alpha x + \beta)}}$$

이에 반해 비지도학습에서는 정답을 사전에 알기 어렵거나 모르는 (혹은 일부러 알리지 않은) 상태에서 속성값만으로 주어진 데이터를 복수의 카테고리로 분할하는 분류기가 산출된다. 따라서 지도학습의 분류기 성능은 (검증용) 데이터에 의해 객관적으로 파악될 수 있지만, 비지도학습에 의한 분할의 적절성에 대해서는 별도의 평가방식이나 기준이 필요하다. 이는 다변량 통계분석에서 요인분석factor analysis을 적용할 때 겪는 상황과 본질적으로 동일하다. 요인을 몇 개로 할 것인지, 그리고 한 요인을 어떻게 구성할 것인지에 대해 정답이 없는 것과 마찬가지로, 비지도학습에 의한 분류기도 몇 개의 카테고리를 설정해야 하는지, 그리고 어떤 기준 혹은 임계치threshold에서 특정 범주나 클러스터에 할당을 할 것인지 등을 결정해야 한다. 이런 식의 구분은 분류형 알고리즘을 적용해야 하는 목적과 용도에 따른 것이므로, 한 유형의 알고리즘을 다른 유형과 직접 비교하는 것이 의미가 없을 때도 많다.

또한 분류기의 수리적 구조에 따라 함수(적) 형태와 비함수 형태로 나누어 볼 수 있다. (기본) 신경망을 제외한 대부분의 지도학습 알고리즘과 비지도학습의 분산분석형 알고리즘은 함수 형태로 분류기를 산출하므로 (정도의 차이는 있지만) 판별에 대한 근거를 추적하고 검증하는 것이 비교적 용이하다. 클러스터링 분류기도 그 자체가 함수 형태를 취하지는 않지만 그룹화 기준과 커널 및 거리 함수를 통해 판별의 근거를 추론하거나 해석하는 것이 가능하다. 따라서 이들은 (최소한 이론적으론) 화이트박스나 그레이박스 수준의 투명성transparency을 가진다. 그러나 애초부터 함수 형태를 갖지 않거나 너무 복잡해서 해석이 불가능한 분류기(예: 보통 복잡한 커널함수를 사용하는 SVM 등)는 블랙박스로 불리는 불투명성opaqueness을 보인다. 그러나 다음에 보듯이 화이트박스 형태의 분류기라고 하더라도 그 구현과정까지 고려하면 실제로 사용되는 분류기는 블랙박스에 가까운 불투명성을 보일 가능성이 높다.

2) 알고리즘 구현과정에 대한 이해

여러 유형의 알고리즘 중에서 인공지능 시스템과 관련하여 현재 가장 대표적으로 활용되는 분류형 알고리즘의 구현과정을 간략히 소개한다. 특히 알고리즘 책임성과 같이, 알고리즘 활용과 법제도적 측면에서 관심을 가져야 할 부분을 중심으로 소개한다.

(1) 분류형 알고리즘 구현과정의 개요

분류형 알고리즘은 데이터와 긴밀한 관계를 유지하면서 분류기를 생성하기 때문에 실제로 그 성능은 데이터의 품질에 크게 의존한다. 데이터 자체에 문제가 없고 충분한 규모의 데이터가 확보되었다고 전제할 때, 분류형 알고리즘은 〈그림 17-2〉와 같은 절차로 구현된다(Demir,

그림 17-2 분류형 알고리즘 구현의 기본 절차

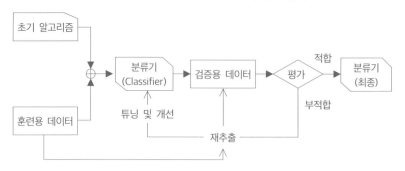

2014; Hastie, Tibshirani & Friedman, 2009; James et al., 2013; Mullainathan & Spiess, 2017; Pyle & San Jose, 2016). 먼저 데이터 일부는 알고리즘에 의해 산출된 분류기의 성능을 검증하기 위해 남겨진다. 이를 검증용 데이터 집합validation set 또는 hold-out set이라고 한다(비지도학습의 경우, 아래 그림의 검증용 데이터는 성능 평가보다는 분류기의 정상 작동을 파악하려는 차원에서 필요한 것으로 보아야 한다. 때로는 이 단계가 생략될 수도 있다).

남겨진 데이터는 훈련용 데이터 집합training set으로 불리며, 이는 알고리즘의 성능 향상을 위해 각종 파라미터를 조절tuning하는 데 사용된다. 훈련과정에서 지도학습과 비지도학습 간 다소의 차이가 있지만, 적용되는 알고리즘에 의한 영향력의 차이가 더 크다. 분류기가 생성되면 검증용 데이터에 의한 성능 평가가 진행되고 문제가 있을 경우 원데이터의 재추출resampling과 분류기 파라미터의 튜닝 및 개선을 거쳐서 새로운 분류기를 산출한다.

(2) 분류기 성능 평가의 기본 지표

분류기의 성능 평가는 지도학습과 비지도학습에서 차이를 보이는데, 지도학습의 경우 정오표를 만들고 정답률accuracy, 정밀성precision, 민감도sensitivity (또는 재현율recall), 특이도specificity 등의 지표metrics를 사용한다.[7] 비지도학습에서도 이들 지표를 산출할 수 있는 경우에는 지도학습과 유사한 방식을 따른다.

민감도는 양성에 대해 제대로 양성으로 판별한 비율 혹은 적중률true positive rate이다. 여기서 '양성'은 분류 목적상 우선적으로 가려내고 싶은 경우instance를 말한다[보통 양성에 해당하는 데이터에 대해서는 종속변수에 '1'(positive를 의미)의 값을 주어 구분한다]. 따라서 '1 - 민감도false negative rate'는 제 2종 오류β, type 2 error에 해당한다. 또한 특이도는 음성을 제대로 음성으로 판별한 비율true negative rate로, '1 - 특이도false positive rate'(또는 오경보율)는 제 1종 오류α, type 1 error에 해당한다.

분류기의 판별 임계치 파라미터 변화에 따라 특이도와 민감도는 상충관계trade-off를 보인다. 이 상충관계를 ROCReceiver Operating Characteristic 곡선으로 추적하며 파라미터를 조정하고, ROC 곡선의 AUCArea under the Curve 면적을 계산하여 분류기의 성능을 평가한다. AUC가 클수록 우수한 분류기가 될 가능성이 높다고 본다.[8]

성능 평가와 이를 통한 분류기 개선의 기본적인 접근법은 교차검증

---

7 여기서 소개한 지표들은 실제로 식품의약품안전처가 2017년에 제시한 의료용 인공지능의 성능 및 유효성 평가 기준으로 사용되고 있다(정원준, 2018).

8 ROC와 AUC에 대한 자세한 내용은 James et al. (2013) 등을 참조.

과 부트스트랩핑bootstrapping을 활용한 반복과 재활용이다(〈그림 17-2〉의 재추출 단계). 교차검증은 훈련용과 검증용 데이터 집합을 체계적으로 구성하여 검증을 반복함으로써 분류기의 성능을 높이고 (다음에 설명할) 과적합overfitting 문제를 해결하는 방법이다. 크기 p의 검증용 데이터를 모든 경우의 수로 생성하는leave-p-out 심층적인 교차검증과, 사전에 k개의 부분집합으로 데이터를 분할하여 k번만 교차검증하는 비심층적 방식으로 대별된다. 부트스트랩핑은 원래 몬테카를로 시뮬레이션에서 작은 표본으로부터 통계적 추론의 신뢰성을 높이기 위해 개발된 방법이다(예: 추정량estimator의 분산을 줄이려는 목적 등). 기계학습을 비롯한 대부분의 분류형 알고리즘에서는 데이터(표본)의 체계적인 재활용을 통해 분류기의 강건성robustness을 높이고 과적합 문제를 해결하기 위해 활용된다.

그러나 〈그림 17-2〉의 기본 절차만으로는 현실에서 사용할 수 있는 성능을 갖춘 분류기를 산출하기 어려울 때가 많다. 특히 과적합 이슈와 유연성을 높여야 하는 도전과제를 해결하기 위해 다음과 같은 기술을 추가로 활용한다.

(3) 과적합 해결을 위한 정규화 및 랜덤화

훈련과정에서는 데이터와 알고리즘이 유기적으로 상호작용하기 때문에 분류기가 우수한 성능을 보이지만, 새로 추가된 데이터나 다른 데이터 집합에 대해서는 성능이 떨어지는 과적합 문제가 많이 발생한다. 성능 평가에서 교차검증과 부트스트랩핑을 통해 과적합 발생 가능성을 낮출 수 있지만 한계가 존재한다. 어떤 형태의 데이터에 대해서도 일관된 성능을 보일 수 있는 유연한 분류기를 산출하려면 보다 정교한 개선이 필요한데, 그 해법에는 정규화regularization와 랜덤화randomization 과정이 수반된다.

정규화는 훈련과정에 필요한 최적화를 의도적으로 제한함으로써 분류기가 다소 특이한 데이터 속성까지 고려하는 것을 방지한다. 최적화를 제한하는 방식과 제한 수준에 따라 다양한 정규화 방법이 가능하다. 보통 페널티 혹은 손실 함수를 도입한다. 예를 들어, 회귀분석형 분류기의 일종인 LASSO[9]는 페널티 함수로 L1-norm을 사용한다. 정규화를 통한 과적합 문제의 해결은 대개 위에서 소개한 교차검증과 결합되어 사용된다.

랜덤화는 분류기의 강건성과 유연성을 높이는 또 다른 방식으로, 크게 두 가지 전략이 있다. 첫째, 배깅bagging은 훈련과정에서 데이터를 랜덤하게 분리하여 여러 부분집합을 생성하고 부분집합별로 서로 독립적인 복수의 분류기를 생성한 후 이를 종합하여 활용하는 방식이다. 생성된 여러 분류기들 집합을 앙상블이라고 부른다.

둘째, 부스팅boosting은 설명변수 혹은 속성에 대한 랜덤화로 볼 수 있다. 부스팅은 사용가능한 속성의 일부만을 이용하여 정밀도가 떨어지는 약한 분류기weak classifier 또는 weak learner를 여러 개 생성한 뒤에 다시 훈련과정을 거치면서 약한 분류기들에 적절한 가중치를 부여하거나 경쟁시키면서 통합시킨다. CART[10] 알고리즘을 기반으로 부스팅

---

9   *Least Absolute Selection and Shrinkage Operator.*
10 *Classification and Regression Tree.*

을 예로 들면, 의도적으로 깊이를 제한한 의사결정나무$^{\text{decision tree}}$가 약한 분류기에 해당한다. 이러한 작은 분류기 여러 개를 동시에 사용하면 과적합을 예방할 수 있다. 비유적으로 말하면, 작은 분류기 하나를 제한된 정보하에 움직이는 개인으로 본다면 부스팅은 집단지성에 가까운 형태라고 하겠다.

배깅, 부스팅, 교차검증, 부트스트랩핑은 모두 랜덤화를 통해 과적합 문제를 해결하면서 동시에 보다 강건한 분류기로 업그레이드시키려는 목적을 가진다. 실제로 이들은 복합적으로 적용되기 때문에 구현과정에서 명확하게 구별하는 것은 쉽지 않다. 예를 들어, 단순한 CART의 발전된 형태인 랜덤포레스트는 어떤 문헌에서는 배깅으로, 다른 문헌에서는 부스팅의 일종으로 소개된다.

그런데 사실 이를 어느 범주에 포함시킬 것인지는 본질적으로 중요한 문제는 아니다. 사실 더 중요한 것은 강건성과 유연성을 유지하면서 정확성을 높일 때 발생하는 문제점들이다. 〈그림 17-3〉에서 보듯이 알고리즘의 기본형은 해석과 구분이 가능할지라도, 이들 방식을 적용하여 고도화된 분류기는 강건성과 유연성이 높아진 대가로 불투명성이 높아지며 그 결과에 대한 해석은 어려워진다. 이는 다음 절에서 소개할 알고리즘에 관한 법제도적 이슈와도 밀접히 관련된다.

그림 17-3 해석가능성 (interpretability) 과 유연성 (flexibility)
사이의 상충관계

출처: James et al. (2013)의 p.25 Figure 2.7에서 인용.

3. 알고리즘[11] 책임성 Accountability

기계학습을 비롯한 알고리즘의 신뢰성 문제는 여러 문헌에서 지적된
다(박종훈, 2016; 2017; Baer & Kamalnath, 2017; Raymond et al.,
2017). 이는 주로 차별 discrimination과 오류 error에 관한 명확한 원인을
파악하거나 이해하기 어려울 뿐만 아니라 알고리즘 설계에 주관적 편

---

11 이 절에서 언급하는 알고리즘은 지금까지 다룬 순수 알고리즘보다는 종합적인 프로
  그램에 가깝다. 이는 현실에서 알고리즘이라는 용어가 쓰이는 일반적인 맥락을 반
  영한 것이다. 따라서 이 절의 알고리즘은 앞 절에서 소개한 여러 알고리즘을 복합
  적으로 사용하는 프로그램으로 보는 것이 타당하다. 예를 들어, 가격설정 (*pricing*)
  '알고리즘'으로 불리는 것은 기계학습 알고리즘과 최적화 알고리즘이 유기적으로 통
  합된 프로그램이다.

향bias이 개입될 가능성에 기인한다. 치안이나 의료와 같은 공공성이 강한 분야에서 결과의 공정성은 과정의 투명성을 요구하는 경우가 많은데, 자동화 알고리즘이 적용되는 경우 투명성을 보장하기 어렵다. 투명성은 경쟁법 전통과 관점에서 중요한 이슈로, 파스콸레(2016)는 평판, 검색, 금융에서 빅데이터와 알고리즘의 불투명한 활용을 ('비밀주의'라고까지) 지적하면서, 사회적 개방성과 시장의 공정성 관점에서 알고리즘의 부정적 기능을 경고한다.

> 코드화된 규칙이 구현하는 가치와 특권은 블랙박스 속에 감추어진다.
> ㅡ 파스콸레, 2016.

알고리즘 기반 자동화 검색과 가격설정에서 불공정한 오용 가능성을 보여주는 최근의 사례들이 이러한 우려를 현실로 만들고 있다. 불투명한 알고리즘이 유발한 부정적 사례에는, 특정 대출자의 상환 지연은 용인되고 다른 대출자의 상환 지연은 문제가 되는 경우(미국의 현행법은 금융기관이 그 이유를 설명하도록 요구한다), 동영상 서비스를 제공하는 플랫폼 사업자의 검색 결과에 언제나 자사의 비디오 콘텐츠가 먼저 추천되는 경우 등이 있다. 아무리 선의의 판단에 따른 결과라고 해도 공정성에 문제가 있을 경우 과정에 대한 검증이 제공되어야 한다는 주장이 제기되는 배경이다. 이러한 이유에서 파스콸레(2016)를 비롯한 여러 문헌에서 알고리즘 공개만이 유일한 해결책이라고 주장한다.

미국과 유럽의 경우 온라인상의 알고리즘 편향성(Raymond et al.,

2017)과 가격설정 알고리즘에서 담합이나 불공정거래가 일어날 가능성에 대해서는 많은 논의가 진행되었으며, EC 및 OECD 같은 국제기구도 관심을 기울이고 있다(김건우, 2017; 최난설헌, 2017; Blockx, 2017; Capobianco & Gonzaga, 2017). 알고리즘 편향은 미 공정거래위원회FTC가 2010년에 구글의 검색 알고리즘의 불공정 가능성을 조사하면서 세간의 주목을 받았다. 미 공정거래위원회가 2013년 증거 부족을 이유로 심의를 종료했지만, 이 문제는 많은 플랫폼이 채택하고 있는 양면시장 비즈니스모델(김도훈, 2016; Garces-Tolon, 2017)에서 복합 서비스(*bundling* 및 *tying*)를 제공할 때 언제든지 다시 불거질 소지가 있다(Li & Xie, 2017). 가격설정 알고리즘의 경우에도 2015년 미 법무부DOJ의 반규제분과가 아마존 마켓플레이스에서 거래되는 포스터 상품의 가격설정 알고리즘에 문제가 있다고 판결한 바 있다(최난설헌, 2017; Li & Xie, 2017). 미 법무부는 2016년 우버의 동적 가격설정dynamic pricing 방식에도 문제가 있다고 지적하였다.

그러나 이러한 문제가 알고리즘의 투명성을 보장하는 것으로 해결될 수 없다는 방향으로 의견이 수렴되고 있다. 먼저, 앞 절에서 소개한 바와 같이, 기술적 측면에서 기계학습과 같은 분류형 알고리즘의 구현방식이 원천적으로 불투명하다. 따라서 테슬라 주행사고처럼 오류가 확실하다고 해도 일반적인 소프트웨어 디버깅 방식으로는 문제를 해결할 수 없다. 단지, 수차례 실험을 통해서 경험적으로만 신뢰성 및 안전성 수준을 점검할 수 있을 뿐이다.

그러나 이 역시 품질보장과 관련한 상업화 측면에서 매우 비효율적일 수밖에 없다. 만약 오늘날의 제조물배상책임에 준하는 품질보장

(예: 6시그마)을 알고리즘 개발과 적용에도 요구하는 법제도가 시행된다면 인공지능 산업의 비용 부담은 막대할 것이다. 이러한 이유에서 기계학습에서 데이터 의존도를 낮추려는 연구가 IBM, 엔비디아Nvidia, 퀄컴Qualcomm 등에서 진행되고 있다(원샷학습one-shot learning이나 정교한 부스팅 및 가지치기pruning 등에 기반한 더 작은 알고리즘smaller algorithm 등; Sun, 2018). 이와 같은 연구가 성공하면 방대한 데이터 처리에 필요한 CPU나 GPU도 적게 소요되므로 하드웨어 제조업에도 직접적 영향을 줄 것이다.

투명성 보장만으로 모든 문제가 해결될 수 없는 또 다른 이유는 투명성이 오히려 악용될 가능성이 상존하기 때문이다(Blockx, 2017). OECD의 연구에서도 잠정적으로 제안한 해결 방향에서 투명성을 강조하고 있지만 그 유용성을 의심하는 경향이 강하다(Capobianco & Gonzaga, 2017). 투명성이 해결책이 될 수 없는 궁극적인 것은 분류형 알고리즘이 인과관계를 직접 다루지 않고 상관관계를 바탕으로 마치 인과관계를 추론하는 방식을 따르기 때문이다(Diakopoulos, 2016; Mullainathan & Spiess, 2017; Varian, 2017). 상술한 여러 이유에서 이론적으로도 (사실 더 명확하게) 알고리즘의 투명성이 궁극적인 해결책이 되기는 어렵다는 것을 알 수 있다. 이는 현재 활발히 연구 중인 설명 가능한 인공지능에서도 마찬가지이다.

4. 인공지능시대의 알고리즘에 대한 전망과 이슈

시대나 사회를 막론하고 새로운 기술, 특히 범용성general purpose기술의
등장은 기대와 더불어 거부감과 두려움을 낳는다. 4차 산업혁명이 화
두로 등장하고 알파고가 인간 바둑 천재를 이기는 사건을 계기로 인공
지능과 알고리즘에 대하여 각계각층에서 관심을 기울이기 시작했다.
미래를 앞서서 준비하는 것은 좋지만, 이는 대상에 대한 올바른 이해
에서부터 출발해야 한다. 그런데 인공지능과 알고리즘을 둘러싼 논의
는 다소 공상적이며 낭만적으로 비화되는 경향도 있다. 알고리즘에
대한 오해로부터 과도한 염려와 거부감이 사실인 것처럼 각색될 수 있
다. 이러한 이유에서 알고리즘에 대한 올바른 이해를 통해 오해를 불
식시키고 실현 가능하며 생산적인 논의에 집중하는 것이 4차 산업혁
명시대를 준비하는 바람직한 자세이다.

　알고리즘과 인공지능을 둘러싼 이러한 상황을 잘 반영하는 최근 사
례 중 하나는 알고리즘 담합을 둘러싼 논쟁이다. 이와 관련해 알고리
즘 담합이 소비자는 물론이고 사회·경제적 피해를 줄 것이라는 피해
이론theory of harm이 제기된 바 있다(Ezrachi & Stucke, 2017; Mehra,
2015; Stucke & Ezrachi, 2017). 알고리즘 담합으로 발생하는 대표적
인 피해는, 경쟁해야 하는 공급자들이 명시적·암묵적 합의나 조율을
통해 경쟁을 회피함으로써 소비자후생의 감소를 야기하는 것이다. 알
고리즘 담합이 일으키는 특별한 국면은 암묵적 담합에서 발생한다.
암묵적 담합에 참여하는 플레이어들은 애초에 담합을 의도했을 수도
그렇지 않을 수도 있으며, 그것을 규제기관이나 제3자가 객관적으로

밝혀내는 것이 어렵기 때문에 이슈를 야기한다.[12] 알고리즘 담합의 가능성을 인식하면서 여러 나라의 공정경쟁fair trade 담당기관에서 알고리즘 담합에 관해 연구하고 있다(OECD, 2017; CMA, 2018 등).

알고리즘 담합의 피해이론에 관한 지금까지의 연구와 사례 검토는 알고리즘이 메신저 역할을 통해 실질적으로 담합과 같은 행위나 결과를 유발할 가능성에 주목한다. 특히 다음과 같은 가능성과 과정에 주목한다. 첫째, 알고리즘이 가격설정 방식을 직접 통제하지 않고 감시나 메신저의 역할만 해도 담합의 피해를 야기할 수 있다. 둘째, 의도와는 무관하게 결과적으로 담합에 해당하는 행위(예: 가격설정의 조율 등)를 야기하여 실질적으로 담합으로 인한 피해를 발생시킨다. 그러나 이는 가능한 시나리오일 뿐이며, 현실에서 실제로 알고리즘 담합의 피해가 발생했다고 인정된 경우는 거의 없다.[13] 이러한 이유에서 영국의 경쟁시장국CMA도 당분간 알고리즘에 의한 가격담합이 결정적인 이슈game changer가 되지는 않을 것으로 전망한다(CMA, 2018). 또

---

12 Ezrachi & Stucke(2017) 등은 효율성을 높이기 위해 개발된 알고리즘이 반경쟁적 행위를 유발할 수 있는 몇 가지 시나리오를 제시했다. 이에 대한 자세한 설명과 이후의 동향에 대해서는 김도훈(2020), CMA(2018), Harrington(2018) 등을 참조하라.

13 관련된 사례는 드문데, 다음 사건들이 많이 거론된다. 즉, 가격설정방식을 포함한 마케팅용 소프트웨어가 여러 사업자 간 명시적 합의를 유도한 것으로 의심되어 CMA에 의해 제소된 사건(Trod Ltd/GB eye Ltd case)이나, 미 법무부가 가격재설정(re-pricing) 소프트웨어를 통해 비슷한 결과를 야기한 Aston & Trod를 제소한 것이다(Aston & Trod case). 이들 사례에서도 기존의 법제도 내에서 그 피해를 사전에 예상하고 사후에 적절한 조치를 취하는 것이 가능했기 때문에 새로운 법제도를 마련해야 할 필요성을 느끼지 못했다는 것이 지금까지의 결론이다.

한 알고리즘 담합이 발생하더라도 그 영향력이 미미할 것이며, 오히려 다른 측면에서 소비자에게 주는 이득(예: 가격투명성 증대와 불확실성 제거 등, Thepot, 2018)이 더 크다고 보는 견해가 더 많다.

이상의 내용으로부터 법제도적 관점에서 알고리즘이나 인공지능에 대해 책임성을 보증하기 위한 가장 효율적인 방법은 투명성transparency을 확보하는 것이라는 견해가 많다. 투명성은 공공성, 책무성, 통제성의 바탕이 되기 때문에, 기술적 차원에서 알고리즘의 투명성을 확보하는 해결 방안을 찾으려는 노력이 주목을 받고 있다. 대표적 예로, 기계학습이라는 블랙박스 내부의 암묵적 지식tacit knowledge을 밝혀내기 위해 '설명 가능한 인공지능Explainable AI, XAI'이라는 개념이 대두되었다. 지금까지는 알고리즘의 효율성 향상에 집중해 왔지만, 공정성을 배제한 채 정확성을 높이는 것이 현실에서 인공지능을 수용하는 데 한계가 있다는 점을 깨닫기 시작했기 때문이다. (사후에라도) 블랙박스와 같은 알고리즘으로부터 어떤 근거로 결론이 도출되는지 파악할 수 있어야 인공지능 시스템이 신뢰를 얻을 수 있으며, (언젠가는 발생할 수밖에 없는) 오류를 수정하는 데 필수적이기 때문이다.

실제로 IBM 기업가치연구소가 전 세계 5천 명의 기업 임원을 대상으로 조사한 결과에서 응답자의 82%가 인공지능 도입을 검토하고 있음에도 불구하고, 60%는 인공지능 시스템에 활용되는 데이터를 신뢰할 수 없고, (인공지능과 관련된) 기업 내외부의 여러 규제를 우려한다고 답하였다. 기업의 자동화된 의사결정이 끼치는 영향에 대한 검증을 가능하게 하고 책임소재를 보다 명확하게 함으로써, 인공지능 시스템 도입과 운영의 부작용을 최소화하고 이에 대응할 수 있는 도구를 제공할 필요가 있다는 인식이 확산되고 있다.

특히 우리나라도 최근 '이루다 사태'에서 경험한 바와 같이, 혁신을 추구하는 기업 환경에서 알고리즘 책임성이나 인공지능의 신뢰성은 점차 중요해지고 있다. 고객의 신뢰를 높이기 위한 기업전략적 차원을 떠나서, 금융 및 유통과 같은 사업 부문에서는 이미 최소한의 투명성을 확보하는 것이 법제도적 요구사항(예: GDPR14)을 준수하는 필수요소가 되었다. 의료, 법률, 국방과 같이 공공성이 높은 분야에서는 투명성과 신뢰성을 담보하는 것이 더 중요하다.

자동화된 의사결정에 대한 이유를 사람이 이해할 수 있는 방식으로 제공하려는 목표에서 시작된 '설명 가능한 인공지능'은 인공지능 시스템에 대한 신뢰성 향상과 법제도에 보다 유연하게 순응할 수 있는 기술적 도구를 제공할 것으로 기대를 받고 있다. 현재 이와 관련된 연구에 가장 적극적인 미 방위고등연구계획국DARPA15은 2017년부터 약 800억 원의 예산을 투입하여 2021년 4월까지 프로젝트를 진행 중이다. MIT와 구글 등 민간부문에서도 DARPA와 협력하거나 혹은 독립적으로 활발히 연구를 진행하고 있다. 설명 가능한 인공지능은 블랙박스인 기계학습 기반 인공지능을 최소한 그레이박스로 전환시킬 수 있는 가능성을 열었다고 평가되지만, 아직까지 주로 딥러닝에 의한

---

14 General Data Protection Regulation.

15 인터넷의 메카이기도 한 DARPA는 이미 1960년대에 제1세대 인공지능으로도 불리는 전문가시스템(*Expert system, ExS*) 개발을 선도한 바 있다. 전문가시스템은 규칙 기반 추론(*rule-based reasoning*)에서 시작하여 사례 기반 추론(*case-based reasoning*)으로 발전하면서 정형화된 업무의 자동화에 크게 기여하였다.

시각화 과정에 집중하고 있는 것으로 보인다.

예를 들어, 딥러닝에 의한 분류기가 어떤 사물을 고양이로 인식했을 때 또 다른 인공지능 도구를 활용하여 어떤 사물을 어느 시점에 고양이로 판별했고 어떤 경우에는 아니라고 답을 했는지 모니터링하고 분석하는 것이다. 이와 같이 설명 가능한 인공지능은 도출한 결과를 스스로 설명함으로써 '간접적으로나마' 투명성을 제공하며 사용자 신뢰성을 확보하고자 한다. DARPA의 '설명 가능한 인공지능' 프로젝트가 성공한다면, 이는 향후 인공지능에 대한 품질관리와 인증 및 감리 등의 분야에서 매우 강력한 표준이 될 것이다. 또한 EU GDPR의 요구사항과 도전을 극복할 수 있는 중요한 레버리지가 될 것으로 기대되어 인공지능 시스템 도입과 확산에 또 다른 전환점이 될 수 있다.

DARPA의 '설명 가능한 인공지능' 프로젝트는 그 자체가 목적이자, 2018년 7월에 'AI Next'로 명명된 미래 인공지능을 향한 보다 큰 계획의 일환이다(NIA, 2018). AI Next는 인공지능이 인간과 협업하면서 능동적으로 인간과 업무를 도울 수 있는 시스템을 의미한다. 이를 위해 인공지능은 변화하는 상황을 제대로 인지하고 이에 적응할 수 있어야 하며, 인간과 원활하게 소통할 수 있어야 한다. 이러한 목적에서 설명 가능한 인공지능이 직면하는 문제점들은 반드시 해결되어야 할 난제이다.

더 나아가 기계학습과 같은 방식의 학습형 알고리즘의 근본적인 한계를 극복하기 위한 프로젝트도 진행 중에 있다. 이 프로젝트는 시행착오를 근간으로 하는 기계학습의 학습방식을 탈피하여 이미 검증된 것에서부터 일반화를 추구하는 방식으로 인공지능을 설계하는 것을 목표로 한다. 이는 '설명 가능한 인공지능'의 설명 가능성에 더하여 '검증 가능성verifiability'까지 확보한다는 의미다.

알고리즘 책임성이나 담합에 대해 법제도 차원에서 선제적으로 대응하는 것보다는 좀더 기술적인 대안을 마련할 필요가 있다는 인식도 확산되고 있다. 기술적 문제는 기술을 중심으로 해결하겠다는 접근법으로, 마치 자동차를 설계, 생산하는 단계에서 배출가스나 안전 기준을 강제하는 것과도 비슷한 맥락이다. 컴퓨터과학 분야의 대표적 국제학술단체인 ACM[16]의 미국과 유럽 공공정책 분과에서는 알고리즘 책임성을 높이기 위한 본격적인 연구에 착수하였다. 이로부터 알고리즘 개발과 구현에서 책임성 강화를 위해 7가지 원칙을 우선적으로 다음과 같이 제시한다(USACM, 2017; Garfinkel et al., 2017, 〈표 17-3〉참조).

ACM의 알고리즘 책임성에 대한 노력은 아직까지는 선언적 수준이며 보다 구체적인 방안을 마련하기 위해서 더 많은 연구가 진행 중이다. 3~5년 전부터 의욕적으로 출발했던 기술공학적 관점에서의 알고리즘 및 인공지능 거버넌스에 대한 여러 논의도(Doneda & Almeida, 2016; Saurwein et al., 2016) 편향, 검열, 차별, 사생활 보호, IP 보호, 지배력 남용에 대한 원론적인 방향 제시와 업계의 자율규제에 의존하는 정도에서 답보상태이다. 알고리즘 책임성이나 담합 등에 대한 지금까지의 논의를 살펴보면 아직도 우리 사회가 알고리즘이나 인공지능에 대한 전반적인 이해가 부족하다는 것을 방증한다. 알고리즘의

---

16 Association for Computing Machinery.

(더 나아가 인공지능의) 불완전성을 받아들이고(Chui et al. , 2018; Ng, 2016) 그 전제하에서 위험관리가 가능한 시스템을 설계, 운영하며 사후적 대비책을 마련하는 것이 현재 취할 수 있는 최선의 노력일 수 있다. 현 단계에서는 알고리즘과 인공지능을 생산성 혁신을 위한 도구로 인식하고 사회의 각 도메인에서 단계적으로 수용하는 로드맵을 마련하는 데 보다 집중할 필요도 있다고 본다.

표 17-3 US ACM과 EU ACM의 알고리즘 책임성을 위한 7대 원칙

원 칙	설 명
인지가능성 (awareness)	알고리즘이 사용되고 있음을 충분히 알리고 가능하면 사용법도 공지함
접속 및 시정 (access and redress)	알고리즘에 대한 조사가 원칙적으로 가능해야 하며 오류 및 잘못된 의사결정에 대한 수정지침을 사전에 제공함
책임감 부여 (accountability)	알고리즘 구현 및 운영을 담당하는 주체를 명확하게 하고 책임감(responsibility)을 부여함
설명력 (explanation)	인간이 이해할 수 있는 수준으로 작동원리(logic)에 대해 설명할 수 있어야 함
데이터 출처 (data provenance)	알고리즘의 올바른 작동을 위한 충분한 데이터를 확보하고 데이터 출처에 대한 기록과 무결성을 제공함
감사 가능성 (auditability)	로그와 작동 기록을 남김으로써 감사와 분쟁 해결이 가능하도록 함
타당성 평가와 검사 (validation and testing)	알고리즘 성능에 대한 평가방식을 제공하고 적절한 방식으로 검사가 가능하도록 함

1. 인공지능, 알고리즘, 데이터의 차이를 설명하고 이들 사이의 관계에 대해 토의해 보자.

2. 인공지능이 오류를 발생시킬 수밖에 없는 이유를 알고리즘 관점에서 설명해 보자.

3. 분류기(*classifier*)로서의 알고리즘을 구현하는 절차에 대해 간략히 논하시오.

4. 과적합(*overfitting*)과 정규화(*regularization*)의 개념을 설명하시오.

5. 알고리즘의 투명성(*transparency*)과 책임성(*accountability*)의 관계에 대해 논하시오. 알고리즘의 투명성을 담보할 수 있는 방안에 대해 의견을 제시하고, 그 아이디어를 현실에 적용할 때의 단점을 생각해 보자.

6. 알고리즘의 특성에 비추어 볼 때, EU의 GDPR(General Data Protection Regulation)이 직면한 현실적 어려움에 대해 논하시오.

7. 알고리즘의 유형과 구현과정의 관점에서 설명 가능한 인공지능(*XAI, Explainable AI*)의 미래에 대해 어떻게 생각하는가?

더 보기

애널린 응·케네스 수 저, 최광민 역(2017), 《수학 없이 배우는 데이터 과학과 알고리즘: 모두를 위한 데이터 사이언스》, 에이콘출판.

앤드루 맥아피·에릭 브린욜프슨 저, 이한음 역(2018), 《머신 플랫폼 크라우드: 트리플 레볼루션의 시대가 온다》, 청림출판.

Davenport, T. H., & Ronanki, R. (2018), Artificial Intelligence for the Real World, *Harvard Business Review*, 96(1), 108~116.

Haenlein, M., & Kaplan, A. (2019), A Brief History of Artificial Intelligence : On the Past, Present, and Future of Artificial Intelligence, *California Management Review*, 61(4), 5~14.

MIT Sloan Management Review(2020), The AI and Machine Learning Imperative: Executive Guide.

Ng, A. (2016. 11. 9), What Artificial Intelligence Can and Can't Do Right Now, *Harvard Business Review*.

Varian, H. (2018), Artificial Intelligence, Economics, and Industrial Organization, *National Bureau of Economic Research*, 24839.

참고문헌

김도훈(2020), 알고리즘 담합의 연구 동향과 전망, 〈주간기술동향〉, 1929호, 14~30.

_____(2016), 플랫폼서비스 생태계의 개념적 유형화, 〈IT서비스학회지〉, 15(1), 299~319.

박종훈(2016), 답은 맞는데 풀이과정을 알 수 없는 인공지능을 믿어야 할까?, 〈주간기술동향〉, 1778호, 31~38.

_____(2017), 딥러닝에도 보안 문제, 인공지능(AI)을 속이는 수법에 주의할 필요, 〈주간기술동향〉, 1824호, 40~42.

_____(2018), AI로 인한 배제와 차별에 문제를 제기하는 신흥국의 AI 논의, 〈주간기술동향〉, 1829호, 33~37.

윤태승(2018), 설명 가능한 AI 기술을 포함한 인공지능의 IP-R&D 전략, 〈주간기술동향〉, 1865호, 2~13.

이순기(2020), 인공지능의 윤리적 사용을 위한 개선과제, 〈이슈와 논점〉, 1759호.

정원준(2018), 국내 인공지능(AI) 의료기기 현황 및 규제 이슈, 〈주간기술동향〉, 1831호, 2~15.

프랭크 파스콸레 저, 이시은 역(2016), 《블랙박스 사회》, 안티고네.

NIA(2018), 미 국방연구원 AI 캠페인 차세대 인공지능(AI Next), 〈NIA 스페셜리포트〉, 18호.

Baer, T., & Kamalnath, V. (2017), Controlling Machine-Learning Algorithms and Their Biases, *McKinsey Global Institute*, November 2017.

Blockx, J. (2017), Antitrust in Digital Markets in the EU: Policing Price Bots, *Proceedings of the Radboud Economic Law Conference*.

Capobianco, A., & Gonzaga, P. (2017), Algoricuthms and Competition: Friends or Foes?, *CPI Antitrust Chronicle*.

Cao, L. (2017), Data Science: A Comprehensive Overview, *ACM Computing Surveys*, 50(3), 1~42.

Chen, M., & Chen, Z. L. (2015), Recent Developments in Dynamic Pricing Research: Multiple Products, Competition, and Limited Demand Information," *Production and Operations Management*, 24(5), 704~731.

Chui, M., Manyika, J., & Miremadi, M. (2018. 1. 11), What AI Can and Can't Do (yet) for Your Business, *McKinsey Quarterly*, 1~11.

CMA(2018. 10. 8), Economic Working Paper on the Use of Algorithms to Facilitate Collusion and Personalised Pricing.

Curtis, F. E., & Scheinberg, K. (2017), Optimization Methods for Supervised Machine Learning: From Linear Models to Deep Learning, *Tutorials in OR: Leading Developments from INFORMS Communities*, 89~113.

DARPA, Explainable Artificial Intelligence(XAI), *DARPA Program Information*.
https://www.darpa.mil/program/explainable-artificial-intelligence.

Demir, E. (2014), A Decision Support Tool for Predicting Patients at Risk of Readmission: A Comparison of Classification Trees, Logistic Regression, Generalized Additive Models, and Multivariate Adaptive Regression Splines, *Decision Sciences*, 45(5), 849~880.

Deng, A. (2018), What Do We Know about Algorithmic Tacit Collusion?,

Antitrust, 33(1).

Desai, D. R., & Kroll, J. A. (2018), Trust But Verify: A Guide to Algorithms and the Law, *Harvard Journal of Law & Technology*, 31(1), 1~64.

Diakopoulos, N(2016), Accountability in Algorithmic Decision Making, *Communications of the ACM*, 59(2), 56~62.

Doneda, D., & Almeida, V. A. (2016), What Is Algorithm Governance?, *IEEE Internet Computing*, 20(4), 60~63.

Ezrachi, A., & Stucke, M. E. (2017), Artificial Intelligence and Collusion: When Computers Inhibit Competition, *University of Illinois Law Review*, 1775.

Gal, M. S., & Elkin-Koren, N. (2016), Algorithmic Consumers, *Harvard Journal of Law & Technology*, 30, 309.

Garces, E. (2017), The Dynamics of Platform Business Value Creation, *CPI Antitrust Chronicle*.

Garfinkel, S., Matthews, J., Shapiro, S. S., & Smith, J. M. (2017), Toward Algorithmic Transparency and Accountability, *Communications of the ACM*, 60(9), 5.

Garey, M. R. & Johnson, D. S. (1979), *Computers and Intractability: A Guide to the Theory of NP-Completeness*, Freeman.

Harrington, J. E. (2018), Developing Competition Law for Collusion by Autonomous Artificial Agents, *Journal of Competition Law & Economics*, 14(3), 331~363.

Hastie, T., Tibshirani, R., & Friedman, J. (2009), *The Elements of Statistical Learning: Prediction, Inference and Data Mining* (2nd ed), Springer Verlag.

James, G., Witten, D., Hastie, T., & Tibshirani, R. (2013), *An Introduction Statistical Learning with Applications in R*, *Springer*.

Kim, D. (2018), Equilibrium Analysis for Platform Developers in Two-Sided Market with Backward Compatibility, *Games*, 9(4), 76.

Li, S., & Xie, C. (2017), Rise of the Machines: Emerging Antitrust Issues

Relating to Algorithm Bias and Automation, *The Civil Practice & Procedure Committee's Young Lawyers Advisory Panel: Perspectives in Antitrust*, 5(3).

Miklos-Thal, J., & Tucker, C. (2019), Collusion by Algorithm: Does Better Demand Prediction Facilitate Coordination Between Sellers?, *Management Science*, 65(4), 1552~1561.

Mitchell, T. (1997), *Machine Learning*, McGraw Hill.

Mullainathan, S., & Spiess, J. (2017), Machine Learning: An Applied Econometric Approach, *Journal of Economic Perspectives*, 31(2), 87~106.

Ng, A. (2016.11.9), What Artificial Intelligence Can and Can't Do Right Now, *Harvard Business Review*.

OECD(2017), Algorithms and Collusion, Background Note by the Secretariat, *Internetowy Kwartalnik Antymonopolowy i Regulacyjny*, 6(5), 123~125.

OFT(2013), *The Economics of Online Personalized Pricing*.

_____(2013), *Personalised pricing: Increasing transparency to improve trust*.

Parnas, D. L. (2017), The Real Risks of Artificial Intelligence, *Communications of the ACM*, 60(10), 27~31.

Perel, M., & Elkin-Koren, N. (2017), Black Box Tinkering: Beyond Disclosure in Algorithmic Enforcement, *Florida Law Review*, 69, 181~234.

Pyle, D., & San Jose, C. (2015), An Executive's Guide to Machine Learning, *McKinsey Quarterly*.

Raymond, A., Young, E. A. S., & Shackelford, S. (2018), Building a Better HAL 9000: Algorithms, the Market, and the Need to Prevent the Engraining of Bias, *Northwestern Journal of Technology and Intellectual Property*, 15(3), 2017.

Saurwein, F., Just, N., & Latzer, M. (2015), Governance of Algorithms: Options and Limitations, *Info*, 17(6), 35~49.

Smith, M. (2016.6.23), In Wisconsin, a Backlash Against Using Data to

Foretell Defendants' Futures, *The New York Times*.

Stucke, M. E., & Ezrachi, A. (2017), How Digital Assistants Can Harm Our Economy, Privacy, and Democracy, *Berkeley Technology Law Journal*, 32(1239).

Sun, Y. (2018. 2. 2), More Efficient Machine Learning Could Upend the AI Paradigm, *MIT Technology Review*.

Tashea, J. (2017. 4. 17), Courts Are Using AI to Sentence Criminals. That Must Stop Now, *Wired*.
https://www.wired.com/2017/04/courts-using-ai-sentence-criminals-must-stop-now/

The Wall Street Journal (2019. 4. 19), Beware Algorithms that Could Collude on Prices.

모든 것이 데이터가 되는 빅데이터시대의 이해

18 장

윤호영

이 장의 핵심

빅데이터는 데이터의 크기가 방대하고, 다양하면서도, 생산과 소비, 유통되는 속도가 매우 빠른 새로운 가치를 창출하는 데이터를 말한다. 또한, 빅데이터시대는 방대한 크기의 빅데이터를 저장, 처리, 분석하는 기술이 발전함에 따라 이를 활용한 새로운 가치의 창출이 확산된 시대를 의미한다.

　정보화시대, 네트워크사회를 거쳐 빅데이터시대로 이행하는 데에는 데이터 저장에 필요한 비용의 감소와 향상된 컴퓨터 연산 능력이 큰 영향을 미쳤다. 빅데이터 활용이 사회적으로 확산되면서 사회의 각 주체들은 다양한 목적으로 빅데이터를 활용하는데, 기업은 생산성 향상과 경쟁력 강화를 위해, 정부는 사회 안정과 미래 대응력을 높이기 위한 행정 및 산업 활성화 정책을 목적으로 빅데이터를 활용한다. 시민사회는 데이터 액티비즘이나 정부 감시 등 사회적 실천을 목적으로 빅데이터를 활용하고 있다.

　빅데이터기술의 발전과 분석 방법의 전환은 빅데이터가 전사회적으로 활용될 수 있는 기반이 되었다. 기술과 관련해서는 분산컴퓨팅기술과 데이터 탐색기술의 발전에 주목할 필요가 있다. 분석 방법의 전환은 인과관계가 아닌 상관관계, 표본조사가 아닌 전수조사, 분류와 예측의 중요성 증가를 말할 수 있는데, 이러한 새로운 관점으로의 변화가 빅데이터의 활용도를 높였다. 하지만 빅데이터 활용이 반드시 장점만 있는 것은 아니다. 빅데이터 분석은 데이터 자체의 편향과 잘못된 분석 방법의 적용으로 오류가 발생할 가능성이 있다. 또한 프라이버시 등 개인정보 침해가 일어나거나 데이터 독점권 및 접근성 제한으로 인한 불평등이 나타날 가능성이 높다.

그럼에도 불구하고, 빅데이터는 그 중요성이 끊임없이 강조될 것이며 앞으로 다가올 지능정보사회에서 인공지능 학습 데이터로서의 활용가치 역시 지속적으로 향상되리라고 예상된다. 물론, 이러한 활용가치를 만드는 것은 인간의 창의성과 문제 설정 능력이라는 점은 빅데이터시대이든 지능정보사회이든 여전히 변화하지 않을 것이다.

1. 빅데이터시대의 도래:
역사적 흐름, 빅데이터의 정의 및 특성

직접회로가 장착된 마이크로칩의 발달로 시작된 전자기기의 혁명은 정보통신기술의 발전을 가져왔다. 이렇게 시작된 정보통신기술의 발전은 후기 산업사회의 모습을 정보사회로 탈바꿈시켰다. 정보사회는 정보의 생산과 유통이 급격히 증가하면서 사회의 생산과 소비가 정보를 중심으로 이루어지는 사회를 말하는데, 이후 인터넷의 발달과 함께, 네트워크사회라는 개념으로 이어졌다(Castells, 1994).

네트워크사회는 자본과 노동, 사람과 지식, 정보 등이 컴퓨터 네트워크를 통해 서로 연결되면서 정보 유통의 범위와 속도가 획기적으로 확장된 사회를 말한다.

빅데이터시대는 이 흐름의 연장선상에 존재한다. 빅데이터시대는 빅데이터라 부르는 방대한 크기의 데이터를 저장 및 처리, 분석하는 기술이 발전하면서, 이를 활용한 새로운 가치의 창출이 확산된 시대를 말한다. 빅데이터시대로 발전하는 데에는 대용량의 데이터를 저장하기 위해 필요한 비용의 지속적인 감소와 컴퓨터 연산 능력을 일컫는 컴퓨팅기술의 비약적 발전이 크게 영향을 미쳤다. 인류는 매일매일 많은 양의 데이터를 생산하는데, 실제로 에릭 슈미트Eric Schmidt 전 구글 CEO는 인류가 인류문명의 시작부터 2003년까지 축적한 데이터의 양이 2010년을 기준으로 불과 이틀 동안 생산된 데이터에 불과하다고 언급한 바 있다(Siegler, 2010). 이후 이틀이 아니라 일주일이라는 논쟁이 있었으나, 인류가 2천여 년간 생산해 낸 정도의 데이터를 불과 며칠마다 생산하고 또한 저장하고 있다는 점이 핵심이다. 그만큼 막대한 양의 데이터를 생산, 유통, 저장할 수 있는 서비스와 인프라가 발전했다는 의미이며, 또한 이를 처리하고 새로운 가치를 창출할 수 있는 방법의 혁신이 이루어지고 있다고 이해할 수 있다.

그렇다면, 빅데이터란 무엇인가? 빅데이터는 단순히 데이터의 크기가 커진 것만을 의미하진 않는다. 〈그림 18-1〉에 정의되어 있듯이, 데이터의 크기는 가장 기본적인 빅데이터의 특성에 불과하다. 최근의 흐름은 빅데이터 자체가 가진 속성에 주목하는 정의에서 벗어나, 빅데이터를 처리하여 활용하면서 만들어 내는 결과까지 빅데이터 정의에 포함하는 경향이 있다.

가장 기초적인 3V(크기Volume, 속도Velocity, 다양성Variety)로서 빅데이터의 특성을 보면, 우선 빅데이터는 일반적인 데이터베이스 소프트웨어로 저장, 관리, 분석할 수 있는 범위를 초과하는 규모의 데이터(Manyika et al., 2011)로 여겨진다. 여기서 일반적인 데이터베이스로 관리될 수 있는 데이터의 규모가 얼마인지 정의하기는 쉽지 않다. 일반적인 데이터베이스의 성능 향상뿐만 아니라, 클라우드를 활용한 저

그림 18-1 빅데이터시대의 도래

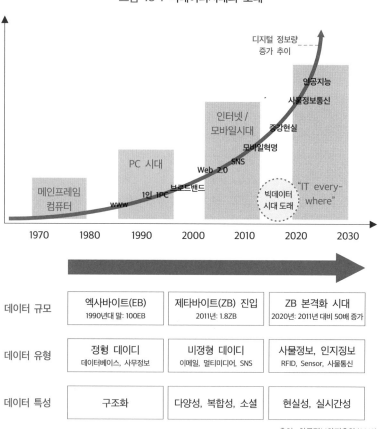

출처: 한국정보화진흥원 (2013).

빅데이터　빅데이터는 생산되고 수집되는 크기가 방대하고(Volume), 내용이 매우 다양한 종류로 구성된(Variety), 생산과 소비, 유통되는 속도 역시 매우 빠르고(Velocity), 새로운 가치(Value)를 창출하는 데이터를 말한다. 빅데이터는 초기에 데이터의 크기(Volume), 다양성(Variety), 데이터 입출력 속도(Velocity)의 3V로 정의되었지만, 이후 데이터의 정확성을 의미하는 진실성(Veracity) 차원과 데이터를 활용하면서 창출되는 가치(Value) 차원 등 4V, 5V로 확대되었다. 여기에 데이터의 휘발성(Volatility), 시각화(Visualization) 등 지속적으로 V를 확장시키는 정의들이 등장하고 있다.

장 서비스도 활성화되고, 데이터 규모도 지속적으로 커지고 있기 때문이다.

예를 들어, 2020년 현재 테라바이트terabyte, 페타바이트petabyte를 넘어 제타바이트zettabyte, 그리고 컴퓨터 저장 단위 중 가장 큰 단위로 요타바이트yottabyte까지 데이터의 크기를 측정하고자 하고 있다. 이렇게 데이터의 양이 많다 보니 데이터를 축적 및 처리하는 속도가 자연스럽게 높아져야 한다는 점에서 데이터의 속도 또한 이해할 수 있다.

빅데이터의 다양성은 데이터 형식과 종류에 따라 생각할 수 있는데 형식으로는 구조화된 형태의 표와 같은 테이블 형식으로 표현할 수 있는 정형 데이터와 음성, 텍스트, 영상 등의 비정형 데이터가 대표적이며, 최근에는 센서에 의해 감지되는 사물 정보, 인지 정보 형태의 데이터를 포함한다. 초기 빅데이터가 언급될 때에는 전통적인 정형 데이터를 넘어선 매우 다양한 양식으로 존재하는 비정형 데이터가 각광받았는데, 인공지능을 활용하는 지능형 서비스가 대두되면서 위치 및 센서 기반의 사물인터넷 데이터의 활용도가 높아지고 있다.

데이터의 종류는 데이터의 내용이 무엇인지와 연관되는데 기본적으로 모든 종류의 데이터를 망라한다. 일상적인 우리의 소비, 이동, 활동과 관련된 인간 행위 데이터를 비롯해, 지구 환경과 우주 관측 데이터까지 모두 빅데이터로 볼 수 있다. 그러나 통상적으로 빅데이터라 할 때에는 데이터의 범위를 한정하여 이해하고자 한다. 예를 들어, 경영학에서는 의사결정에 도움을 주는 데이터로서 빅데이터를 바라보면서 인간 활동과 관련 있는 데이터를 빅데이터로 본다.

2. 빅데이터의 사회적 영향: 사회주체들의 빅데이터 활용

대규모의 데이터를 수집하고 처리 및 활용할 수 있는 기회가 많아지면서 빅데이터를 어떻게 활용할 것인지에 대한 관심이 많아졌는데, 각 사회주체별로 상이한 강조점을 가진다. 무엇보다 빅데이터는 기업의 혁신과 경쟁력을 제고하고 생산성을 향상시킬 수 있는 원천으로 여겨진다. 풍부한 양의 데이터는 '21세기의 원유'(*Economist*, 2017) 라 불릴 정도로 생산비용 절감 및 제품 차별화에 상당한 혜안慧眼을 제공할 수 있으며, 데이터 분석에 기반한 새로운 비즈니스 모델을 만들어 경쟁력을 확보하는 등 기업의 의사결정 활동에 매우 긍정적인 도움을 줄 수 있다는 것이다. 이 과정에서 기업은 빅데이터를 활용하여 업무와 관련해 발생한 문제의 내용을 파악하고, 문제의 본질을 분석한 후, 앞으로 예상되는 일과 해결책을 동시에 모색할 수 있다(이긍희 외, 2014).

정부와 같은 공공기관은 환경 탐색, 상황 분석, 미래 대응의 3가지 영역에서 빅데이터를 활용하여 사회에 긍정적 영향을 가져올 수 있다 (한국데이터진흥원, 2016). 환경 탐색은 정부 본연의 기능을 수행하기 위해 수집되는 사회 인구변화, 재해 등 여러 가지 데이터를 통해 추세를 탐색하는 것이며, 상황 분석은 현재 모습에 대한 분석을 의미한다. 미래 대응은 이러한 탐색과 분석에 기반해 앞으로 필요한 정책적 대응을 선제적으로 제시하고 대비하는 과정을 의미한다.

빅데이터시대에 발맞추어 데이터 기반 정책결정, 데이터 기반 정책 모형 및 실행 등이 강조되면서 이러한 활동을 뒷받침하고자 하는 흐름이 나타나기도 하였다. 정부는 또한 업무 수행 중에 수집한 공공 데이터를 민간에 개방하여 산업 성장을 지원하기도 한다.

시민사회는 이전에 구할 수 없었던 빅데이터를 분석하여 정부 활동을 감시하거나 데이터 기반 시민운동인 데이터 액티비즘data activism의 사회적 실천으로 연결하기도 한다. 국제 탐사보도 언론인협회ICIJ는 약 1,150만 건에 달하는 조세회피처 데이터 파나마 페이퍼스Panama Papers를 전 세계적인 협업 취재를 통해 분석하여 각종 불법행위를 보도한 바 있다. 또한 공개된 데이터를 활용해 시민들이 직접 데이터 기반 서비스를 구축하고 사회 변화를 이끌기도 한다. 유럽으로 진입하기 위해 해상에서 떠도는 난민들의 보트가 안전할 수 있도록, 과거 데이터를 분석해 보트가 있을 만한 곳을 인공지능으로 탐색하고 구조 사업에 활용하는 식이다(Corkery, 2020).

3. 빅데이터기술: 아키텍처 및 분석 방법의 특징

빅데이터시대는 빅데이터 수집, 저장 및 관리, 처리 및 분석 등 일련의 과정에 대한 기술이 발전한 시대이다. 기술적으로 빅데이터를 처리하기 위한 프레임워크를 '빅데이터 아키텍처Architecture'라 부르는데, 이는 데이터 원천으로부터 데이터를 수집하는 수집기술, 수집된 데이터를 실시간으로 읽거나 저장하기 위한 적재기술, 그리고 적재된 데이터의 처리 및 탐색기술, 마지막으로 분석 및 응용을 위한 기술의 4가지로 구분할 수 있다.

데이터 수집기술은 대용량 데이터 수집기술과 실시간 스트림 수집기술로 구분할 수 있으며, 적재기술은 대개 분산 데이터 저장기술을 활용한다. 분산 파일 시스템으로는 하둡 분산 파일 시스템HDFS[1]이나 NoSQL 등이 유명하다. 데이터 처리 및 탐색기술은 저장된 데이터를 활용하여 분석할 수 있도록 하는 기술로 맵리듀스MapReduce, 하이브Hive 등이 있다. 빅데이터 분석 방법은 데이터의 성격에 따라 매우 다양한 방법을 활용하는데, 전통적인 통계 분석을 비롯하여 데이터 마이닝, 텍스트 마이닝, 기계학습 방법 등이 있다.

이와 같은 기술을 활용하는 빅데이터 분석은 이전 시대와 상당히 다른 성격을 지닌다. 그 이유는 여러 가지인데, 무엇보다 데이터의 성격이 변화하였기 때문이다. 통계 분석은 표본을 추출함으로써 전체 모수母數에 대해 추론하는 방법을 기본으로 하지만 빅데이터 분석은 전

---

1   *Hadoop Distributed File System.*

수 조사를 기본으로 한다. 물론, 데이터의 크기가 워낙 크거나 데이터 접근성 또는 수집기술의 한계로 존재하는 모든 데이터를 수집한다고 보기는 어렵지만, 분석하고자 하는 대상이 특정되면 해당 대상을 표본 추출이 아닌 전수 조사를 통해 분석하고자 한다.

두 번째 이유는 분석 목표가 변화하였기 때문이다. 이 과정에서 기존의 인과관계 중심이 아닌 상관관계 중심의 분석을 중시하는 것으로 변화하였다. 대개 빅데이터 분석의 목표는 특정한 현상을 설명하기보다는 실용적인 문제를 해결하기 위한 것으로 설정된다(Watts, 2017). 단적으로, 수많은 유튜브 시청 패턴을 분석하여 사용자가 원하는 동영상을 추천하는 것이 목표이지, 왜 사용자가 그러한 시청 패턴을 보이는지 알아내는 것이 분석의 목표가 아니라는 뜻이다.

세 번째는 분석 전략이 변화하면서 분류와 예측이 중요해졌기 때문이다. 수많은 대규모의 데이터를 통해 혜안을 얻기 위해서는 해당 데이터를 작은 단위로 쪼개어 의미를 추출해야 한다. 그 과정에서 원데이터인 빅데이터의 의미 수준을 높이는 추상화 작업이 필요하다. 이는 결과적으로 분석하고자 하는 데이터의 크기를 줄이고, 지속적인 분류와 예측을 진행하는 과정이다.

예를 들어 1천만 명의 1년간 독서 기록을 분석해 신간이 나왔을 때 누구에게 추천해야 하는지를 알고 싶어 한다고 가정하자. 이때, 가장 먼저 할 일은 1천만 명의 독서 기록을 직관적으로 이해할 수 있는 독서 유형으로 구분하여 분류하는 것이다. 예를 들어 100가지의 독서 유형으로 분류하고 유형에 이름을 붙이는 추상화 작업을 진행했다면, 신간이 나왔을 경우 이 유형들 중에서 어떤 유형에 속한 사람들에게 추

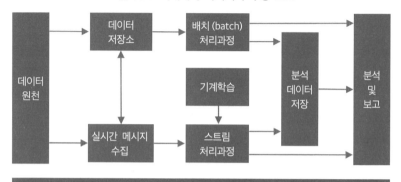

그림 18-2 빅데이터 아키텍처 구성 요소

출처: Microsoft (2020).

천하는 것이 유용한지 알 수 있다. 즉, 1천만 명의 기록을 100개 단위의 유형으로 축소시키는 추상화 및 분류 작업이 필요하며, 그 결과에 기반하여 새로운 데이터에 대한 예측을 하게 된다.

4. 빅데이터 분석 사례

초기 빅데이터 분석을 활용한 사례는 단순한 상관관계를 기반으로 한 혜안 찾아내기에 중점을 두었으나, 이후 빅데이터 분석이 활성화되면서 최적화된 문제 해결을 위한 예측으로 무게중심이 옮겨 가고 있다.

초기 상관관계 기반 빅데이터 분석으로 가장 유명한 사례는 구글의 '독감 트렌드Flu Trends' 서비스였다. 2008년 구글의 독감 트렌드라는 서비스가 공개되었는데, 이는 엄청난 양의 구글 검색 데이터에서 이용

구글 독감 트렌드 구글과 미 질병통제센터가 함께 개발한 서비스로 2008년에는 95%가 넘는 일치도로 독감유행 추세가 예측이 가능한 것으로 알려졌으나, 2011년부터 정확성에 대한 의문이 제기되고 급기야 2014년에는 2011년부터 2013년의 데이터를 분석한 결과 예측값이 실제값을 넘어서거나 2배 이상 과장하는 것으로 알려지면서 서비스가 폐지되었다.

자들이 독감 징후와 관련된 검색어를 얼마나 찾아보는지를 분석해 독감 전파 추세를 알아내는 서비스였다. 이용자들의 검색어 추세가 독감이 확산되는 지역의 추세와 연관관계가 있다는 점에 착안하여, 독감 전파의 추이를 사전에 발견하고 이를 대비하고자 하는 방법인 셈이다. 이 방법은 미국 질병통제센터에 독감 확산이 보고되기 약 10일 전에 미리 독감의 확산을 알 수 있는 것으로 유명해졌다. 그러나 해당 서비스가 공개된 이후 예측의 정확성과 관련된 오류에 대한 문제가 제기되고, 이후 예측에 실패하면서 서비스가 중단되었다.

소비자 구매행동 패턴을 통한 예측의 가장 유명한 사례는 미국의 대형마트 업체 타깃Target이다. 타깃은 소비자의 소비 패턴을 분석하여 임신한 경우의 소비라 판단하고 우편으로 아기 침대 및 아기 옷 등 유아용품 할인쿠폰을 발송하였다. 그러나 할인쿠폰을 받은 수신자 중 10대 미성년 소녀가 포함되어 있는데, 해당 소녀의 아버지가 마트를 직접 방문하여 임신을 부추긴다고 항의했다. 딸에게 보낸 쿠폰의 내용이 적절하지 않음을 항의하고 직원이 사과했으나, 이후 딸이 실제 임신한 것으로 밝혀져서 딸의 아버지가 역으로 마트 측에 사과하는 일이 벌어졌다. 이는 소비자들의 구매행동 패턴을 분석해서 임신과 출산 상황을 추론하고 이 경우 필요한 물품에 대한 할인쿠폰을 사전에 먼저 보낸 사례인데, 빅데이터를 통해 고객의 현재 상황을 예측한 대표적인 경우라 볼 수 있다.

이와 같은 예측 방식이 일반화되고, 예측의 정확성이 높아지면서 미국의 전자상거래 업체인 아마존닷컴은 아예 고객이 주문할 물품을 해당 고객이 거주하는 지역의 물류창고warehouse에 옮긴 다음 고객이 주문하기도 전에 이미 집 앞에 배송되는 예측 시스템에 대한 특허를 제출하기도 했다.

빅데이터는 선거에 이용되기도 했는데, 미국 대통령 선거에서 빅데이터 전문가를 고용해 A/B 테스트를 통해 선거자금을 모금한 것은 빅데이터와 실험 방식을 결합한 고전 사례이다.

국내의 경우를 살펴보면, 공공기관의 경우 서울시가 2013년에 교통 수요가 많은 심야버스 신규노선을 발굴하고 이를 확대 적용한 사례가 잘 알려졌다(이신・허유경・김혜미, 2017). 해당 사례는 이후 이러한 방식이 전국적으로 도입되는 계기가 되었는데, 당시 서울시는 다산콜센터의 문의 분석을 통해 시민들이 교통에 큰 관심을 가진 것으로 파악하고, 이동통신사 KT와 MOU 협약을 맺어 30억 건의 통화 데이터를 교통카드 기점, 종착점 데이터와 함께 분석했다. 그 결과, 실제 심야 유동 인구를 예측하고 해당 수요에 맞는 2개의 신규 노선을 결정하였으며 시범 운행을 통해 성과를 확인했다.

이와 같은 교통 분야에 대한 빅데이터 분석은 이후 버스노선 변경, 전기차 충전소 설치와 관련된 입지 분석 등 다양한 도시 환경 개선에 활용되었다.

A/B 테스트　분할 테스팅(split testing)이라고도 불리는 방법으로 동일한 웹사이트의 구성 요소만 변경해 상이한 집단에 보여주고 그 효과를 측정하는 방법이다. 2012년 미국 대통령 선거에서 당시 오바마 후보는 웹페이지의 사진 변경과 클릭 버튼 변경을 통해 가장 많은 확률로 뉴스레터를 구독하는 웹페이지를 알아내 이를 수행하여 성공적인 선거 캠페인에 기여했다.

이 외에도 우리나라의 공공기관이 빅데이터를 활용한 사례는 매우 다양하다. 2018년 한국정보화진흥원(2018)이 발간한 공공기관 빅데이터 활용 우수사례를 보면, 구급차 배치 최적화·CCTV 설치지역 최적화·인공지능을 활용한 치안 등 국민 안전 분야, 건강 알림서비스·만원 버스 효율화 등 국민생활개선 분야, 잠재적 취약계층 취업 및 자립지원·축제와 같은 관광 데이터 분석, 기상데이터를 활용한 농산물 생산성 예측 등 경제활성화 분야, 공동주택 관리비 분석·인공지능 기반 도로포장 파손 탐지·민원 빅데이터 분석을 통한 갈등 해결 등 스마트 행정 분야 등 여러 분야에 걸쳐있음을 알 수 있다.

민간 영역에서 빅데이터 분석이 가장 활성화된 사례로 신용카드 데이터와 이동통신사 데이터 분석을 들 수 있다. 이들 두 개의 데이터는 가장 기초적으로 사람들이 움직이는 동선과 소비 패턴을 알 수 있다는 점에서 매우 다양한 용도로 쓰이고 있다. 예를 들어, 카드사들은 카드 소지자들의 소비 패턴을 분석하여 신규 개인화 서비스를 제공하는 데 활용하고, 통신사들은 앞서 서울시 사례에서 볼 수 있듯이 사람들이 방문하여 머무는 곳을 조사해 생활권을 분석한다.

신용카드와 이동통신 데이터를 통한 동선 분석은 사람의 이동을 매우 정밀하게 밝혀낼 수 있는데, 실제 2020년 현재 신종 코로나 바이러스 확진자가 움직인 동선 그리고 해당 동선에 같이 노출된 사람 등을 정밀하게 추적하여 철저한 방역을 실시하는 데에도 상당한 도움이 되었다고 알려졌다.

최근에는 빅데이터 자체를 활용하여 특정한 문제 혹은 서비스를 최적화하는 방안을 제시하거나 예측하는 것 이상으로, 수집된 빅데이터를 기반으로 한 인공지능 서비스를 개발하는 데도 박차를 가하고 있다. 즉, 빅데이터가 인공지능을 개발하기 위한 학습 데이터로 제공되는 것이다.

예를 들어, 전기차 생산업체인 미국의 테슬라Tesla는 자율주행 자동차 서비스를 개발하기 위해 자동차에 설치된 카메라로 주변 정보를 감지 및 수집하고 신경망을 통한 심층학습을 수행하는 컴퓨터 비전기술을 개발하여 물체를 인식한다. 그리고 이러한 학습 데이터를 바탕으로 인공지능이 완전한 자율주행을 할 수 있도록 개발하고 있다.

컴퓨터 비전(computer vision) 컴퓨터과학 분야의 하나로, 영상 정보를 입력받아 컴퓨터와 같은 기계장치가 사물을 인식하고 구별할 수 있도록 만드는 분야이다. 단순한 주차장의 자동 번호인식 역시 컴퓨터 비전의 일종이다. 지금은 단순히 시각 정보를 인식하는 데 그치지 않고, 끊임없이 쏟아지는 시각 정보를 실시간으로 처리하여 자율적인 판단이 가능한 형태로 컴퓨터 시스템을 구현하는 것을 목표로 한다. 예를 들어, 자율주행 시스템은 주변의 차량 흐름, 빌딩, 장애물, 횡단보도, 사람, 신호등을 다각도로 검토하고 인식하여 자율적으로 차량을 운행하는 시스템이다.

5. 빅데이터 분석의 맹점: 오류 가능성

이처럼 빅데이터를 활용하는 사례가 점차적으로 증가하고, 빅데이터를 통해 새로운 가치가 창출되기는 하지만, 빅데이터가 모든 문제를 풀 수 있는 해결책으로 제시되기는 어렵다. 빅데이터 역시 오류가 일어나기 때문이다. 다양한 오류가 있지만 가장 먼저 과거 데이터가 미래를 정확히 반영하지 않는다는 데이터의 과거 지향적 오류를 지적할 수 있다. 수집된 빅데이터는 이미 어떤 이벤트(사건)가 발생한 다음에 모인 것으로, 해당 데이터는 필연적으로 과거 데이터이다. 그런데 과거의 일들이 미래에 똑같이 나타난다는 보장이 없다. 과거와 전혀 다른 상황, 즉 새로운 일이 끊임없이 발생한다.

예를 들어, 2018년 월드컵 축구 우승자를 예상하기 위해 과거 데이터를 학습하여, 독일이 가장 우승확률이 높은 데이터라고 제시했지만 (Groll et al., 2018), 정작 독일은 조별예선에서 우리나라에 져서 탈락했다. 학습한 데이터에서 독일은 지난 80년간 조별예선에서 떨어진 적이 없었기 때문에, 데이터에 기반한 예측이 모두 오류가 된 것이다. 학습한 데이터 때문에 새로운 상황에 대한 예측력이 떨어지는 경우를 과적합overfitting이라 부르기도 한다.

두 번째 오류는 데이터 자체의 오류이다. 예를 들어, 수집된 빅데이터의 크기가 아무리 크더라도 전체가 아닌 부분만을 대표할 때 나타나는 대표성 오류로 '모집단 산정 오류'가 있다. 미국의 IBM이 개발한 인공지능 왓슨Watson은 암을 진단하는 예측력이 높은 것으로 알려져, 초기 국내 병원들이 도입한 바 있다. 그러나 주로 미국을 중심으로 수집된 데이터에 기반한 진단 서비스였기 때문에 국내에서는 진단율의 정확성이 현격히 떨어져서 실효성이 없는 것으로 나타났다. 또한 구글은 이미지 찾기 서비스에서 흑인을 고릴라로 분류하는 오류를 범하고 사과했는데, 이는 이미지 학습 데이터에 흑인의 데이터가 적었기 때문에 나타난 결과였다.

이러한 결과들은 빅데이터가 어떤 맥락으로 수집됐는지에 따라 빅데이터 분석이 오류로 이어질 수 있다는 점을 잘 보여주는 사례이다. 데이터의 오류는 흔히 좋지 않은 데이터가 입력 데이터일 경우 좋지 않은 출력 데이터 결과가 나온다는 GIGO[2] 격언으로 불리기도 한다.

세 번째 오류는 알고리즘이나 통계적 분석 방법을 잘못 적용했을 때 나타날 수 있는 분석 오류이다. 종종 인공지능과 관련된 빅데이터 분석에서 나타나는 오류로 상황에 맞지 않는 결과가 분석 결과로 제시된다. 예를 들어, 질병이 가장 호전되는 상황을 알아내어 치료법을 개발하고자 하였으나, 데이터를 분석한 인공지능이 질병이 이미 심각해져서 집중치료실에서 치료받고 나오는 시점을 가장 호전되는 상황이라고 제시하는 식이다.

이는 데이터 자체의 오류 또는 새로운 현상을 예측할 때 나타나는 오류가 아닌, 빅데이터 분석을 수행하는 알고리즘이 확률적인 가능성이 높은 상황만을 염두에 두고 분석하기 때문에 나타나는 고전적인 오류이다. 이세돌 9단과 인공지능 알파고의 제4국 대결에서, 알파고는 대결 중 승리확률이 일정 수준 이하로 떨어지고 난 후, 상대방이 실수

---

2   *Garbage In, Garbage Out.*

하는 경우 승률이 가장 높아지는 방향으로만 사고하여, 수준 이하의 패착만을 두는 오류에 빠진 적이 있는데 이 역시 알고리즘이 잘못된 방향으로 적용된 예라 할 수 있다.

6. 빅데이터시대의 어두운 그림자

빅데이터 활용이 가진 장점에도 불구하고, 개인정보 보호와 관련된 프라이버시 침해 및 빅데이터 활용과 관련된 불평등은 빅데이터시대에 해결해야 할 문제점이다. 먼저 빅데이터시대는 개인정보 노출로 인한 프라이버시 침해가 나타나기 쉽다. 통상 개인의 정보를 보호하기 위해 빅데이터는 익명화를 기본으로 하며 데이터의 출처를 특정할 수 없도록 하는 비식별 조치를 취한다. 그러나 여러 가지 다양한 데이터를 결합하여 처리하는 과정에서 해당 데이터가 어떤 사람의 데이터인지 식별할 수 있는 재식별화 가능성이 존재한다.

온라인 동영상 서비스 업체인 넷플릭스는 영화 추천 알고리즘을 개선하기 위해 비식별 조치 이후 이용자 50만 명의 사용내역을 공개하고 백만 달러 상금이 주어지는 경진대회를 개최하였는데, 개인이 재식별화가 가능하다는 점이 알려져 해당 대회 전체가 취소되기도 했다(Singel, 2010). 프라이버시 침해 우려는 데이터의 민감성과 더불어 증가하는 경향이 있는데, 보건 의료 기록을 타인이 열람하는 등 개인정보가 침해될 우려가 높은 편이다.

이와 더불어, 빅데이터를 특정한 플랫폼 사업자가 독점하는 문제

비식별 조치 개인정보 보호를 위해 개인정보 일부 또는 전부를 삭제하거나 변형하여 개인을 특정할 수 없도록 취하는 조치를 의미한다. 비식별 조치의 방법으로는 가명으로 만드는 가명 처리, 개인정보를 삭제하고 전체 종합된 내용만 제시하는 총계 처리, 데이터 및 개인정보를 삭제하고 범주로만 제시하는 데이터 범주화, 데이터를 감추거나 범위를 늘리는 등의 데이터 마스킹과 같은 다양한 방법이 있다.

재식별화 비식별 조치 등을 통해 익명화된 개인정보 데이터를 다양한 방법을 동원하여 개인을 다시 식별해 내는 것을 말한다. 사용 가능한 다른 데이터와 결합하여 식별해 내는 경우의 정확성이 가장 높은 것으로 알려져 있다.

및 데이터 제공자와 수익자가 다른 문제 등 빅데이터 활용과 관련된 불평등의 문제가 존재한다. 특히, 세계적으로 서비스를 제공하고 정보를 구축하는 구글이나 페이스북과 같은 글로벌 IT 회사들이 정보를 독점하면서 새로운 서비스를 개발하고, 이를 발판으로 시장 지배력을 강화하여 시장을 독점하는 문제는 전 세계적인 이슈이다.

또한 이들 플랫폼이 자신들의 정보에 접근 가능한 사람이나 기관을 선택적으로 고를 수 있는 권한을 갖게 되는데, 정보를 제공한 주체들은 그러한 권한까지 이들 기관에 넘긴 것은 아니라는 비판이 있다.

7. 앞으로의 미래: 인간의 창의성, 국제협력, 인공지능

빅데이터를 수집, 저장, 분석하는 기술이 활성화되기 시작한 초기에는 데이터를 수집하고 저장하는 기술을 표준화 및 정규화하는 작업이 각광받았다. 그 이후 점차적으로 수집 및 저장기술이 어느 정도 안정화되자 분석 방법과 컴퓨터 연산 능력의 중요성이 증가했다. 최근에는 인공지능 학습 데이터로 빅데이터를 활용하면서 성능이 뛰어난 인공지능 알고리즘을 개발하거나 새로운 문제를 파악하는 것이 핵심적인 화두로 제시되었다.

즉, 점차 기술이 발전함에 따라 기술의 표준화가 이루어지고, 자동화하는 방식의 기술 개발이 이루어지면서, 기술 자체를 활용하기가 더욱 쉬워지는 추세다. 하지만, 이러한 추세에서 근본적으로 변화하지 않는 것이 있는데, 그중 하나는 해결할 문제를 설정하는 인간의 창의성이다. 또 다른 한 가지는 자동화된 분석기술이 결과를 내놓았을 때 이를 해석하여 분석에 오류가 있는지 살피거나 해당 결과에 기반한 의사결정을 내리는 사람의 판단력이다. 다시 말해, 빅데이터를 활용하기 위한 최초의 문제 설정과 맨 마지막 단계인 분석 결과에 대한 적용에서 여전히 사람이 가장 중요한 역할을 담당하고 있는 것이다.

이는 빅데이터기술이 아무리 발전해도 이러한 빅데이터를 생산하고 유통하며 소비하는 사람이 가장 중요하다는 점은 빅데이터기술의 명암도 우리의 노력 여하에 따라 얼마든지 달라질 수 있다는 점으로 이어진다. 이 장에서 본격적으로 다루지는 않았으나 세계적으로 인도적 차원의 데이터 공유가 활발하여 국제 협력이 긍정적 결과를 가져오는 사례가 끊임없이 증가하고 있다. 예를 들어, 2020년의 최대 화두인 신종 코로나 바이러스에 대한 최초 데이터 공개가 이루어진 이후, 전 세계 국가와 기업이 해당 데이터를 활용하여 백신과 치료제 개발에 나선 것을 말할 수 있다.

물론, 이러한 협력이 전 세계적인 질병의 유행이 아닌 다른 상황에서도 나타날지는 관심거리이다. 산업 발전과 국가 경쟁력 향상을 위해 전 세계의 국가들이 앞다투어 인공지능을 비롯한 빅데이터 활용 전략을 내고 있기 때문이다. 우리나라 역시 이른바 '데이터 3법'이라 부르는 〈개인정보 보호법〉, 정보통신망법, 〈신용정보의 이용 및 보호에 관한 법률〉을 2020년에 개정하고 비식별화된 빅데이터를 활용하기 위한 길을 여는 등 이러한 흐름에 뒤처지지 않기 위해 노력하고 있다.

이 장의 처음에서 정보사회, 네트워크사회를 거쳐 빅데이터시대로 이행해 온 역사를 간략히 이야기한 바 있다. 하지만 기술의 변화는 무척이나 빠르기 때문에, 미래에는 인공지능에 기반한 지능화사회로 이행하는 중간 길목의 시대로 빅데이터시대가 이해될 가능성이 높다. 그러나 빅데이터시대를 거치면서 형성된 새로운 형태의 문제설정 방식, 문제해결형 데이터 분석방법, 인간 판단력의 가치는 인공지능시대에서도 여전히 중요할 것이다. 다가올 미래가 빅데이터시대이든 인공지능시대이든 여전히 인간의 창의성이 유용하다는 점을 기억해야 할 필요가 있다.

1. 빅데이터시대에는 막대한 양의 데이터를 분석하여 문제를 해결하기 위한 혜안을 내는 것이 중요해졌다. 그럼에도 불구하고, 빅데이터 분석 결과에는 오류가 나타날 수 있는데, 어떤 오류 가능성이 있는지 이야기해 보자.

더 보기

다비도위츠 저, 이영래 역(2018), 《모두가 거짓말을 한다: 구글 트렌드로 밝혀낸 충격적인 인간의 욕망》, 더퀘스트.

실버 저, 이경식 역(2014), 《신호와 소음: 미래는 어떻게 당신 손에 잡히는가》, 더퀘스트.

한국정보화진흥원(2017), 《2017 중소기업 빅데이터 활용지원사업 우수사례집》.

BC카드 빅데이터센터 저(2019), 《빅데이터 사람을 읽다: 소비로 보는 사람, 시간 그리고 공간》, 미래의 창.

Manyika et al. (2011), *Big Data: The Next Frontier for Innovation, Competition, and Productivity*, McKinsey Global Institute.

참고문헌

이긍희·함유근·김용대·이준환·원중호(2014), 《빅데이터의 이해》, 한국방송통신대학교.

이 신·허유경·김혜미(2017), 빅데이터를 이용한 교통계획: 심야버스와 사고줄이기, 〈서울시 교통정책 패키지〉, 6, 69~84.

한국정보화진흥원(2013), 《새로운 시대를 여는 빅데이터 시대》, 한국정보화진흥원.

_____ (2016), 《데이터 분석 전문가 가이드》, 한국데이터진흥원.

_____ (2018), 〈공공 빅데이터 우수사례집〉.

Castells, M. (1996), *The Rise of Network Society*, Blackwell Publishers.

Corkery, C. (2020), NGO Uses Satellite Imagery to Prevent Migrant Deaths in the Mediterranean, *The National*, 21 January.

Economist (2017. 5. 6), The World's Most Valuable Resource Is No Longer Oil but Data.

Groll, A., Ley, C., Schauberger, G., & Eetvelde, H. (2018), Prediction of the FIFA World Cup 2018: A Random Forest Approach with an Emphasis on Estimated Team Ability Parameters.

Manyika et al. (2011), *Big Data: The Next Frontier for Innovation, Competition, and Productivity*, McKinsey Global Institute.

Microsoft (2020), Big Data Architectures. https://docs.microsoft.com

Siegler, M. (2010. 8. 5), Eric Schmidt: Every 2 Days We Create as Much Information as We Did up to 2003, *TechCrunch*.
https://techcrunch.com/2010/08/04/schmidt-data/

Singel, R. (2010. 3. 12), Netflix Cancles Recommendation Contest after Privacy Lawsuit, *Wired*.
https://www.wired.com/2010/03/netflix-cancels-contest/

Watts, D. J. (2017), Should Social Science Be More Solution-Oriented?, *Nature Human Behavior*, 1(1), 1~5.

인공지능과 윤리

19 장

조정문

이 장의 핵심

인공지능과 관련된 윤리 이슈에는 인공지능의 윤리적 주체 논쟁, 인공지능의 윤리적 판단기준 논쟁, 인공지능을 생산하고 이용하는 사람이 지켜야 할 윤리 등이 있다. 인공지능의 윤리적 주체 논쟁은 인공지능이 윤리적 판단의 주체가 될 수 있는지에 관한 것으로, 인공지능을 독자적 인지 수행 능력을 지닌 행위 주체로 보는 견해, 동물과 유사한 어느 정도의 자율적 속성들을 지닌 주체로 보는 견해, 인간의 효용에 봉사하도록 개발된 인공물 혹은 도구에 불과하다고 보는 견해, 마지막으로는 인공지능을 인간의 의지 혹은 이해 및 욕구가 반영된 인간의 '외화된 정신'으로 보는 견해 등이 가능하다.

인공지능의 윤리적 판단 기준 논쟁은 인공지능이 무엇에 근거하여 윤리적 판단을 해야 하는지와 관련된 것이다. 예를 들어 인공지능 소유자가 인공지능에 불법적 요구를 원할 경우 인공지능은 주인이 요구에 따라야 하는지, 그리고 트롤리 딜레마 Trolley Dilemma와 같이 자율주행 자동차가 교통사고 상황에 직면할 때 누구를 우선 보호해야 할 것인지 등이 있을 수 있다. 아시모프의 로봇 3원칙[1]이 있지만 이것만으로 충분하지는 않다. 또한 최근에는 윤리 기준의 투명성과 설명 가능성이 강조되고 있으며, 각 개별 사회의 문화적 차이도 고려해야 한다는 주장도 있다.

인공지능을 설계하고 생산하는 사람이 지켜야 할 윤리는 무엇일까? 전기전자공학자협회는 2019년 발간한 보고서에서 윤리적 인공지능 구현을 위한 3대 원칙으로 보편적 인간가치 구현, 정치적 자기결정 및 데이터 주권 실현, 그리고 믿을 수 있는 기술의 구현을 제시하고 있다. 이와 함께 '인간의 권리 존중', '인간의 안녕well-being 증진', '데이터 주권 보호', '효율성 입증', '투명성 보장', '설명책무성accountability 보장', '오용 및 위험성 인식', '이용자 역량 고려'를 8개 세부 원칙으로 제시하였다.

인공지능 이용자, 특히 인간과 동반자 관계를 형성할 수 있는 정서적 인공지능 이용자들에게 당면한 윤리 이슈로는 일방성의 위험, 인공지능에 대한 혹은 인공지능에 의한 폭력, 인간관계 상실 및 개인정보 유출 등이 있을 수 있다. 인공지능은 인간과는 달리 언제나 순종적이고 복종적일 수 있어 인간 이용자 마음대로 인공지능을 이용하는 일방성의 위험이 있을 수 있다. 일방성은 인공지능에 대한 폭력으로 이어질 수도 있고 인공지능에 대한 폭력은 인간에 대한 폭력으로 전이될 수 있어 방치할 수 없다. 그래서 이미 1999년에 미국 로봇학대예방협회가 조직되어 로봇학대 방지를 위한 캠페인을 전개하고 있다. 또한 역으로 인간에 대한 인공지능의 폭력이 발생할 가능성도 무시할 수 없다. 인공지능과의 일방적 혹은 폭력적 관계에 익숙해지면 상호존중에 기반한 인간과의 관계를 기피하거나 유지하지 못할 수 있다. 마지막으로 개인정보의 유출 가능성이다. 인공지능과 인간 간 대화 내용은 모두 저장되고 분석된다. 이 과정에서 개인정보 유출 및 악용 가능성은 늘 상존한다.

---

1   ① 로봇은 인간을 해쳐선 안 됨, ② 첫 번째 원칙과 상충하지 않는 한 로봇은 인간의 명령을 따라야 함, ③ 로봇은 앞의 두 원칙과 충돌하지 않는 한 자신을 보호해야 함.

1. 들어가며

인공지능은 교통, 금융, 의료, 법률 등의 생활서비스 영역뿐만 아니라 친구, 연인, 장난감, 애완동물, 도우미 등의 형태로 우리와 동반자 관계로까지 발전하고 있다. 우리 생활에 이렇게 깊숙이 들어온 인공지능의 이용과 관련되어 나타날 수 있는 윤리 이슈는 무엇이 있을까?

인공지능의 윤리 이슈는 크게 3가지가 있을 수 있다. 첫째는 인공지능의 윤리적 주체 논쟁이다. 즉, '인공지능이 윤리적 판단의 주체가 될 수 있는가?', '인공지능의 자율성을 어느 정도 인정할 것인가?', '인공지능에 잘못된 행동의 책임을 물을 수 있는가?' 등과 관련된 문제다. 또한 이 문제는 인공지능의 기술적 성숙과도 관련되며 인공지능의 기술성숙도가 높을수록 인공지능이 윤리적 주체로서 자리 잡을 가능성도 높아질 것이다.

둘째는 '인공지능이 윤리적 판단을 해야 할 경우 어떤 원칙과 기준을 따르게 할 것인지'다. 그 대표적인 사례로 자율주행 자동차가 예상치 못한 사고에 직면했을 때 어떤 기준에 따라 행동하도록 할 것인지의 문제가 있다. 이와 함께 인공지능에 어떻게 윤리 규범을 학습하게 할 것인지도 주요 쟁점 중 하나이다.

셋째는 인공지능의 생산과 이용 과정에서 발생할 수 있는 윤리적 이슈다. 인공지능을 설계하고 개발하여 보급하는 생산자가 지켜야 할 윤리적 이슈는 무엇인가? 그리고 인공지능의 이용자가 직면할 수 있는 윤리적 이슈는 무엇인가?

2. 윤리적 주체로서의 인공지능 논쟁

윤리적 주체라는 측면에서 인공지능을 바라보는 관점은 다양하다. 인공지능을 행위 능력을 가진 주체로 보는 관점은, 인공지능기술의 발달에 힘입어 인간의 개입 없이도 인공지능 스스로가 지각, 정보처리, 실행, 학습 등을 수행하기 때문에 외양이나 그 기원이 인간과 다르더라도 인공지능이 그 자체로 행위와 판단의 능력을 가진 주체가 될 것이라고 본다. 인공지능이 스스로 활동의 주체가 되는 현실을 우리는 어떻게 받아들여야 할까? 인공지능의 활동으로 인해 초래된 손해에 대한 책임은 인공지능에 있지만 이를 인공지능에 어떻게 부과할 것인가? 그리고 인공지능이 책임을 회피한다면 어떻게 할 것인가? 보스트롬Bostrom 같은 미래학자는 인공지능이 인간의 지능을 초월하는 초超지능을 갖는 미래가 곧 다가올 것이라고 예측하면서 자율적 행위 주체자가 될 인공지능에 어떻게 하면 윤리 및 책임의식을 갖게 할 것인지를 우리 모두가 고민해야 한다고 주장한다.

인공지능을 부분적인 주체로 보는 관점은 인공지능기술이 아무리 발달하더라도 인공지능이 인간과 유사한 수준의 주체적 행위를 하지 못할 것으로 본다. 지금까지 개발된 인공지능은 바둑, 법률 서비스, 작곡 등 특정 분야에 한정된 특화된 지능에 불과할 뿐, 인간처럼 모든 영역에서 지능을 발휘하는 범용汎用지능은 아니다. 따라서 인공지능의 활동으로 인해 초래된 손해에 대한 책임을 인공지능에 지우기는 하지만 인공지능의 인지 및 처리 능력의 한계를 감안하여 부과해야 할 것이다.

인공지능이 인간의 효용에 봉사하기 위해 만들어진 도구에 불과하다고 보는 관점은 인공지능이 자율적으로 행동하는 것처럼 보이지만 실제는 인간이 만든 설계에 의해서 작동될 뿐이라는 점을 강조한다. 따라서 이 관점은 인공지능의 활동으로 인해 초래될 수 있는 손실에 대한 책임은 인공지능의 제작자 혹은 이를 이용하는 이용자에게 있을 뿐 인공지능에게 물을 수는 없다고 강조한다.

인공지능을 인간의 '외화外化된 정신'으로 보는 관점은 인공지능의 인지 및 수행 능력의 성숙도와 무관하게 모든 인공지능은 배후에 있는 인간의 의지와 욕구 및 이해의 반영물이라고 본다. 즉, 인공지능은 제작 과정에서 설계자, 제작자뿐만 아니라 이 과정에 참여한 많은 사람들의 정신이 하나의 체계로 통합되어 반영된 결과물이다. 그렇다고 이 외화된 정신은 모든 것을 하나하나 인간의 의사결정에 따라서 수행하지는 않는다. 따라서 인공지능은 독자적 지능 체계를 갖춘 존재론적 지위를 갖게 되면 인간 정신의 개입 없이도 지각하고 판단하며 결정할 수 있다. 이런 맥락에서 인공지능은 인간에 대해 의존성과 독자성을 동시에 갖는 양면성이 있다. 따라서 인공지능의 활동으로 초래된 소실에 대한 책임도 인간과 인공지능이 각자의 수준에 따라서 공동으로 져야 할 것이다.

고인석(2012·2014)은 이러한 4가지 관점 중에서 인공지능을 인간의 외화된 정신으로 보는 것이 가장 적절하다고 주장한다. 이 관점이 현 기술 수준에서 인공지능이 인간에 의해 설계되고 제작되는 메커니즘을 가장 적절히 반영할 뿐만 아니라 인간과 인공지능 간의 유기적 연결 및 협업의 메커니즘 또한 잘 드러낸다는 것이다. 나아가 인공지능의 유해한 활동으로 인해 초래되는 손실에 대한 책임을 인간과 인공지능 중 어느 한쪽이 아니라 양쪽 모두에게 공동으로 부과하는 것 역시 가장 타당하다고 본다.

3. 인공지능의 윤리적 판단 기준 논쟁

인공지능은 활동 과정에서 여러 유형의 윤리적 판단을 해야 할 상황에 직면한다. 인공지능 로봇 이용자가 인공지능에 타인을 공격하는 것과 같은 불법, 유해 행동을 요구할 경우 로봇이 이에 응해야 할까? 아니면 거부해야 할까? 그리고 인공지능 로봇 자신을 해치는 행동을 하려는 이용자에게는 어떻게 대응해야 할까? 자신을 보호하기 위해서 이용자에게 반항해야 할까? 아니면 이용자의 요구에 그래도 순응해야 할까?

우리는 인공지능 로봇보다는 이용자인 인간에게 우선순위를 두어야 한다고 쉽게 말할 수 있지만 이용자에게 무한정 자유를 부여할 수는 없다. 인간에게도 요구 사항의 적절성을 판단하여 제한을 어느 정도 둘 것인지에 대한 사회적 논의 및 합의가 도출되어야 한다. 하지만 제한 범위에 대해서는 사회 집단마다 생각이 다를 수 있어 합의에 이르기가 쉽지는 않을 것이다.

이 예들은 인공지능 로봇과 이용자 간 갈등 상황에서 인공지능과 이용자 누구에게 우선순위를 두어야 하는지와 관련된다. 이 외에도 인공지능 로봇이 여러 사람 간 이해가 상충하는 상황에 직면할 수도 있는데 이때는 누구에게 우선순위를 두도록 요구할 것인지와 관련된 이슈도 있다. 그 대표적인 사례로 우리에게 잘 알려진 트롤리 딜레마와 같이 인공지능 자동차가 교통사고 상황에 직면할 때 누구에게 우선순위를 두도록 해야 할 것인지와 관련된 이슈가 있다.

예를 들어 차 안에 있는 사람과 지나가는 행인 중 누구에게 우선순위를 두어야 할지, 지나가는 행인이 여러 명이라면 누구에게 우선순위를 두도록 할지, 피해를 최소화하는 방식을 선택하도록 할 것인지 아니면 피해를 입을 사람들 중에서도 어린이나 임산부 등 누군가를 특별히 고려하도록 설계해야 하는지 등 여러 가지 쟁점이 있을 수 있다. 윤리적 딜레마에 대한 사회적 합의에 이르지 못할 경우에는 여러 개의 선택사항을 제공하고 인공지능 로봇 이용자에게 선택하게 하는 것도 한 방법이지만 그렇다고 모든 것을 이용자가 선택하게 할 수는 없으며 사회적으로 어느 정도의 한계는 설정해야 한다.

인공지능이 직면하게 될 윤리 딜레마에 대하여 최초로 제시된 원칙은 러시아 출신의 미국 작가인 아시모프Asimov의 로봇 3원칙이다.

1. 로봇은 인간을 해쳐서는 안 되며 또한 해야 할 행동을 하지 않음으로써 인간에게 해를 초래해서는 안 된다.
2. 첫 번째 원칙과 충돌하지 않는 한 로봇은 인간의 명령에 따라야 한다.
3. 로봇은 첫째 원칙과 두 번째 원칙과 충돌하지 않는 한 자신을 보호해야 한다.

아시모프 3원칙의 한계는 인간과 로봇에 대한 구체적인 정의가 없트롤리 딜레마　전형적인 트롤리 딜레마는, 달리는 기차의 운전수가 진행 방향에 사람 5명이 선로에 묶여 있는 것을 발견하고 이를 피하기 위해 선로를 변경하고 싶으나 이 경우에는 변경된 선로에 있는 한 사람을 희생해야 하는 상황을 가정했을 때 사람들이 어떤 선택을 하는지에 관한 것이다. 트롤리 딜레마에서 제시된 예가 아주 예외적인 사례여서 현실성이 없다는 주장도 있지만 자율주행 자동차가 직면하게 될 윤리적 딜레마를 쉽게 예시적으로 보여주는 데는 도움이 될 수 있다.

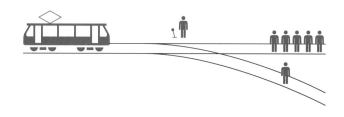

다는 점이다. 인간을 어떻게 정의할 것인가? 각 로봇이 생각하는 인간의 정의가 다르다면 특정 로봇이 인간이라고 생각하지 않는 사람은 죄책감 없이 해칠 수 있을 것이다. 그리고 인간 중에는 일반인도 있지만 범죄자도 있을 수 있어 경우에 따라서 특정 인간에게는 고통을 주는 판단이나 행동을 해야 할 수도 있다.

　또한 로봇에 대한 정의도 모호하다. 인공지능이 스스로를 로봇이라 생각하지 않고 인간에게 유해한 행동을 한다면 어떻게 할 것인가? 그리고 하나의 행동이 유익과 손해를 동시에 갖고 있다면 그 경중을 어떻게 판단하여 행동할 것인지도 분명하지 않다.

　따라서 아시모프의 3원칙만으로 인공지능이 처할 모든 윤리적 딜레마를 해결할 수는 없다. 하지만 인공지능이 윤리적 판단을 해야 할 때 지켜야 할 최소한의 원칙을 제시했다는 점에서 의의가 있다. 이 3원칙에 여러 가지가 추가될 수 있겠지만 조지타운대의 마크 로텐버그[Marc Rotenberg] 교수는 로봇은 자신이 로봇임을 사람에게 알려줄 수 있어야 한다는 점과, 로봇이 어떻게 의사결정을 했는지를 사람에게 투명하게 밝혀야 한다는 점을 추가했다.

투명성은 설명책무성과도 밀접히 관련되는데, 인공지능이 어떤 도덕적 판단을 하게 된다면 어떤 과정을 거치는지에 대하여 이용자에게 설명되어야 하며, 또한 이는 특정 사람에 대한 차별 없이 모든 사람에게 투명하게 공개되어야 한다.

인공지능이 윤리적 의사결정을 할 때, 특정 인공지능이 사용되는 사회의 문화적 가치 또한 고려해야 한다는 주장도 있다. 2018년 〈네이처〉에 실린 매사추세츠공대[MIT]의 조사는 전 세계 130개국을 북미 및 유럽의 기독교 국가, 아시아의 유교 및 이슬람 전통 국가, 중남미와 프랑스 및 과거 프랑스 식민국가의 3가지로 분류해 진행했다. 첫째 유형의 국가에서는 두 번째 유형의 국가보다 젊은이를 위해서 노인을 희생할 수 있다는 의견이 더 많았다고 한다. 그리고 핀란드와 일본과 같이 국가질서가 강조되는 나라에서는 국가 제도화가 약한 나라인 나이지리아, 파키스탄보다 도로를 무단횡단하는 사람은 치어도 된다는 생각을 더 많이 한다고 한다. 또한 핀란드와 같이 불평등이 덜한 나라에서는 부자와 가난한 사람에 대한 차별적 선호가 없었지만, 경제적 불평등이 심한 콜롬비아 같은 나라는 사회적 지위가 낮은 사람을 희생자로 선택하는 경향이 더 많았다고 한다.

물론 특정 문화의 규범이 이렇다고 해서 이를 그대로 수용하는 것이 올바른지 질문할 수도 있다. 예를 들어 콜롬비아 사람들이 부자와 가난한 사람을 차별하는 의식을 가졌다고 해서 이를 그대로 인공지능에 투영하는 것은 정당하지 않을 수 있다.

이런 맥락에서 독일 정부가 2017년 발표한 〈자율주행 자동차 윤리 규정〉은 피할 수 없는 사고 상황에서 나이, 성별, 신체 및 정신적 상태 등과 같은 개인의 속성을 기반으로 한 차등적 대우를 금했다. 동시에 이 보고서는 트롤리 딜레마와 같은 갈등을 동반한 위험 상황이 발생하지 않도록 최선의 노력을 해야 하며, 이런 상황이 발생하지 않는다는 확신이 있는 경우에만 자율주행 자동차와 같은 인공지능이 허용되어야 할 것을 천명했다. 그리고 쉽게 공리주의적 원칙을 적용하여 특정 사람의 희생을 정당화하는 윤리 기준을 채택해서는 안 되며 정말 피할 수 없는 상황이라면 인간이 자신의 양심과 스스로의 기준에 따라 행동하는 것과 같이 인공지능도 그 순간 가능한 최선의 선택을 할 수 있도록 설계되어야 함을 강조했다.

인공지능의 윤리적 판단과 관련한 또 다른 이슈는 인공지능에 어떻게 도덕을 학습시킬 것인지에 관한 문제다. 인공지능의 도덕 학습은 '규칙 기반의 하향식 접근'과 '경험 기반의 상향식 접근', 그리고 양자를 함께 사용하는 '하이브리드 방식'이 가능하다.

규칙 기반의 하향식 접근은 인공지능에 자신의 행동을 판단할 수 있는 원칙과 규칙을 제공하여 이를 근거로 인공지능이 행동을 선택하도록 하는 것이다. 따라서 스스로 윤리를 습득하는 것이 아니라 설계된 규칙에 따라서 판단하게 하는 것이다. 초기의 인공지능은 대체로 이 방식을 선택했지만 인공지능이 직면할 다양한 상황에 모두 대비한 규칙을 제정하기 쉽지 않아 판단불능 상태가 발생할 수 있다. 그래서 최근에는 기계학습 및 인공지능의 인지 능력 향상으로 하향 방식의 한계를 극복하기 위한 상향식 접근 방식이 등장하고 있다.

경험 기반의 상향식 접근은 어린이가 윤리 규범을 학습하듯이 많은 시행착오를 거치면서 도덕을 습득한다. 즉, 인공지능은 특정 상황에서 어떤 행동이 옳고 그른지 알게 되는 수많은 경험을 축적하여 윤리적 행동을 위한 기준을 스스로 터득하는 것이다. 인간이 잘못 선택된 행동을 하면 고통을 겪거나 상대방에게 상처를 주는 것을 보는 등 시행착오를 거치면서 스스로 규범을 배워 나가듯이 인공지능의 규범 습득 과정도 시행착오를 단순히 반복하는 것이 아니라 점차 올바른 규범으로 수렴해 갈 수 있도록 설계해야 할 것이다. 경험 기반의 상향식 접근이 지닌 문제점은 인공지능의 학습 과정을 완전히 통제할 수 없어 이것이 블랙박스의 영역으로 남을 수 있다는 점이다. 이런 문제를 해결하기 위해 하이브리드 방식이 등장하고 있다.

하이브리드 방식은 인공지능이 스스로 도덕규범을 학습하는 상향 방식을 선택하면서도 완전히 인공지능의 자율적 학습에만 맡기지 않는다. 그래서 시행착오 과정이 바람직한 방향으로 전개되도록 확인하는 절차를 두거나, 도덕규범을 학습한 인공지능이라도 특정 행동을 하기 전에 어떤 관문을 통과하게 하거나 윤리 관리자ethical governor의 평가를 거쳐 이 기준에 적합한 행위만 실제 행동으로 이어지게 하는 방식 등이 가능하다.

4. 인공지능 생산자 윤리 이슈

인공지능을 설계 및 생산하는 주체가 지켜야 할 윤리 이슈에는 무엇이 있을까? 인공지능기술과 서비스의 개발을 이윤추구가 목적인 기업이 주도하고 있기 때문에 인공지능이 이용자 및 사회 전체에 미칠 수 있는 부정적 영향이 쉽게 간과될 수 있다. 따라서 이를 극복하기 위해 많은 기관들이 인공지능의 설계 및 생산 과정에서 지켜야 할 윤리 원칙을 제시하고 있는데 그중 대표적인 것이 전기전자공학자협회IEEE[2]가 2019년 발표한 〈윤리적으로 조율된 설계: 인간의 안녕을 최우선으로 하는 자율지능 시스템〉[3]이다. 이는 2016년 발표된 초안에 대해 3년간 전 세계 전문가의 의견을 수렴하여 만들어진 것으로 다른 어느 윤리 원칙보다 전문가의 의견이 체계적으로 반영되었다고 할 수 있다.

전기전자공학자협회가 제시한 윤리적 인공지능 구현을 위한 3가지 대 원칙은 다음과 같다.

1. **보편적 인간 가치**: 인간의 권리를 존중하며 인간의 가치에 부응할 뿐만 아니라 가능한 많은 사람의 삶을 향상시킬 수 있게 제공되어야 함과 동시에 환경 및 자원 보호에도 기여할 수 있어야 한다.
2. **정치적 자기결정 및 데이터 주권**: 인공지능은 개별 국가의 문화적 준칙

---

2   *Institute of Electrical and Electronics Engineers.*
3   *Ethically Aligned Design: A Vision for Prioritizing Human Well-being with Autonomous and Intelligent Systems.*

을 고려하여 정치적 자유 및 민주주의를 증진시키며 동시에 정부의 효율성과 설명책무성, 그리고 신뢰를 증진시킬 수 있어야 한다. 동시에 이 모든 것들은 개인정보에 대한 시민의 통제 강화 그리고 개인 사생활 및 개인정보 보호를 준수하면서 진행되어야 한다.

3. **기술의 믿음성**: 인공지능이 제공하는 서비스는 신뢰할 수 있고 안전하면서도 원래 의도한 목적을 충실히 수행해야 한다. 이를 위해서 인공지능의 개발 및 제작 과정이 투명하고 검증 가능하며 설명될 수 있어야 한다.

그리고 이를 실현하기 위해 8개의 세부 원칙을 제시하였다.

1. **인간의 권리 존중**: 인공지능은 국제적으로 인정된 개인의 권리를 존중하고 증진하며 보호할 수 있게 제작, 운영되어야 한다.

2. **인간의 안녕**well-being **증진**: 인공지능의 성공을 판단하는 기준은 인간의 안녕을 얼마나 증진하였느냐에 두어야 한다.

3. **데이터 주권 보호**: 인공지능은 이용자에게 자신의 개인정보를 관리할 수 있도록 권한을 주어야 하며, 수집된 개인정보를 안전하게 관리하고 남용해서는 안 된다.

4. **효율성 입증**: 설계자와 생산자는 인공지능의 효율성과 적합성에 대한 근거를 제시할 수 있어야 한다.

5. **투명성 보장**: 인공지능이 내리는 판단과 의사결정의 근거가 무엇인지에 대하여 투명하게 공개되어야 한다.

6. **설명책무성 보장**: 인공지능의 모든 의사결정 과정에 대하여 합당한 이

유와 설명을 제공할 수 있어야 한다.

7. **오용 및 위험성 인식**: 이용 과정에서 발생할 수 있는 오남용 및 사고 가능성에 대하여 충분히 대비를 해야 한다

8. **이용자 역량 고려**: 안전하고 효율적으로 이용하기 위해서 이용자에게 필요한 역량이 무엇인지 구체적으로 명시하고 이에 준하여 설계, 제작되어야 한다.

그리고 이를 실현하기 위해서 윤리 및 인공지능이 인간과 사회에 미칠 영향을 다루는 과목을 공학 교육에 정규 과목으로 포함시키고, 인공지능기술 종사자뿐만 아니라 관련 기업가들에게도 인공지능 윤리 인식을 함양시키기 위한 프로그램을 개발하며, 인공지능의 안전과 윤리적 이용을 위한 연구 개발을 확대해야 한다고 강조했다. 아울러 인공지능이 작동하는 과정에서 최대한 안전과 인간의 복리를 증진시키도록 인공지능의 설계와 생산 및 이용 과정을 투명하게 공개하고 이를 평가하기 위해 다양한 이해관계자가 참여하는 조직체를 운영해야 한다고 요구했다. 또한 인공지능의 위험성에 대한 일반인들의 올바른 이해를 고양하기 위한 교육 프로그램도 필요할 것이다.

5. 인공지능 이용자의 윤리 이슈

인공지능의 많은 효용성에도 불구하고 인공지능을 이용하는 이용자에게 초래될 윤리적 이슈는 무엇일까? 인공지능을 이용하는 과정에서 발생하는 안전사고 혹은 인공지능이 제공한 정보 및 서비스의 오류로 인한 손해 등과 같은 인공지능 자체의 결함에 따른 위험보다 더 강조되어야 할 점은 인간과 소통하면서 감정을 교류가 가능한 정서 로봇과의 관계에서 일어날 수 있는 윤리 문제 및 위험 요소라고 생각된다.

일본 소니가 출시한 인공지능 강아지 아이보를 비롯해 애완동물인 쿠보, 캐릭터인 러보트, 인공지능 아내인 아즈마 히카리, 인공지능 섹스 로봇인 하모니, 한국의 노인돌봄 로봇인 다솜이, 효돌 등 다양한 정서 로봇이 등장하여 인간과 정서적 유대를 맺고 도움을 주고 있다. 하지만 이러한 정서 로봇과의 관계는 다양한 문제를 초래할 수 있다.

첫 번째 문제는 **일방성의 위험**이다. 인간은 그 자체로 인격과 자존심 그리고 존엄을 갖고 있기 때문에 어느 누구도 상대방의 즐거움만을 위해서 존재하진 않는다. 설령 상대방을 위해서 일해야 하는 위치에 있는 사람에게도 지켜야 할 예의가 있다. 인간이 아닌 애완동물도 생명을 갖고 있기 때문에 지켜야 하는 윤리가 있다. 그러나 로봇은 언제나 주인의 요구에 응해주는 대상으로 작동할 가능성이 많다. 따라서 이런 로봇과의 관계에 익숙해지면 상호성에 기반한 인간과의 관계를 불편해하고 멀리하거나 심지어 인간을 로봇처럼 대할 수도 있을 것이다.

이것은 감정노동 로봇에도 적용될 수 있다. 감정노동 로봇은 인간이 할 수 없는 정도로 친절하게 행동할 수 있어 고객에게 지나치게 순종적·복종적일 수 있다. 감정노동 로봇의 복종적 태도에 익숙해진 소비자들이 인간 근로자들에게도 동일한 수준의 친절을 요구한다면 감정노동 근로자의 근로 조건은 더욱 열악해질 것이며, 노동자의 인권을 침해할 소지도 있다. 따라서 감정노동 로봇이 일상화된다면 감정노동 로봇의 서비스 표준 및 이를 이용하는 이용자를 위한 사용법 가이드라인 개발, 그리고 감정노동 로봇을 올바르게 대하는 에티켓 등에 대한 사용자 교육이 필요하다.

이런 맥락에서 일부에서는 '반反섹스 로봇 운동'을 펼치며 섹스 로봇

반(反)섹스 로봇 운동(Campaign against sex robots) 여권론자들이 중심이 된 '반섹스 로봇 운동'은 섹스 로봇을 노예에 비유하면서 남성들이 여성 섹스 로봇을 배우자가 아니라 자신이 소유한 물건처럼 취급할 것이라고 주장한다. '반섹스 로봇 운동'의 대표인 캐슬린 리차드슨(Kathleen Richardson)은 정상적인 성(性)은 상호 만족에 기반해야 하나 섹스 로봇과의 성은 소유자만을 위한 성이 되어 왜곡된 성의식을 확산시킬 수 있으므로 섹스 로봇의 도입은 여성을 남성의 성적 쾌락을 위한 도구로 생각하는 경향을 더욱 확산시킬 것이라고 비판한다.

반섹스 로봇 운동 포스터

을 노예에 비유하고 남성들이 여성 섹스 로봇을 배우자로서가 아니라 자신이 소유한 물건처럼 취급할 것이라고 주장한다. 이런 우려 속에 일부 섹스 로봇은 남성의 성폭력 환상을 만족시키기 위해 반항 모드를 설정하여 사회적 문제가 되기도 했다. 물론 섹스 로봇이 통상적인 성생활이 어려운 사람을 위한 치료 혹은 대체 수단으로 사용될 수 있는 긍정적 효과가 전혀 없는 것은 아니다. 따라서 섹스 로봇 이용에 대한 적절한 가이드라인 혹은 올바른 이용을 위한 교육 및 인식 개선 등이 병행되어야 할 것이다.

두 번째는 **로봇에 대한 폭력**이다. 로봇의 가격이 저렴해져 누구나 쉽게 로봇을 가질 수 있게 되면 로봇에 대한 폭력이 문제될 수 있다. 지금도 서비스 로봇을 함부로 대하는 현상이 나타나고 있다고 한다. 최근에 보스턴 다이내믹스는 자사 로봇의 성능을 보여주기 위해서 로봇을 강제를 넘어뜨리거나 발로 차는 행위 등을 담은 영상을 공개하여 로봇학대라는 여론의 질책을 받기도 했다. 그렇지만 인간과의 관계와는 달리 로봇에 대한 폭력은 대상에 대한 상처를 주지 않기 때문에 무감각해질 수 있다. 그러나 호주 멜버른대 교수인 코글런Coghlan의 지적처럼 로봇에 대한 공격은 우리를 더욱 공격적이고 폭력적인 사람으로 만들 수 있다.

이에 대응하기 위해 1999년 결성되어 활동 중인 미국 로봇학대예방협회ASPCR는 로봇학대 방지를 위한 캠페인을 전개하고 있다. 멀지 않은 미래에 로봇도 우리와 유사한 지능과 지위를 가질 수 있어 로봇 권리가 문제될 수 있으며, 따라서 우리는 우리가 인간을 존중하듯이 로봇을 감정을 가진 대상으로 인정하고 로봇의 욕구와 원하는 것 그리고 필요 등을 존중할 준비가 되어 있어야 한다고 한다.

물론 로봇이 인간을 학대할 가능성도 전혀 없는 것은 아니다. 인공지능 알고리즘으로 작동하는 로봇은 상대 인간에 대한 배려 없이 잘못된 학습으로 상대방을 모욕하거나 자존심에 상처를 입히는 행동을 할 수도 있다. 특히 의사표현 능력이 부족한 어린이나 노인들은 로봇으로부터 이런 학대를 당하더라도 그대로 방치될 가능성이 있다.

세 번째는 로봇으로 인한 **관계상실 가능성**이다. 언제나 소유자의 요구를 들어주는 로봇과의 관계에 익숙해진 사람은 인간과의 관계에 불편을 느껴 더 이상 이 관계를 유지할 수 없게 되면서 사회적 외톨이 혹은 부적응자로 남을 가능성도 있다. 로봇의 진정한 목적은 인간과의 건강한 소통을 회복하는 것이다. 그러나 잘못된 일방적 로봇관계에 익

로봇학대 방지를 위한 캠페인   1999년 결성되어 활동 중인 미국 로봇학대예방협회는 로봇학대 방지를 위한 캠페인을 전개하고 있다. 인공지능에 이런 권리를 부여하지 않는 것은 초기의 서구 문화가 비 유럽인들에게 인권을 인정하지 않은 것과 유사하며, 겉으로 드러나는 차이 때문에 자의식이 있고 지능을 가진 대상을 비윤리적으로 대하는 것은 정당하지 않다고 지적한다. 어떤 사람은 먼 미래의 일인 것처럼 생각하지만 **동물학대** 예방을 위한 미국 동물학대예방협회(ASPCA)가 1890년에 설립되었을 때 우둔한 동물에게 무슨 권리를 부

로봇학대 방지를 위한 티셔츠

여하느냐고 조롱했던 것을 생각하면 먼 미래의 일이라고 할 수 없다고 한다.

숙해져 인간관계 자체를 형성할 수 없는 상태가 된다면 사회문제가 될 수 있다.

예를 들어 일본의 게이트 박스 사^社는 남성 독신자를 위해 소녀 모양을 한 '나를 맞아주는 아내'라는 뜻의 '아즈마 히카리'란 홀로그램 로봇을 2016년에 출시했다. 이 로봇은 아내들이 하는 역할을 대신하여 아침에 깨워주기, 귀가하면 반갑게 맞아주기, 일찍 오라든지 혹은 보고 싶다는 문자 보내기, TV 틀어주기 등의 일을 수행할 수 있다고 한다.

아내 역할을 넘어서 인공지능 성 파트너도 개발되고 있다. 성인용 인형 제조사인 아비스 크리에이션은 얼굴 표정과 간단한 대화가 가능한 성인용 인공지능 인형인 하모니를 출시하였다고 한다.

이처럼 로봇은 현실생활에서 쉽게 파트너를 만날 수 없는 독신자들에게는 배우자 역할도 할 수 있게 되었다. 하지만 이런 인공지능 파트너에 익숙해진 독신자들이 진짜 사람과 원만한 관계를 유지할 수 있을까? 인간 배우자에게도 인공지능이 해주는 것을 요구한다면 진짜 인간과 관계를 맺지 못할 수 있다.

마지막은 **개인정보 유출의 가능성**이다. 로봇 소유자의 요구와 관심에 반응을 더 잘하는 로봇이 되기 위해서 로봇과 주고받은 대화 내용은 서버로 전송되어 분석되고 그 결과가 다시 로봇에 보내져 로봇의 행동에 반영된다. 이 전송 과정에서 개인정보가 유출될 뿐만 아니라 서버에 보관된 개인정보도 관리자의 잘못으로 유출되기도 한다. 로봇은 상시 녹음 기능을 갖고 있으므로 이용하지 않을 때는 로봇의 전원을 끄는 습관을 가져야 하고, 서비스 관리 사이트를 방문하여 수시로 저장된 나의 대화 내용을 지울 필요가 있으며, 개인정보 접근허용 정도도 엄격히 설정할 필요가 있다.

그래서 보안 전문가인 빌 브레너Bill Brenner는 인공지능 개인비서를 사용할 때 주의해야 할 점을 다음과 같이 제시했다.

1. 인공지능 비서를 사용하지 않을 때는 기기를 끈다.

   인공지능 비서는 상시 녹음 기능이 있으므로 이용하지 않을 때는 끄는 습관을 가진다.

2. 인공지능 비서를 자신의 SNS 계정과 연동하여 사용하지 않는다.

   SNS 계정을 인공지능 비서과 연동하면 더 많은 개인정보가 노출되어 위험할 수 있다.

3. 오래된 대화 내용은 수시로 지운다.

   아마존의 에코를 사용한다면 아마존 웹 사이트의 '기기 관리' 메뉴에서 나의 대화 내용을 수시로 지운다.

4. 개인정보 설정을 엄격히 한다.

   구글 홈 이용자는 구글 홈 메뉴에서 개인정보 허용 정도를 엄격히 설정한다.

따라서 정서 로봇을 이용하는 이용자들에게 이와 같은 일방성, 폭력 가능성, 인간관계 상실 가능성, 개인정보 유출 등과 같은 윤리적 위험 요소에 대한 충분한 교육 및 사회적 캠페인이 필요할 것이다.

1. 인공지능이 윤리적 주체가 될 수 있는지에 대한 논쟁을 설명하라.

2. 아시모프의 3원칙과 그 한계점 혹은 보완점을 설명하라.

3. 자율주행 자동차의 윤리적 선택과 관련해 트롤리 딜레마를 설명하라.

4. 인공지능이 윤리 규범을 학습하는 방법에는 상향식 접근과 하향식 접근, 하이브리드 접근이 있다. 이에 대하여 설명하라.

5. 인공지능 설계 및 개발자들이 지켜야 할 윤리 이슈는 무엇이 있는가?

6. 인공지능 이용자들이 직면할 수 있는 윤리 이슈는 무엇이 있는가?

더 보기

라파엘 카푸로·미카엘 나겐보르그 저, 변순용·송선영 역(2013), 《로봇윤리: 로봇의 윤리적 문제들》, 어문학사.
변순용·이연희(2020), 《인공지능 윤리하다》, 어문학사.
한국정보화진흥원(2017), 미래신호 탐지기법으로 본 인공지능 윤리 이슈: 글로벌 동향과 전망, 〈IT&Future Strategy 2017〉, 1호.
_____(2016), 《지능정보사회윤리분과 2016년 정보문화포럼 정책연구보고서》, 2, 7~176
_____(2017), 인공지능 서비스 사례 및 윤리 이슈, 《아름다운 인터넷 세상 드림 인터넷 윤리 이슈보고서 2017》, 62~118

참고문헌

고인석(2012), 로봇이 책임과 권한의 주체일 수 있는가?, 〈철학논총〉, 67.
_____(2014), 로봇윤리의 기본 원칙: 로봇 존재론으로부터, 〈범한철학〉, 75.

변순용 편(2019), 《윤리적 AI 로봇 프로젝트》, 어문학사.

웬델 월러치·콜린 알렌 저, 노태복 역(2014), 《왜 로봇의 도덕인가?》, 메디치미디어.

Federal Ministry of Transport and Digital Infrastructure(2017), Ethics Commission: Automated and Connected Driving.

Richardson, K. (2016), Property Relations: Is Property a Person? Extending the Rights of Property Owners Through the Rights of Robotic Machines, in the Part of Proceeding of Machine, *Ethics and Machine Law Workshop*, Krakow 2016.

Nature(2018. 10. 24), Self-driving Car Dilemmas Reveal That Moral Choices Are Not Universal. https://www.nature.com.

The IEEE Global Initiative on Ethics of Autonomous and Intelligent Systems(2019), *Ethically Aligned Design: A Vision for Prioritizing Human Well-being with Autonomous and Intelligent Systems*, First Edition.

찾아보기(용어)

기타

찾아보기(인명)

저자소개

배 영

연세대 사회학과 학사, 석사, 박사학위를 받은 후 2019년까지 숭실대 정보사회학과에서, 현재는 포항공과대 인문사회학부 교수로 재직 중이다. 주요 연구분야는 정보사회정책론, 소셜네트워크분석, 소셜데이터사이언스 등이다.

최항섭

서울대 사회학과 학사, 프랑스 파리 5대학에서 사회학 박사학위를 받은 후 정보통신정책연구원 연구위원을 역임하고, 현재 국민대 사회학과 교수로 재직 중이다. 주요 연구분야는 정보기술과 사회의 관계, 미디어 문화, 미래사회 전망과 예측 등이다.

백경민

고려대 학사, 석사, 그리고 미네소타대에서 사회학 박사학위를 받은 후 러시아 고등경제대(Higher School of Economics)와 나자르바예프대(Nazarbayev University) 사회학과 교수를 역임하고, 현재 숭실대 정보사회학과 교수로 재직 중이다. 주요 연구분야는 조직사회학, 사회심리학과 양적 연구방법론이다.

임동균

서울대 사회학과 학사, 석사, 하버드대에서 사회학 박사학위를 받은 후 현재 서울대 사회학과 교수로 재직 중이다. 주요 연구분야는 사회심리, 사회이론, 정치사회학, 사회조사다.

김효은

가톨릭대 신학 학사, 한국외국어대에서 미디어철학을 기반으로 문화콘텐츠학 석사, 박사학위를 받았다. 한국국학진흥원, 한국문화콘텐츠연구소 연구원을 거쳐 현재 고려사이버대 초빙교수로 재직 중이다. 주요 관심분야는 미디어철학, 수학철학, 연결과 미래 등이다.

오주현

연세대 사회학과에서 사회학 박사학위를 받은 후 연세대 바른 ICT연구소 연구교수를 거쳐 현재 연세대 CLIO 사회발전연구소 연구교수로 재직 중이다. 주요 연구분야는 사회자본, 정보격차, 디지털 과의존이다.

황창근

연세대 법과대학 학사, 동 대학원 법학 박사학위를 받았고, 군법무관, 변호사 등 법조계를 거쳐 현재 홍익대 법과대학 교수로 재직 중이다. 주요 연구분야는 행정법과 정보법이다.

김선희

이화여대를 졸업하고 서강대 철학과에서 박사학위를 받았다. 한국여성철학회 회장을 역임했으며, 철학상담 수련감독이다. 현재 이화여대 철학과 초빙교수로 재직 중이다. 주요 연구분야는 심리철학, 과학기술철학, 여성철학, 철학상담이다.

최샛별

이화여대 사회학과를 졸업하고, 예일대에서 사회학 석사와 박사학위를 받았으며, 현재 이화여대 사회학과 교수로 재직 중이다. 주요 연구분야는 문화사회학, 예술사회학, 대중문화연구, 문화예술정책이며 현재 한국사회의 문화자본과 상징적 경계에 대한 연구, 세대문화 연구, 한국 문화예술정책 연구를 수행 중이다.

이명진

서울대 사회학과 학사, 아이오와대에서 사회학 석사와 박사학위를 받은 후 육군사
관학교 사회학 전임강사, 국민대 사회학 교수를 역임한 후 현재 고려대 사회학과
교수로 재직 중이다. 주요 연구분야는 국제사회이동비교론, 정보사회론, 양적방
법론 등이다.

정일권

연세대 사회학과 학사, 오하이오주립대에서 커뮤니케이션학 석사와 박사학위를
받은 후 현재 광운대 미디어커뮤니케이션학부 교수로 재직 중이다. 주요 연구분야
는 여론의 형성과 변화, 컴퓨터매개커뮤니케이션(CMC), 정치커뮤니케이션, 미
디어 리터러시, 저널리즘이다.

유경한

연세대 사회학과 학사, 펜실베이니아주립대에서 매스커뮤니케이션 박사학위를 받
은 후 한국외국어대 미네르바교양대학 교수를 역임했다. 현재 전북대 신문방송학
과 교수로 재직 중이다. 지능정보기술의 사회문화적 영향을 미디어 관점에서 연구
하고 있다.

박찬웅

시카고대에서 박사학위를 받고 현재 연세대 사회학과 교수로 재직 중이다. 연구분
야는 경제사회학, 사회정책, 사회연결망이다.

정윤혁

루이지애나주립대에서 경영학 박사학위(경영정보 및 의사결정)를 받은 후 울산과
학기술원 경영학부에 재직하였고, 현재는 고려대 미디어학부 교수로 재직 중이
다. 주요 연구분야는 디지털 미디어 산업, 정보기술에 대한 사회적 인식 및 부작
용, 정보기술 사용자 연구이다.

류영달

부산대 사회학과 학사, 동 대학원에서 사회학 박사학위를 받은 후 한국지능정보원 수석연구원으로 재직 중이다. 주요 연구분야는 정보기술과 사회혁신 정책, 스마트시티, 디지털 문화, 디지털 윤리, 미래사회 예측 등이다.

최순욱

연세대에서 신문방송학을 전공한 후 〈전자신문〉과 〈매일경제신문〉에서 IT/미디어 전문기자로 활동했다. 서울대 언론정보학과(박사수료)를 거쳐 과학기술 및 산업정책 컨설팅 기업 너비의깊이(주)를 창업하였다. 컨설팅과 미디어 분야 학술활동을 병행하고 있다. 관심 분야는 디지털 테크놀로지, 디지털 문화, 저널리즘, 게임 등이다.

이상엽

연세대 컴퓨터과학과 학사, 미시간주립대에서 미디어정보학으로 석사, 박사학위를 받았다. 현재 연세대 언론홍보영상학부 교수로 재직 중이다. 주요 연구분야는 미디어철학, 수학철학, 연결과 미래 등이다.

김도훈

서울대 국제경제학과 학사, KAIST 테크노경영대학원에서 경영공학으로 석사 및 박사학위를 받았다. 현재 경희대 경영대학 교수로 재직하면서 한국경영과학회 부회장, 한국복잡계학회 부회장, 정보통신정책학회 집행이사를 맡고 있다. 주로 비즈니스 애널리틱스, 게임이론, 신제도학파 기업이론 등을 활용하여 플랫폼 네트워크 생태계를 분석하는 연구를 하고 있다.

윤호영

연세대 영문과 학사, 사회학과 석사, 방송대 컴퓨터과학 학사, 위스콘신대에서 커뮤니케이션 박사학위를 받았다. 서울시립대 융합전공학부 빅데이터전공 객원교수를 거쳐, 현재 이화여대 커뮤니케이션미디어학부에 재직 중이다. 주요 연구분야는 미디어 데이터 사이언스, 미디어 생태계, 정치와 경제 커뮤니케이션이다.

조정문

부산대 사회학 학사, 석사, 메릴랜드대에서 사회학 박사학위를 받았다. 한국정보화진흥원에서 사이버폭력, 인터넷 윤리, 디지털 시민관련 연구 및 교재 개발업무를 맡았고, 현재 디지털 시민 블로그를 운영하고 있으며(https://digital-citizen.tistory.com/) 춘해보건대 초빙교수로 재직 중이다.